KONFODAH
Mersa Hadou
Daghebid
Saheja
Maccuyia
No Houd
Kotumbal
Wodan
Helah
Mers el Hodur
Coturuhn Araber
Gibbel Foran Nascher
Durgali
Farasan
Bussureya
Lebahi Araber
Mucholola Araber
Doohanab
Ras el Cosserah
Benjahi Araber
LOHEIA
Gibbel Teir
Bouarish
Cameran
Rasab
Sebaal Greir
HODEIDA
MASUAH
Dahalac
Hazorta Shiho
Jibbel Segiuer
Jibbel el Ouri
MOCHA
Temben
Amba Salam
DORAS
Oberbur
Niederbur
Salzgruben
Ras Assab
ASSAB
Grab Island
Heiden
Corcora
Manadelto
Jannamora
Dojarse
K. DANGALI
Raheeda
SOUAM
K. AMHARA
HANAZO FL.
Marabet
K. DAWARO
GESHEN
Haik
Mocha
Mouschid
Zebid
Dahalac
Antolon
Dixan
Taranta
Miranda Segud
Kellah
Anguccah
Gama
Amba Sanatsi
Ancona
Imbra Christos
Basel
MER ROUGE

ALTE ABENTEUERLICHE REISEBERICHTE

James Bruce

James Bruce

Zu den Quellen des Blauen Nils

Die Erforschung Äthiopiens 1768–1773

Herausgegeben
von
Herbert Gussenbauer

Mit 46 Abbildungen und 3 Karten

Verlag
Neues Leben
Berlin

Die Karten auf den Vorsatzblättern zeigen Ausschnitte aus Karten der deutschen Erstausgabe mit der Reiseroute des James Bruce von Massaua am Roten Meer nach Gondar und zu den Quellen des Blauen Nils (vorderes Vorsatzblatt) und von den Quellen des Blauen Nils mit dem Tana-See im Norden (hinteres Vorsatzblatt).

Herausgeber und Verlag danken der Österreichischen Nationalbibliothek, Wien, und der Württembergischen Landesbibliothek, Stuttgart, für die freundliche Bereitstellung der Abbildungsvorlagen

ISBN 3-355-00107-4

Verlag Neues Leben, Berlin 1986
Lizenz Nr. 303(305/307/86)
LSV 7323
Schutzumschlag und Einband: Hilda und Manfred Salemke, Karlsruhe
Typografie: Erika Wald
Schrift: 10 p Baskerville
Gesamtherstellung: Offizin Andersen Nexö, Graphischer Großbetrieb, Leipzig III/18/38
Bestell-Nr. 644 129 0
01580

Einleitung

Alt wie die Geschichte der abendländischen Zivilisation ist auch die Suche nach den Quellen des Nils. Bereits Herodot, der Vater der Historiographie und Erdkunde, stellte die ersten Fragen, Aristoteles schrieb eine Abhandlung über das jahreszeitliche Steigen und Fallen des Flusses, und sein Schüler Alexander der Große schickte »äthiopische Männer« aus, um die geheimnisvollen Quellen des Stromes zu suchen.

»... so gibt es doch nichts, was ich lieber kennenlernen möchte, als die so viele Jahrhunderte lang verborgenen Anfänge des Stromes und seiner unbekannten Quellen; man eröffne mir die sichere Aussicht, die Nilquellen zu sehen, und ich will vom Bürgerkrieg ablassen«, sagt Julius Caesar, und ein Jahrhundert später schickte Kaiser Nero zwei Centurionen auf eine Expedition zu ihrer Entdeckung aus – vergeblich. »Caput Nili quaerere« – das Suchen nach der Nilquelle – galt im römischen Reich als Synonym für das Lösen einer unlösbar erscheinenden Aufgabe. Irgendwo tief im Inneren des afrikanischen Kontinents, bei den geheimnisumwitterten Mondbergen, lag der Ursprung des Stroms der Ströme, der Lebensader Ägyptens.

Bis zum Beginn des vorigen Jahrhunderts wurde der Abay, der Blaue Nil, als der Hauptfluß angesehen und seine Quellen im äthiopischen Hochland nahe dem Tanasee als die »wahren« Quellen des lebenspendenden Stromes. Was lag auch näher, als in dem gebirgigen Land die seit dem Altertum legendären Mondberge zu erblicken. Die Kenntnis von den großen Seen und den mächtigen Bergriesen tief im Süden des Kontinents gelangte erst spät nach Europa. Wer hätte auch vermutet, daß die Quellen des Weißen Nils sogar noch südlich des Äquators zu suchen seien?

Erst in der zweiten Hälfte des vorigen Jahrhunderts konnten die letzten Rätsel der Nilquellen Schritt für Schritt gelöst werden, dafür stehen die Namen der Forscher Speke, Stanley, Grant, Baker und Burton. Und erst Mitte August 1898 gelangte der deutsche Arzt und Forschungsreisende Richard Kandt zum Ursprung des Rukurara in 2440 m Höhe, dessen Quellen heute als die am entferntesten von der Mündung des Nils gelegene gilt und von welcher das Wasser eine Strecke von 6671 km bis zur Küste des Mittelmeers zurücklegt: »... ein kleiner feuchter Kessel am Ende einer Klamm, aus deren Boden die Quelle nicht sprudelnd, sondern Tropfen für Tropfen dringt: Caput Nili ... Quelle des Nils.«

Der schottische Landedelmann James Bruce wurde am 14. Dezember 1730 in Kinnaird, Grafschaft Sterlingshire, geboren. Wie zu dieser Zeit in den gehobenen Gesellschaftskreisen üblich, wurde er in vornehmen englischen Schulen, darunter in Harrow, erzogen. Seinen ursprünglichen Plan, Geistlicher zu werden, gab er bald zugunsten eines Jurastudiums in Edinburgh auf, verlor aber auch daran schnell das Interesse. Von seiner nächsten Idee, sich als Geschäftsmann in Indien zu versuchen, brachte ihn 1754 die rasche Ehe mit der Tochter eines vermögenden Londoner Weinhändlers ab. Die Frau starb schon im darauffolgenden Jahr in Paris.

Die nächsten Jahre verbrachte Bruce vorwiegend auf Reisen durch Europa und mit autodidaktischen Studien der mathematischen und astronomischen Wissenschaftszweige, die ihn immer schon interessiert hatten und auf seinen späteren Reisen und Erkundungsfahrten auch von immensem Vorteil waren, da sie ihn in den Stand setzten, präzise Ortsbestimmungen mit Hilfe seiner Instrumente vorzunehmen und damit auch die Kartographie der von ihm durchforschten Gebiete ein gutes Stück weiterzubringen.

Während eines Aufenthalts in Andalusien begann sich Bruce für die Geschichte der Araber in Spanien zu begeistern, und dies brachte ihn auf die Idee, darüber ein wissenschaftliches Werk zu verfassen. Er ließ den Plan aber wieder fallen, als ihm die Einsicht in die Dokumente und Handschriften des Eskorial verweigert wurde.

1758 starb sein Vater, und James Bruce war der Alleinerbe der ausgedehnten Ländereien in Kinnaird. Die auf seinem Grund und Boden geförderte Kohle brachte ihm ein beträchtliches Vermögen und ein regelmäßiges Einkommen ein: »Ich war im Begriff, mich auf ein von meinen Vorfahren ererbtes Landgut zu begeben, um mein Leben mit Studieren und Nachdenken zu verbringen, weil es nicht in meiner Macht zu stehen schien, eine tätigere Lebensweise zu ergreifen ...«, lesen wir in einer autobiographischen Notiz. James Bruce war reich, unabhängig und hatte genügend Zeit, sich ausschließlich seinen Neigungen und Liebhabereien zu widmen.

Was ihn plötzlich veranlaßte, der britischen Regierung die Eroberung des spanischen Flottenstützpunktes Ferrol vorzuschlagen, dazu einen strategischen Plan auszuarbeiten und sich selbst als Kommandanten anzubieten, läßt sich heute kaum mehr klären. Jedenfalls kam er dadurch in Kontakt mit dem königlichen Minister Lord Halifax, der zwar die absurde kriegerische Unternehmung ablehnte, Bruce aber die vakant gewordene Stelle eines englischen Konsuls in Algier anbot, verbunden mit dem Auftrag, Zeichnungen und Dokumentationen der antiken Baulichkeiten in Nordafrika und im Vorderen Orient für die königlichen Sammlungen anzufertigen. In den Gesprächen mit Halifax wurde auch das Thema der unentdeckten Nilquellen und der Möglichkeit einer Reise dorthin angeschnitten, eine Idee, die James Bruce fortan nicht mehr aus ihrem Bann ließ und sein weiteres Leben nachhaltig bestimmte: »Wir kamen auch auf die Entdeckung der Quellen des Nils, der Minister äußerte aber eine Art von Mißtrauen dabei, als wenn man solche von einem Reisenden, der bereits mehr Erfahrung hätte, erwarten müsse. Ob er mich dadurch nur desto mehr anzureizen suchte, kann ich nicht sagen.«

Bruce verließ im Sommer 1762 die Britische Insel und sah erst zwölf Jahre später seine Heimat wieder. Vor Antritt seines Dienstes in Nordafrika hielt er sich noch fast ein Jahr lang in Italien auf, studierte römische Ruinen und Altertümer, übte sich im Zeichnen – vorwiegend mit Hilfe einer Camera obscura – und schrieb Artikel über das antike Rom und Paestum. Hier war es auch, wo er Luigi Balugani in seinen Dienst nahm, einen hervorragenden jungen Zeichner und Architekten aus Bologna, der ihn künftig auf allen seinen Reisen begleitete, bis er 1771 in Gondar, der Hauptstadt Äthiopiens, am Fieber starb. Es ist anzunehmen, daß ein Großteil der Bruceschen Zeichnungen aus der Feder und dem Zeichenstift dieses jungen Italieners stammt. Um so befremdender mutet es an, daß Bruce dieses Mannes in seinem Reisewerk kaum gedenkt, auch seinen Tod nur mit wenigen Worten und wie beiläufig erwähnt.

Im März 1763 trat Bruce schließlich seinen Dienst als Diplomat in Algier an; über zwei Jahre blieb er in dieser Funktion – mit wenig Geschick und Eifer, wie es scheint. Briefe berichten von endlosen Streitereien im diplomatischen Korps, sein Nachfolger auf dem Posten beklagte sich bitter über das von Bruce hinterlassene Chaos.

Seine Zeit verbrachte er hauptsächlich mit dem Erlernen der arabischen und der griechischen Sprache, auch die Grundbegriffe des Amhara und des Tigre, zweier wichtiger äthiopischer Idiome, eignete er sich im Selbststudium an. Vor allem aber verschaffte er sich beim königlichen Wundarzt Ball, der ebenfalls im Konsulatsgebäude residierte, profunde medizinische Kenntnisse. In seinen eigenen Worten: »Auf diese Art unterrichtet, schmeichle ich mir, kein größeres Sterben unter den Mohammedanern und Heiden angerichtet zu haben, als man einigen meiner medizinischen Mitbrüder unter ihren Nebenchristen in England zuschreibt.«

August 1765 legte Bruce sein diplomatisches Amt nieder

und widmete sich fortan seiner weiteren Aufgabe, der Aufnahme der Altertümer des südlichen Mittelmeerraumes. Ein abenteuerlicher und produktiver Zeitabschnitt im Leben des James Bruce sollte beginnen. Ausgedehnte Reisen führten ihn gemeinsam mit Balugani durch Tunesien, in die Berge des Aures, nach Tripolitanien, in die Cyrenaica und nach Bengasi. Zeichnend und dokumentierend zog Bruce durch unwirtliche Wüsteneien; er wurde vom Fieber geschüttelt, und zweimal – bei einem Überfall räuberischer Beduinen und bei einem Schiffbruch an der libyschen Küste – konnte er nur mit knapper Not das nackte Leben retten. Seine Instrumente gingen dabei zum großen Teil verloren.

Der zweite Teil seines Auftrags führte Bruce nach Kleinasien. Über Kreta und Rhodos gelangte er nach Sidon und Aleppo, von hier zu den antiken Stätten von Byblos, Baalbek und Palmyra. Seine zeichnerischen Arbeiten über diese Ruinenstädte waren von bleibendem Wert für die Nachwelt, wenn auch heute nicht mehr festgestellt werden kann, wie groß der Anteil seines oben erwähnten Assistenten Balugani an diesen Werken war. Nach Bruce' Rückkehr nach England wurden die Bilder jedenfalls mit Wohlwollen aufgenommen und ihm der Dank des Königshauses für seine dokumentarische Tätigkeit ausgesprochen.

Von besonderer Bedeutung in dieser Zeit war jedoch seine Freundschaft mit Dr. Russel, dem Arzt der englischen Faktorei in Aleppo, der Bruce nicht allein von seinen hartnäckigen Fieberanfällen kurierte, sondern ihm auch zusätzlich medizinische Fähigkeiten vermittelte. James Bruce konnte auf seiner künftigen Forschungsreise durchaus als Arzt auftreten, bei den unsicheren und anarchischen Zuständen der innerafrikanischen Länder ein nicht hoch genug zu schätzender Vorteil.

Der Regierungsauftrag war beendet. Man schrieb das Jahr 1768, und Bruce hatte seine Nilquellen nicht vergessen. In fieberhafter Eile begann er in der syrischen Hafenstadt Sidon mit den Vorbereitungen zu der großen Reise. Bruce hatte ausgezeichnete Beziehungen zu maßgeblichen

Persönlichkeiten seiner Zeit. Spiegelteleskope kamen aus London, Präzisionsuhren aus Frankreich, und ein Quadrant wurde sogar durch die persönliche Vermittlung Ludwigs XV. aus der Militärakademie in Marseille nach Alexandrien abgeschickt.

Am 15. Juni segelte Bruce auf einem französischen Schiff von Sidon ab, und nach einem kurzen Halt auf Zypern ging er fünf Tage später in Alexandria von Bord, ein Hüne von Gestalt – fast zwei Meter groß –, eine auffallende, imposante Erscheinung in arabischer Kleidung und mit der Mentalität und den Sitten der einheimischen Bevölkerung vollkommen vertraut. »Yagoube der Arzt« war für das große Abenteuer bereit.

Mit James Bruce beginnt die Epoche der wissenschaftlichen Erkundung Afrikas, die Zeit der großen Entdeckungsreisen besessener Forscher in das Innere des Schwarzen Kontinents. Mit Fug und Recht können wir ihn als ersten neuzeitlichen Afrikareisenden mit rein wissenschaftlichen Interessen betrachten. Sein besonderes Verdienst ist die Erforschung weiter Teile Äthiopiens und die Eröffnung einer neuen Epoche der Äthiopienforschung.

Allerdings muß festgehalten werden, daß Äthiopien zu dieser Zeit keine absolute Terra incognita mehr war. Seit dem vierten Jahrhundert christianisiert, war Äthiopien vierhundert Jahre später von dem sich rasch ausbreitenden Islam umgeben und von der Außenwelt fast hermetisch abgeschlossen. Jahrhundertelang geisterte die Legende vom Priesterkönig Johannes durch das mittelalterliche Europa, die Geschichte von einem unermeßlich reichen christlichen Herrscher im tiefen Afrika.

Erst 1439 trat das Land aus seiner Isolation; Vertreter der äthiopischen Kirche nahmen am Konzil in Rom teil. 1482 erreichte der römische Reisende Battiste d'Imola das Land, und wenige Jahre später war es der portugiesische Gesandte Petro da Covilhão, der an den äthiopischen Hof kam. Es entspann sich ein reger Briefwechsel zwischen Portugal und dem afrikanischen Kaiserreich, das dringend um Hilfe gegen die immer stärker werdenden Bedrohungen durch die islamischen Nachbarn an seinen Grenzen bat. Eine weitere Gesandtschaft Portugals weilte von 1520 bis 1526 am äthiopischen Hof, doch erst 1541 landeten Stefan und Christoforo da Gama, Söhne des großen Entdeckungsreisenden Vasco da Gama, mit vierhundert Soldaten zur Unterstützung des christlichen Reiches an der Küste des Roten Meeres. In der Schlacht gegen Mohammed Granj, den Sultan von Adel (heute Somalia), ließ Christoforo sein Leben. Doch letztlich war das Kriegsglück auf seiten der Äthiopier und ihrer portugiesischen Verbündeten. Die Gefahr einer mohammedanischen Eroberung konnte abgewehrt werden. Im Gefolge der Soldaten kamen die Jesuiten ins Land und begannen mit ihrer fast hundert Jahre langen und teilweise recht erfolgreichen Missionstätigkeit.

Unter Kaiser Susenyus wurde zu Beginn des 17. Jahrhunderts der Katholizismus schließlich zur Staatsreligion erhoben. Die Folge waren grausame Glaubenskriege und Gemetzel von unvorstellbaren Ausmaßen, die erst ihr Ende fanden, als sich Kronprinz Fasiladas gegen seinen Vater erhob und 1632 die Macht an sich riß, Gondar zur neuen Hauptstadt machte und alle katholischen Priester und Missionare entweder töten oder aus dem Land jagen ließ. Fasiladas kehrte zum orthodoxen äthiopischen Glauben zurück, und für die abendländische Welt sank das Reich in die Vergessenheit zurück. Die Kontakte mit Europa rissen ab, und Äthiopien wurde wieder zu einer unbekannten christlichen Insel im Meer des Islam. Für kurze Zeit erlebte das Land eine neue wirtschaftliche und kulturelle Blüte, jedoch sanken die äthiopischen Regenten bald zu bloßen Schattenkaisern herab, und das Land wurde von den mächtigen Statthaltern der verschiedenen Provinzen regiert, die nur ihre eigenen Interessen verfolgten, sich gegenseitig bekriegten und das äthiopische Reich in Anarchie versinken ließen.

Dies war die Situation im Land, als James Bruce seine Reise in das geheimnisvolle Kaiserreich am Osthorn Afrikas antrat. (Bruce spricht allerdings vom »König«, wenn er den Herrscher Äthiopiens meint.)

Fast fünf Jahre lang war der Forscher unterwegs, ehe er im März 1773 in Marseille wieder europäischen Boden betrat. Keine Nachricht war während dieser Zeit aus den unwirtlichen Gegenden in seine Heimat gelangt. Ein einziger Brief – er enthielt einen Wechsel über einen Geldbetrag, den sich Bruce in Gondar von einem Griechen geliehen hatte – fand seinen Weg nach Kairo. Von seinen Freunden und Verwandten in England wurde er für tot gehalten und sein Besitz schließlich unter die Erben verteilt, was nach seiner Rückkehr eine Flut von Prozessen hervorrief, ehe James Bruce wieder über sein Vermögen verfügen konnte. Doch dies war nicht der einzige Schicksalsschlag, der den ehrgeizigen Forscher traf.

Es gilt heute als erwiesen, daß James Bruce nicht der erste Europäer an den Quellen des Blauen Nils war. Schon 1613 stand der Jesuitenpater Pedro Paez – möglicherweise auch noch einige andere seiner Glaubensbrüder – an diesem Ort, und einige Jahre später wurden die Berichte darüber auch von Balthasar Tellez und Athanasius Kircher publiziert. Doch die Schriften der Jesuiten waren der europäischen Öffentlichkeit nicht allgemein bekannt, denn die meisten von ihnen waren in den Archiven des Ordens verborgen.

Aber auch auf der von allem unnötigen und phantastischen Zierat befreiten Afrikakarte des französischen Geographen D'Anville aus dem Jahre 1761 ist die Quelle des Blauen Nils wie auch der genaue Verlauf des Flusses durchaus schon an der richtigen Stelle eingezeichnet, und auf welche Angaben hätte sich der Schöpfer dieser Karte stützen sollen, wenn nicht auf die Angaben der portugiesischen Jesuiten, die sich ja überdies Jahrzehnte in der damaligen Hauptstadt Gorgora unmittelbar am Nordufer des Tanasees aufhielten, also sich noch näher an der Quelle befanden als James Bruce, der aus der Stadt Gondar anreiste. Die Patres hatten überdies auf Grund der relativ stabilen politischen Lage Äthiopiens zu dieser Zeit auch keinerlei Schwierigkeiten bei einer Reise zu den der einheimischen Bevölkerung durchaus bekannten Quellen.

Ob Bruce schon vor Antritt seiner Reise von dem Besuch der Jesuiten an den Nilquellen Kenntnis hatte und dies bewußt verschweigt oder ob er tatsächlich der Meinung war, den Ruhm der Erstentdeckung für sich in Anspruch nehmen zu können, wissen wir nicht und wird auch wohl nie geklärt werden. Seine Zeitgenossen schlossen sich eher der ersten Meinung an.

Die Schriften über die Reise von Pater Paez wurden ihm jedenfalls bei seiner Rückkehr in Italien vorgelegt, und James Bruce unternahm verzweifelte Versuche – vor allem in seinem erst viel später erscheinenden Reisebericht –, diese Beschreibung als Irrtum darzustellen. An Hand der unrichtigen Orts- und Entfernungsangaben bemüht er sich, die Jesuiten als Lügner zu entlarven, übersieht dabei jedoch, daß es den portugiesischen Patres nicht um Entdeckungen oder wissenschaftliche Untersuchungen ging, sie auch dazu nicht über das notwendige technische Instrumentarium verfügten, sondern daß sie einzig und allein an der Bekehrung der Äthiopier zum katholischen Glauben interessiert waren. Daß ihnen dabei die Entdeckung der Quellen des Blauen Nils gleichsam in den Schoß fiel, war das Unglück des verzweifelten James Bruce. Die präzise geographische und astronomische Bestimmung des Ortes ist allerdings das bleibende Verdienst des schottischen Reisenden.

Über ein Jahr hielt sich Bruce in Italien und in Frankreich auf, ehe er nach England zurückkehrte. Die Gründe für diese Verzögerung sind nicht leicht zu erkennen. Nach Bruce selbst war es seine angegriffene Gesundheit, die ihn zwang, sich in wärmerem Klima von den Strapazen seiner langen Reise zu erholen. Vielleicht waren es aber auch doch tiefere Ursachen, etwa der Schock über die portugiesischen Schriften und die Angst vor einer Blamage in seiner Heimat, die ihn so lange seine Rückkehr verschieben ließen.

In England erlebte er vorerst doch einen triumphalen Empfang, er wurde vom König zur Audienz geladen und zum Mitglied der Royal Geographical Society ernannt. Bald jedoch schlug die anfängliche Begeisterung in das Gegenteil um, die Kritiker des Forschers gewannen die Oberhand. Allzu phantastisch klangen die Erzählungen des James Bruce. An Kleinigkeiten, wie etwa der Erwähnung des Verzehrs von rohem Rindfleisch durch die Äthiopier, entzündete sich das Feuer des Spotts, das um so höher loderte, je länger Bruce mit der Herausgabe seiner Reiseberichte zögerte. An Kaffeehaustischen wurden die Erlebnisse des Forschers belächelt, und Bruce versäumte es, den Sticheleien durch die Publikation von wissenschaftlichen Artikeln entgegenzutreten.

Manche seiner Kritiker verstiegen sich sogar zu der Behauptung – gestützt auf die angebliche Aussage eines seiner ehemaligen Bediensteten –, daß James Bruce niemals in Äthiopien und bei den Quellen des Nils gewesen sei. Nun, diese Möglichkeit ist allerdings völlig auszuschließen. Denn abgesehen davon, daß einige der Angaben und Beschreibungen Bruce' später korrigiert bzw. präzisiert werden mußten, kann sich die Nachwelt auf einige eingeborene Zeugen berufen, die mit dem britischen Forscher, mit »Yagoube dem Arzt«, wie sie ihn nannten, während dessen Äthiopienaufenthalt zusammengetroffen waren.

Erst nach dem Tod seiner zweiten Frau machte sich James Bruce an die Niederschriften seiner Reiseaufzeichnungen. Das Werk erschien endlich im Jahre 1790 in Edinburgh, erst siebzehn Jahre nach seiner Rückkehr aus Afrika. Sofortige Übersetzungen ins Deutsche und Französische folgten in Leipzig 1790 und 1791 und in Paris 1790 und 1792. Waren es tatsächlich die langjährige Krankheit seiner Frau und die Gerichtsstreitigkeiten um sein Vermögen, die ihn an einer früheren Abfassung hinderten, wie er selbst es behauptet?

Selten hat ein Reisebericht so viele Kontroversen ausgelöst wie das Werk des James Bruce. Obwohl die Bücher für die breite Masse geschrieben wurden und nicht für die Gelehrten seiner Zeit, hat der Autor jedes nur mögliche und ihm halbwegs zugängliche Material in seinem Werk verarbeitet. Zahllos sind die Themenkreise, die er anschneidet. Endlos verbreitet er sich über die Geschichte Äthiopiens –

Reisen
zur Entdeckung
der Quellen des Nils
in den Jahren
1768. 1769. 1770. 1771. 1772. und 1773.
in fünf Bänden
von
James Bruce von Kinnaird, Esq. F. R. S.

Ins Teutsche übersetzt von
J. J. Volkmann D.
und mit einer Vorrede und Anmerkungen versehen
von
Johann Friedrich Blumenbach.
Prof. zu Gött. und Königl. Großbrit. Hofrath.

Erster Band.

Mit Churfürstl. Sächs. gnädigster Freyheit.

Leipzig,
in der Weidmannschen Buchhandlung. 1790.

Frontispiz der ersten deutschen Ausgabe, Leipzig 1790/91

ein nicht hoch genug anzurechnendes Verdienst des Reisenden –, Seite um Seite ist mit Königslisten und Ereignissen während der jeweiligen Regierungszeit gefüllt. An Hand von Dokumenten, die ihm in Gondar zur Verfügung standen und von denen er eine erkleckliche Anzahl selbst mit nach Europa bringen konnte, Originale wie Kopien, erarbeitet er eine minutiöse und noch heute gültige Chronik des christlichen Reiches in Afrika.

Sprunghafte Themenwechsel und eine verwirrende Fülle von Namen und Personen machen das Lesen des Originals zu einer mühseligen Arbeit. Brillante, scharfsinnige Passagen mit starker wissenschaftlicher Aussagekraft wechseln mit oberflächlichen und fehlerhaften Beobachtungen.

Seitenlang setzt sich Bruce mit den Schriften der portugiesischen Jesuiten auseinander, oft unqualifizierte Seitenhiebe austeilend – ein verzweifelter Kampf um die Priorität der Entdeckung »seiner« Nilquellen.

Beim Lesen des höchst egozentrisch abgefaßten Werkes entsteht durchaus der Eindruck, als sei Bruce allein durch Äthiopien gezogen. Tatsächlich jedoch reiste er mit zehn von ihm besoldeten Dienern, darunter zwei Irländern, die von einem englischen Regiment in Oran desertiert waren und von denen einer in Gondar ermordet wurde. Der Architekt Balugani starb, wie schon berichtet, am Fieber. Im Vorwort des Originals wird lediglich kurz erwähnt, daß Bruce diese Reisegefährten hatte, im Text kommen sie nicht mehr vor.

Es gelang James Bruce nicht, sich mit seinen Reiseerzählungen zu rehabilitieren und den diversen Anschuldigungen einen Riegel vorzuschieben. Eher das Gegenteil war der Fall, und eine neue Verleumdungskampagne wurde in England gegen den Forscher in Szene gesetzt.

Die Verdienste des James Bruce sind heute dennoch unbestritten, wenn es ihm auch nicht gelungen ist, als erster Europäer an der Quelle des Blauen Nils zu stehen. Die zahllosen Abenteuer und Gefahren, die der wagemutige Forscher auf seiner langen Reise zu bestehen hatte, waren ganz gewiß nicht umsonst.

Seine kartographischen Aufnahmen und astronomischen Bestimmungen im Roten Meer, vor allem an der Westseite, an der afrikanischen Küste, waren von bleibendem Wert. Unter anderem bestimmte Bruce als erster die geographische Länge von Kosseir und Massaua und die Polhöhe von Bab el Mandeb, der Meerenge zwischen dem Roten Meer und dem Indischen Ozean. Eine Pionierleistung kommt ihm auch durch die genaue Darstellung der Dahlak-Inselgruppe sowie durch die Entdeckung der östlich davon gelegenen Inseln zu, die später als Bruce-Gruppe bezeichnet wurden. Die Genauigkeit seiner Positionsbestimmungen leistete der künftigen Schiffahrt in diesen Gewässern unschätzbare Dienste.

Die Ergebnisse seiner Beobachtungen und Untersuchungen in naturwissenschaftlichen Bereichen – der Botanik und der Zoologie – füllen allein den fünften und letzten Band der Reiseaufzeichnungen, versehen mit akribischen Zeichnungen, die zum Teil auch unserer Bearbeitung beigegeben sind. Graf Buffon, ein führender Naturwissenschaftler dieser Zeit, war begeistert und bezeichnete Bruce' Arbeiten als epochal.

Die Äthiopienforschung verdankte Bruce eine Fülle von neuem Material, die es erlaubte, die zukünftige Wissenschaft auf eine breitere Basis zu stellen. Seine Untersuchungen und Forschungen auf ethnographischem, kulturwissenschaftlichem und, wie schon erwähnt, vor allem auf historischem Gebiet brachten für die damalige Zeit ganz hervorragende Ergebnisse.

Die Verleumdung und Verteufelung des James Bruce erfolgte ganz gewiß zu Unrecht, wenn auch seinen gelehrten Zeitgenossen vor zweihundert Jahren die Berichte in höchstem Maße phantastisch und skurril, abstrus und unglaubwürdig erschienen. Das Werk des Forschers wurde das Vorbild und die Schablone für eine ganze Anzahl von fiktiven Reiseschilderungen, witzigen und weniger witzigen, die jedenfalls alle dazu beitrugen, ihn als lügnerischen Münchhausen darzustellen und zu persiflieren.

Ein verbitterter James Bruce zog sich auf seine Güter zurück. Seine Rehabilitierung und Anerkennung als seriöser Forscher konnte er nicht mehr erleben.

Erst im Jahre 1832, sechs Jahrzehnte nach Bruce, bereiste der deutsche Forscher Eduard Rüppell Äthiopien und konnte die Berichte des schottischen Edelmanns bestätigen. Zu dieser Zeit war James Bruce schon achtunddreißig Jahre tot. Am 27. April 1794 hatte er sich auf den Stufen seines Hauses in Kinnaird das Genick gebrochen, als er eine Dame, die ihn besucht hatte, zu ihrem Wagen geleiten wollte.

Für die vorliegende Bearbeitung diente die fünfbändige deutsche Erstausgabe aus den Jahren 1790 und 1791 in der Übersetzung von J. J. Volkmann als Grundlage. Der Umfang des Monumentalwerkes mit insgesamt 3160 Seiten bedingte eine subjektive Auswahl der Texte, die sich auf den wesentlichen Teil des Berichts, auf die Schilderung des Aufenthalts in Äthiopien und die Reise zu den Quellen des Blauen Nils und hier wiederum auf die persönlichen Erlebnisse des Autors konzentriert und eine Fülle von Material – vor allem die wissenschaftlichen Beobachtungen und Ergebnisse – unberücksichtigt lassen muß. So bedauerlich dieser Umstand auch sein mag, kann der Herausgeber doch versichern, daß ein großer Teil des Originalwerkes heute nur mehr für den Kenner der Geschichte der Äthiopienforschung von Interesse sein kann. Wissenschaft ist ein Prozeß, und ohne die Verdienste von James Bruce in irgendeiner Weise schmälern zu wollen, haben sich doch im Verlauf der letzten zweihundert Jahre so viele neue Fakten und Erkenntnisse, sei es nun im naturwissenschaftlichen, kulturellen oder historischen Bereich, ergeben, so daß vieles im Bruceschen Werk heute als überholt oder gar als falsch bezeichnet werden muß.

Die Reisen im Roten Meer wurden bereits durch den dänischen Forscher Carsten Niebuhr zum größten Teil vorweggenommen, der wenige Jahre vor James Bruce Arabien und den Jemen erkundete (erschienen in der Reihe »Alte abenteuerliche Reise- und Entdeckungsberichte«).

Auch war es uns nicht immer möglich, Stil, Wortwahl und Zeichensetzung der Erstübersetzung beizubehalten. In weiten Passagen ist das Werk für den heutigen Leser nur sehr schwer verständlich, und wir waren deshalb gezwungen, die Texte dem heutigen Sprachgebrauch anzupassen, wobei wir uns jedoch bemüht haben, den Charakter des Originals nicht allzusehr zu ändern.

Der Herausgeber hat sich trotz der notwendigen umfangreichen Kürzungen bemüht, die Unmittelbarkeit der Aufzeichnungen des Autors und ihren dokumentarischen Charakter zu erhalten, und erforderliche Erläuterungen heute unbekannter Begriffe sowie geschichtlicher Zusammenhänge im Anmerkungsteil gebracht. Geographische Begriffe wurden nur insoweit erklärt, als dies zum Verständnis des Handlungsablaufes nötig erschien. Bei der Schreibung von Namen, Ortsbezeichnungen und anderen Begriffen wurde die vom Autor James Bruce verwendete Schreibweise übernommen, sofern sich inzwischen nicht international eine andere Schreibweise durchgesetzt hat. In solchen Fällen erfolgte eine behutsame Modernisierung.

Einige von James Bruce genannte Orte konnten vom Herausgeber nicht verifiziert werden, weil es diese Ortsbezeichnungen nicht mehr gibt.

Herbert Gussenbauer

Canja unter Segel

1. Kapitel

Aufenthalt in Jidda und abenteuerliche Schiffsreise im Roten Meer

Auf dem Landweg reist Bruce von Alexandrien nach Rosette und schifft sich von hier nach Kairo ein. Über fünf Monate verweilt er in den gastfreundlichen Häusern europäischer Kaufleute und bereitet in Ruhe seine große Reise vor. Er besorgt sich Empfehlungsschreiben des türkischen Bey – sowohl Ägypten als auch die arabische Halbinsel standen zur damaligen Zeit unter türkischer Oberherrschaft –wie auch des griechischen Patriarchen an dessen Landsleute in Äthiopien. Dann mietet sich Bruce eine Canja, eine Nilbarke, auf der er langsam stromaufwärts nach Oberägypten segelt. Die Zeit vergeht mit Untersuchungen, Aufnahmen und dem Zeichnen antiker Stätten und Gräber. Über Theben, Luxor und Karnak hinaus gelangt der Reisende bis Syene, dem heutigen Assuan.

Stromabwärts geht es dann wieder zurück bis Kenne, und hier verläßt Bruce seine Barke und das Niltal. Er schließt sich einer Kamelkarawane an, die quer durch die östliche Wüste nach Kosseir zieht, einem Handelshafen am Roten Meer. Es ist ein abenteuerlicher und gefahrvoller Ritt unter ständiger Bedrohung durch räuberische Beduinen. In Kosseir mietet Bruce für sich und seine Reisegesellschaft abermals ein Schiff und sticht am 22. Februar 1769 in See. Es wird eine geruhsame, jedoch mit zahlreichen Forschungen ausgefüllte Fahrt mit vielen Aufenthalten an den Gestaden des Roten Meeres. Am 4. Mai schließlich landet James Bruce in Jidda an der arabischen Küste.

Der Hafen von Jidda ist sehr groß. Er besteht aus unzähligen Untiefen, kleinen Inseln und verborgenen Klippen, jedoch sind Kanäle und tiefes Wasser dazwischen. Man liegt bei allen Winden sicher darin. Die zahlreichen Untiefen verhindern, daß das Wasser in größere Bewegung kommen kann. Die Bemerkung trifft hier zu, daß, je gefährlicher ein Hafen ist, desto besser die Lotsen sind: Es kommen keine Unglücksfälle vor.

Es geht seit vielen Jahren eine Zeichnung des Hafens von Jidda unter den Engländern herum, sie ist aber sehr schlecht und falsch gemacht, auch schon oft kritisiert, aber noch nie verbessert worden. Ebenso steht es mit einer Karte von dem oberen Teil des Meerbusens von Jidda bis Mokka, die voller falscher Tiefenangaben ist. Weil ich einige Monate sehr freundlich in Jidda aufgenommen wurde und viel Zeit übrig hatte, wünschten Kapitän Thornhill und einige andere Handelsschiffer, daß ich den Hafen aufnehmen sollte, und sie versprachen mir den Beistand ihrer Steuermänner und Matrosen. Um ihnen zu gefallen, übernahm ich die Arbeit sehr gerne. Als ich aber später herausfand, daß ein gewisser Kapitän Newland bereits gute Vorarbeiten geleistet hatte, wollte ich mich nicht zu seinem Nachteil damit befassen und gab den Gedanken an diesen Plan völlig auf. Er war ein sehr fähiger, menschenfreundlicher und höflicher Mann, dessen Dienstfertigkeit ich viel zu verdanken hatte.

Der Himmel verzeihe es denen, welche diese elende und fehlerhafte Karte vom oberen Teil des Meerbusens zwischen Jidda und Mokka, die man seit mehr als zwanzig Jahren auf dem Roten Meer mit sich herumgeschleppt hat, vor einigen Jahren mit neuen Angaben von Meerestiefen ergänzt haben. Eine dieser Karten hat man mir nach meiner Rückkehr nach Europa zugeschickt, die, neu herausgeputzt wie eine Braut, die alten Fehler weiterhin enthielt. Ich sage dies nicht aus Tadelsucht. In jedem anderen Fall würde ich keine Bemerkung darüber gemacht haben, wo es aber alle Jahre auf so vieler Menschen Leben und Vermögen ankommt, ist es eine Art von Verrat, sein Wissen zu verbergen, zumal wenn man damit zur Rettung vieler Menschen beitragen könnte.

Von Yambo bis Jidda hatte ich wenig geschlafen und

Freskemalerey in den Gräbern zu Theben.

mein Tagebuch während der Fahrt so ausführlich wie möglich geschrieben. Außerdem hatte ich etwas Fieber, was mich sehr beunruhigte, und was die Reinlichkeit und meine Kleidung betraf, sah ich aus wie ein Galiongy, also wie ein türkischer Matrose. Der Emir Bahar, der Hafenkapitän, wunderte sich, als er von meinen Dienern, die mein Gepäck und die Instrumente in das Zollhaus trugen, hörte, daß ich ein Engländer sei. Er sandte einen seiner eigenen Diener mit mir zu dem Bengalischen Haus[1], und dieser versprach mir unterwegs in gebrochenem Englisch eine glanzvolle Aufnahme bei meinen Landsleuten. Er nannte mir die Namen aller anwesenden Kapitäne und fragte, zu welchem ich gebracht werden wolle. Ich verlangte, er solle mich zu einem Schotten, der noch dazu ein Verwandter von mir war, führen. Dieser lehnte sich zufälligerweise über das Geländer der Treppe, die zu seinem Zimmer führte. Ich begrüßte ihn mit seinem Namen, er aber geriet in heftigen Zorn, nannte mich einen niederträchtigen Kerl, einen Dieb, Betrüger und gottlosen Renegaten und sagte, wenn ich einen Schritt weiter machte, würde er mich die Treppe hinunterwerfen. Ich ging weg, ohne ein Wort darauf zu erwidern, und er fluchte hinter mir drein. Der Diener, welcher mich geführt hatte, verzog den Mund, zuckte die Achseln und sagte: »Fürchtet Euch nur nicht, ich will Euch zu dem Besten von allen bringen.«

Ich stieg eine gegenüberliegende Treppe hinauf und dachte mir, daß ich in Jidda lieber ganz alleine bleiben wolle, wenn das die ostindischen Sitten wären. Ich brauchte die englischen Kapitäne auch gar nicht, denn ich hatte ausreichend Kredit bei Yousef Cabil, dem Wesir oder Statthalter von Jidda.

Man führte mich in ein großes Zimmer, wo Kapitän Thornhill in einer weißen baumwollenen Weste und einer spitzen Nachtmütze in tiefem Nachdenken saß, ein großes Glas Wasser vor sich. Der Diener des Emir Bahar führte mich an der Hand etwas vorwärts, ich getraute mich aber nicht weiter, weil ich eine neue Drohung, mich die Treppe hinunterzuwerfen, befürchtete. Der Kapitän sah mich starr, aber nicht finster an und befahl, der Diener solle weggehen und die Türe schließen.

»Mein Herr, seid Ihr ein Engländer?« fragte er. Ich verbeugte mich. »Ihr seid gewiß krank, Ihr solltet im Bett liegen. Seid Ihr schon lange krank?« – »Sehr lange, mein Herr«, antwortete ich und verbeugte mich wieder. »Sucht Ihr nach Ostindien zu kommen?« Ich verbeugte mich abermals. »Gut«, versetzte er, »Ihr scheint mir ein Mann in unglücklichen Umständen zu sein. Habt Ihr ein Geheimnis, so will ich so lange Achtung davor haben, bis es Euch beliebt, es mir zu verraten. Wollt Ihr aber nach Ostindien, so wendet Euch unter allen Engländern an niemand anderen als an Kapitän Thornhill.« Ich verbeugte mich wieder. »Vielleicht fürchtet Ihr, von jemandem erkannt zu werden? Ist dem so, will ich meinen Leutnant Greig rufen, der Euch auf dem schnellsten Weg an Bord bringen soll, wo Ihr sicher seid.« – »Mein Herr«, erwiderte ich, »ich hoffe, Ihr werdet in mir einen ehrlichen Mann finden. Ich habe, soviel ich weiß, keinen Feind in Jidda noch sonstwo, und ich bin auch niemandem etwas schuldig.« – »Ich bin sicher«, fuhr er fort, »daß ich ein Unrecht begehe, wenn ich den armen Mann stehen lasse, der eigentlich im Bett liegen sollte.« Dann rief er: »Philipp!« Philipp erschien. »Bursche«, sagte er auf portugiesisch, in einer seiner Vermutung nach mir unbekannten Sprache zu ihm, »hier ist ein armer Engländer, der entweder im Bett oder im Grab liegen sollte, bring ihn zum Koch und laß ihm so viel Brühe und Hammelfleisch geben, wie er essen will. Der Mann scheint todkrank gewesen zu sein, und ich will lieber zehn Mann bis Ostindien durchfüttern, als einen in Jidda begraben.«

Philipp de la Cruz war der Sohn eines portugiesischen Frauenzimmers, die Kapitän Thornhill geheiratet hatte, ein junger Mensch mit großen Fähigkeiten und vortrefflichem Gemüt. Ich machte vor Kapitän Thornhill eine so ungeschickte Verbeugung wie nur möglich und sagte: »Gott wird Sie einst dafür belohnen.« Philipp brachte mich in einen Hof, wo Muster der Güter aus Ostindien in großen Ballen ausgestellt waren. Linker Hand war ein überdeckter

Gang, der zu einem Stall hinzuführen schien. Dorthin wurde ich gebracht, und der Koch trug mir meine Mahlzeit auf. Verschiedene Engländer von den Schiffen, ostindische Matrosen und auch andere schauten herein, um mich zu betrachten. Und ich hörte, daß sie sich einig darin waren, daß ich wie ein Spitzbube aussähe und gewiß ein Türke sei.

Ich fiel auf einer Matte in tiefen Schlaf, und Philipp ging, um ein anderes Zimmer für mich zu bestellen. Inzwischen waren einige meiner Diener mit dem Gepäck zu dem Zollhaus gegangen. Einige blieben an Bord zurück, um zu verhindern, daß das übrige gestohlen wurde. Die Schlüssel hatte ich, und der Wesir legte sich nach Landessitte zu Mittag zur Ruhe. Sobald er erwachte, war er auf seine Beute so begierig, daß er über mein Gepäck herfiel. Er wunderte sich, daß eine solche Menge und Gepäckstücke von so sonderbarer Form einem Mann von meinem Aussehen gehören sollten, und war schon voller Hoffnung über die schöne Gelegenheit zum Plündern. Er verlangte die Schlüssel zu den Koffern. Einer meiner Diener sagte, daß ich sie hätte und er sie sofort holen wolle. Das dauerte dem Wesir aber zu lange, er wollte nicht mehr warten. Die Leute waren das Plündern gewohnt und brachen die Schlösser nicht auf, sondern lösten kunstvoll die Bänder auf der Rückseite der Gepäckstücke. Auf diese Weise öffneten sie die Deckel, ohne die Schlösser zu beschädigen.

Das erste, was dem Wesir in die Augen fiel, war der Firman[2] des türkischen Kaisers, prächtig geschrieben, die Aufschrift mit Goldstaub bestreut und in grünen Taft eingewickelt. Dann fand er einen grün-goldenen Beutel mit Briefen an den Scherif[3] von Mekka und einen karmoisinroten Behälter aus Atlas mit Briefen an Metical Aga, den Schwertträger, Ersten Minister und großen Favoriten des Scherifs. Und endlich fand er einen Brief des Ali Bey an ihn selbst, der in dem herablassenden Ton eines Fürsten an seinen Sklaven geschrieben war.

In diesem Brief sagte Ali Bey ganz deutlich, daß er gehört habe, daß die Statthalterschaften über Jidda, Mekka und andere Länder des Scherifs sehr unordentlich verwaltet würden und daß Kaufleute, die wegen ihrer rechtmäßigen Geschäfte kämen, ausgeplündert, in Angst versetzt und aufgehalten würden. Er warne ihn deshalb davor, mir ähnliches widerfahren zu lassen. Anstatt sich Beschwerden anzuhören, würde er jemanden schicken, um eine solche Beleidigung vor den Toren Mekkas bestrafen zu lassen.

Diese Sprache gefiel dem Wesir gar nicht, und das, was er gefunden hatte, kam für ihn so unerwartet, daß er nunmehr einsah, daß er zu weit gegangen war. Er rief voll Eifer meinen Diener herbei und machte ihm Vorwürfe, daß er ihm nicht mitgeteilt habe, wer ich sei. Der Diener verteidigte sich damit, daß der Wesir und seine Leute auf alles, was er gesagt habe, nicht im geringsten geachtet hätten. Ihr Stolz habe es nicht erlaubt, ihn anzuhören.

Nun war die große Verlegenheit da. Meinem Diener wurde befohlen, die Bänder wieder anzunageln, er erklärte jedoch, dies wäre das letzte, was er täte. Niemand öffne einen Koffer auf diese Art, wenn man dazu die Schlüssel haben könne, außer in der Absicht, etwas zu stehlen. Es seien kostbare Sachen in dem Koffer, die für den Scherif und Metical Aga bestimmt seien, und diese könnten gestohlen worden sein, da die Bänder schon vor seiner Ankunft aufgebrochen worden seien. Er wasche wegen dieses Vorgehens seine Hände in Unschuld, wisse aber ganz bestimmt, daß sich sein Herr sowohl in Kairo als auch in Jidda darüber öffentlich beschweren werde.

Der Wesir trug seinen voreiligen Entschluß wie ein Mann. Er nagelte den Koffer selbst zu, ließ sich sein Pferd bringen und begab sich in Begleitung von fünfzig nackten Schwarzen, die man hier Soldaten nennt, zu dem Bengalischen Haus, worüber die ganze Faktorei in Bestürzung geriet.

Vor sechsundzwanzig Jahren waren die zwischen Ostindien und Jidda Handel treibenden englischen Kaufleute, vierzehn an der Zahl, bei Tisch durch eine Meuterei dieses rohen Volkes alle ermordet worden.

Nun wurde eilig nach dem englischen Kavalier gefragt, den niemand gesehen hatte; aber es hieß, einer seiner Diener sei im Bengalischen Haus. Ich saß gerade auf meiner Matte und trank Kaffee, als der Wesir auf seinem Pferd kam und der Hof sich mit Menschen füllte. Einer der Zollbedienten fragte mich, wo mein Herr sei. »Im Himmel«, antwortete ich. Ein Diener des Emir Bahar brachte nun den Wesir zu mir, der nicht abgestiegen war. Er wiederholte dieselbe Frage. Ich verstünde die Absicht seiner Frage nicht, entgegnete ich ihm, ich sei aber der Mann, dem das Gepäck gehöre, welches er zu dem Zollhaus habe bringen lassen. Die Briefe des Großherrn und des Ali Bey beträfen meine Person.

Er war voller Erstaunen und fragte, warum ich denn in einem solchen Aufzug erschienen sei. »Ihr könnt das nicht im Ernst fragen«, sagte ich, »kein kluger Mann würde sich wohl in Anbetracht der Reise, die ich gemacht habe, besser kleiden. Aber Ihr habt mir auch keine Wahl gelassen, da alles außer dem, was ich auf dem Leib trage, seit vier Stunden im Zollhaus ist und Ihr darüber verfügt.«

Wir gingen nun alle zu unserem höflichen Wirt hinauf, zu Kapitän Thornhill, bei dem ich mich für mein voriges Betragen damit entschuldigte, daß ich gleich bei meiner Ankunft einen so schlechten Empfang durch meinen eigenen Verwandten hatte erdulden müssen. Er lachte herzlich über meine Erzählung, und von der Zeit an lebten wir in der vertrautesten Freundschaft.

Alle Schwierigkeiten waren nun beigelegt, auch mit Yousef Cabil, und alle Hände waren damit beschäftigt, die überzeugendsten Empfehlungsbriefe an den Naybe von Massaua[4], an den König von Abessinien[5], seinen Minister Michael Suhul[6] und an den König von Sennar[7] auszufertigen.

Metical Aga war ein großer Freund und Beschützer der Engländer in Jidda und wegen der Geschenke, die er ständig von ihnen erhielt, gleichsam von ihnen gekauft. Er war ursprünglich ein abessinischer Sklave, ein Vertrauter und Aufseher beim Verkauf des dem König und seinem Minister gehörenden Goldes, Elfenbeins, Zibet[8] und anderer kostbarer Waren, welche bar bezahlt wurden. Den Michael versorgte er an Stelle einer Bezahlung mit Feuerwaffen, welche diesen in den Stand setzten, sich zum Herrn von Abessinien zu machen, seinen König zu ermorden und einen anderen auf den Thron zu setzen.

Auf der anderen Seite hatte der Naybe von Massaua, dessen Insel dem Großherrn gehört und ein Teil der Statthalterschaft des Pascha von Jidda ist, sich bemüht, das türkische Joch abzuschütteln und sich unabhängig zu machen. Er bezahlte keinen Tribut, und der Pascha, der keine Truppen hatte, konnte ihn nicht dazu zwingen, weil er sich auf der abessinischen Seite des Roten Meeres befand. Letztlich einigten sich Metical Aga und der Pascha dahingehend, daß letzterer dem ersteren die Insel und das Gebiet von Massaua gegen eine gewisse jährliche Summe abtrat. Metical Aga bestellte Michael, den Statthalter von Tigre, zum Eintreiber der ihm schuldigen Renten. Sobald nun der Naybe sah, daß er mit Michael zu rechnen hatte, war er bereit, den Tribut zu bezahlen, und schickte noch Geschenke obendrein. Denn Tigre war die Provinz, aus welcher Massaua den Lebensunterhalt bestreiten mußte, und Michael hätte sich des ganzen Gebietes in acht Tagen bemächtigen können, welches einmal zu Abessinien gehört hatte. Da Meticals Einfluß also durchaus bekannt war, kam es vor allem darauf an, ihn zu gewinnen, um sich seiner Macht zu meinen Gunsten zu bedienen.

Es ist bekannt, wie wenig die gewöhnlichen Empfehlungsbriefe nützen. Wir waren alte Reisende und kannten die morgenländische Art gar zu gut, als daß wir durch bloße Höflichkeitsbriefe hintergangen werden konnten. Keine Völker sind in ihrer Korrespondenz untereinander höflicher als die Morgenländer. Aber ihre Höflichkeitsfloskeln bedeuten nicht viel mehr als ähnliche Ausdrücke in Europa. Sie zeigen lediglich, daß der Schreiber ein Mann mit Manieren ist. Das ist aber auf einer so langen, so gefährlichen und so ernsthaften Reise wie der meinigen bei weitem nicht genug.

Wir suchten also wirksamere Briefe zu erlangen, Briefe über Geschäfte und Verbindlichkeiten von einem Mann an den anderen. Wir bemühten uns sehr, dies dem Metical Aga, der ein sehr guter Mann, aber sonst kein sehr großer Kopf war, begreiflich zu machen. Meine Briefe von Ali Bey brachen den Bann und verpflichteten ihn zuerst einmal zur Aufmerksamkeit. Ein Paar schöne Pistolen, die ich ihm mitbrachte, verschafften mir dann seine Zuneigung, dies um so mehr, als ich zu keinem Geschenk verpflichtet war, weil ich ihm Briefe von jemandem, der über ihm stand, überbrachte.

Die Empfehlungsbriefe wurden in einer Art abgefaßt, wie ich es nur wünschen konnte, waren aber dennoch nach der Meinung eines würdigen und mir freundschaftlich gesinnten Mannes, der seit meiner Ankunft um mich besorgt war, nicht ausreichend. Dies war Thomas Price, der Kapitän des »Löwen von Bombay«. Er machte dem Metical den Vorschlag, einen seiner Leute gemeinsam mit mir und den Briefen nach Abessinien zu schicken, und ich glaube fest, daß ich neben der göttlichen Vorsehung dieser Maßnahme mein Leben zu verdanken habe. Damit war auch Kapitän Thornhill völlig einverstanden. Ein Abessinier namens Mahomet Gibberti wurde also dazu bestimmt, mit besonderen Briefen, außer denen, die ich selbst mitbrachte, mich zu begleiten und ein Augenzeuge meiner Aufnahme zu sein.

Es war noch einige Zeit nötig, um diesen Mann in Bereitschaft zu setzen, und ich hatte noch einen ansehnlichen Teil des Arabischen Meerbusens zu untersuchen. Ich traf also alle Anstalten zur Abreise von Jidda, nachdem ich mich schon so lange Zeit hier aufgehalten hatte.

Unter all den Neuigkeiten, die ich in Jidda beobachten konnte, setzte mich die Art und Weise, wie an diesem Ort Handel betrieben wird, am meisten in Erstaunen. Es lagen neun ostindische Schiffe hier, von denen ich bei einigen die Ladung auf zweihunderttausend Pfund Sterling schätzte. Ein türkischer Kaufmann aus Mekka, dreißig Tagereisen von hier entfernt und wohin kein Christ kommen darf, bietet an, die Ladung von vier Schiffen zu kaufen, ein anderer Kaufmann derselben Nation will keine erwerben, wenn er sie nicht alle bekommt. Die Muster werden gezeigt, und die Ladungen sämtlicher Schiffe werden durch die wildesten Gebiete Arabiens von Menschen geführt, mit denen sich niemand wünschen würde, allein auf weiter Flur zu sein. Doch damit nicht genug. Zwei indische Makler kommen in das Haus, um den Preis zu bestimmen. Einer von seiten der ostindischen Kapitäne, der andere von seiten des türkischen Kaufmanns. Sie sind weder Mohammedaner noch Christen, haben aber bei beiden Kredit. Sie setzen sich auf einem Teppich nieder, nehmen einen indischen Schal und breiten diesen wie eine Serviette über ihre Hände. Währenddessen reden sie von gleichgültigen Dingen, von der Ankunft der Ostindienfahrer etwa oder von Tagesneuigkeiten, als ob sie gar kein ernsthaftes Geschäft vorhätten. Nach Verlauf von zwanzig Minuten ist der Handel über alle neun Ladungen unter dem Schal mit den Fingern getätigt worden, ohne daß ein Wort darüber geredet oder Feder und Tinte dazu gebraucht worden wären. Man kennt keinen Fall, wo jemals ein Streit über einen solchen Verkauf entstanden war.

Damit ist es aber nicht genug, das Geld muß auch bezahlt werden. Ein Privatmann, ein Mohr[9], der nichts anderes als seinen guten Charakter hat, muß für die Bezahlung der Ladungen geradestehen. Sein Name bei meinem Aufenthalt in Jidda war Ibrahim Saraf, d.h. Ibrahim der Makler. Dieser Mann liefert eine Anzahl Hanfsäcke ab, die voll mit Geld sind, wie man annimmt. Er schreibt die darin enthaltene Summe darauf und versiegelt den Sack an dem Band, womit er zugebunden ist, mit seinem Petschaft. Man nimmt den Sack als Bezahlung an, öffnet nie einen davon, und die darauf geschriebene Summe gilt auch für Ostindien, solange der Sack nicht geöffnet wird.

Jidda ist ein ungesunder Ort, wie auch die ganze östliche Küste des Roten Meeres. Unmittelbar vor dem Stadttor ist ostwärts eine wüste Ebene, in welcher lediglich Beduinen oder Landaraber in Hütten leben, die aus langen Bündeln von Binsengras zusammengebunden sind. Diese Beduinen versorgen Jidda mit Milch und Butter. Außerhalb der Stadt gibt es nichts zu sehen als eine Anzahl stinkender

Pfützen oder Teiche, eine halbe Meile entfernt an der Südseite, die viel zur ungesunden Lage des Ortes beitragen.

Jidda liegt nicht nur im gesundheitsschädlichsten Teil von Arabien, sondern zugleich auch im ödesten und unfruchtbarsten. Wegen dieser und vieler anderer Unbequemlichkeiten würde es vermutlich längst verlassen worden sein, wenn es nicht so nahe bei Mekka läge und den großen Zustrom der Schätze des Ostindienhandels hätte, die jährlich einmal ankommen. Sie bleiben aber nicht da, sondern gehen wie durch einen Schlagbaum weiter nach Mekka und verbreiten sich von dort über alle Morgenländer. Jidda hat nur geringe Vorteile dadurch. Das Geld aus den Zöllen wird sofort an den Regenten, seine hungrigen Verwandten und Beamten nach Mekka geschickt. Und das Geld für die Waren wird ebensoschnell an Bord der Schiffe gebracht wie die Güter auf den Markt. Es bleibt nur ein geringer Gewinn übrig. Um diese Zeit steigen die Lebensmittel auf einen erstaunlichen Preis, und diesen haben die Einwohner zu bezahlen. Der Gewinn aus dem Handel fällt den Fremden in die Hände, von denen sich die meisten, wenn der Markt, welcher kaum sechs Wochen dauert, vorbei ist, nach dem Jemen und anderen benachbarten Gegenden begeben, wo alle Lebensmittel im Überfluß zu bekommen sind.

Die Freundschaft meiner Landsleute blieb mir während meines ganzen Aufenthalts erhalten und begleitete mich bis an Bord. Wenn andere den Stolz der englischen Ostindienfahrer beklagen, war ich so glücklich, nicht einmal einen Schein davon in Jidda empfunden zu haben. Es wäre besser für mich gewesen, wenn man mich etwas mehr vernachlässigt hätte.

Der ganze Kai in Jidda war voller Menschen, die gekommen waren, um den Englischen Gruß[10] zu sehen. Zugleich mit mir segelte ein anderes Schiff nach Massaua ab, welches den Mahomet Abd el Kader, den Statthalter von Dahalac, zu seiner Residenz bringen sollte. Dahalac ist eine große, von Massaua abhängige Insel, die aber einen eigenen Firman hat, der alle zwei Jahre erneuert wird. Dieser

Mann war ein Mohr und Sklave des Naybe von Massaua. Er war in Jidda gewesen, um sich seinen Firman von Metical Aga zu erbitten, und Mahomet Gibberti sollte mit mir kommen, um diesen dem Naybe zu überbringen. Abd el Kader war kaum in Massaua angelangt, als er – wie es dem Hang dieser Menschen zu maßloser Übertreibung entspricht – die Nachricht verbreitete, es würde ein vornehmer Mann oder Prinz, den er in Jidda getroffen habe, demnächst nach Massaua kommen. Dieser habe dem Scherif und Metical Aga wertvolle Geschenke gebracht und dafür von Yousef Cabil, dem Wesir des Scherifs, eine große Summe in Gold empfangen. Überdies habe er von den Engländern alles, was er nur wollte, bekommen, und diese hätten ihm zu Ehren während seines mehrmonatigen Aufenthalts in Jidda ständig Feste veranstaltet. Und als er zum Imam des Glückseligen Arabien[11] abgereist sei, hätten alle englischen Schiffe die Fahnen wehen lassen und drei Tage lang vom Morgen bis zum Abend Salut geschossen. Die Folge dieser Erzählung war, daß der Naybe einen Mann mit unsäglichen Reichtümern erwartete, der sich in seine Hände begeben würde. Die Gefahr, in die mich dieser lügnerische Bericht brachte, war größer als alle folgenden Mißlichkeiten, die mich auf meiner weiteren Reise noch erwarten sollten.

Am 8. Juli 1769 verließ ich den Hafen von Jidda an Bord meines vorigen Schiffes. Ich erlaubte dem Rais[12], eine kleine Ladung auf eigene Rechnung mitzunehmen, jedoch unter der Bedingung, keinem einzigen Passagier die Mitreise zu gestatten. Der Wind war günstig, und wir segelten zwischen der vor Anker liegenden englischen Flotte hindurch. Der Rais wunderte sich ungemein über die Ehre, die seinem kleinen Boot widerfuhr, da jedes Schiff, wenn wir an seinem Heck vorbeifuhren, die Flagge hißte und mit elf Schüssen grüßte, ausgenommen das Schiff meines schottischen Freundes, welches zwar auch die Fahne wehen ließ, aber keinen Schuß abfeuerte. Er stand jedoch auf dem Verdeck und rief durch sein Sprachrohr: »Der Kapitän wünscht dem Herrn Bruce eine glückliche Reise.« Ich stand ebenfalls an Deck und antwortete durch mein Sprachrohr: »Herr Bruce wünscht dem Kapitän ... eine baldige völlige Rückkehr seines Verstandes!«

Über Loheia und Mokka segelte Bruce an der jemenitischen Küste südwärts, besuchte einige Inseln und verbrachte seine Zeit vorwiegend mit astronomischen Berechnungen und kartographischen Aufnahmen. Es war ihm bekannt, daß kurz zuvor der dänische Forscher Carsten Niebuhr einige Zeit im Jemen geweilt hatte und mit ausgezeichneten Ergebnissen nach Hause gekommen war. Aus diesem Grund widmete Bruce dem Land selbst wenig Aufmerksamkeit. Auch die Furcht seines Kapitäns vor Seeräubern konnte ihn nicht davon abbringen, bis Bab el Mandeb weiterzusegeln, der Meerenge zwischen dem Roten Meer und dem Indischen Ozean.

Darauf fuhr James Bruce wieder zurück nach Loheia und wartete wie verabredet auf die Ankunft seines Freundes Mahomet Gibberti.

Am 1. September traf Mahomet Gibberti ein und brachte den Firman für den Naybe von Massaua und die Briefe von Metical Aga an Ras Michael mit. Ferner hatte er auch einen Brief an mich und einen anderen an Achmet, den Neffen und künftigen Nachfolger des Naybe, bei sich. In diesem Brief wurde ich gewarnt, dem Naybe nicht zu sehr zu trauen, aber vor seinem Neffen, der gewiß mein Freund sein würde, nichts geheimzuhalten.

Nachdem alles zur Abreise in Ordnung gebracht war, zogen wir am 3. September vor Loheia die Segel auf. Weil der Wind aber nachließ, sahen wir uns genötigt, das Schiff hinauszuziehen und Anker zu werfen. Der Hafen von Loheia ist bei weitem der größte im Roten Meer, aber jetzt so seicht und versandet, daß nur ein schmaler Kanal zum Ein- und Aussegeln übrig ist, der nirgends mehr als drei Faden[13] Tiefe, an manchen Stellen aber nicht einmal halb soviel hat.

Unser Rais hatte als Fremder, ohne Verbindungen in der Stadt, große Schwierigkeiten, genug Wasser für die Reise zu bekommen. Wir hatten nur mehr einen geringen Vorrat übrig. Wenn unser Schiff auch nur sechzig Fuß Länge hatte, waren wir doch ungefähr vierzig Menschen an Bord. Ich hatte es zwar nur für mich gemietet, erlaubte dem Rais aber dennoch, eine Anzahl ihm bekannter Passagiere mitzunehmen. Es war gefährlich, sich an unserem Bestimmungsort Feinde zu machen, indem wir jemanden von der Rückreise abhielten. Auf der anderen Seite war es ebenso bedenklich, Fremde mitzunehmen, deren Trachten es sein konnte, meine Absichten zu vereiteln.

Wir hatten beschlossen, unseren Kurs nordwärts nach einer Insel zu richten, wo gutes Wasser im Überfluß zu bekommen sein sollte. Am 6. gingen wir früh um 5 Uhr unter Segel. Wir litten an Wassermangel, wie wir vorausgesehen hatten. Abends ankerten wir bei Foosht in zwei Faden Wassertiefe östlich der Stadt. Den folgenden Tag blieben wir hier liegen, weil die Matrosen damit beschäftigt waren, die Schläuche zu füllen. Andere Gefäße sind auf diesem Meer nicht üblich.

Die Insel ist mit einer Art von Binsengras bedeckt, welches aber aus Mangel an Regen und, weil es einigen hier gehaltenen Ziegen als Futter dient, keine besondere Höhe erreichen kann. Es gibt zwei Stellen zum Wassereinnehmen: eine auf der Ostseite der Insel, wo wir uns jetzt befanden, und die andere auf der Westseite. Das Wasser schmeckte bitter und war durch viele kleine Schiffe, die vor uns Wasser geholt hatten, sehr getrübt worden. Die Art, wie die Schläuche aus Ziegenfellen gefüllt werden, ist sehr unsauber. Man bekommt viel Schlamm in das Wasser, doch wenn es zwei bis drei Tage gestanden hat, fanden wir es von vortrefflichem Geschmack. Als es an Bord kam, sah es schwarz wie Tinte aus, war jedoch dann das beste Wasser, welches wir seit dem Nilwasser getrunken hatten.

Foosht besteht aus ungefähr dreißig Hütten, die aus Bündeln von Binsengras gebaut sind und innen nur von wenigen Stangen getragen werden. Oben sind sie mit derselben Grasart gedeckt. Die Einwohner schienen sehr erschrocken zu sein, als sie uns alle bewaffnet an Land kommen sahen. Dies geschah aber nicht aus Furcht vor ihnen.

Arabischer Scheik vom Stamm
Beni Koreish

Doch da wir die Nacht an Land verbringen wollten, mußten wir darauf gefaßt sein, uns gegen einen Überfall von Landstreichern des Festlandes verteidigen zu müssen, die öfter in Booten herüberkommen. Als ein Marabut, ein Heiliger oder Priester, mich nahe bei sich vorbeigehen sah, fiel er platt auf sein Angesicht und blieb wohl eine Viertelstunde so liegen. Er wollte auch nicht eher wieder aufstehen, bis ich die Gewehre, welche seine Furcht veranlaßt hatten, wieder an Bord zu schaffen befahl.

Die Einwohner von Foosht sind arme Fischer, gehen fast nackt und tragen lediglich elende Lumpen um den Unterleib. Das Gesicht ist weder mit Flecken noch sonst irgendwie bemalt. Sie fangen eine Menge Fische, Seajan genannt, die sie nach Loheia bringen und gegen Getreide eintauschen, weil sie sonst keine andere Möglichkeit haben, sich Brot zu verschaffen.

Nachdem für unseren großen und so wesentlichen Mangel an Wasser hinlänglich gesorgt war, begaben wir uns alle wieder an Bord, fanden aber, daß uns noch etwas sehr Wichtiges fehlte, nämlich Feuerholz. Das Holz ist am Roten Meer überhaupt sehr selten, es wird nur in geringen Mengen gefunden und in solchen auch verwendet. Man wußte, daß ein wenig auf der nordwärts liegenden Insel Zimmer zu finden war, doch inzwischen war auf unserem Schiff eine Unruhe von ganz besonderer Art entstanden, wovon ich nichts erfuhr, als bis ich wieder an Bord kam.

Man hatte nämlich einen Abessinier, der an Bord starb und beim Aussegeln aus der Bai von Loheia begraben wurde, seit zwei Nächten auf dem Bugspriet gesehen, worüber die Matrosen in großen Schrecken gerieten. Auch den Rais beunruhigte es nicht wenig, wenn er auch nicht sicher berichten konnte, ihn selbst gesehen zu haben. Dennoch beklagte er sich bitter, als ich mich zu Bett gelegt hatte, über die schlimmen Folgen, die entstehen könnten, wenn das Gespenst seinen Platz behauptete. Er bat mich deswegen, zu dem Geist zu gehen und mit ihm zu reden. »Guter Rais«, entgegnete ich, »ich bin müde, und mein Kopf schmerzt mir von der heftigen Sonne. Ihr wißt, daß der

Abessinier für seine Überfahrt bezahlt hat. Wenn er also dem Schiff nicht zu schwer ist – und ich denke, er müßte jetzt leichter sein, denn als wir ihn an Bord nahmen –, können wir es dem Geist billigerweise nicht verwehren, seine Reise nach Abessinien fortzusetzen, da wir nicht wissen, was er dort vielleicht für wichtige Geschäfte hat.« Der Rais fing an sich glücklich zu preisen, daß er von diesen Geschäften nichts wüßte. »Wenn Ihr also«, fuhr ich fort, »nicht findet, daß er das Schiff vorne zu sehr belastet, so laßt ihn doch in Ruhe. Käme er sonst irgendwo im Schiff hin oder bestünde er darauf, mitten unter Euch zu sein, würde er Euch bei Eurer gegenwärtigen Gemütsverfassung wohl weit beschwerlicher sein als auf seinem jetzigen Platz.« Der Rais fing abermals an, sich zu segnen und einen Vers aus dem Koran herzusagen: »Bismilla sheitan rejem« (Um Gottes willen, nimm den Teufel von mir). »Nun Rais«, fing ich abermals an, »wenn er uns keinen Schaden zufügt, laßt ihn doch ruhig auf dem Bugspriet reiten, bis er müde wird oder bis er nach Massaua kommt. Ich schwöre Euch, solange er uns weder schadet noch beunruhigt, glaube ich keine Veranlassung zu haben, aus meinem Bett aufzustehen und ihm lästig zu sein. Gebt aber nur acht, daß er uns nichts stiehlt.«

Dies schien der Rais sehr übelzunehmen und sagte, daß er für seine Person um sein Leben nicht besorgter sei als sonst jemand an Bord. Wenn er sich nicht vor einem unvermuteten heftigen Wind fürchte, so möge der Geist immer auf dem Bugspriet reiten und zum Teufel gehen. Er habe aber stets gehört, daß gelehrte Männer mit Geistern reden könnten. »Seid so gut, Rais«, sagte ich, »und meldet dem Gespenst, ich sei im Begriff, Kaffee zu trinken. Es wäre mir lieb, wenn er in die Kajüte käme und mir entdeckte, was er mitzuteilen habe.« Der Rais ging hinaus, hatte aber nicht den Mut, wie mir ein Diener sagte, zum Geist zu gehen. Er konnte auch niemanden finden, der sich statt seiner getraut hätte. Er kam jedoch zurück und trank Kaffee mit mir. Ich fühlte mich sehr übel und befürchtete, einen Sonnenstich bekommen zu haben. »Geht hin«, sagte ich zum Rais, »und sagt dem Mahomet Gibberti, ich sei ein Christ und hätte den Geistern auf dem Roten Meer nichts zu befehlen.«

Mahomet Gibberti lag mit seinem Schiff direkt neben uns vor Anker. Ein Mohr namens Yasine, den ich in der Folge gut kennenlernte, kam herüber und erzählte mir, daß Gibberti seit unserer Abreise sehr stark an der Seekrankheit gelitten habe. Er ließ mich bitten, ich möge nicht über den Geist lachen oder dreist von ihm sprechen, weil es sehr leicht der Teufel selbst sein könnte, der oft in diesen Gegenden erscheine. Zugleich bat mich der Mohr auch, ich möge dem Gibberti etwas Kaffee schicken und meinem Diener befehlen, etwas Reis in frischem Wasser aus Foosht zu kochen. Bisher hatte man unsere Fische und den Reis in Seewasser gekocht, welches ich auch vorzog. Diese schlechte Nachricht von meinem Freund Gibberti vertrieb meine ganze Heiterkeit, und ich trug meinem Diener auf, ihn zu betreuen.

Am 8. segelten wir frühmorgens von Foosht ab, konnten aber nicht eher an den Ort unserer Bestimmung gelangen, da wir an einer offenen Reede etwa eine halbe Meile vor der Küste ankern mußten. Wie Foosht hat auch Zimmer keinen Hafen. Ich nahm meinen Quadranten und begab mich in einem Boot an Land, um Holz zu sammeln. Zimmer ist eine viel kleinere Insel als Foosht, unbewohnt und ohne Wasser, obgleich man aus den noch vorhandenen Zisternen, die sechzig Ellen im Geviert in Felsengestein gehauen sind, schließen muß, daß hier einst ein wichtiger Ort gewesen ist. Zu gewissen Jahreszeiten fällt hier Regen in großer Menge. Die Insel ist mit jungen Pflanzen vom Rackbaum bedeckt, dessen Eigenschaft es ist, in salzigem Wasser zu wachsen. Die alten Bäume waren umgehauen, es war aber eine ansehnliche Menge von Akazienbäumen vorhanden, und genau diese waren es, die wir benötigten.

Am 10. in der Früh sah ich den Jebel (Berg) Teir, der so lange im Nebel gelegen hatte. Ich befahl dem Steuermann, gerade darauf zuzusteuern. Den ganzen Vormittag war unser Schiff von einer erstaunlichen Menge Haifische umgeben. Sie waren von der Art, die man Hammerfische nennt; ein paar große schienen miteinander zu wetteifern, wer dem Schiff am nächsten kommen könnte. Der Rais hatte eine große Harpune mit einer langen Schnur für die Fische zurechtgemacht. Ich begab mich damit auf den Bugspriet, um einem Hai aufzulauern. Vorher hatte ich noch den Rais gebeten, erst zu untersuchen, ob auch alles in Ordnung sei und ob der Geist, der so viele Nächte darauf gesessen habe, keinen Schaden angerichtet habe. Er schüttelte den Kopf, lächelte und sagte: »Die Haie suchen etwas Reelleres als Geister.« – »Wenn ich mich nicht irre«, antwortete ich darauf, »so sucht dieser Geist auch etwas Reelles, Ihr werdet es am Ende schon sehen.«

Ich traf den größten Hai ungefähr einen Fuß vom Kopf mit solcher Gewalt, daß das ganze Eisen in ihn hineinfuhr. Er schüttelte sich wie ein Mensch, der friert, und dadurch löste sich der Stiel aus der Tülle, da die Harpune mit Absicht so eingerichtet war. Der Stiel legte sich quer und hinderte den Fisch am Schwimmen, blieb aber an der Leine befestigt. Kein Lachsfischer sah jemals einen schöneren Fang an seiner Angelrute. Der Hai hatte dreißig Faden der Leine mit sich fortgerissen, und wir konnten ihm noch einmal soviel geben. Er tauchte nie unter, sondern schwamm um unser Fahrzeug wie ein Schiff, so daß ein Teil seines Rückens beständig über Wasser war. Der Rais, welcher uns Anleitungen gab, bat, wir sollten ja nicht zerren, sondern so viel Leine geben, wie er brauchte. Wir sahen auch tatsächlich, wie das Gewicht der Schnur den Fisch schwächte, denn er schwamm immer rund um das Schiff, ohne daß er versuchte, sich zu entfernen. Endlich kam er näher, während wir die Leine einholten, und wir brachten ihn allmählich an die Seite des Schiffes, wo wir einen starken Bootshaken in seinem Schlund befestigen konnten. Nun ließen wir einen Mann an einem Seil hinab, um dem Hai den Schwanz abzuschneiden. Er konnte nun keinen Schaden mehr anrichten, wenn er auch noch nicht gänzlich tot war. Er maß elf Fuß und sieben Zoll von der Schnauze bis zum Schwanz und hatte, wo er am dicksten war, einen Umfang von vier Fuß. Im Magen fanden wir einen nicht lange vorher verschluckten Delphin und etwa eine halbe Elle Tuch. Es war der größte Hai, den unser Rais jemals im Roten und im Indischen Meer gesehen hatte.

Wir verließen Jebel Teir am 11. bei leichtem Westwind, aber gegen Mittag verstärkte er sich wie gewöhnlich. Wir richteten unseren Kurs gerade auf Dahalac, als um ½5 Uhr ein Junge in Nordwest vier Inseln erblickte. Wir hatten bei dem frischen Wind alle Segel gesetzt, als ich kurz vor Sonnenuntergang eine Welle mit einem weißen Rand wahrnahm, wie Wellen aussehen, wenn sie sich über einer Bank brechen.

»Um Gottes willen, zieht die Segel lieber ein«, schrie ich dem Rais zu, denn die Welle war genau auf unserem Kurs. Er meinte, ich müsse mich irren. Hier gebe es keine Untiefen, und ich hätte wahrscheinlich einen Seevogel gesehen. Um 7 Uhr stießen wir auf ein Korallenriff. Die Araber sind bei allen plötzlichen Gefahren verzagt, weil sie diese als nicht zu vermeidendes Schicksal betrachten. Es gibt nur wenige unkultivierte Gemüter, die bei unerwarteten gefährlichen Situationen ihre Fassung behalten und sich selbst helfen können. Die arabischen Schiffer waren sofort dafür, das Beiboot zu nehmen und nach den von dem Schiffsjungen gesichteten Inseln zu segeln. Die Abessinier wollten die Planken und Balken des Schiffes verwenden, um ein Floß daraus zu machen.

Nun entstand ein heftiger Streit, und schließlich kam es sogar zu einer Schlägerei. Die Nacht brach herein, und wir saßen noch immer auf der Klippe fest. Der Rais und Yasine besänftigten inzwischen den Tumult, worauf ich die Passagiere bat, mich anzuhören: »Ihr wißt es alle«, fing ich an, »oder sollt es wenigstens wissen, daß das Boot mir gehört, weil ich es zur Sicherheit und zum Nutzen für mich und meine Leute von meinem Geld kaufte. Ihr wißt auch, daß ich mit meinen Leuten gut bewaffnet bin, während ihr nackt seid. Denkt also nicht, daß einer von euch ins Beiboot kommt und sein Leben auf Kosten des unsrigen retten kann. Dieses Schiff ist euer Schicksal, darin müßt ihr leben oder sterben. Packt also alle mit an. Der Wind ist ruhig, macht das Schiff frei. Hätte es einen beträchtlichen Schaden erlitten, wäre es schon längst gesunken.«

Durch diese Rede schienen sie neuen Mut bekommen zu haben und sagten, daß sie hofften, ich würde sie nicht verlassen. Ich versprach das, solange noch etwas an dem Schiff ganz wäre und sie sich wie Männer benähmen.

Das Boot wurde sogleich ins Wasser gelassen. Einer meiner Diener, der Rais und zwei Matrosen stiegen hinein. Sie waren sofort auf der Korallenbank, wo die beiden Matrosen ausstiegen und sich anfänglich die Füße zerschnitten, bald aber besser Fuß fassen konnten. Sie versuchten, das Schiff rückwärts zu stoßen, es regte sich aber nicht. Dann benahmen sie Stangen und Brecheisen zu Hilfe, um es zu bewegen, diese waren aber zu kurz. Es hatte den Anschein, als könnten wir das Schiff nicht eher als am folgenden Morgen flottmachen. Wir wußten, daß sich dann der Wind wieder erheben würde, andererseits war aber auch zu befürchten, daß dadurch das Schiff in Stücke gehauen würde.

Mahomet Gibberti und Yasine hatten, seit das Schiff aufgelaufen war, unaufhörlich laut im Koran gelesen. Im Vorbeigehen sagte ich zu ihnen, daß es wohl besser sei, die Bücher ruhen zu lassen, bis wir an Land kämen, und jetzt lieber den anderen zu helfen. Mahomet erwiderte, er sei so schwach und krank, daß er nicht stehen könne. Aber Yasine ließ den Vorwurf nicht auf sich sitzen. Er zog sich nackt aus, ging aufs Vorschiff und sprang ins Meer. Er untersuchte zuerst die Korallenbank, welche ziemlich breit war, und dann die Lage des Schiffes auf ihr. Er fand, daß die an den Seiten des Schiffes stehenden Matrosen nichts zum Flottmachen des Schiffes beitragen konnten, sondern nur die Mannschaft an der Spitze. Der Rais und Yasine schrien nun nach Stangen und Brecheisen, welche ihnen auch gebracht wurden. Noch zwei weitere Matrosen ließen sich hinab und stellten sich auf die Bank. Ich befahl darauf dem Rais, ein Tau zu nehmen, sich mit dem Boot direkt hinter das Schiff zu legen und es in dieselbe Richtung, in der es gestoßen wurde, zu ziehen.

Sobald das Schiff unter großem Geschrei gezogen wurde, begann es sich zu bewegen. Kurz darauf erhob sich ein Lüftchen aus dem Osten, und schnell wurde ein Vorsegel aufgezogen. Alle stießen und zogen, der Wind blies in das Segel, und das Schiff glitt sanft von der Korallenbank herunter. Ich kann nicht sagen, daß ich die Freude der übrigen sofort teilte. Ich fürchtete, es könnte eine Planke geborsten sein. Doch jetzt bewies sich der Vorteil eines Schiffes, welches nicht genagelt, sondern nur zusammengefugt ist. Es war nicht nur nicht beschädigt, sondern zog auch kaum Wasser. Die Mannschaft war durchweg sehr ermüdet, aber alle konnten den Mut und die Fertigkeit des Yasine nicht genug loben. Von diesem Tag an wuchs auch meine Achtung vor ihm und vermehrte sich immer mehr bis zu meiner Abreise aus Abessinien.

Während des Trubels, in dem all dies geschah, ereignete sich etwas, was uns alle in einige Verwunderung versetzte. Man glaubte, das Gespenst abermals auf dem Bugspriet gesehen zu haben, wie wenn es das Schiff auf die Küste zu stoßen wollte. Da dies gleichsam ein Bruch des Vertrages als Passagier mit mir war, dachte ich, daß es an der Zeit wäre, mich endlich genauer darum zu kümmern. Ich erkundigte mich also, wer den Geist gesehen hatte. Zwei Mohren hatten ihn zuerst wahrgenommen, und danach wurde ein großer Teil des Schiffsvolkes bewogen, an die Wirklichkeit dieses Hirngespinstes zu glauben. Ich rief sie, um sie in Gegenwart des Rais und Mahomet Gibbertis zu befragen, und die beiden versicherten, daß sie den Geist während der Nacht etliche Male herumgehen gesehen hätten. Einmal habe er gegen den Bugspriet gestoßen, dann wieder an einem Tau gezogen, wie wenn er einen Anker an der Küste hätte. Schließlich habe er eine Stange in der Hand gehabt, die schwer und stabil und wie aus Eisen ausgesehen habe, und als das Schiff angefangen habe sich zu bewegen, habe er sich in eine blaue Flamme verwandelt, sei auf der Backbordseite dahingelaufen und endlich, als das Schiff flott gewesen sei, verschwunden.

»Nun ist es klar«, sagte ich, »aus dieser Verwandlung seiner Gestalt sehen wir, daß der Geist für immer von uns gewichen ist. Wir wollen nun nachsehen, ob er uns geschadet hat oder nicht. Hat jemand seine Sachen vorne im Schiff?« – »Ja, sie sind alle dort«, antworteten die Leute. »So geht hin«, versetzte ich, »und schaut nach, ob jeder das Seinige hat.« Sie begaben sich umgehend zu ihrem Gepäck, und gleich darauf erhob sich großes Geschrei. Einem jeden war etwas gestohlen worden, Glas, Nägel, Kupferdraht, Weihrauch, Knöpfe für Rosenkränze, kurz, das Beste von ihren kleinen Vorräten war verschwunden. Alle Passagiere waren äußerst aufgebracht und fingen an, die Matrosen zu beschuldigen. »Ich wende mich an Euch«, sagte ich zu Yasine und Mahomet Gibberti, »und frage, ob diese beiden Mohren, die den Geist am häufigsten gesehen haben und am vertrautesten mit ihm waren, nicht etwa zufällig wissen könnten, wo die Sachen versteckt sind. In meinem Land, wo es viele Geister gibt, helfen ihnen diejenigen, die sie sehen und mit ihnen reden, auch meist bei ihren Diebstählen. Deswegen glaube ich, daß es bei den mohammedanischen Geistern ebenso ist.« Gibberti und Yasine bestätigten, daß, soweit sie gehört hätten, es bei ihnen so ähnlich sei. »Geht also hin und durchsucht die Gegend des Schiffs, wo die Mohren geschlafen haben, während ich die beiden hier bei mir behalte. Nehmt zwei Matrosen mit, welche die verborgenen Winkel kennen.« Bevor noch die Untersuchung begann, gestand einer der Mohren und verriet dem Yasine, wo jedes Stück zu finden sei. Jeder erhielt sein Eigentum wieder zurück. Der Leser glaube ja nicht, daß ich mir übernatürliche Kenntnisse oder einen besonderen Scharfsinn zuschreibe, weil ich von Anfang an glaubte, daß eine Spitzbüberei dahintersteckt, und keinen Augenblick daran zweifelte. Aber während Yasine und die Matrosen damit beschäftigt waren, das Schiff von der Korallenbank herunterzustoßen und ich mich am Heck aufhielt, bemerkte einer der Diener Gibbertis, daß ein Mohr in den Gepäckraum ging und nach einer Weile mit einer Schachtel und anderen Stücken in der Hand zurückkam. Das erzählte er seinem Herrn, der mir Nachricht davon gab. Nachdem der Geist seine Gehilfen entdeckt fand, ließ er sich nie wieder sehen.

Um 6 Uhr früh zogen wir die Segel auf, der Wind ließ aber bald nach. Um 11 Uhr kam er wieder auf wie gewöhnlich und blies aus Norden.

Um 4 Uhr nachmittags sahen wir Land, welches nach der Aussage unseres Steuermanns die Südspitze von Dahalac war. Dies ist bei weitem die größte Insel im Roten Meer, da keine von den bisher entdeckten über fünf Meilen lang war. Sie ist niedrig und flach, hat einen Boden aus festem Kies und weißem Sand, der mit Konchylien und anderen Meeresfrüchten vermischt ist. Es gibt keine Pflanzen, außer einer geringen Menge Binsengras, gerade hinreichend, die wenigen hier lebenden Antilopen und Ziegen zu ernähren. Von den letzteren gibt es hier eine schöne Art; sie sind klein, kurzhaarig, mit dünnen scharfen Hörnern, welche Ringe haben, und sehr schnell auf den Füßen.

Obgleich Dahalac in der Nähe von Abessinien liegt, sind die Jahreszeiten doch nicht gleich, denn hier fällt von Ende März bis Anfang Oktober kein Regen. Aber in den Zwischenmonaten, meist im Dezember, Januar und Februar, kommen heftige Regengüsse vor, die zwölf Stunden anhalten, die Insel überschwemmen und die Zisternen so voll füllen, daß das Wasser darin den ganzen folgenden Sommer hinreicht. Einzig in diesen Zisternen findet man Wasser. Es sind noch dreihundertsiebzig erhalten, alle in festen Stein gehauen. Man hält sie für Werke der Perser, es ist aber wahrscheinlicher, daß sie von den ersten Ptolemäern herrühren. Die Erbauer dieser prächtigen Behältnisse mögen aber sein, wer sie wollen, es müssen jedenfalls Menschen gewesen sein, die sich von den heute hier lebenen sehr unterschieden haben. Denn diese besitzen nicht einmal den Arbeitseifer, auch nur eine einzige von diesen dreihundertsiebzig Zisternen zum Gebrauch der Leute in einem reinlichen Zustand zu halten. Sie stehen jeder Art von Tieren offen und sind mit Kot halb gefüllt, welchen diese, wenn sie trinken oder baden, zurücklassen. Wäre nur eine einzige Zisterne gereinigt und mit einer Türe ver-

Jerboa.

Fennec

schlossen, hätte man gesundes und wohlschmeckendes Wasser für das ganze Jahr.

Unmittelbar nach den Regengüssen sprießt eine erstaunliche Menge Gras hervor, und die Ziegen liefern den Einwohnern Milch, die ihr wichtigstes Nahrungsmittel ist, weil sie weder pflügen noch säen. Ihre einzige Beschäftigung ist es, die Schiffe zu bauen, welche den Küstenhandel betreiben. Die eine Hälfte der Einwohner ist ständig an der arabischen Küste und ist durch ihre dortigen Arbeiten imstande, die zu Hause gebliebene Hälfte mit Durra (Mohrenhirse) und anderen Lebensmitteln zu versorgen. Wenn ihre Zeit um ist, werden sie von der anderen Hälfte abgelöst, welche wieder die erste versorgt. Die Ärmeren nähren sich bloß von Schalentieren und Fischen. Ihre Weiber und Töchter sind erfahrene und beherzte Fischerinnen. Einige von ihnen schwammen ganz nackt, bevor wir noch vor Anker lagen, an Bord und bettelten um eine Handvoll Weizen, Reis oder Mohrenhirse; sie sind unverschämte Bettler, die sich nicht leicht abweisen lassen.

Personen von besserem Stand, wie der Scheich und seine Verwandten, die privilegierte Müßiggänger sind und sich nie der Sonne aussetzen, haben eine braune und keinesfalls dunklere Gesichtsfarbe als die Einwohner von Loheia. Die niedrigste Volksschicht, die Fischer und die, die beständig auf dem Meer leben, sind nicht schwarz, sondern rot, etwas dunkler in der Farbe als frisches Mahagoniholz. Es gibt auch ganz schwarze Einwohner, welche von Arkeeko und dem Festland kommen; aber auch diese werden, wenn sie sich verheiraten, in der nächsten Generation schon weniger dunkel.

Die Bewohner von Dahalac scheinen ein einfältiges, furchtsames und unschädliches Volk zu sein. Es ist die einzige Gegend von Afrika oder Arabien – man mag es nun rechnen, wohin man will –, wo keine Waffen getragen werden. Niemand hat eine Flinte, ein großes Messer oder einen Säbel in der Hand.

Die Einwohner scheinen gesund zu sein, sie versicherten mir auch, daß nur wenige Krankheiten unter ihnen herrschten, wenn nicht zuweilen im Frühling die Schiffe aus Jemen und Jidda die Kinderblattern einführten. Die wenigsten, die davon befallen würden, kämen dann mit dem Leben davon. Ich fand keinen Mann unter ihnen, der sechzig Jahre alt zu sein schien, woraus ich schließe, daß sie nicht alt werden, obgleich die Luft gesund sein sollte, weil den ganzen Sommer der Nordwind weht, welcher die Hitze mäßigt.

Von allen Inseln, die wir auf dieser Seite des Kanals passierten, ist allein Dahalac bewohnt. Die Sprache hier ist die der Hirten; die meisten Bewohner sprechen aber auch arabisch. Von hier aus sahen wir auch die hohen Berge von

Abessinien, die sich längs der Küste wie eine Mauer bis nach Suakin hinstrecken.

Wer die abessinische Seite des Kanals durchfahren will, tut gut daran, die Insel Dahalac an der Ostseite zu passieren oder sich wenigstens der letzten Insel, Wowcan, nicht mehr als zehn Seemeilen zu nähern. Besser ist es, sich ungefähr zwölf Seemeilen westwärts von Jebel Teir oder fast in der Mitte des Kanals zwischen diesem und der Insel zu halten. Dann ist man außer jeder Gefahr.

Als wir den 14. im Hafen von Dobelew ankamen sowie bei der Abfahrt am 17., lief die Flut wie das Wasser durch eine Schleuse, und wir fürchteten, obwohl wir unter vollen Segeln liefen, von unserem Kurs ab- und auf die Felsen zugetrieben zu werden.

Der Kanal zwischen dem Festland und der Insel ist sehr schmal, und die Einwirkung der Sonne und des Mondes hatten diese ungewöhnlich heftige Flut veranlaßt, indem sie eine ungeheure Menge Wasser durch einen so engen Raum preßte.

Nachdem wir unser Schiff untersucht und unbeschädigt gefunden hatten, auch genügend Wasser, so schlecht es auch war, zur weiteren Reise geladen hatten, segelten wir von Dobelew ab. Wegen widrigen Windes mußten wir gegen 5 Uhr in zehn Faden Tiefe ankern. Am 18. segelten wir mit Wind aus Nordwest und hatten auch eine starke Strömung aus derselben Richtung. Bald waren wir wieder genötigt, vor Anker zu gehen, da wir eine sehr seichte und schmale Stelle vor uns hatten.

Die Flut drang nun mit ungewöhnlicher Heftigkeit ein und lief wie der Nil oder sonst ein schneller Fluß, eher wie ein Bach, der eine Mühle antreibt, und nicht wie das Meer, wenn es mit der Flut steigt. Nach 1 Uhr hatten wir genug Wasser, um weitersegeln zu können, und wir wurden durch die Heftigkeit des Stroms auf eine in der Tat fürchterliche Weise durch die enge Passage gejagt.

Um ½4 Uhr fuhren wir zwischen Ras Antalou, dem Nordkap von Dahalac, und der kleinen Insel Dahalottom, welche mit einigen Bäumen besetzt ist, hindurch. Die

Straße zwischen dem Kap und der Insel ist eineinhalb Meilen breit. Um 4 Uhr am Nachmittag ankerten wir in der Nähe der kleinen Insel Surat.

Den 19. September lichteten wir bei Surat gegen 7 Uhr morgens die Anker, um 11 Uhr passierten wir die Insel Dergaiham, die drei Meilen im Nordosten lag, und um 5 Uhr nachmittags lagen wir im Hafen von Massaua. Wir hatten siebzehn Tage, den Tag, an dem wir in Loheia an Bord gingen, eingeschlossen, mit dieser Fahrt zugebracht, obwohl man sie bei günstigem Wind im allgemeinen in drei Tagen und oft in noch kürzerer Zeit zurücklegt. Daran war jedoch nicht bloß das Wetter schuld. Wir verbrachten viel Zeit mit der Besichtigung der Inseln und mit astronomischen Beobachtungen.

Massaua

2. Kapitel

Unerfreuliches und gefährliches Verweilen in Massaua

Massaua, was soviel wie Hafen oder Wohnort der Hirten bedeutet, ist eine kleine Insel unmittelbar vor der abessinischen Küste, versehen mit einem ausgezeichneten Hafen, der bis dicht ans Ufer heran tief genug ist für Schiffe jeglicher Größe. Diese können hier sicher vor Anker liegen, der Wind mag dabei noch so stark wehen, aus welcher Richtung auch immer.

Die Insel selbst ist sehr klein, kaum eine dreiviertel Meile lang und eine halbe breit. Ein Drittel der Fläche nehmen die Häuser ein, das zweite die Zisternen zum Auffangen des Regenwassers, und das letzte Drittel dient als Begräbnisplatz für die Toten. In der Stadt findet man eine beträchtliche Menge von Waren, die zur Ausfuhr bestimmt sind. Diese Waren stammen durchweg aus den umliegenden weitläufigen Gebirgsgegenden, wohin Ausländer wegen der Ungeselligkeit ihrer Bewohner nur sehr selten gelangen.

Die wichtigsten Artikel, die in früheren Zeiten von hier ausgeführt wurden, waren Elfenbein, Gold, Elefanten- und Büffelhäute und vor allem Sklaven. Letztere waren das wichtigste Ausfuhrgut, denn die hier gehandelten wiesen bessere Eigenschaften auf als Menschen anderer Abstammung, die mit ihnen dieses unglückliche Schicksal teilten. Und längs der Küste wurden Perlen von vorzüglicher Größe gefunden, ferner gab es hier eine Reihe guter Wasserstellen. Wegen des günstigen Ankerplatzes und der Vielzahl von Waren, die man hier bekommen konnte, entwickelte sich Massaua zu einem bedeutenden Ort des Warenumschlags in dieser Gegend, trotz des hier herrschenden Wassermangels, der das Leben der Menschen hier seit Weltenbeginn erschwert. Solange der Handel blühte, war Massaua eine Stadt voller Leben. Seit ihrer Unterdrückung durch die Türken freilich sank sie mehr und mehr zur Bedeutungslosigkeit herab. Die Türken hatten nämlich letzte Hand gelegt an den Ruin des Handels im Roten Meer, nachdem dieser mit der Umschiffung des Kaps der Guten Hoffnung einige Jahre zuvor und mit den Niederlassungen der Portugiesen auf dem indischen Festland seinen Anfang genommen hatte.

Der erste türkische Statthalter von Massaua war ein Pascha, der aus Konstantinopel hergeschickt worden war. Eine Zeitlang waren von Massaua aus verschiedene Versuche zur Eroberung von Abessinien unternommen worden, freilich niemals mit durchschlagendem Erfolg. Der Ort verlor also nicht nur seine frühere Bedeutung als Handelsumschlagplatz, sondern auch im Hinblick auf die militärische Besetzung, so daß die Türken mit der Zeit zu der Auffassung gelangten, es lohne sich nicht länger der Aufwand, hier eine eigene Regierung unter einem Pascha zu unterhalten.

Der wichtigste Beistand, welcher den Türken bei der Eroberung von Massaua geleistet wurde, kam von den Belowee, einem mohammedanischen Hirtenstamm, welcher an der Küste des Roten Meeres bei den Bergen von Habab um den 14. Breitengrad wohnte. Zur Belohnung für diese Hilfe räumten die Türken ihrem Häuptling die bürgerliche Regierung von Massaua und dem dazugehörigen Gebiet unter dem Titel eines Naybe von Massaua ein; und nach dem Abzug des Paschas blieb dieser im Grunde unumschränkter Herr dieses Ortes. Um jedoch wenigstens zum Schein die türkische Oberherrschaft zu wahren, wurde dem türkischen Sultan ein jährlicher Tribut versprochen, wofür der Naybe einen Firman von der Pforte erhielt. Das einmal auf die Insel verlegte Janitscharenkorps, weiterhin seinen Sold aus Konstantinopel beziehend, blieb freilich hier. Die Janitscharen verbanden sich mit den Weibern dieses Landes, und die Söhne wurden wieder Janitscharen und behielten den Sold. Durch Heiraten untereinander wurden sie mit der Zeit Eingeborene von Massaua und waren gewöhnlich miteinander verwandt.

Dem Naybe war bewußt, daß er von seinen Beschützern, den Türken in Arabien auf der anderen Seite des Roten Meeres, sehr weit entfernt war, zumal ihre Besatzungen zahlenmäßig täglich abnahmen und oft sogar gänzlich abgezogen wurden. Zudem wußte er, wie sehr er von der Gewalt der Abessinier, seiner Feinde und nächsten Nachbarn, abhing. Er sah also ein, daß es besser war, sich im eigenen Land Sicherheit zu verschaffen und sich denjenigen, in deren Händen er war, gefällig zu zeigen. Es wurde also abgemacht, daß der Naybe die eine Hälfte der Abgaben und Zölle an den König von Abessinien auszahlen sollte, wofür dieser ihn in seiner Statthalterschaft nicht beeinträchtigen wollte. Es ist bereits gesagt worden, daß Massaua an völligem Wassermangel leidet und alle Arten von Lebensmittel nirgendwo anders herbekommen kann als aus dem gebirgigen Land von Abessinien.

Eben dieses gilt auch für Arkeeko, eine ansehnliche Stadt hinten in der Bai von Massaua, die zwar Wasser, aber denselben Lebensmittelmangel hat, weil der gesamte flache Landstrich hinter beiden Städten, Samhar genannt, eine völlige Wüstenei ist. Lediglich von November bis April halten sich hier umherziehende Nomadenhorden von den Stämmen der Tora, Hazorta, Shiho und Doba auf, welche ihr gesamtes Vieh auf die abessinische Seite der Berge treiben, wenn dort in den übrigen sechs Monaten Regen fällt.

Nachdem sich der Naybe der Freundschaft Abessiniens versichert hatte, begann er bei der täglich abnehmenden Macht der Türken in Arabien sich allmählich der Entrichtung des Tributs an den Pascha von Jidda, zu dessen Statthalterschaft die seine geschlagen worden war, zu entziehen. Er nahm den Firman nur zur äußerlichen Form an, machte dafür Geschenke von geringem Wert, dachte aber an keinen Tribut; und in unruhigen Zeiten, oder wenn in Tigre ein schwacher Statthalter war, bezahlte er gar nichts, weder an den Pascha einen Tribut noch an den König von Abessinien den versprochenen Anteil an den Zöllen. So war der Stand der Dinge, als ich in Abessinien ankam. Es hatte eine große Revolution in diesem Reich gegeben, deren wichtigster Urheber Michael gewesen war. Als er nach Gondar gerufen und dort zum Minister gemacht wurde, blieb die Provinz Tigre ohne Truppen und ohne Statthalter.

Der neue König Hatze Hannes[14], den Michael nach Joas Ermordung auf den Thron gesetzt hatte, war nicht aus jenem Holz geschnitzt, der Regierung neues Leben zu geben. Hannes war bei seiner Thronbesteigung über siebzig Jahre alt, Michael, sein Minister, war lahm und fast schon achtzig. Der Naybe, ein Mann von achtundvierzig Jahren, beurteilte danach die abessinische Regierung; damit sollte er sich freilich auf einem gewaltigen Irrweg befinden.

Michael hatte ihm bereits kundgetan, daß er im nächsten Feldzug Arkeeko und Massaua so verheeren wolle, bis beide Städte der Wüste von Samhar gleichkämen. Weil man wußte, daß er in seinem ganzen Leben Versprechungen von dieser Art sehr genau gehalten hatte, flohen viele der ausländischen Kaufleute nach Arabien. Dessenungeachtet ließ der Naybe öffentlich keine Furcht erkennen und schickte keinen Heller, weder an den König von Abessinien noch an den Pascha von Jidda.

Der türkische Pascha hatte den Metical Aga beauftragt, Michael vom Verhalten des Naybe Nachricht zu geben und ihn um Beistand zur Durchsetzung der Forderungen zu bitten. Zu gleicher Zeit ließ er den Naybe auch wissen, daß er nicht nur dieses getan habe, sondern überdies im folgenden Jahr in ganz Arabien den Befehl ausgeben werde, die mohammedanischen Kaufleute wie auch die Güter festzuhalten, die nach Arabien kämen. Zugleich mit dieser Nachricht schickte er den Firman aus Konstantinopel und verlangte die Bezahlung des Tributs und außerdem Geschenke.

Der im vorigen Kapitel erwähnte Abd el Kader, der die Botschaft und den Firman überbrachte und Statthalter auf der Insel Dahalac war, war zusammen mit mir losgesegelt und dabei Zeuge der Ehrungen geworden, die meinem Schiff beim Auslaufen aus dem Hafen von Jidda zuteil geworden waren. Weil er direkt nach Massaua hinübersegelte und lange vor mir dort eintraf, hatte er genügend Zeit, das, was er gesehen hatte, mit vielen Übertreibungen zu erzählen: Ein Prinz und sehr naher Verwandter des Königs von England werde kommen, der kein Handelsmann sei, sondern nur die Länder und ihre Einwohner betrachten wolle.

Der Naybe hatte, wie wir später erfuhren, oft mit seinen Ratgebern überlegt, was mit diesem Prinzen zu machen sei. Einige waren für den kürzesten und in Massaua üblichen Weg der Behandlung von Fremden, nämlich sie zu ermorden und ihre Habseligkeiten unter sich aufzuteilen. Andere drangen darauf, zu warten und erst zu sehen, was für Briefe ich aus Arabien nach Abessinien mitbrächte, damit dieser Mord das Ungewitter nicht noch schlimmer mache, welches von seiten des Metical Aga und Michael Suhul im Begriff war, über sie hereinzubrechen.

Aber Achmet, der Neffe des Naybe, wandte dagegen ein, daß es eine Torheit wäre, zu glauben, ein Mann wie ich hätte keinerlei Schutz. Ich möge aber nun welchen haben oder nicht, mein Rang müsse mich doch an jedem Ort, wo nur irgendeine Regierung sei, schützen, sogar unter Mördern und Dieben, die sich in den Wäldern und Bergen aufhielten. Es sei schon genug Blut von Fremden des Plünderns wegen vergossen worden, und er glaube, Fluch und Armut seien die Folge davon gewesen. Diejenigen, die das Kanonieren der Schiffe gehört hätten, könnten unmöglich wissen, ob ich Geleitbriefe nach Abessinien hätte oder nicht. Es wäre besser, zu erwägen, ob ich nicht bei den Kapitänen, welche die Kanonen abgefeuert hätten, in hohem Ansehen stünde, weil die Hälfte der mir zu Ehren abgefeuerten Schüsse ausreichte, sie alle zugrunde zu richten und Arkeeko und Massaua so zu verwüsten, wie Michael Suhul es angedroht habe. Eine solche Rache würde die nächstes Jahr nach Jidda kommenden Schiffe nur einen Umweg von einem Tag kosten, und weil ein reichlicher Wasservorrat südwestlich der Bai sei, könnte diese Zerstörung an einem Nachmittag geschehen und alle Jahre ohne Schwierigkeiten, Gefahr und Kosten während der Zeit, da die Schiffe Wasser einnähmen, wiederholt werden.

Achmet erklärte also, sein Entschluß gehe dahin, daß man mich mit Achtung aufnehmen und teils aus meinen Briefen, teils aus der Unterredung mit mir erst ersehen solle, was für eine Art von Mann ich sei und mit welcher Absicht ich komme: Wenn ich ein Kaufmann und kein Priester oder Franke[15] wäre, die nur kämen, um die Ruhe im Land zu stören, so wolle er nicht zulassen, daß mir eine persönliche Beleidigung widerfahre, wäre ich aber wirklich ein Priester oder einer von den Franken, so möchten sie mich zur Hölle schicken, wenn sie es für gut fänden, und er wolle dann nichts damit zu tun haben.

Ehe mein Schiff ankam, waren diese Entschlüsse bereits gefaßt, und wenn ich auch mutmaßte, daß das Wehen der Flaggen und der Salut mit Kanonenschüssen beim Abschied mich in diese Gefahr brachten, so kann man doch vielleicht mit größerem Grund annehmen, daß die gütige Vorsehung sich dieses Mittels bediente, mein Leben aus dieser Mördergrube für Fremde zu retten.

Achmets Vater war früher Naybe gewesen, und nach dem gewöhnlichen Verlauf der Regierung mußte die Souveränität nach dem Tod des jetzigen Inhabers auf ihn zurückfallen, um so mehr, als die Söhne des regierenden Naybe alle durch die Blattern hingerafft worden waren und Achmet zweifellos als sein Sohn und Nachfolger angesehen werden mußte. Dazu kam, daß dem Naybe eine Seite durch einen Schlag gelähmt war, was ihn sehr an seiner Tätigkeit, außer im Tun von Bösem, hinderte. Wenn es darauf ankam, konnte ich nicht die geringste Schwäche an ihm bemerken. Dies alles verschaffte Achmet den größten Einfluß. Es wurde also beschlossen, daß mein Schicksal in seine Hände gelegt werden sollte. Die anderen sollten nur Zuschauer sein.

Achmet war ungefähr fünfundzwanzig Jahre alt oder vielleicht sogar noch etwas jünger, fast fünf Fuß vier Zoll groß, von schwachem Aussehen und ging leicht vorwärts gebeugt. Er hatte ein langes Gesicht und einen langen Hals, kleine, aber wohlproportionierte Gliedmaßen, und er war geschäftig und hurtig in seinen Bewegungen, doch keineswegs von starkem männlichem Aussehen. Er hatte eine breite Stirn, starke schwarze Augenbrauen, eine Adlernase, kleine Lippen und schöne Zähne und, was in diesem Land etwas Seltenes und sehr Geschätztes ist, einen dicken gekräuselten Bart. Man kannte ihn als einen sehr braven, aber auch zum Jähzorn neigenden Mann.

Wir langten am 19. September 1769 in Massaua an, waren der See sehr überdrüssig und sehnten uns an Land. Weil es jedoch Abend war, hielt ich es für ratsamer, an Bord zu schlafen, um den ganzen Tag, weil der erste nach der Ankunft immer der geschäftigste ist, vor uns zu haben. Die Nacht über wollten wir von unseren Freunden einige Nachrichten einholen, weil sie es vielleicht nicht wagten, uns bei Tag zu besuchen, zumindest nicht ehe man gehört hatte, wozu sich der Naybe unseretwegen entschlossen hatte.

Mahomet Gibberti, ein Mann, der ganz auf unserer Seite stand und der auch wußte, welchen Verdacht wir gegen den Naybe hegten, wie auch, wie wir uns ihm gegenüber zu verhalten gedachten, ging des Abends an Land. Weil er selbst ein Abessinier war und folglich Verbindungen in Massaua hatte, schickte er noch in derselben Nacht einen Boten nach Adowa, der Hauptstadt von Tigre, ab, welcher die Briefe mitnahm, die von äußerster Wichtigkeit für mich waren. Er sollte unseren Freund Janni, einem Griechen und zuverlässigen Diener des Statthalters Michael von Tigre, Nachricht von unserer Ankunft geben. Ferner schickte er auch die Briefe von Metical Aga an Ras Michael und einen Brief in griechischer Sprache an Janni, worin wir ihm von unserer Angst vor dem Naybe berichteten und ihn baten, so schnell wie möglich einen zuverlässigen Mann zu schicken, der uns schützen oder wenigstens ein Augenzeuge von dem, was uns widerfahren würde, sein könnte. Wir ersuchten ihn außerdem, den Hof von Abessinien zu benachrichtigen und dort zu melden, daß wir Briefe an den König und Ras Michael bei uns hätten.

Mahomet Gibberti erledigte diesen Auftrag mit der Aufrichtigkeit eines ehrlichen Mannes, der den Befehlen seines Herrn folgt und sonst von niemandem abhängig ist. Er wandte sich an Mahomet Adulai, den sowohl Ras Michael als auch Metical Aga als Spion bei dem Naybe sitzen hatten, und dieser hatte immer treue und zuverlässige Boten bei der Hand.

Der Kurier, welcher selbst einen Freund und Korrespondenten unter den Shiho hatte, reiste auf den besten und ihm wohlbekannten Wegen, dabei sicherheitshalber auch noch von Gefährten begleitet, bis er nach fünf Tagen beim Zollhaus in Adowa ankam und dort die Briefe an unseren Freund Janni ablieferte.

Janni, der sich damals in Tigre aufhielt, war ein Mann von ausgezeichnetem Lebenswandel und moralischem Charakter. Er hatte zwei Königen von Abessinien zur großen Zufriedenheit gedient, und Michael unterstellte ihm die Aufsicht über die Einkünfte des Zollhauses von Adowa, während er selbst in Gondar seinen Geschäften nachging.

Mahomet Gibberti begab sich noch in derselben Nacht, als Mahomet Adulai den Boten abgeschickt hatte, nach Arkeeko zu Achmet. Er konnte ihn bei einer nächtlichen Unterredung auf eine sehr geschickte Art in allen den Meinungen, die er in der Ratsversammlung gegen den Naybe geäußert hatte, bestärken. Er erzählte ihm, wie ich in Jidda empfangen wurde, von dem Schutz, den ich von Konstantinopel hätte, von meinem vom türkischen Kaiser mitgebrachten Firman, von der Macht meiner Landsleute auf dem Roten Meer und in Indien und von meiner persönlichen Freundschaft mit Metical Aga. Er erklärte ihm ferner, in welcher Gefahr sich die Küsten des Roten Meeres befänden, wenn mir ein Leid widerführe, da sowohl der Scherif von Mekka als auch der türkische Kaiser dann an dem Ort, wo man sich gegen ihre Anordnungen so ungehorsam zeigte, eine völlige Anarchie vermuten würden. Wenn sie sich auch vielleicht nicht selbst einmengten, wäre doch eine Züchtigung durch die beleidigten Engländer unvermeidlich.

Am 20. kam jemand von Mahomet Gibberti, um mich an Land zu bringen. Der Naybe selbst war noch immer in Arkeeko, und Achmet kam herab, um die Abgaben von den Waren des Schiffes, welches mich hergebracht hatte, in Empfang zu nehmen. Mitten auf dem Markt waren zwei Lehnstühle hingestellt worden. Auf den einen setzte sich Achmet, und die Zollbeamten öffneten die Ballen und Pakete vor ihm; der andere Lehnstuhl linker Hand blieb leer.

Achmet war ganz in Weiß in ein langes Kleid aus Nesseltuch gekleidet und hatte einen Rock eng um den Leib, der bis auf die Schenkel herabging, wie die kleinen weißen Fracks und Unterröcke der Kinder in England. Diese Art der Kleidung paßte keineswegs zu seinem Körperbau, es schien aber, als glaubte er in Staatskleidern zu sein. Sobald ich ihn zu Gesicht bekam, verdoppelte ich die Geschwindigkeit meiner Schritte. Gibbertis Diener flüsterte mir ins Ohr, ihm nicht die Hand zu küssen, wie es meine Absicht war. Achmet stand auf, als ich noch eine Armeslänge von ihm entfernt war, und als wir uns die Hände gaben, berührten wir die Lippen mit unseren Fingern und legten die Hände kreuzweise auf die Brust. Ich sagte den Gruß der Leute von niedrigem Stand: »Salam Alikum, Friede sei mit uns«, worauf er augenblicklich erwiderte:

»Alikum Salam, es ist Friede mit uns.« Er zeigte auf den Stuhl, welchen ich ablehnte; er nötigte mich aber, mich zu setzen.

Je mehr Ehre man in diesen Ländern jemandem beim ersten Besuch erweist, ein desto ansehnlicheres Geschenk wird dafür erwartet. Er gab ein Zeichen, sofort Kaffee zu bringen. Es ist ein Beweis, daß man für sein Leben nichts zu fürchten hat, wenn einem gleich etwas zum Essen und Trinken angeboten wird. Achmet fing mit einer ernsthaften Miene zu reden an: »Wir haben Euch schon seit einiger Zeit hier erwartet, glaubten aber, Ihr hättet Euren Vorsatz inzwischen geändert und wäret nach Indien gegangen.« – »Seit meiner Abreise von Jidda bin ich im Glückseligen Arabien und dem Meerbusen von Mokka gewesen und komme zuletzt von Loheia herüber.« – »Fürchtet Ihr Euch nicht«, sagte er, »mit einer so geringen Begleitung so lange und gefährliche Seereisen zu machen?« – »Die Länder, durch welche ich gefahren bin, sind entweder dem türkischen Kaiser, dessen Firman ich die Ehre habe Euch zu überreichen, oder der Regierung von Kairo oder dem Scherif von Mekka unterworfen. An Euch, mein Herr, übergebe ich die Briefe des Scherifs und außerdem einen von Eurem Freund Metical Aga, der mir versichert hat, Euer Charakter allein würde genügen, mich vor jeder üblen Begegnung zu schützen, solange ich nichts Unrechtes täte. Was die Gefahr von Straßenräubern und gottlosem Gesindel unterwegs betrifft, so habe ich zwar nur wenige, aber sehr erprobte Soldaten, die von Jugend auf in den Waffen geübt sind. Deswegen fürchte ich mich nicht vor einer, wenngleich überlegenen Anzahl feiger und an keine Ordnung gewöhnter Personen.«

Er gab mir daraufhin die Briefe wieder zurück und sagte: »Ihr werdet diese dem Naybe morgen selbst übergeben. Ich behalte nur Meticals Brief, weil er an mich gerichtet ist, und ich will ihn zu Hause lesen.« Er steckte ihn ein, und da der Kaffee getrunken war, stand ich auf und verabschiedete mich. Zugleich wurde ich von zweien seiner Diener von der rechten und der linken Seite derartig mit

Orangenblütenwasser aus silbernen Flaschen besprüht, daß ich bis auf die Haut naß wurde.

Man hatte mir ein anständiges Haus besorgt, und kaum war ich eingetreten, schickte uns Achmet eine reichliche Mittagsmahlzeit mit vielen Zitronen und gutem, frischem Wasser, welches uns jetzt mehr als die größten Leckerbissen wert war. Gleich darauf erhielten wir alles Gepäck ungeöffnet zurück, was mir besonders deshalb lieb war, weil ich befürchtet hatte, die Zöllner könnten mir bei ihrer plumpen Art, ihre Neugierde zu befriedigen, etwas an der Uhr, den Fernrohren oder Quadranten zerbrechen.

Spät in der Nacht erhielt ich Besuch von Achmet. Er war jetzt entkleidet, der Leib war ganz nackt, und er hatte nur ein leichtes Tuch übergeworfen. Er trug baumwollene Beinkleider, ein baumwollenes Netz als Kappe auf dem Kopf und hatte keine Waffen bei sich. Ich stand auf, ging ihm entgegen und dankte ihm für die Höflichkeit, mir mein Gepäck zu schicken. Als ich hinzusetzte, daß es eigentlich meine Schuldigkeit gewesen wäre, ihm aufzuwarten, statt zuzulassen, daß er sich die Mühe gäbe, nahm er mich bei der Hand, und wir setzten uns auf zwei Kissen nebeneinander nieder.

»Alles, was Ihr mir da sagt«, sagte er, »ist gut und vortrefflich, aber ich muß Euch jetzt noch einige Fragen stellen, die für Euch selbst von größter Bedeutung sind. Bei Eurer Ankunft in Jidda hörten wir, es sei ein vornehmer Mann, der Sohn oder Bruder eines Königs, angekommen und im Begriff, nach Indien zu gehen. Dies wurde mir und dem Naybe von Männern erzählt, die alle Tage sahen, wieviel Achtung Euch die Kapitäne von den vor Jidda liegenden Schiffen bezeigten. Metical Aga sagt in dem Privatschreiben, welches Mahomet Gibberti dem Naybe vorige Nacht überreichte, neben anderen ungewöhnlichen Ausdrücken: ›Den Tag, da dieser Person ein Unglück begegnen wird, werde ich allezeit als den unglücklichsten meines Lebens ansehen.‹ Nun seid Ihr aber ein Christ, und er ist ein Muselmann, und dergleichen hochachtungsvolle Ausdrücke sind gar nicht gewöhnlich, wenn einer davon an den anderen schreibt. Er sagt überdies, daß der Großherr Euch in seinem Firman Bei-Adze (hochadelig) nennt. Sagt mir also, und sagt mir die Wahrheit, seid Ihr ein Prinz, ein Sohn, Bruder oder Enkel eines Königs? Seid Ihr aus Eurem Land verbannt? Und was sucht Ihr in dem unsrigen und setzt Euch so vielen Beschwerlichkeiten und Gefahren aus?«

»Ich bin«, erwiderte ich, »weder der Sohn noch der Bruder eines Königs. Ich bin ein Privatmann aus England. Wenn Ihr, Sidi Achmet, meinen Prinzen oder irgendeinen anderen Sohn des Königs treffen könntet, würdet Ihr imstande sein, Euch ein richtiges Bild zu machen, und dies würde Euch auf immer daran hindern, sie mit einem gemeinen Engländer, wie ich es bin, zu verwechseln. Ließen sie es sich einmal einfallen, diesen Teil der Welt zu besuchen, würde dieses winzige Meer zu klein für ihre Schiffe sein. Eure Sonne, die jetzt so brennend scheint, würde sich durch ihre Segel verfinstern, und wenn sie ihre Kanonen abfeuerten, würde sich kein Araber auf den entferntesten Bergen sicher fühlen, und die Häuser an der Küste würden einstürzen wie bei einem Erdbeben. Ich bin ein Diener dieses Königs und dem Rang nach von niedrigerem Stand. Nur wegen meiner Liebe zu ihm und seiner Familie, worin ich keinem nachstehe, bin ich seiner Achtung würdig. Doch insofern haben Eure Korrespondenten recht, daß meine Vorfahren Könige in meinem Vaterland waren und zu den größten und ruhmwürdigsten gehörten, die jemals eine königliche Krone trugen. Dies ist die Wahrheit und nichts als die Wahrheit. Nun darf ich hoffentlich fragen, ohne Euch zu beleidigen, mit welchen Absichten Ihr diese Erkundigungen einzieht?«

»Um Eurer Sicherheit und Ehre willen«, erwiderte er, »aber auch, weil Euch gewiß Tod und Verderben bevorstehen, wenn Ihr zu den Abessiniern geht. Sie sind ein barbarisches, räuberisches und treuloses Volk, welches andauernd Kriege führt, deren Ursache noch niemand ergründen konnte. Doch darüber mehr ein andermal.«

»Das sei so«, antwortete ich, »aber jetzt habe ich Euch

ein Wort unter dem Mantel der Verschwiegenheit zu sagen.« Jedermann erhielt Befehl, sich aus dem Zimmer zu entfernen. »Alles, was Ihr mir diesen Abend erzählt habt, wußte ich bereits. Fragt mich nicht, auf welche Art und Weise, aber um Euch zu überzeugen, daß ich die Wahrheit spreche, will ich Euch für Eure menschliche Gesinnung danken, während andere die blutdürstige Absicht hegten, mich bei meiner Ankunft zu ermorden und auszuplündern, nachdem der Statthalter Abd el Kader von Dahalac Euch die Nachricht gebracht hatte, daß ich ein Prinz sei und viel Geld bei mir hätte.« – »Allah Akbar!« rief er erstaunt. »Wie? Ihr wart ja mitten auf See, als dies geschah.«

»Nicht einmal so weit«, versetzte ich,« aber Euer Rat war weise; denn ein großes englisches Schiff, der ›Löwe‹, mit vierundsechzig Kanonen unter Kapitän Price, bleibt meinetwegen den ganzen Winter in Jidda, bis ich sehe, wie ich hier und in Abessinien aufgenommen werde. Ich führe diese Umstände an, damit ihr Euch genau nach der Wahrheit erkundigen könnt. Auf die erste Nachricht hin, daß mir ein Unglück widerfahren sei, kommt dieses Schiff her und zerstört Arkeeko und diese Insel in einem Tag. Doch das ist es nicht, was ich jetzt mit Euch auszumachen habe. Es ist eine sehr schickliche Gewohnheit in allen Morgenländern, daß Fremde sich für den erhaltenen Schutz und die Unruhe, die sie verursachen, erkenntlich zeigen. Ich habe deswegen ein Geschenk für den Naybe, dessen Gemütsart und Neigung ich genau kenne, desgleichen auch eins für Euch und für den Hauptmann der Janitscharen. Diese Geschenke werde ich an dem Tag, an dem ich den Naybe sehe, überreichen. Man hat mir aber geraten, mich besonders auf Euch als Freund zu verlassen, und deshalb bin ich Euch noch eine besondere Erkenntlichkeit schuldig. Ich habe gehört, daß Euer Bevollmächtigter in Jidda den Auftrag hatte, sich bei allen ostindischen Schiffen und dem dortigen Makler nach einem Paar englischer Pistolen zu erkundigen. Er wollte einen ansehnlichen Preis dafür bezahlen, und doch hättet Ihr wahrscheinlich nur ein Paar gewöhnliche und abgenutzte bekommen. Deshalb habe ich

Euch diese vortrefflich gearbeiteten als ein besonderes Geschenk mitgebracht. Hier sind sie. Ich hege nur den Zweifel, und dieser wird durch unsere gegenwärtige geheime Unterredung veranlaßt, ob Ihr sie selbst mitnehmen wollt oder ob Ihr einen treuen Diener habt, der sie abholt, ohne daß es jemand erfährt.«

»Ich verstehe alles, was Ihr sagt und sagen wollt. Obgleich ich in eines Menschen Herz, den ich nie vorher sah, nicht hineinschauen kann wie Ihr, so kenne ich doch die Herzen derer sehr gut, mit denen ich lebe. Behaltet die Pistolen bei Euch und zeigt sie niemandem, bis ich einen Mann schicke, dem Ihr alles sagen könnt und der immer zwischen uns hin und her gehen soll. Es gibt an diesem Ort eine Menge Teufel und wenig Menschen, aber der Person, die Euch getrocknete Datteln in einem indischen Tuch und eine tönerne Flasche, um Wasser daraus zu trinken, bringt, der könnt Ihr die Pistolen geben und durch diese mir alles zuschicken, was Ihr wollt. Unterdessen schlaft wohl und fürchtet nichts Böses.«

Am nächsten Tag kam eine Sklavin und brachte die verabredeten Sachen, das Tuch mit den getrockneten Datteln und eine unglasierte tönerne Flasche, worin sich das Wasser außerordentlich frisch hält. Ich stutzte anfangs über die Veränderung, da sich der Sklave in eine Sklavin verwandelt hatte, doch das abessinische Mädchen nahm mir bald meinen Zweifel und trug die für Achmet bestimmten Pistolen mit sich fort. Er selbst war nach Arkeeko zu seinem Oheim gegangen.

Früh am folgenden Tag kam der Naybe von Arkeeko herüber. Der gewöhnliche Weg von dort führt über die Bucht und beträgt gerade zwei Seemeilen, auf dem Landweg ist es etwas weiter. Der Naybe hatte nur eine geringe Begleitung von drei oder vier Dienern in einem elenden Aufzug und vierzig nackte Wilde zu Fuß, die mit kurzen Lanzen und krummen Messern bewaffnet waren. Auf dem ganzen Weg von Arkeeko nach Massaua wurden die Trommeln für ihn geschlagen. Als er in das Boot stieg, hörte die Trommel an der Landseite auf, und die von dem sogenannten Kastell von Massaua fing an. Dieses Kastell ist nichts als eine kleine Lehmhütte, worin sich eine Kanone befindet, die ohne Lafette auf der Erde liegt und immer nur mit starken Erschütterungen und unter großen Gefahren abgefeuert werden kann. Die Trommeln bestehen aus tönernen Gefäßen, in denen üblicherweise die Butter aus Arabien befördert wird. Es ist eine Haut darüber gespannt, so daß ein Fremder, der zwei oder drei von ihnen beisammenstehen sieht, Gefahr läuft, sie für Buttertöpfe zu halten, die sorgfältig mit in Öl getränktem Pergament zugedeckt sind.

Der ganze Aufzug paßte gut dazu. Der Naybe trug ein altes, abgewetztes und viel zu kurzes türkisches Kleid, welches aus Sultan Selims Zeiten zu sein schien. Auf dem Kopf hatte er eine türkische Mütze, die um einige Nummern zu klein war. In dieser Kleidung, darin er in der Tat ein höchst lächerliches Aussehen hatte, war er einst mit der Insel Massaua belehnt worden. Gleichzeitig war er damit hier zum Stellvertreter des Großsultans ernannt worden; und dieser ehrenvollen Aufgabe wegen ließ er sich von diesem Tag ab Omar Aga nennen. Zwei weiße seidene Fahnen mit roten Streifen wurden vor ihm her zur Moschee getragen, von hier ging er dann in sein Haus, um die Komplimente seiner Freunde entgegenzunehmen. Am Nachmittag begab auch ich mich in das Haus, um dem Naybe meine Aufwartung zu machen, und fand ihn in einem hölzernen Lehnstuhl sitzend. Von der Tür bis zu diesem Stuhl standen zwei Reihen nackter Wilder. Der Naybe hatte ein baumwollenes und so schmutziges Hemd an, daß alle Mühe, es zu reinigen, vergebens schien; es reichte wegen der Kürze kaum bis an die Knie. Er war sehr lang und hager, von schwarzer Hautfarbe und hatte einen großen Mund und eine große Nase. Statt des Bartes trug er einen kleinen Zopf grauer Haare an der Kinnspitze. Große, blöde und schwermütige Augen und ein boshaftes, verächtliches Lächeln in der Miene verliehen ihm überhaupt ein sehr einfältiges, wildes Aussehen. Sein Charakter stimmte völlig mit seiner äußeren Gestalt überein, denn er war ein

Mann mit nur geringen Fähigkeiten, übertrieben grausam, geizig und der Trunksucht ergeben.

Ich überreichte ihm meinen Firman. Der größte Pascha im türkischen Reich wäre bei dieser Gelegenheit aufgestanden, hätte ihn geküßt und an die Stirn gedrückt, und ich erwartete auch von Omar Aga, daß er seinem Monarchen diesen Respekt erwies. Er aber nahm ihn nicht einmal in die Hand, sondern schob ihn mir mit den Worten wieder zurück: »Lest ihn mir Wort für Wort vor!« Ich entgegnete, es sei türkisch, wovon ich kein Wort lesen könne. »Ich ebensowenig«, antwortete er, »und ich denke, ich werde es auch nie können.« Darauf übergab ich ihm die Briefe von Metical Aga, vom Scherif, vom Ali Bey und den Janitscharen. Er nahm sie allesamt in beide Hände, legte sie ungeöffnet vor sich hin und sagte: »Ihr hättet einen Mullah[16] mitbringen sollen; bildet Ihr Euch ein, daß ich alle diese Briefe lesen werde? Das nähme mir einen ganzen Monat Zeit weg.« Dabei sah er mich mit einem wilden Blick und offenem Mund wie ein Geistesgestörter an, so daß ich alle Mühe hatte, gefaßt zu bleiben, und lediglich antwortete: »Wie es Euch beliebt, Ihr müßt es am besten wissen.« Anfangs tat er so, als verstünde er kein Arabisch, und redete durch einen Dolmetscher in der Sprache von Massaua, die ein Dialekt von der in Tigre ist, als er aber merkte, daß ich ihn verstand, sprach er arabisch, und zwar recht gut. Auf diese kurze Unterredung folgte ein Stillschweigen, das mir Gelegenheit gab, mein Geschenk zu überreichen, welches ihm nicht zu mißfallen schien; aber vermutlich hielt er es unter seiner Würde, dies mir zu erkennen zu geben. Ich verabschiedete mich von dem Naybe und war von meiner Aufnahme und der geringen Achtung, die er meinen Briefen und mir selbst entgegenbrachte, nicht sehr erbaut. Um so zufriedener war ich aber, daß meine Briefe an Janni abgefertigt waren, die nun schon längst aus der Reichweite des Naybe waren.

Die Einwohner von Massaua starben so häufig an den Pocken, daß man befürchtete, es würden nicht genug Überlebende verbleiben, um die Toten zu begraben. Das Heu-

Binny.

Schildkröte

len und Wehklagen währte Tag und Nacht auf der ganzen Insel. Zuletzt fing man an, die Leichen in die See zu werfen, wodurch wir uns unseres wichtigsten Nahrungsmittels, der Fische, beraubt sahen, von denen wir bisher einige vortreffliche Arten verspeist hatten. Ich hatte von meiner Kenntnis der Arzneikunde nichts verraten, weil ich befürchtete, man würde mich wegen der großen Menge der Kranken nicht abreisen lassen.

Am 15. Oktober kam der Naybe nach Massaua, fertigte das Schiff ab, welches mich herübergebracht hatte, und schickte noch in derselben Nacht nach mir und ließ mir sagen, ich sollte mich auf ein schönes Geschenk an ihn gefaßt machen. Er gab mir eine lange Liste von Gegenständen, deren Wert ziemlich hoch war, und verlangte, ich solle diese in drei Teile teilen und drei Tage lang hintereinander überreichen. Einen Teil verlangte er als Naybe von Arkeeko, einen als Omar Aga, der die Person des Großherrn vertritt, und einen, weil er unser Gepäck undurchsucht passieren ließ, besonders den großen Quadranten. Ich für meinen Teil wünschte, er hätte alles gesehen, weil er vermutlich auf Kupfer und Eisen keinen großen Wert gelegt haben würde.

Weil mir Achmets Versicherung, mich zu schützen, Mut machte, gab ich ihm zur Antwort: Da ich den Firman vom Kaiser und Briefe von Metical Aga hätte, wäre es bloße Freigebigkeit, wenn ich überhaupt nur das geringste Geschenk ihm, sei es nun als Naybe oder als Omar Aga, machte; ich sei kein Kaufmann, der kaufe und verkaufe, hätte auch keine Waren an Bord gehabt und folglich keine Zölle zu bezahlen. Hierauf ließ er mich zu sich rufen. Ich traf ihn sehr aufgebracht an, und es wurden viele unnütze Worte auf beiden Seiten gewechselt. Zuletzt sagte er mir sehr bestimmt: Falls ich nicht nächsten Montag, wenn er wieder von Arkeeko käme, dreihundert Unzen Gold für ihn bereithielte, wolle er mich in ein Gefängnis sperren lassen, wo ich weder Licht noch Luft, noch Essen und Trinken bekommen sollte, bis meine Knochen durch die Haut stächen.

Ich antwortete standhaft: »Weil Ihr Euer Wort gegenüber dem Großherrn, der Regierung von Kairo, gegenüber dem Pascha von Jidda und dem Metical Aga gebrochen habt, werdet Ihr auch ohne Zweifel mit mir nach Eurem Gutdünken verfahren, aber Ihr könnt darauf rechnen, eines Morgens bei Tagesanbruch das englische Kriegsschiff, den ›Löwen‹, vor Arkeeko zu sehen.« – »Und ich wünschte«, versetzte der Naybe, »das Schiff vor Arkeeko oder Massaua zu erblicken, und käme jemand, der so viel Geschriebenes, als auf dem Nagel meines Daumens liegen kann, von Euch nach Jidda nehmen wollte, so würde ich ihm erst das Hemd und dann die Haut abziehen und alsdann vor Eurer Tür aufhängen lassen, um Euch mehr Vorsicht zu lehren.« – »Meine Vorsicht«, erwiderte ich, »hat mich gelehrt, diesem vorzubeugen. Mein Brief nach Jidda ist bereits fort, und wenn von dem Tag an, da er geschrieben ist, in zwanzig Tagen kein zweiter Brief von mir folgt, so werdet Ihr die Folgen davon schon sehen. Unterdessen mache ich Euch hiermit bekannt, daß ich auch Briefe vom Metical Aga und dem Scherif von Mekka an Michael Suhul, den Statthalter von Tigre, und an den König von Abessinien abgeschickt habe. Deswegen wünsche ich, daß Ihr diese Männern unwürdige Zänkereien, die zu nichts führen, unterbrecht und mich meine Reise fortsetzen laßt.« – »Wie?« sagte der Naybe mit leiser Stimme zu sich selbst. »Wie? Auch an den Michael? So geht Eures Weges und denkt an das Übel, welches Euch bevorsteht.«

Ich drehte mich um und ging fort, ohne ein Wort zu sagen oder Abschied zu nehmen. Kaum war ich zu Hause angekommen, als der Naybe einen Mann schickte und zwei Flaschen Aquavit verlangte. Ich gab dem Diener zwei Flaschen Zimtwasser, die er aber nicht mitnehmen wollte, bevor er sie nicht zuvor gekostet hatte. Dem Naybe aber schmeckten sie nicht, und sie wurden wieder zurückgeschickt.

Ich hatte mich die ganze Zeit über gewundert, was aus Achmet geworden sein könnte, der mit Mahomet Gibberti in Arkeeko geblieben war. Endlich hörte ich von einem Diener des Naybe, daß er mit Fieber zu Bett liege. Gibberti hatte bis jetzt sein Wort gehalten und nichts von meiner Kenntnis der Arzneiwissenschaft verlauten lassen und auch nicht erzählt, daß ich Arzneimittel bei mir hatte. Ich ließ inzwischen den Naybe um Erlaubnis bitten, nach Arkeeko gehen zu dürfen, und erhielt die trotzige Antwort, ich könne gehen, wenn ich ein Boot fände. Er hatte aber seine Anordnungen schon so getroffen, daß kein Boot für Geld oder gute Worte zu haben war.

Kaum war meine Mittagsmahlzeit vorbei, als ein Diener von Achmet aus Arkeeko kam. Er brachte mir die Nachricht von der Krankheit seines Herrn. Achmet sei traurig, weil ich ihn nicht besuchen komme, wo ihm doch Mahomet Gibberti inzwischen versichert habe, daß ich ihm helfen könne. Er bat mich also, ich möge den Überbringer dieser Nachricht mit in mein Haus nehmen und die Türe durch ihn bewachen lassen, bis er selbst nach Massaua kommen könne. Ich lernte jetzt die Treulosigkeit des Naybe kennen. Er verbot mir zwar nicht, seinen Neffen zu besuchen, aber er untersagte weiterhin allen Booten, mich nach Arkeeko zu bringen. Der Diener reiste in der Nacht wieder ab. Er drang darauf, das Tor fest zu verriegeln, und ließ uns einen anderen Mann zurück, der den Befehl hatte, keinen Menschen einzulassen. Zugleich gab er uns den Rat, uns zu wehren, wenn jemand mit Gewalt einzudringen versuchte, denn niemand hätte des Nachts draußen etwas zu tun.

Am 4. November kam Achmets Diener mit vier Janitscharen in einem Boot aus Arkeeko zurück. Achmet war noch immer nicht gesund und wünschte mich zu sehen. Er vermutete, entweder vergiftet oder behext worden zu sein, und hatte bereits allerlei Zaubermittel ohne Wirkung versucht. Wir langten um 11 Uhr in Arkeeko an, marschierten am Haus des Naybe vorbei, ohne daß man uns aufhielt, und fanden den Achmet mit Wechselfieber darniederliegen, auf das elendeste behandelt. Er befürchtete sehr, zu sterben oder die Bewegungsfähigkeit seiner Gliedmaßen zu verlieren. Ich gab Achmet geeignete Mittel, um seine Schmerzen und seinen Magen zu erleichtern, und fing den folgenden Morgen mit einer Chininkur an. Diese hat hier eine kräftige Wirkung. Sogar die Rinde, welche zurückbleibt, nachdem man einen Aufguß gemacht hat, verfügt noch über starke Heilkraft.

Am 6., als ich des Morgens beim Frühstück saß, brachte man mir die Nachricht, daß drei Boten aus Tigre angekommen seien. Der eine war ein junger Mann und Sklave von Janni, die beiden anderen waren Diener von Ras Michael oder vom König. Sie trugen einen kurzen roten Mantel mit dunkelblauen Streifen und Aufschlägen, welcher das Merkmal eines königlichen Dieners ist und Shalaka heißt. Ras Michaels Brief an den Naybe war sehr kurz. Er schrieb, daß König Hatze Hannes bei schlechter Gesundheit sei; er höre mit Verwunderung, daß man den Arzt, welchen Metical Aga aus Arabien geschickt habe, nicht sofort nach Gondar weitergesandt habe, obwohl er schon vor einiger Zeit in Massaua angekommen sei. Er trug dem Naybe auch auf, mich mit allem Notwendigen zu versorgen und mich ohne Zeitverlust abzufertigen. Dieser Brief war von Janni erdichtet, und sein eigener Brief an den Naybe war in sanfterem Ton abgefaßt. Er meldete, wie dringend nötig der König einen Arzt brauche und mit wieviel Ungeduld dieser erwartet werde. Er sagte nicht ausdrücklich, daß er bereits etwas von der Ankunft eines solchen Mannes in Massaua gehört habe, sondern bat nur, daß man ihn sofort nach seiner Ankunft weiterbefördern solle. An uns schickte

Janni einen anderen Boten, hieß uns herzlich willkommen und riet uns, koste es, was es wolle, so bald wie möglich zu kommen, da die Zeiten unsicher seien und noch schlimmer werden könnten.

Nachmittags schiffte ich mich nach Massaua ein. Achmet war jetzt fieberfrei, ich ließ ihm jedoch noch einige Medikamente zurück, um einem Rückfall vorzubeugen. Er versprach mir, bald mit Booten und Mannschaft nach Massaua zu kommen und uns nach Arkeeko abzuholen, um uns aus der Gefangenschaft zu befreien. Am Ufer erwartete mich ein Bote des Naybe, der mich bitten ließ, zu ihm zu kommen, um mit ihm zu reden. Ich ließ ihn aber wissen, daß dies unmöglich sei, da ich dringend nach Massaua eilen müßte, um für seinen Neffen Achmet Arzneimittel zu holen. Wir langten um 8 Uhr auf der Insel an, sehr zur Freude unserer Diener, welche sich vor einem hinterlistigen Streich des Naybe gefürchtet hatten. Wir brachten alles ungestört in Ordnung und vollendeten unsere Aufzeichnungen über diese wenig gastfreundliche Insel, die wegen des vielen unter allerlei nichtigem Vorwand und Treulosigkeit vergossenen Christenblutes berühmt ist.

Massaua ist ein sehr ungesunder Ort, wie auch die ganze Küste des Roten Meeres von Suez bis Bab-el-Mandeb. Heftige Fieber – Nedad – spielen die Hauptrolle und enden im allgemeinen am dritten Tag mit dem Tod. Erlebt der Kranke den fünften Tag, erholt er sich oft nur durch Wassertrinken und dadurch, daß man ihn im Bett mit viel kaltem Wasser begießt und in dieser Nässe liegen läßt. Es gibt hier kein wirksameres Mittel als die Chinarinde, man muß sie aber auf eine ganz andere Art und auch zu einem anderen Zeitpunkt geben als in Europa. Würde der Arzt zuerst durch Abführen den Patienten auf das Chinin vorbereiten, würde dieser am Fieber sterben, ehe die Vorbereitung vorbei wäre. Sobald sich Ekel oder Abneigung vor dem Essen, öfteres Gähnen, Drücken in den Augen und eine ungewöhnliche, wenngleich nicht schmerzhafte Empfindung im Rückgrat einstellt, darf keine Zeit versäumt werden. Man muß sofort und oft kleine Dosen Chinin nehmen, keine Nahrungsmittel zu sich nehmen und nur reichlich Wasser trinken. Ich wagte das häufige Begießen mit kaltem Wasser nie oder nur höchst selten, obgleich ich überzeugt bin, daß es oft einen großen Nutzen hat. Die zweite oder dritte Dosis Chinin, wenn man auch nur eine geringe Menge nimmt, bewirkt unfehlbar eine Abführung. Ist diese reichlich, stirbt der Kranke selten, sondern erholt sich meist sehr schnell. Mäßiges Purgieren ist also meistens zu befolgen, und Reis ist in diesem Zusammenhang eine weit bessere Speise als Obst.

Es ist bei den Einwohnern von Massaua eine angestammte Gewohnheit, in der Früh vor dem Öffnen der Türen Myrrhe und Weihrauch zu verbrennen, und wenn sie des Nachts oder früh am Tag ausgehen, haben sie immer ein kleines, stark mit beidem durchräuchertes Läppchen bei der Hand, dessen Zipfel sie in die Nasenlöcher stecken, um sich vor der ungesunden Luft zu schützen.

Die Häuser in Massaua sind wie die Häuser in Arabien aus Stangen gebaut und mit Binsen gedeckt. Etwa zwanzig sind aus Stein, darunter sechs bis acht mit zwei Stockwerken. Das obere hat aber selten mehr als eine Stube, und diese ist im allgemeinen nicht groß. Die Steine werden bei Dahalac aus dem Meer gezogen und haben die Lager der merkwürdigen Muscheln in sich, die man Seedatteln nennt. Das darin lebende Tier sah ich nie im Roten Meer, obgleich nicht zu bezweifeln ist, daß man die Muscheln beim Brechen der Steine an den felsigen Inseln um Massaua antreffen würde.

Obgleich Massaua am Eingang von Abessinien, welches ein gesegnetes Land ist, liegt, sind doch alle Lebensmittel selten und teuer und überdies von keiner sonderlichen Qualität. Dies rührt einerseits von den Schwierigkeiten, Kosten und Gefahren her, die verschiedenen Sachen durch das wüste, flache Land Samhar zu bringen, welches zwischen Arkeeko und den abessinischen Bergen liegt. Andererseits sind die Erpressungen des Naybe daran schuld, welcher unter dem Namen von Zöllen so viel von den auf die Insel gebrachten Gütern und Lebensmitteln nimmt,

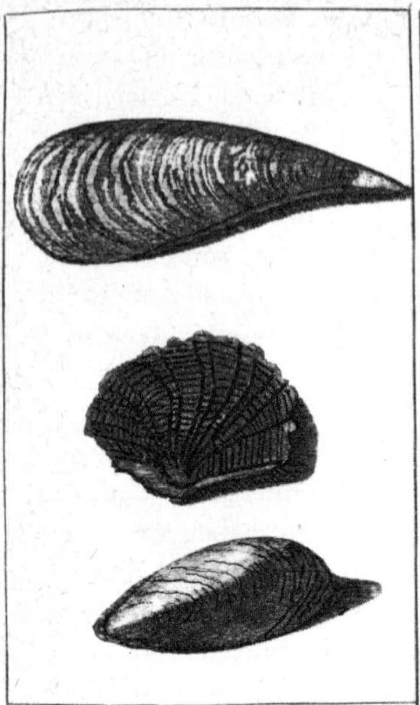

Perlen-Muscheln.

Rachamah

Pl. 34

Abba Gumba

wie es ihm beliebt. Dadurch bleibt den Verkäufern ein so kleiner Gewinn, daß es nicht der Mühe und des Risikos lohnt, etwas nach Massaua zu bringen. Der Handel in Massaua ist dennoch beträchtlich, ungeachtet der Unbequemlichkeiten wie der geringen Größe der Insel und der unterdrückenden und ungerechten Regierung. Es wird aber alles sehr langsam betrieben und nur geringes Kapital investiert. Das Eigentum ist zu unsicher, als daß man es wagen dürfte, an einem Ort, wo die Hand der Gewalt sich in alle Handlungen mischt, viel Geld in kostbare Waren zu stecken.

Weil sich kein Süßwasser in Massaua befindet, kann es auch nicht viele Wassertiere geben. Von den Seevögeln trifft man nur die weiße und die graue Seemöwe und die kleine Seelerche an. Die singende Lerche ist hier das ganze Jahr stumm bis zum ersten Regen im November, dann steigt sie sehr hoch und singt in der größten Hitze des Tages. Sperlinge sieht man weder hier noch auf der gegenüberliegenden Küste und auch nicht auf den Inseln. Obgleich es in Loheia Skorpione in Mengen gibt, fanden wir doch keine in Massaua. Wasser und frische Pflanzen, hauptsächlich Melonen und Gurken, scheinen diesem giftigen Insekt unentbehrlich zu sein.

Wir verließen Massaua am 10. November mit Achmets Soldaten und Booten. Überdies hatten wir noch die drei Diener aus Abessinien und fürchteten uns nun nicht mehr vor dem Naybe, der seinerseits nicht mehr an uns zu denken schien.

In der Bai zwischen Massaua und Arkeeko liegen die beiden Inseln Toulahout und Shek Seide. Beide sind unbewohnt und haben kein Wasser. Am westlichen Ende von Shek Seide ist das Grab eines Heiligen oder Marabuts.

Achmet fühlte sich jetzt zwar viel besser, war aber doch noch nicht gesund. Er war fieberfrei, dafür zeigten sich aber Symptome einer Dysenterie[17]. Die beiden Tage über, die ich in seinem Haus zubrachte, versuchte ich diese Krankheit zu bekämpfen und war zum Teil auch recht erfolgreich. Er zeigte sich dafür sehr dankbar, da er sich ganz außerordentlich vor dem Tod fürchtete. Der Naybe hatte ihn alle Tage einige Male besucht. Weil ich Achmet vor meiner Abreise aus Arkeeko wiederhergestellt sehen wollte, versteckte ich mich bei diesen Gelegenheiten, weil ich entschlossen war, bei der ersten Unterredung mit dem Naybe auf meiner sofortigen Abreise zu bestehen.

Am 13. nachmittags besuchte ich den Naybe in seinem Haus. Er empfing mich höflicher als gewöhnlich, oder besser gesagt, nicht so grob und ungesittet, denn bis jetzt hatte ich noch nie auch nur den Schatten von Höflichkeit in seinem Benehmen bemerkt. Es war ihm soeben die Nachricht gebracht worden, daß einer von seinen Leuten, der für ihn Geld eintreiben sollte, mit ebendiesem Geld davongelaufen war. Weil ich ihn beschäftigt sah, empfahl ich mich wieder und fragte lediglich, ob er mir Aufträge für Abessinien zu geben habe, worauf er antwortete: »Wir haben noch Zeit genug, darüber zu reden; kommt nur morgen wieder her.«

Am nächsten Tag in der Frühe stellte ich mich seinem Befehl gemäß wieder ein, nachdem ich vorher mein Gepäck fertiggemacht hatte. Er empfing mich wie am Tag zuvor und sagte mir mit ernsthafter Miene, daß er entschlossen sei, meine Reise mit allen Kräften zu fördern, allerdings unter der Bedingung, daß ich ihm die Achtung erweise, die ihm alle Reisenden schuldig seien. Er ersehe aus meinem Zelt, dem Gepäck und den Waffen, daß ich kein Mann von niedrigem Stand sei, was auch der Firman des Großherrn und die übrigen Briefe bezeugten. Es würde folglich eine große Beleidigung für ihn sein, wenn ich ihm weniger als tausend Patakas[18] anböte. Er wolle sich aber in Anbetracht des Statthalters von Tigre, zu dem ich reiste, mit dreihundert begnügen, doch solle ich ihm schwören, es nicht bekanntzumachen, da er sich vor der Schande fürchte, die es ihm einbringen würde.

Hierauf antwortete ich in demselben ernsthaften Ton, daß er nicht unrecht hätte, sich für dreihundert Patakas zu schämen, wo ihm doch tausend mehr Ehre und Vorteil brächten. Er bräuchte also nichts weiter zu tun, als diese Summe in seine Abrechnung mit dem Statthalter von Tigre aufzunehmen, um dadurch Ehre und Interesse miteinander zu verbinden. Wolle er mich die Reise aber nicht fortsetzen lassen, sei ich bereit umzukehren, in diesem Fall aber erwartete ich zehntausend Patakas von Metical Aga für meine bisherige Mühe, Aufregung und den Zeitverlust, welche ihm dieser wohl aufrechnen würde. Der Naybe antwortete mit keiner Silbe, murmelte aber zwischen den Zähnen: »Sheitan afrit!« (»der Teufel!« oder »der Plagegeist!«) »Seht nur«, fing darauf einer von den Dienern des Königs an, von dem ich zuvor kein Wort gehört hatte, »ich habe Befehl, diesen Mann zu meinem Herrn zu bringen. Von Patakas habe ich nichts gehört. Die Armee ist im Begriff, gegen Waragna Fasil[19] aufzubrechen, ich darf also keine Zeit verlieren.« Darauf nahm er seinen kurzen roten Mantel unter den Arm, schüttelte den Staub davon ab, hängte ihn über die Schulter und streckte dem Naybe die Hand mit den Worten hin: »In einer Stunde bin ich auf dem

Weg nach Abessinien, mein Gefährte wird hier bei diesem Mann bleiben. Gebt mir, was Ihr mir für die Herreise schuldig seid, und ich will alle Botschaften, die ein jeder von Euch mir aufträgt, bestellen.« Der Naybe sah sehr verlegen aus. »Überdies«, setzte ich hinzu, »seid Ihr mir dreihundert Patakas schuldig, weil ich Eurem Neffen das Leben gerettet habe. Ist sein Leben nicht dreihundert Patakas wert?« Der Naybe befahl darauf dem Diener des Königs, nicht an diesem Tag abzureisen, sondern am folgenden Morgen zu ihm zu kommen, um seine Briefe mitzunehmen. Dann wollte er uns weiter nach Abessinien schicken.

Als die Freunde, die ich mir in Massaua und Arkeeko gemacht hatte, sahen, wie eigensinnig sich der Naybe unserer Abreise widersetzte, rieten sie mir, weil sie sein grausames Naturell kannten, alle Gedanken auf Abessinien fahren zu lassen. Die Schwierigkeiten bei der Reise durch Samhar, unter den vielen Stämmen, über die er befehlen konnte, würden täglich größer werden, und wir würden, sei es durch Zufall oder im Auftrag des Naybe, sicher unser Leben verlieren. Ich war davon überzeugt, daß Schwierigkeiten auf mich warteten, wenn auch nicht so große, wie ich sie hier mit dem Naybe hatte. Mein Entschluß zur Fortsetzung der Reise war gefaßt, und nichts konnte mich zurückhalten. Der Vorrat von Einwendungen des Naybe schien erschöpft, und morgen würden wir uns im freien Feld befinden, befreit von aller Tyrannei und allem Zwang. In dieser Mutmaßung bestärkte mich der Eindruck, den der Diener des Königs von Abessinien auf den Naybe gemacht hatte.

Am 15. frühmorgens brach ich mein Zelt abermals ab und bereitete mein Gepäck für den Marsch vor, um zu zeigen, daß wir entschlossen waren, nicht länger zu warten. Um 8 Uhr ging ich zum Naybe, traf ihn fast allein an, und er empfing mich auf eine Art, die man beinahe höflich nennen konnte. Mit ziemlicher Beredsamkeit und einem Strom von Worten begann er von den Schwierigkeiten unserer Reise zu erzählen, von den Flüssen, Abgründen, Bergen und Wäldern, die wir durchqueren müßten, von den wilden Tieren, die man überall anträfe, und von den unzivilisierten Völkern, die diese Gegenden bewohnten. Die meisten davon seien ihm zum Glück untergeben, und er wolle ihnen schon befehlen, uns kein Leid zuzufügen. Er trug zweien seiner Schreiber auf, die dazu erforderlichen Briefe anzufertigen, und ließ Kaffee bringen. Er sprach vom abessinischen König und von Ras Michael und von ihrem Feldzug gegen Fasil, dessen glücklicher Ausgang unwahrscheinlich schien.

Plötzlich trat ein Diener ein, der voll Staub und allem Anschein nach sehr müde war, wie wenn er in Eile von sehr weit hergekommen wäre. Der Naybe erbrach in großer Verlegenheit und Verwirrung die Briefe, die der Mann brachte. Sie enthielten angeblich die Nachricht, daß sich die Stämme der Hazorta, Shiho und Tora, welche den Teil von Samhar bewohnen, durch welchen unser Weg führen sollte und durch den die Heerstraße von Massaua nach Tigre geht, rebelliert und sich für unabhängig erklärt hätten. Der Naybe befahl darauf den Schreibern, wie wenn alles verloren wäre, mit den Briefen aufzuhören. Er richtete die Augen gen Himmel und fing mit andächtiger Miene an, Gott zu danken, daß wir nicht schon unterwegs wären, weil man es ihm bei aller seiner Unschuld zur Last gelegt hätte, wenn man uns ermordet hätte. So böse ich auch über ein so unverschämtes Possenreißen war, konnte ich mich doch nicht zurückhalten und brach in lautes Gelächter aus. Mit der ernsthaftesten Miene verlangte der Naybe zu wissen, was mich unter solchen Umständen so fröhlich stimmte. »Seit zwei Monaten«, entgegnete ich, »legt Ihr mir allerlei Hindernisse in den Weg und wundert Euch noch, daß ich mich durch einen so plumpen Betrug nicht blenden lasse? Heute früh, bevor ich mein Zelt abbrach, sprach ich in Gegenwart Eures Neffen Achmet mit zwei Männern der Shiho, die eben aus Samhar gekommen waren und Briefe an ihn brachten. Sie sagten, daß alles ruhig sei. Habt Ihr spätere Nachrichten als von diesem Morgen?« Er schwieg eine Zeitlang und sagte dann: »Wenn Ihr Eures Lebens überdrüssig seid, könnt Ihr reisen. Ich will aber meine Schuldigkeit tun und alle, die mit Euch gehen, vor der Gefahr warnen, damit man, wenn ein Unglück geschieht, nicht mir die Schuld geben kann.« – »Wir können«, erwiderte ich, »gar keine so große Anzahl nackter Shiho auf unserem Weg antreffen, die uns anzugreifen wagen, wenn sie nicht durch Euch Nachricht bekommen. Die Shiho haben keine Feuergewehre. Wenn Ihr aber einige von Euren Soldaten mit Gewehren hingeschickt habt, wird man dadurch entdecken, auf wessen Anstiften hin sie kommen. Was uns betrifft, können wir nicht entfliehen. Wir kennen weder das Land noch die Sprache oder die Wasserplätze, wir werden es folglich nicht versuchen. Wir sind im Überfluß mit allen Arten von Feuerwaffen versehen, und Eure Diener in Massaua haben oft genug gesehen, daß wir damit umzugehen wissen. Unser Leben können wir allerdings verlieren, doch werden wir genug Leute auf dem Schlachtfeld hinstrecken, so daß der König und Ras Michael daraus schließen können, wer unsere Mörder waren. Das übrige wird Janni aus Adowa schon erklären.«

Ich stand plötzlich auf, um fortzugehen. Man kann einem, der diese Nationen nicht durch persönlichen Umgang kennt, unmöglich einen Begriff davon geben, was für vollkommene Meister der Verstellungskunst auch die Plumpesten und Dümmsten unter ihnen sind. Alle Züge des Naybe veränderten sich in einem Augenblick. Nun war die Reihe an ihm, in ein lautes Gelächter auszubrechen, worüber ich ebenso erstaunt war wie er vorher über das meinige. Jede Miene seines verräterischen Gesichts verwandelte sich in ein gefälligeres Wesen, und er nahm zum erstenmal die Haltung eines Mannes an. »Was ich von den Shiho sagte«, hob er an, »geschah nur, um Euch auf die Probe zu stellen. Alles ist ruhig. Es war mir nur daran gelegen, Euch hierzubehalten, um meinen Neffen wieder gesund zu machen. Da Ihr aber zur Abreise fest entschlossen seid, fürchtet Euch nicht, die Straßen sind völlig sicher. Ich will Euch auch einen Führer mitgeben, der Euch sicher geleiten soll, selbst wenn Gefahr vorhanden wäre. Geht nur und bereitet die Arzneien, die Achmet braucht, ich will inzwischen meine Briefe beenden.« Ich willigte gerne ein, und bei meiner Rückkehr fand ich alles zum Aufbruch bereit.

Unser Führer war ein junger schöner Mann, an den der Naybe seine Schwester verheiratet hatte, obwohl er ein Christ war. Er hieß Salomé. Der übliche Preis für einen solchen Führer sind drei Stück blaues baumwollenes Zeug, dennoch nötigte uns der Naybe, seinem Schwager dreizehn zu versprechen. Nur um einigermaßen gut von ihm wegzukommen, stimmte ich zu.

Vor unserer Abreise sprach ich mit Achmet, welcher mir versicherte, daß Salomé von Natur kein schlechter Mann sei, aber der Naybe mache alle zu so gottlosen Menschen, wie er selber einer sei. Achmet gab mir noch einen Mann mit, der mir zeigen sollte, wo das Zelt aufzuschlagen sei, und sagte, daß er nun unsere endgültige Befreiung selbst übernehmen wolle, denn nach dem Willen des Naybe wäre unsere Abreise nach Gondar noch in weiter Ferne.

»Aasgeierfels«, Landschaft in Äthiopien

3. Kapitel

Aufbruch ins Landesinnere und beschwerliche Reise nach Adowa

Auf Achmets Wunsch verließen wir Arkeeko am 15. November. Unser Weg führte uns in südlicher Richtung längs der Ebene, die hier nicht über eine Meile breit ist und mit kurzem Gras, wie bei uns, bewachsen ist, nur hat es breitere Blätter. Nach einer Reise von einer Stunde schlug ich mein Zelt bei Laberhey, bei einem Brunnen mit Regenwasser, auf. Die abessinischen Berge haben hier ein besonderes Aussehen, weil sie in drei Reihen hintereinander liegen. Die erste ist nicht hoch, aber von vielen Abgründen durchbrochen und mit spärlichem Buschwerk bewachsen. Die zweite Ebene ist höher und steiler, auch rauher und kahler. Die dritte Reihe schließlich besteht aus einer Kette scharf und unregelmäßig zugespitzter Berggipfel, die in jedem Land Europas als sehr hoch bezeichnet würden. Weit über alle erhebt sich die erstaunliche Masse des Berges Taranta, meiner Meinung nach einer der höchsten Berge der Welt, dessen Spitze immer in Wolken gehüllt ist und nur sehr selten bei klarem Wetter gesehen werden kann. Der Taranta ist der höchste Berg in dieser langen steilen Bergkette, welche die Grenze zwischen den verschiedenen Jahreszeiten bildet. Auf der Ostseite, nach dem Roten Meer zu, dauert die Regenzeit von Oktober bis April. Auf der abessinischen oder Westseite hält das trübe, regnerische und kalte Wetter von Mai bis Oktober an.

Abends traf ein Bote des Naybe bei unserem Zelt in Laberhey ein und nahm unseren Führer Salomé mit. Er kam erst am nächsten Tag mit Achmet zurück. Achmet überredete uns, ihm die dem Salomé für seine Führerdienste versprochenen dreizehn Stück Tuch auszuhändigen, und wie es schien, war Salomé damit einverstanden. Darauf tauschte Achmet vier der Männer, die uns der Naybe als Gepäckträger mitgegeben hatte, gegen vier andere aus. Die Leute des Naybe murrten zwar darüber, Achmet jedoch wurde zornig und bestand darauf, daß sie nach Arkeeko zurückkehrten. Dann trat Achmet in unser Zelt, verlangte Kaffee und sagte beim Trinken: »Seid überzeugt, daß ich Euer Freund bin. Seid Ihr es nicht, so ist es nun zu spät, es Euch zu beweisen. Dennoch ist es notwendig, daß ich Euch das, was ich eben angeordnet habe, erkläre. Ihr werdet nicht über Dobarwa reisen, obwohl es der bessere Weg ist, weil es angebrachter ist, den sichersten als den leichtesten zu wählen. Salomé weiß, welcher Weg über Dixan führt. Ihr werdet zwar furchtbar über mich schimpfen, wenn Ihr beim Besteigen des Berges Taranta schwitzt, denn es ist der höchste in Abessinien. Ihr müßt aber bedenken, daß die Sicherheit Eurer Person wichtiger ist als die Strapazen einer Reise über den Berg. Dobarwa gehört dem Naybe, und ich kenne nicht die Befehle, die er vielleicht seinen Untertanen gegeben hat. Dixan aber gehört mir, und ich habe an meine dortigen Offiziere geschrieben. Obwohl die Bewohner genausoschlecht wie die in Dobarwa sind, werden sie Euch doch gut behandeln. Und da Ihr stark und bei guten Kräften seid, kann ich nichts Besseres tun, als Euch auf einen zwar rauhen, aber sicheren Weg zu schicken.« Achmet wiederholte seine Befehle an Salomé, wir standen alle auf und sprachen das Fedtah, das Friedensgebet. Dann reichte ein Diener dem Achmet ein schmales Stück Nesseltuch, und er band es mir mit eigener Hand um den Kopf, in der Art, wie es die vornehmen Mohammedaner in Dixan tragen. Im Fortgehen sagte er: »Wer Euer Feind ist, ist auch der meine. Ihr sollt durch Mahomet Gibberti künftig Nachrichten von mir bekommen.« Auf diese Art endete eine lange Reihe von Unruhen und Plackereien, die alles, was ich bisher erlebt hatte, bei weitem übertraf. Von der Gefahr will ich nicht einmal reden. Die bloße Erzählung davon, wenn sie auch noch so genau wäre, würde einem doch nur einen unvollkommenen Begriff davon geben. Dieses gottlose Gesindel besitzt unglaubliche Talente, jemanden zu quälen und in ständiger Furcht zu halten. Je wahrhafter die Schilderung der Menschen in diesem Land ist, desto eher erhält sie den Anschein einer Karikatur.

Am Abend des 16. verließen wir Laberhey. Nachdem der Weg etwa eine Stunde in der Ebene verlaufen war, hörte das Gras auf, der Boden wurde trocken, fest und kiesartig. Bald darauf kamen wir in einen Wald aus Akazienbäumen von ansehnlicher Höhe. Am nächsten Tag setzten wir unseren Weg in derselben Ebene fort, die immer noch mit starken Akazien bestanden war. Bisher führte unser Marsch gegen Süden, jetzt wandten wir uns westwärts und durchschritten eine Öffnung zwischen den Bergen, die hier so dicht aneinanderstoßen, daß sie kein Tal bilden können. Einzig und allein die Waldströme können sich in der Regenzeit ihren Weg bahnen und ergießen sich dann mit großer Gewalt in das Meer. Das Bett eines dieser Ströme war unser einziger Pfad, und da er aus reinem Sand bestand, konnten wir uns keinen besseren wünschen. Die Feuchtigkeit, welche er in reichem Maße eingesogen hatte, schützte ihn vor den plötzlichen Einwirkungen der Sonne und brachte in seiner ganzen Länge eine reiche Vegetation und viel Grünes hervor.

Wir begegneten an diesem Tag vielen Shiho mit ihren Weibern und Kindern, die von den Gipfeln der hohen abessinischen Berge herunterkamen, um ihre Herden unten in den Ebenen näher am Meer weiden zu lassen. Im

Oktober und November wächst hier Gras, während das, was die entgegengesetzte Jahreszeit auf der anderen Seite der Berge hervorsprießen ließ, bereits abgeweidet ist. Diese Aufenthaltsveränderung verleiht diesem ansonsten furchtsamen Stamm einen Hang zu Diebereien und Gewalttätigkeiten. Daher hat man ein Sprichwort in Abessinien: »Hüte dich vor Männern, die zweierlei Wasser trinken.« Damit sind alle Hirtenstämme gemeint, welche auf diese Art und Weise nach Viehweiden suchen und sich seit den ältesten Zeiten diesen Vorwürfen auszusetzen haben.

Die Shiho waren in früheren Zeiten sehr zahlreich, haben aber wie alle Völker, die mit Massaua Verbindung haben, sehr unter den verheerenden Blattern gelitten. Sie sind unter allen am Roten Meer wohnenden Stämmen die schwärzesten. Die Shiho sind gänzlich bekleidet: Die Weiber tragen grobe baumwollene Hemden, die bis auf die Knöchel hinabreichen, mit sehr weiten Ärmeln und einem ledernen Gürtel um den Leib, die Männer kurze baumwollene Hosen, die die Beine bis auf halbe Höhe der Schenkel bedecken, und eine Ziegenhaut über der Schulter. Sie haben weder Zelte noch Häuser, sondern leben entweder in Berghöhlen unter Bäumen oder in kleinen kegelförmigen Hütten aus dickem Gras.

Die Horde, welche wir trafen, bestand ungefähr aus fünfzig Männern und, wie es schien, aus nicht mehr als dreißig Weibern. Daraus schloß ich, daß sich die Männer der Shiho mit einer einzigen Frau begnügen, was sie auch wirklich tun, wie ich in der Folge erfuhr. Jeder Mann trug eine Lanze in der Hand und ein Messer im Gürtel, welcher die Beinkleider hielt. Sie hatten den Vorteil des Geländes auf ihrer Seite, weil sie den Berg herab- und wir hinaufstiegen. Soviel ich bemerken konnte, waren sie aber eher verlegen und hatten kein feindseliges Gehabe. Ich glaube, sie würden ohne großen Widerstand die Flucht ergriffen haben, wenn wir sie ernsthaft angegriffen hätten. Sie führten eine erstaunliche Menge Ziegen und anderes Vieh mit sich und waren daher nicht in Gefechtsbereitschaft. Ich grüßte den Mann, der ihr Anführer zu sein schien, und fragte ihn, ob er uns eine Ziege verkaufen wolle. Er dankte mir, aber er konnte entweder kein Arabisch sprechen, oder er wollte sich auf keine weitere Unterredung einlassen. Inzwischen kauften einige von unseren Leuten, die am Schluß des Zuges marschierten, eine lahme Ziege, wie sie sagten, zu einem hohen Preis.

Seit unserer Abreise von Massaua war das Wetter ständig schön gewesen. Diesen Nachmittag schien uns jedoch Regen zu drohen. Die hohen Berge staken ganz in den Wolken, und auch ein großer Teil der niedrigen war verhangen. Man sah häufig helle und dunkelblaue Blitze, in der Ferne hörten wir lange Donnerschläge. Dies war die erste Probe schlechten Wetters in Abessinien. Der Fluß führte kaum Wasser, während wir in seinem Bett marschierten. Auf einmal hörten wir ein Getöse oben in den Bergen, welches lauter war als der stärkste Donner. Unsere Führer eilten zum Gepäck und schafften es auf einen grünen Hügel hinauf. Kaum war das geschehen, sahen wir den Fluß in einem mannshohen Strom und so breit wie das Bett, welches er gewöhnlich einnimmt, herabstürzen. Das Wasser war stark mit einer roten Erde gefärbt, strömte wie ein tiefer Fluß und trat etwas über die Ufer, kam aber doch nicht bis zu uns auf den Hügel.

Eine Antilope war vom Strom überrascht worden und, wie ich vermute, auch verletzt. Sie war gezwungen, ihre Zuflucht auf unsere Halbinsel zu nehmen, und schien in großer Angst zu sein. Sobald meine Reisegesellschaft sah, daß vom Fluß nichts mehr zu befürchten war, umzingelten sie diesen unschuldigen Gefährten unserer Gefahr und schlugen ihn ohne viel Mühe tot. Der Gewinn war nicht groß, das Tier war mager, hatte einen Bisamgeschmack und ergab ein schlechteres Essen als die von den Shiho gekaufte Ziege. Der Strom hatte jetzt zwar sichtlich abgenommen, floß aber immer noch ziemlich stark bis zum nächsten Morgen.

Am 18. nach 5 Uhr verließen wir unser Lager auf dem grünen Hügel. Eine Zeitlang führte der Weg durch eine so dicht mit Akazien bestandene Ebene, daß unsere Gesichter

Berge von Simen, Äthiopien

und Hände von den dortigen Zweigen zerkratzt und blutig wurden. Dann nahmen wir wieder unseren alten Weg im nun fast ganz trockenen Bett des Flusses über Steine, die vom Regen in der vorigen Nacht noch schlüpfrig waren. Hier sahen wir zum erstenmal die Exkremente von Elefanten, die voll von großen Stücken unverdauter Zweige waren. Wir bemerkten auch an verschiedenen Stellen die Spuren, die sie in der Landschaft hinterlassen hatten. Einige Bäume waren mit den Wurzeln ausgerissen, andere in der Mitte abgebrochen, und halbaufgefressene Zweige lagen überall auf der Erde umher. Hamhammou ist ein Berg aus schwarzen Steinen, die durch die brennende Sonnenhitze beinahe verkalkt sind. Er bildet die Grenze des von den Shiho bewohnten Teils von Samhar. Der Distrikt zwischen dem Hamhammou und dem Taranta heißt Hadassa und wird vom Stamm der Hazorta bewohnt.

Gegen 8 Uhr kamen wir an den Eingang eines engen Tals, durch welches ein schnelles Wasser über ein Bett aus Kieseln lief. Der Schatten von Tamarindenbäumen und die kühle Luft luden uns ein, an diesem reizenden Ort zu bleiben, obwohl es den Regeln der Klugheit nicht entsprach, da wir viele Hütten und Familien der Hazorta an den Ufern des Flusses sahen. Ihre Herden fraßen von den Ästen der Bäume und Gebüsche und verschmähten das Gras, welches sie unter den Hufen hatten.

In einiger Entfernung war ein Teich, und ich nahm mein Gewehr und ging dorthin, um zu baden. Keiner von den Wilden entfernte sich aus seiner Hütte, und ich wurde nicht beachtet, wie wenn ich ein Leben lang unter ihnen gewohnt hätte. Ich schloß daraus, daß sie Menschen von geringer Verstandesfähigkeit waren, weil sie überhaupt keine Neugierde zeigten.

Am 20. früh um 6 Uhr verließen wir das Nachtlager, und bald darauf fingen wir an, die Hügel oder Anhöhen zu ersteigen, die den Fuß des großen Berges Taranta bilden. Der Weg war zu beiden Seiten mit schönen Jujubenbäumen und mit Sykomoren besetzt, die aller grünen Zweige beraubt waren.

Nachmittags nach 2 Uhr fingen wir an, den eigentlichen Berg zu besteigen. Der Weg war ungemein felsig und uneben, wenn man ihn wegen des unglaublich steilen Abhangs, wegen der durch die reißenden Ströme entstandenen Löcher und wegen der ungeheuren, vom Wasser losgerissenen und herabgerollten Steinblöcke überhaupt einen Weg nennen kann. Wir konnten, wenn auch nicht ohne Beschwerden, hinaufkriechen, und jeder konnte seinen Schnappsack und die Waffen tragen, aber das Hinaufschaffen unseres Gepäcks und der Instrumente erforderte schier unmenschliche Kräfte. Unser Zelt konnte zwar keinen Schaden erleiden, wenn es hinabstürzte, aber unsere Teleskope und Zeitmesser und der Quadrant mußten sorgfältiger behandelt werden.

Der Quadrant war bisher von acht Mann getragen worden, indem vier und vier einander immer ablösten. Als sie nun aber einige hundert Ellen zurückgelegt hatten, wollten sie den Transport nicht weiter fortsetzen. Es wurden verschiedene Hilfsmittel vorgeschlagen, z. B. das Gepäck auf dem Boden hinaufzuschleifen, die für das Instrument jedoch alle von gleichem Nachteil waren. Endlich trug ich, weil ich der Stärkste in der Gesellschaft und auch derjenige war, der das meiste Interesse daran hatte, gemeinsam mit einem starken Mohren die Spitze des Quadranten ungefähr vierhundert Ellen über den beschwerlichsten und steilsten Teil des Berges, den man vorher als den unbesteigbarsten von allen angesehen hatte.

Der Name des Mohren war Yasine, und ich habe seiner bereits im vorigen Kapitel gedacht. Ich hatte gefunden, daß er sehr klug und scharfsichtig, standhaft und von starken Nerven war. Er zeigte diese Eigenschaften nur im Augenblick der Gefahr. Zu anderen Zeiten war er still, redete wenig und studierte ständig im Koran.

Wir trugen das Instrument beherzt die steile Anhöhe hinauf, hoben den Kasten behutsam über die großen Steine, ließen ihn bisweilen darauf ruhen und stellten die Spitze des dreifüßigen Quadranten mit seinem doppelten Gehäuse zur Verwunderung aller unbeschädigt ab. Auf Yasines Verlangen schritten wir zum zweiten beschwerlichen Unternehmen, nämlich den eisernen Fuß des Quadranten in seinem hölzernen Futteral hinaufzuschaffen. Er war zwar nicht so schwer und nicht so leicht zu beschädigen, man hielt es aber doch für unmöglich, ihn den steilen, schroffen Berg hinaufzubringen. Wir schlugen die zaghaften Hilfsangebote derer aus, die unten standen und uns angafften, und stellten schließlich auch diesen Kasten in unbeschädigtem Zustand ab, noch zehn Ellen höher oben als den ersten.

Nach dieser schönen Leistung hielten wir uns für die beiden vorzüglichsten Männer in der Gesellschaft, und wir kehrten mit sichtbaren Zeichen unserer Anstrengung zurück. Hände und Knie waren durch das Abgleiten und Klettern über die scharfen Felsenspitzen zerkratzt und blutig, die Kleider waren zerrissen. Jetzt waren wir aber von unseren Fähigkeiten überzeugt, und ohne unseren Kameraden Vorwürfe zu machen, gingen wir daran, auch die beiden Teleskope und den Zeitmesser hinaufzuschaffen. Die Scham und der Beweis unserer überlegenen Standhaftigkeit hatten aber nun unsere Reisegefährten so gedemütigt, daß sie jetzt mutig Hand anlegten. Dadurch gelang es nach unendlichen Beschwerden, aber mit wahrem Vergnügen, alle Instrumente und das Gepäck bis 2 Uhr nachmittags zur Hälfte des schrecklichen Berges Taranta hinaufzuschaffen.

Wir hatten fünf Esel bei uns, wovon zwei dem Yasine gehörten, und diese Tiere hinaufzutreiben kostete uns ebensoviel Mühe wie das Gepäck. Die Ladung hatten wir so weit wie die Instrumente gebracht, und ein Mann versuchte, die unbepackten Tiere, welche jung, bei Kräften und durch die kurzen Tagesreisen in der Ebene nicht überfordert waren, vor sich her zu treiben. Sobald jedoch die Esel ihre Freiheit fühlten, fingen sie an zu schreien, auszuschlagen, sich zu beißen und plötzlich einmütig nicht nur das Stück des Berges, welches wir schon erstiegen hatten, hinunterzulaufen, sondern auch mit mutigem Geschrei (vielleicht, weil sie andere Artgenossen rochen) den Rückweg in starkem Trott fortzusetzen.

Unsere kleine Karawane und besonders die Eigentümer der Esel blickten voll Verzweiflung von oben herab, und alle unsere Bemühungen, den Taranta zu überschreiten, schienen durch die Flucht der eigensinnigen Tiere gescheitert zu sein.

Schließlich wurden vier Mohren, darunter ein Diener des Yasine, mit einem Gewehr den Eseln nachgeschickt. Sie hatten Befehl zu feuern, sollten sie mit den Hazorta Schwierigkeiten bekommen. In diesem Falle hätten wir sie hören und ihnen zu Hilfe kommen können. Zum Glück waren die Esel hungrig geworden und hatten bald angefangen, im Buschwerk zu fressen, wo sie kurz vor Sonnenuntergang gefunden wurden. Es gibt in dieser Gegend viele Hyänen, welche die Esel, wie wir vermuteten, gesehen und sich deswegen versammelt hatten. Wahrscheinlich hatte das die Esel auch folgsamer gemacht, da sie sich nun von ihren Herren treiben ließen. Die Hyänen folgten auf dem Fuße und wurden immer zahlreicher, so daß die Treiber, welche nur mit Lanzen bewaffnet waren, um ihr Leben zu

Koll-quall No. 1

fürchten begannen. Endlich wurden die Hyänen so dreist, daß eine von ihnen einen Esel anfiel und ihn niederriß. Nun feuerte Yasines Diener seine Flinte ab, und wenn er auch nicht traf, war doch der Zweck erreicht: Die Hyänen verschwanden und ließen die Esel mit ihren Treibern in Ruhe.

Der ganze Abhang des Berges Taranta, den wir bis jetzt bestiegen hatten, war dicht mit Bäumen bestanden, welche wir bisher noch nicht gesehen hatten. Sie waren von außerordentlicher Schönheit und heißen Kol-quall. Wir trafen sie zwar hiernach noch an verschiedenen Stellen in Abessinien an, aber nie in der Vollkommenheit wie auf dem Taranta.

Am 21. früh nach 6 Uhr fingen wir an, nachdem ich meine Gesellschaft mit guten Worten aufgemuntert, ihnen mehr Lohn versprochen und ihnen auch Hoffnung auf eine Belohnung gemacht hatte, die andere Hälfte des Berges zu besteigen. Doch vorher verlangte ich, da ich sah, daß der eine von der Hyäne gebissene Esel nicht weiter tragen konnte, die Last auf die übrigen zu verteilen. Dem Besitzer des Tieres versprach ich, ihm bei der Ankunft in Dixan einen neuen Esel zu beschaffen.

Kaum war dies getan, spürte ich die guten Folgen dieses Entschlusses. Das Gepäck wurde nun viel emsiger fortgeschafft als am vorigen Tag. Der obere Teil des Berges war noch steiler, steiniger, unebener und schlüpfriger als der untere, es standen auch mehr Bäume im Weg, aber wir hatten nicht so viele Behinderungen durch große Steine und Löcher. Unsere Knie und Hände wurden abermals durch häufige Stürze verwundet und das Gesicht durch das viele dornige Gebüsch zerkratzt. Ich dachte wohl zwanzigmal an Achmets Worte bei unserer Trennung, daß ich noch oft wegen des schlechten Weges über den Taranta, wozu er mir geraten hatte, über ihn schimpfen, ihn hingegen wegen der ruhigen und sicheren Reise loben würde.

Endlich erreichten wir den Gipfel des Berges, darauf das kleine Dorf Halai steht, das erste, welches wir seit unserer Abreise aus Massaua sahen. Es wird von armen Sklaven und Hirten bewohnt, welche die Herden der wohlhabenden Einwohner von Dixan betreuen.

Die Bewohner sind hier nicht schwarz, sondern von dunkler Farbe, die ins gelbliche reicht. Sie tragen keine Kopfbedeckung, an den Füßen haben sie Sandalen, um die Schultern ein Ziegenfell und um den Unterleib ein baumwollenes Tuch. Das Haar ist kurz und gekräuselt wie das der Neger im westlichen Afrika, aber nicht von Natur aus, sondern künstlich. Jeder führt ein hölzernes Stäbchen mit sich, worum die Locke gewickelt und so lange gehalten wird, bis sie sich in der verlangten Form kräuselt. Die Männer tragen zwei Lanzen und einen großen Schild aus einer Ochsenhaut in den Händen. Ein krummes Messer, dessen Klinge am Heft ungefähr drei Zoll breit ist, spitz zuläuft und sechzehn Zoll in der Länge hat, steckt auf der rechten

Seite in einem groben baumwollenen Gürtel, der sechsmal um den Leib gewunden wird.

Die Ebene auf dem Taranta war an manchen Stellen mit Weizen besät, welcher reif war, obwohl die Ernte noch nicht begonnen hatte. Die Körner waren rein und von guter Farbe, aber nicht so groß wie in Ägypten. Die Frucht stand nicht dicht, auch waren die Halme nicht über vierzehn Zoll hoch. Das Wasser oben auf dem Berg ist sehr schlecht und findet sich nur in Felslöchern oder in eigens ausgehobenen Gruben.

Da wir sehr müde waren, schlugen wir unser Zelt oben auf dem Taranta auf. Die Nacht war sehr kalt, wenigstens kam es uns so vor, weil unsere Poren durch die schreckliche Hitze in Massaua weit geöffnet waren.

Ich schoß an diesem Abend einen großen Adler, der von einer Flügelspitze zur anderen sechs Fuß und zehn Zoll maß. Er wirkte sehr zahm, bis er angeschossen wurde. Da er nur eine leichte Wunde hatte, griff er, als er auf der Erde war, Menschen und Tiere mit großer Wut und Stärke an. Ich war genötigt, ihn mit einem Bajonett zu erstechen. Er hatte eine schmutzigweiße Farbe, nur der Kopf und der obere Teil der Flügel waren hellbraun.

Am 22. um 8 Uhr des Morgens verließen wir den Gipfel des Taranta und fingen an, abwärts in die Provinz Tigre zu gehen. Es war der elendste und unebenste Weg, den ich jemals gesehen hatte, ausgenommen unser voriger Weg bergauf. Dann mußten wir wieder einen kleinen Hügel hinauf, von dem wir einen Blick auf Dixan hatten.

Gegen 11 Uhr schlugen wir unser Zelt in der Nähe eines sumpfigen Geländes auf. Das Wasser hier war aber sehr schlecht, weil es mehrere Wochen gestanden hatte. Wir sahen die Bewohner mit der Weizenernte beschäftigt. Andere, die damit bereits fertig waren, ließen das Korn durch ihre Kühe und Ochsen austreten oder dreschen. Vom Stroh machen sie keinen Gebrauch, sondern verbrennen es oder lassen es auf der Stelle verfaulen.

Nach 3 Uhr brachen wir wieder auf und reisten allmählich auf einem besseren Weg als dem bisherigen weiter bergab. Um ½5 Uhr desselben Tages langten wir in Dixan an. Halai war das erste Dorf und Dixan die erste Stadt in Abessinien auf dieser Seite des Taranta. Dixan liegt auf einem Hügel, der vollkommen die Figur eines Zuckerhuts hat. Ein tiefes Tal umgibt ihn ringsumher wie ein Graben, und der Weg zieht sich spiralförmig bis in die Stadt hinauf.

Die Stadt wird in eine Ober- und eine Unterstadt geteilt, zwischen beiden befindet sich ein ansehnlicher freier Raum. In der Unterstadt leben Christen, wenigstens nennen sie sich so, und oben auf dem Hügel wohnen die Leute des Naybe und haben sich dort einen dürftigen Brunnen gegraben. Unser Führer Salomé war ein Sohn des vom Naybe eingesetzten Statthalters. Die Mohren der Stadt waren dem Achmet untertan, und das Oberhaupt der Christen war von Janni, unserem griechischen Freund in Adowa, abhängig, welcher die Aufsicht über alle Zollhäuser in Tigre und auch über das von Dixan hatte.

Unser Gepäck hatte den Graben bereits passiert, und wir waren bis in die Unterstadt gekommen, wohin mich Salomé, unter dem Vorwand, mir wegen der Hitze um so schneller ein Obdach zu verschaffen, geführt hatte. Er ging aber weiter, und ein Diener des Janni, welcher griechisch sprach, gab mir zu verstehen, ihm nicht zu folgen. Er zog mich zu einem Haus, und ich setzte mich mit meinem Gewehr davor auf einen Stein. Unser Gepäck folgte bald und wurde in einer Art von Hof mit einer genügend starken steinernen Mauer in Sicherheit gebracht.

Es dauerte nicht lange, und Hagi Abd el Kader, ein Freund Achmets, kam zu uns und lud mich sehr höflich in sein Haus ein. Er hatte in der Zwischenzeit von Achmet den Auftrag erhalten, sich um meine Person zu kümmern. Zugleich brachte er eine Ziege, etwas Butter und Honig mit. Ich entschuldigte mich, daß ich Jannis Diener, einen Christen, bei dem ich zuerst eingekehrt war, nicht verlassen wollte. Ich empfahl aber den Yasine, der eine immer größere Zuneigung zu mir bewies, seiner Obhut.

Nach ungefähr einer Viertelstunde erschien Salomé mit zwanzig Mann Begleitung und verlangte im Namen des

Naybe, wir sollten mit ihm kommen. Er gab vor, wir seien ihm als unserem Führer Geld schuldig und müßten auch den Zoll entrichten. In wenigen Augenblicken versammelten sich wohl hundert Mann mit Lanzen und Schilden um den Abd el Kader, und wir vermuteten, bald in eine ernsthafte Schlägerei verwickelt zu sein. Aber Abd el Kader ging mit einer Gerte und sehr ernsthafter Miene auf den Salomé zu. Er drohte auch seinem Anhang sehr nachdrücklich und hob die Gerte ein paarmal gegen den Salomé, wie wenn er ihn schlagen wollte. Er befahl ihm, wenn er etwas zu fordern hätte, am Abend wiederzukommen, worauf beide Parteien sich zerstreuten und uns in Ruhe ließen.

Abends wurde mit Salomé alles in Güte beigelegt. Es wurde bewiesen, daß ihm für seine Mühe als Führer dreizehn Stück Tuch versprochen worden waren, die bereits mit seiner Genehmigung an Achmet übergeben worden waren. Obwohl er wegen seiner verräterischen Absichten uns gegenüber nicht mehr verdiente, erhielt er doch um Achmets und unseres Freundes Abd el Kader willen noch ein zusätzliches Geschenk von drei Stück Tuch.

Es trifft bei Dixan, wie bei den meisten Grenzstädten, zu, daß das schlechte Volk beider hier zusammenstoßender Länder dort zusammenkommt. Die Stadt wird, wie erwähnt, von Mohren und Christen bewohnt und ist gut bevölkert. Das einzige Gewerbe beider religiöser Gruppen besteht im Verkauf der Kinder. Die Christen bringen die in Abessinien gestohlenen nach Dixan, die Mohren nehmen sie hier in Empfang und schaffen sie auf den Markt von Massaua, von wo sie nach Arabien und Indien verschickt werden. Die Geistlichkeit der Provinz Tigre ist offenbar in diesen schändlichen Handel verwickelt, einige haben sogar die Erlaubnis von Michael dazu und bezahlen für jeden Sklaven ein Gewehr.

Nichts kann die Art, wie dieser Handel betrieben wird, besser erläutern als ein Vorfall, der sich während meiner Anwesenheit in Abessinien zutrug und der in Gondar bekannt wurde, weil von Massaua aus Klage darüber geführt wurde. Michael hat es mir persönlich erzählt.

Äthiopische Siedlung

Zwei Priester in Tigre, deren Namen ich vergessen habe, waren lange Zeit vertraute Freunde gewesen und wohnten in der Gegend des Felsens Damo. Der jüngere war verheiratet und hatte zwei Söhne, der andere war alt und hatte keine. Der Alte warf dem anderen eines Tages vor, daß er seine Kinder zu Hause müßig herumlaufen und sie kein Handwerk lernen ließ, wodurch sie ihr Brot verdienen könnten. Der Verheiratete schützte seine Armut und den Mangel an Verwandten zu seiner Rechtfertigung vor. Der alte Priester bot sich an, den ältesten Sohn bei einem wohlhabenden Freund unterzubringen, wo es ihm an nichts fehlen würde. Der Vorschlag wurde angenommen, und der Vater übergab den zehnjährigen Knaben dem alten Priester, um ihn zu dem Freund zu bringen, der ihn indes nach Dixan schickte und dort verkaufen ließ. Nach der Rückkehr brachte der alte Priester dem Vater die Nachricht von der guten Aufnahme und Behandlung und den guten Aussichten seines Sohnes. Er überreichte ihm sogar ein Stück baumwollenes Zeug als Geschenk von dessen neuem Herrn.

Als der jüngere achtjährige Bruder hörte, wie gut es seinem älteren Bruder ging, wollte er ihn unbedingt besuchen, und die Eltern gaben dazu schließlich ihre Einwilligung. Der alte Priester gab sich gewissenhaft und wollte die Sorge für den kleinen Knaben nicht übernehmen, wenn nicht auch die Mutter mitginge. Dies wurde beschlossen, und der Alte führte Mutter und Kind nach Dixan, wo er beide verkaufte.

Nach seiner Rückkehr berichtete der alte Priester dem Vater, daß die Mutter eine Zeitlang in Dixan bleiben wolle und daß sie hoffe, er würde sie an einem bestimmten Tag abholen. Als die Zeit gekommen war, reisten beide Priester in die Stadt, um die glückliche Familie zu sehen. Als sie nach Dixan kamen, stellte sich heraus, daß der alte Priester den jungen ebenfalls, aber nicht an denselben Mohren, der die übrige Familie bekommen hatte, verkauft hatte. Bald darauf machten die beiden mohrischen Kaufleute jedoch gemeinsame Sache, und der alte Priester sollte für den Ehemann, seine Frau und die Kinder vierzig Stück baumwollenes Zeug bekommen.

Die Bezahlung der Schuld, vielleicht auch die von seiten der betrogenen Familie zu befürchtende Rache und der billige Anschein, den die ganze Sache hatte, brachten die beiden Kaufleute auf den Gedanken, daß etwas mehr Gewinn und weniger Gefahr dabei wäre, wenn sie auch den alten Priester mit sich in die Sklaverei schleppten. Weil er aber gleichsam in amtlichem Auftrag und wegen eines Handels von großer Wichtigkeit für die Stadt nach Dixan gekommen war, fürchteten sie sich, gegen ihn in der Stadt selbst vorzugehen. Sie baten ihn also, sie eine Strecke weit zu begleiten, damit sie beim Verlassen der Stadt nicht angehalten und befragt würden. Dafür versprachen sie ihm zwei zusätzliche Stücke Tuch, welche er bei der Trennung bekommen sollte.

Solche Unternehmungen werden immer in der Nacht begonnen. Als sich alles zur Ruhe begeben hatte, zogen sie zur Stadt hinaus, die Käufer, der Verkäufer und die verkaufte Familie. Als sie an den Berg kamen, wo der Weg in die Wüste abzweigt, fielen sie über den alten Priester her, warfen ihn nieder und fesselten ihn. Die Frau bat, man möge ihr erlauben, ihm den kleinen Bart abzuschneiden, um ihn, wie sie sagte, jünger zu machen; und diese Forderung wurde ihr nicht abgeschlagen. Dann wurden alle fünf nach Massaua geschleppt und die Frau mit ihren beiden Kindern nach Arabien verkauft. Für die beiden Priester fanden sich nicht so schnell Käufer, sie lebten beide noch im Haus des Naybe, als ich in Massaua war, wovon ich allerdings nichts wußte.

Weil der Naybe sich mit geringen Kosten die Gunst Ras Michaels erschleichen wollte, berichtete er ihm über diesen Vorfall und erbot sich, da es sich um Priester handelte, sie ihm wieder auszuliefern. Der Ras gab ihm zur Antwort, daß er sie als seine Kaplane behalten sollte, in der Hoffnung, der Naybe würde sich mit der Zeit zum christlichen Glauben bekehren. Wenn nicht, möge er sie mit den übrigen nach Arabien schicken, sie eigneten sich gut zu Holz-

und Wasserträgern, und es wären noch genügend von dieser Gattung in Damo, um den Handel zwischen Dixan und Massaua fortzusetzen.

Ich hörte diese Geschichte aus Ras Michaels Mund bei der Hochzeit seiner Enkelin, als er während der Feierlichkeiten sehr aufgeräumt war. Er und die ganze Gesellschaft lachten herzlich darüber, und obwohl mindestens zwei Dutzend Priester im Zimmer waren, schienen auch sie die Sache nicht ernsthafter zu nehmen als die übrigen. Man kann daraus ersehen, wie wahr es ist, wenn katholische Schriftsteller behaupten, daß die Regierung und die Großen in Abessinien so wenig Achtung und Ehrerbietung gegen den geistlichen Stand zeigen.

Die Priester in Axum und im Kloster Abba Garima sind in dieser Beziehung ebenso schändlich wie die in Damo. Ras Michael sieht darüber hinweg, weil es zu seiner Größe beiträgt. Seine Provinz Tigre erhält dadurch die Gewehre, welche ihm die Überlegenheit in ganz Abessinien verschafft. Als Tausch gegen diese Feuerwaffen werden jährlich ungefähr fünfhundert unglückliche Geschöpfe nach Massaua und Arabien geschickt. Darunter sind dreihundert Heiden vom Markt in Gondar, die übrigen aber sind Christenkinder, welche auf die Art, wie berichtet wurde, gestohlen werden. In teuren Jahren, wenn ein Mangel vorhanden ist, kann die Anzahl auf das Vierfache steigen. Der Naybe bekommt für jeden Sklaven, der außer Landes geschafft wird, vier Patakas.

Am 25. November früh um 10 Uhr verließen wir Dixan und reisten den steilen Hügel, auf dem die Stadt liegt, wieder hinunter. Wir passierten das elende Dorf Hadhadid und lagerten uns um 11 Uhr unter einem Darso, einem der schönsten Bäume, die ich in Abessinien gesehen habe. Dieser Baum und ein Fluß bilden die Grenze des Gebietes, welches der Naybe von Tigre gepachtet hatte.

Bis hierher begleitete uns Abd el Kader, bevor er uns verließ, und auch Salomé kam, um zu sehen, ob sich nicht eine Gelegenheit böte, uns neuen Verdruß zu bereiten. Weil sich die königlichen Diener jetzt auf ihres Herrn

Grund und Boden befanden, fingen sie auch an, sich demgemäß zu betragen. Einer von ihnen ging zu Salomé an das Ufer des Flusses, machte mit einem Messer ein Zeichen in den Boden und erklärte ihm, daß nach allem, was er in Massaua und Dixan gesehen habe, seine Geduld nun am Ende sei. Wenn Salomé oder sonst jemand, der zum Naybe gehörte, sich unterstünde, über das gemachte Zeichen zu schreiten, wolle er ihm Hände und Füße binden und an einen Ort schleppen, wo er, an einen Baum gebunden, ein Raub der Löwen und Hyänen werden sollte. Nun zogen sich alle zurück, und hiermit hatte die Verfolgung durch den Naybe ein Ende.

Wir blieben die Nacht des 25. Novembers unter diesem Baum. Mir wird dieses Nachtlager immer in Erinnerung bleiben, da es das erste war, wo ich zum Teil wieder zu der Gemütsruhe gelangte, die ich seit der Ankunft in Massaua nicht mehr gekannt hatte.

Es waren zwanzig von Mohren getriebene Esel und zwei Ochsen mit ihren Ladungen zu uns gestoßen. Es gibt eine kleine Art der letzteren, Ber genannt, deren man sich als Lasttiere bedient. Ich rief die Treiber alle zur mir, empfahl ihnen, eine gute Ordnung zu halten, und verlangte, daß jeder, der sich nicht nach meinen Befehlen zu richten gedachte, mich verlassen sollte. Den Yasine bestimmte ich zum Schiedsrichter bei ihren Streitigkeiten, entstünde aber zwischen Yasine und einem von ihnen eine Meinungsverschiedenheit, so wollte ich der oberste Richter sein. Damit waren alle einverstanden und zufrieden. Wir sprachen darauf das Fedtah und schworen einander, uns bei jeder Gefahr oder einem Angriff beizustehen, ohne Rücksicht auf die Religion.

Am 26. früh um 7 Uhr verließen wir unser angenehmes Nachtlager und setzten unseren Weg fort. Nach 11 Uhr lagerten wir uns am Fuß eines Berges, auf dem sich das Dorf Hadawi befindet, welches zwar nur aus achtzig Häusern besteht, aber doch der Sitz des Baharnagash[20] ist. Dieser hatte das kleine Gebiet, welches er regierte, von Michael Suhul, dem Statthalter von Tigre, gekauft. Auf diese Weise konnte

Michael den Naybe von Massaua nach Gutdünken einschränken, indem er dem Baharnagash den Befehl erteilte, die Lebensmittel abzufangen. Der Baharnagash war eigentlich ein Sklave, der dazu diente, auf den Naybe ein wachsames Auge zu haben und ihn im Falle des Ungehorsams verhungern zu lassen.

Der Baharnagash stattete mir in meinem Zelt einen Besuch ab und war der erste Abessinier, den ich zu Pferd sah. Er hatte sieben Reiter und ungefähr ein Dutzend Männer zu Fuß bei sich. Sie hatten alle ein armseliges Aussehen und waren schlecht bewaffnet und ausgerüstet. Der Verstand des Baharnagash schien seinem Äußeren zu entsprechen. Er fragte mich, ob ich vorher schon jemals Pferde gesehen hätte. Nur sehr wenige, gab ich ihm zur Antwort. Darauf beschrieb er mir ihre Eigenschaften auf eine Art, daß ich keinen Begriff davon bekommen konnte, wenn ich wirklich nur wenige gesehen hätte. Dann entschuldigte er sich dafür, uns keine Lebensmittel geschickt zu haben. Er sei auf einem Zug gegen einige aufrührerische Dörfer gewesen und eben erst zurückgekommen.

Auf den ersten Blick schien er kein sehr achtenswerter Mann zu sein, aber ich fand in der Folge, daß ich mich irrte. Ich machte ihm ein Geschenk entsprechend meinem ersten Eindruck, womit er sehr zufrieden schien. Als er eine Anzahl Flinten, darunter zwei große Schiffsmusketen, mitten im Zelt an der Zeltstange hängen sah, fragte er, ob man nicht befürchten müsse, daß sie losgingen. Ich antwortete, es geschähe dann und wann, wenn es Zeit wäre. Bald danach nahm er ein Kissen und setzte sich vor dem Eingang des Zeltes hin. Hier hielt ihn einer der königlichen Diener fest und sagte ihm rundheraus, er müsse uns sogleich eine Ziege, ein Zicklein und vierzig Brote beschaffen und diese, wenn er wolle, in seinem Deftar oder Rechnungsbuch vermerken. Der Baharnagash ging fort und schickte uns tatsächlich eine Ziege und fünfzig Kuchen aus Teff[21].

Damit waren aber meine Wünsche an ihn noch nicht erschöpft. Seine Pferde waren alle in einem schlechten Zustand bis auf ein schwarzes, welches mir vorzüglich gefiel. Abends schickte ich die königlichen Diener und auch den Bedienten des Jannis zu ihm, ihn zu fragen, ob er mir das schwarze Pferd verkaufen wolle. Der Handel wurde sofort abgeschlossen, und gegen einige Waren, die ich zum Teil selbst besaß, zum Teil von meinen Gefährten in der Karawane eintauschte, sollte das Pferd noch am selben Abend gebracht werden. Ich erhielt ein altes braunes mit nur einem Auge. Das Pferd schickte ich sofort zurück und bestand auf dem schwarzen. Der Baharnagash versicherte, der Rappe sei nicht sein Eigentum, und er habe ihn seinem

Herrn zurückgegeben. Nach einigen kleinen Wortwechseln stellte sich heraus, daß es seine Absicht war, das schwarze Pferd dem König anzubieten.

Meine Freunde zeigten sich bei den Verhandlungen sehr gleichgültig, sie verlangten lediglich die Waren zurück, die auch ausgeliefert wurden. Kaum war das geschehen, als auch das schwarze Pferd gebracht wurde, dessen Annahme aber nun wir verweigerten.

Schließlich einigten wir uns aber doch noch dahingehend, daß uns der Baharnagash noch eine Ziege schickte, die ich dem Yasine gab, und zwei Gefäße mit Bouza[22], die wir gemeinsam austranken, wobei ich ihm auf sein Verlangen versprach, bei Hofe einen für ihn vorteilhaften Bericht zu geben. Wir hörten inzwischen von seinen Leuten, daß er auf keiner Unternehmung gewesen war und seit drei Monaten keinen Schritt außerhalb seines Wohnortes getan hatte.

Ich hatte eine außerordentliche Freude über meinen Handel. Das Pferd war damals mager, war sechzehn und eine halbe Hand hoch und aus einer Zucht in Dongola[23]. Yasine empfahl mir einen seiner Diener und Reisegefährten, um es zu pflegen. Es war ein Araber aus der Nachbarschaft von Medina und selbst ein vorzüglicher Reiter, der sich auf alles, was Pferde betraf, gut verstand. Ich nahm ihn sofort in meine Dienste. Wir nannten das Pferd Mirza, und ich kann in der Tat sagen, daß ich mir an diesem Tag einen Gefährten erwarb, der immer zu meinem Vergnügen und mehr als einmal zu meiner Rettung beitrug. Ich hatte meine arabischen Steigbügel, den Sattel und das Zaumzeug mitgebracht, so daß ich so gut ausgerüstet war, wie ein Reiter nur sein konnte.

Am 27. verließen wir Hadawi und setzten den schmalen, steilen Weg zwischen zwei steinigen Hügeln hinab fort. Wir mußten aber einen noch steileren Hügel wieder hinauf, auf dem das große Dorf Goumbubba liegt. Von hier hatten wir eine Aussicht über eine große Ebene, die völlig mit den verschiedensten Getreidearten, die in diesem Land angebaut werden, besät war.

Wir schlugen unser Zelt eine halbe Meile vom Dorf Barranda auf, wo uns unser Freund, der Baharnagash, einholte. Er war so zufrieden mit unserer letzten Unterredung, besonders mit dem Pferdehandel, daß er uns drei Ziegen, zwei Gefäße mit Met und etwas Weizenmehl schickte. Ich lud ihn in mein Zelt ein, was er sofort annahm. Er fragte mich, wie mir mein Pferd gefalle. Er hoffe, daß es nicht meine Absicht sei, es selbst zu reiten. Ich erwiderte: »Behüte der Himmel! Ich kaufte es bloß aus Neugierde und als eine Seltenheit.«

Inzwischen zeigten einige von meinen Leuten den seinigen meinen Sattel, den Zaum und die Steigbügel, welche sie als Nachbarn der Araber in Sennar gut kannten, und sie lobten mich als den bei weitem besten Reiter im ganzen Land. Dies wurde dem Baharnagash hinterbracht, der es mir aber nicht übelnahm und herzlich über meine vorgegebene Unwissenheit lachte. Er schüttelte mich bei der Hand und bemerkte, daß er tatsächlich sehr arm sei, sonst hätte er kein Geld für das Pferd genommen. Er zeigte mir so viel Gutherzigkeit und ein offenes, rechtschaffenes Betragen, daß ich ihm ein besseres Geschenk als das erste machte. Dies war ihm um so angenehmer, als er es durchaus nicht erwartet hatte. Rasiermesser, andere Messer und Stahl zum Feuerschlagen sind unter den Eisenwaren die willkommensten Geschenke, die man in diesem Land machen kann.

Der Baharnagash war nun bei so ungemein guter Laune, daß er nicht eher weggehen wollte, als bis das Gefäß mit Met ausgetrunken war. Ich hatte sein Herz derartig eingenommen, daß ich am folgenden Tag unmöglich loskommen konnte. Wir waren an der Grenze seines kleinen Gebietes, und er hatte befohlen, eine gewisse Menge Weizenmehl für uns zu bereiten, die er uns am Abend zusammen mit einer kleinen Ziege schickte. Mir hatte die Menge, die ich von seinem Met getrunken hatte, solche Kopfschmerzen verursacht, daß ich den ganzen Tag kaum aufstehen konnte.

Am 29. verließen wir unser Lager bei Barranda und waren kaum eine Meile weit gekommen, als wir von ungefähr zwanzig bewaffneten Reitern eingeholt wurden. Dies war der letzte Beweis von der Sorgfalt des Baharnagash, der uns diesen Haufen schickte, um uns vor den Gefahren in der Ebene zu schützen. Die Shangallas wohnen auf dem ganzen Weg zur rechten Hand und wagen oft Einfälle in das Land, welches vor uns lag. Das schreckte uns aus unserer Sicherheit auf, wir untersuchten sorgfältig unsere Gewehre und luden sie aufs neue, was wir seit der Abreise von Dixan nicht mehr getan hatten.

Wir kamen nun wieder in ein Gebiet mit weit auseinanderstehenden Bäumen. Der Boden war so dicht mit wildem Hafer überwachsen, daß Mann und Pferd davon bedeckt wurden. Die Ebene ist hier sehr weitläufig. Sie reicht im Westen bis Serawé, welches von hier zwölf Meilen entfernt liegt; gegen Süden erstreckt sie sich von Goumbubba bis an den Balezat. Der Boden ist vortrefflich, aber dergleichen flaches Land ist in Abessinien sehr selten. Dieses Gebiet zählt zu den schönsten und den größten vom Umfang her, es wird aber kaum bebaut und befindet sich in einem wüsten Zustand. Die Ursache dafür ist der tiefwurzelnde Haß zwischen den hiesigen Dörfern und denen in Serawé. In beiden Teilen gehen die Einwohner bewaffnet zum Pflügen und Säen, und sehr selten wird eine Ernte abgeschlossen, ohne daß es zwischen den feindlichen Parteien zu einem Gefecht kommt.

Unsere Führer hielten an und warnten uns, daß der Fluß vor uns ein Treffpunkt der Reiter aus Serawé sei. Schon manche Karawane war durch sie zugrunde gerichtet worden. Sie sollen die beste Kavallerie in diesem Teil Abessiniens sein. Sie erhalten die Rasse ihrer Pferde durch die Nachbarschaft zu Sennar, von wo sie immer wieder Zuwachs bekommen.

Nachdem wir ein Gehölz durchquert hatten, kamen wir an den Fluß, der damals lediglich aus stillstehenden Teichen bestand. Ich stieg hier zum erstenmal aufs Pferd, zum großen Vergnügen meiner Gefährten und der Männer aus Barranda, von denen noch keiner gesehen hatte, wie eine

Flinte im Galopp abgefeuert wird. Auch hatte noch keiner von ihnen ein Gewehr mit zwei Läufen gesehen.

Wir durchquerten die Ebene so schnell, wie es die Geschwindigkeit unserer langohrigen Begleiter zuließ. Als wir die Hügel erreicht hatten, waren wir vor den Reitern aus Serawé in Sicherheit und konnten unseren Begleitschutz zurückschicken. Sehr zufrieden und voller Verwunderung über unsere Feuerwaffen ritten sie fort. Sie versicherten, daß mir ihr Herr, der Baharnagash, ein noch weit besseres Pferd gegeben hätte, hätte er meine Reitkünste gesehen.

Wir kamen nun in ein Gebiet voll Buschholz, wildem Hafer und hohem Binsengras, welches an manchen Stellen so felsig und uneben war, daß kaum ein schmaler Raum zum Durchmarschieren blieb. Gleich beim Eintritt in dieses Gehölz hatte ein Löwe ein Tier getötet, welches Agazan genannt wird. Es gehört zu den Ziegenarten und mag ungefähr zwölf Steine wiegen. (Wenn ich von einem Stein rede, so verstehe ich darunter einen Stein von vierzehn Pfund.) Es ist so groß wie ein großer Esel. Das Tier war kaum tot, das Blut lief noch, und der Knall meiner Flinte hatte den Mörder vermutlich verscheucht. Jeder von uns schnitt mit seinem Messer ein großes Stück Fleisch ab, Mohren wie Christen. Gleichwohl haben die Abessinier vor allem, was tot ist, wenn es auch nach dem Gesetz mit einem Messer getötet worden ist, einen solchen Abscheu, daß keiner einen erschossenen Vogel anders als an den Flügelspitzen aufhebt.

Um Mittag gingen wir über den Fluß Balezat, welcher bei Ade Shiho, einem Ort im Südwesten der Provinz Tigre, entspringt und nach einem kurzen Lauf in den Mareb mündet. Wir schlugen hier am Fluß unser Lager auf und waren genötigt, diesen und den folgenden Tag wegen einer Abgabe oder eines Zolles zu rasten, welchen alle Vorbeiziehenden bezahlen müssen. Man nennt diese Abgaben Awides, welches soviel wie Gabe bedeutet, obgleich sie meist auf eine sehr strenge Art und Weise erhoben werden. Sie sind durch Gewohnheitsrecht an verschiedenen Orten eingeführt und eigentlich ein an dem Grundstück haftendes

Regal. Diese Plätze heißen Ber, das heißt Paß, und man findet in ganz Abessinien viele Ortsnamen, denen die Silbe »ber« angehängt ist, z. B. Dingleber, Sankraber usw.

Das kleine Dorf Sebow lag zwei Meilen östlich von uns, Zaarow ebensoweit in Südost und Nognet unmittelbar vor uns. Das waren die Orte, wo die Einnehmer dieser Abgabe wohnten. Sie pachten diese von ihrem Oberherrn und teilen den Gewinn im Verhältnis zu der vorgeschossenen Summe. Der Pächter setzt die Höhe der Abgabe nach eigenem Gutdünken fest, was er eben glaubt, wieviel eine Karawane entrichten kann. Er hat keinen Tarif, der ihn bindet.

Weil mich der König hatte kommen lassen und ich zum Ras Michael ging, in dessen Provinz wir uns befanden, lachte ich darüber, wenn sie davon redeten, mich festhalten zu wollen. Ich erklärte ihnen mit großem Nachdruck, daß ich lieber mein ganzes Gepäck hier lassen wollte, als das Leben des Königs durch meinen Aufenthalt in Gefahr zu bringen. Das machte sie stutzig, weil sie auf diesen Umstand nicht vorbereitet waren. Weil ich in einem so herablassenden Ton sprach, kamen wir mit einem Aufenthalt von einem Tag davon und bezahlten fünf Stück blaues baumwollenes Tuch, jedes einen dreiviertel Pataka an Wert, und ein Stück weißes zu einem Pataka. Unsere Reisegefährten zahlten, soviel sie konnten, um nicht zurückbleiben zu müssen. Dann setzten wir alle zugleich unsere Reise fort.

Jetzt bekamen wir die hohen Berge von Adowa zum erstenmal zu Gesicht, die mit keinen in Europa oder irgendeinem anderen Land im Aussehen zu vergleichen sind. Die Flanken bestehen aus lauter senkrechten Felsen, die wie Türme oder Obelisken emporragen und in tausend verschiedenen Formen abgebrochen sind.

Der Mareb bildet hier die Grenze zwischen Tigre und dem Gebiet des Baharnagash. Er läuft durch ein erdiges Bett, ist breit, tief und sanft. Bei plötzlichem Regenwetter aber ist er wegen der zahlreichen Löcher in seinem Grund gefährlicher zu durchqueren als sonst ein Fluß in Abessinien.

Nun betraten wir die Ebene von Yeeha, worin ein kleiner Fluß fließt, der ihr entweder den Namen gibt oder ihn von ihr empfängt. Er entspringt aus vielen Quellen in den westlichen Bergen und ist weder in Anbetracht seines Verlaufs noch seiner Größe bemerkenswert. Auch er mündet in den Mareb. Mit der Ernte war man an diesem Ort schon weit gekommen. Der Weizen war geschnitten, und in einer anderen Gegend auch bereits viel Teff; letzterer wurde mit Ochsen ausgetreten. Die Durra[24] und ein kleines Korn, Telba genannt, woraus Öl gewonnen wird, war noch nicht reif.

Um 11 Uhr machten wir an der Seite des Berges halt, von dem der Fluß herabkommt. Alle Dörfer hier waren unbewohnt und zeigten die Merkmale der Gerechtigkeit des Statthalters von Tigre. Die früheren Einwohner waren seit langen Zeiten unverbesserliche Räuber und Mörder in der Provinz gewesen. Michael umringte sie deshalb eines Nachts, verbrannte die Häuser, brachte alle Einwohner um und erlaubte seit damals nicht mehr, daß sich jemand wieder hier niederließ.

Um 3 Uhr nachmittags erstiegen wir den Berg, durchquerten oben eine Ebene und marschierten an einem Dorf vorbei, welches wir im Südosten liegen ließen. Der Abstieg auf der anderen Seite war der rauheste und gefährlichste, den wir seit dem Taranta zu bewältigen hatten.

Nach 5 Uhr abends schlugen wir das Zelt am Fuß des Berges auf, dicht an dem kleinen, aber reißenden und klaren Fluß Ribieraini. Diesen Namen erhielt er von den Räubern in den oben erwähnten Dörfern. Von hier aus kann man zwei Straßen überblicken, die eine kommt von Westen aus Gondar, die andere von Osten vom Roten Meer. Derjenige von der Räuberbande, welcher hier Wache stand und eine Karawane erspähte, schrie: »Ribieraini«, das bedeutet in der Sprache von Tigre: »Sie kommen des Weges«, worauf jeder Lanze und Schild ergriff, um über die nichtsahnenden Kaufleute herzufallen. Es wird erzählt, daß Ras Michael in jüngeren Jahren selbst des öfteren bei derartigen Unternehmen an diesem Ort war.

Zur rechten Hand lag der hohe, steile und unwegsame Berg Samayat, welchen ebendieser Michael, als er rebellierte, als seinen festen Aufenthalt wählte. Vom verstorbenen König Yasous wurde er dort belagert und gefangengenommen.

Am 6. brachen wir früh von Ribieraini auf, und nach einer Reise von drei Stunden auf einem angenehmen Weg über bequeme Anhöhen und durch Hecken von Jasmin, Geißblatt und allerlei blühende Sträucher gelangten wir nach Adowa, dem ehemaligen Sitz von Ras Michael Suhul, dem Statthalter von Tigre.

4. Kapitel

Von Adowa nach Gondar, der Haupt- und Residenzstadt Abessiniens

Adowa liegt am Abhang eines Hügels an der Westseite einer kleinen Ebene, die ringsumher von Bergen umgeben ist. Der Name erklärt sich aus der Lage und bedeutet soviel wie Paß oder Durchreise, weil die Stadt unmittelbar unter dem Ribieraini erbaut wurde und alle Reisende auf dem Weg von Gondar nach dem Roten Meer durch diese Ebene hindurch müssen.

Adowa besteht aus etwa dreihundert Häusern und nimmt einen weit größeren Raum ein, als diese eigentlich erfordern, weil um jedes eine Einfassung aus Hecken und Bäumen gezogen ist. Unter den letzteren dominiert hauptsächlich der Wanzey. Die vielen in allen Städten gepflanzten Bäume dieser Art verstecken sie derartig, daß man sie aus der Entfernung genausogut für Wälder halten könnte. Adowa war früher nicht die Hauptstadt von Tigre, sondern wurde es erst unter dem jetzigen Statthalter Ras Michael, dessen väterliche Grundstücke in und um die Stadt liegen. Sein Wohnhaus zeichnet sich vor den übrigen nur durch die Größe aus. Es liegt oben auf dem Hügel, und in Michaels Abwesenheit wohnt sein Bevollmächtigter darin. Es sieht mehr einem Gefängnis als einem Palast ähnlich, weil in seinen Mauern über dreihundert Personen, darunter manche seit zwanzig Jahren, in Ketten gelegt gefangengehalten werden, meistens um Geld von ihnen zu erpressen. Das größte Unglück ist, daß sie aus den unbarmherzigen Händen des Michael nicht loskommen, selbst wenn sie die von ihm verlangte Summe erbringen. Die meisten sitzen wie wilde Tiere in Käfigen und werden auch nicht viel anders behandelt.

Was uns aber am meisten interessierte, war die Gegenwart unseres höflichen und gastfreundlichen Wirtes Janni. Er hatte uns Diener bis an den Durchgang durch den Fluß entgegengeschickt, welche uns führen mußten, und empfing uns am äußeren Tor seines Hofes. Ich erinnere mich nicht, jemals eine ehrwürdigere Gestalt gesehen zu haben. Auf seinem kurzen weißen Haar trug er einen Turban aus Nesseltuch, sein schneeweißer, starker und wohlgeformter Bart reichte bis zur Leibesmitte. Er war nach abessinischer Mode in weiße Baumwolle gekleidet und hatte nur eine rote, mit Gold bestickte Schärpe um den Leib gebunden. Das Oberkleid reichte bis zu den Knöcheln, seine Füße steckten in Sandalen. Er hatte eine Menge Diener und Sklaven beiderlei Geschlechts um sich. Als ich mich näherte, schien er mich mit Unterwürfigkeit empfangen zu wollen, als wäre er ein Mann von niederem Stand. Dies brachte mich in Anbetracht der vielen Mühen, die ich ihm bereits verursacht hatte und notwendigerweise noch bereiten mußte, in große Verlegenheit. Ich umarmte ihn mit allen Beweisen von Freundschaft und Dankbarkeit und nannte ihn Vater. Diesen Namen gebrauchte ich in der Folge immer, ob ich nun über oder mit ihm sprach, auch als ich später einen hohen Rang erreichte. Daran erinnerte er sich immer mit großer Freude.

Er führte uns durch einen mit Jasmin besetzten Hof in ein sehr reinliches und großes Zimmer, worin ein seidenes Sofa stand. Der Fußboden war mit persischen Teppichen und Kissen bedeckt. In dem äußeren Hof waren ringsumher Blumen und grüne Blätter verstreut. Die Wände und Fenster des Zimmers waren mit Zweigen immergrüner Pflanzen besteckt, zum Gedenken an das Weihnachtsfest, welches vor der Tür stand. Am Eingang des Zimmers hielt ich an, weil meine Füße schmutzig und blutig waren. Es ist in Abessinien das Zeichen keiner guten Erziehung, die Füße zu zeigen oder von ihnen zu sprechen, besonders wenn man Wunden oder sonst einen Fehler an ihnen hat. Sie sind auch immer bedeckt.

Janni bemerkte meine Wunden sofort. Auf dem Taranta und an einigen anderen Stellen unserer Reise wurden unsere Kleider und die Haut zerrissen. Janni hatte geglaubt, daß wir auf Mauleseln reisten, die uns der Naybe verschafft hätte. Als er von mir vernahm, daß ich die schreckliche Reise zu Fuß gemacht hatte, war er so bestürzt, daß er in Tränen ausbrach. Er stieß unzählige Vorwürfe gegen den Naybe wegen dessen Hartherzigkeit und Undankbarkeit aus, weil Janni selbst, wie er sagte, zweimal den Ras Michael daran gehindert hatte, auf den Naybe loszugehen und ihn vom Erdboden zu vertilgen.

Sofort wurde uns Wasser zum Fußwaschen gebracht. Jetzt erhob sich ein neuer Streit. Janni bestand darauf, dies selbst zu verrichten; ich lief auf den Hof hinaus und erklärte, daß ich das nicht dulden würde. Dies veranlaßte nun wieder einen Streit unter den Dienern des Janni, da es eine verwurzelte Zeremonie ist, den aus Kairo kommenden

Reisenden die Füße zu waschen, da man annimmt, daß sie als Pilger in Jerusalem gewesen waren.

Als dieser kleine Zwist beigelegt war, wurde eine ansehnliche und gut zubereitete Mittagsmahlzeit aufgetragen. Aber weder vernünftige Gründe noch mein Bitten brachten unseren Wirt dazu, sich neben mich zu setzen und zur gleichen Zeit wie ich zu essen. Er stand mit einer reinen Serviette in der Hand neben mir, obwohl er Diener im Überfluß hatte. Danach aß er gemeinsam mit einigen Männern, die aus Neugierde zu Besuch gekommen waren, um einen so weit hergereisten Mann wie mich zu sehen. Es befand sich eine Anzahl von Priestern darunter, die mir am wenigsten von allen gefielen, obwohl sie keine feindselige Miene zeigten. Es verging viel Zeit, ehe ich meinen gütigen Wirt von diesem ehrfurchtsvollen Betragen abbringen konnte, welches mich in so große Verlegenheit setzte.

Am Nachmittag bekam ich Besuch vom Statthalter, einem sehr angenehmen Mann von ungefähr sechzig Jahren, großgewachsen und von gutem Aussehen. Er war eben von einer Expedition zum Fluß Tacazze gegen einige Dörfer des Ayto Tesfoos, des rebellierenden Statthalters der Provinz Samen, zurückgekommen. Er hatte die Siedlungen zerstört, hundertzwanzig Mann erschlagen und eine Menge Vieh weggetrieben. Er sagte, daß er sehr daran zweifle, daß man uns durch die Provinz Woggora reisen lassen würde, wenn nicht inzwischen günstige Nachrichten von Michael einträfen. Tesfoo von Samen, welcher sich weder dem Michael unterwerfen, noch den König anerkennen wolle, habe sich mit den Bewohnern von Woggora verbündet und plündere jetzt alle Reisenden, die Lebensmittel oder andere Güter nach Gondar bringen wollten, um dem König und den Soldaten aus Tigre, die sich jetzt dort aufhielten, Schwierigkeiten zu bereiten.

Die Marienkirche liegt auf einem Hügel südwestlich der Stadt, und auf der anderen Seite des Flusses befindet sich eine andere Kirche, Kedus Michael. Ungefähr neun Meilen nordwärts liegt eines der berühmtesten Klöster Abessiniens, Bet Abba Garima. Es war einmal die Residenz eines

Königs, und aus diesem falsch verstandenen Umstand rührt es wahrscheinlich her, daß frühere Reisende vermelden, die Hauptstadt von Abessinien heiße Germé.

In Adowa ist der Sitz einer wichtigen Manufaktur von grobem baumwollenem Tuch, welches in ganz Abessinien anstelle von Silbergeld im Umlauf ist. Jede Webe hat den Wert eines Pataka, zehn Weben entsprechen einer Unze Gold. Die Häuser in Adowa sind alle aus rauhen Bruchsteinen erbaut und statt des Mörtels mit Lehm gemauert. Kalk wird lediglich in Gondar verwendet, er taugt aber nicht viel. Die Dächer sind kegelförmig und mit einer Art von Riedgras gedeckt, welches etwas dicker als Weizenstroh ist. Das Gewerbe des Dachdeckens üben ausschließlich die Falascha oder Juden aus. Sie beginnen am Dachrand und hören an der Spitze auf. Das Vieh streift nach Belieben in den Bergen umher. Vor Eintritt der Regenzeit zünden die Hirten das Gras, die Binsen und das Gestrüpp an, und unmittelbar darauf schießt eine unglaubliche Menge Gras hervor. Weil die Berge sehr steil und zerklüftet sind, weiden vornehmlich Ziegenherden darauf.

Die Provinz Tigre ist durchweg gebirgig. Man hat zu Unrecht behauptet, daß die Pyrenäen, die Alpen und der Apennin nur Maulwurfshügel im Vergleich zu den Bergen Abessiniens seien. Ich glaube, daß der Pyrenäenberg über St. Johann Pied de Port viel höher als der Lamalmon ist und der St. Bernhard in den Alpen genauso hoch oder vielleicht noch höher als der Taranta ist. Mehr als die außerordentliche Höhe der abessinischen Berge setzt ihre Menge und setzen die sonderbaren Formen, welche sie dem Auge bieten, in Erstaunen. Einige sind flach, schmal und viereckkig, wie ein Herdstein oder eine Platte, und scheinen nicht genug Bodenfläche zu haben, um sich gegen den Wind stemmen zu können. Andere sehen aus wie Pyramiden oder Obelisken. Wieder andere wie ein Prisma und einige, welche das sonderbarste Aussehen von allen haben, wie umgekehrte Pyramiden mit der Spitze auf der Erde und mit der Basis nach oben. Sie scheinen unseren Vorstellungen von der Schwerkraft Hohn zu sprechen.

Am 10. Januar 1770 besuchte ich die Überreste des Jesuitenklosters in Fremona. Es steht auf dem flachen Rücken eines sehr hohen Hügels mitten in einer großen Ebene. Das Kloster hat fast eine Meile im Umfang und ist sehr massiv aus Steinen und Kalk gebaut. An den Seiten und Ecken hat es Türme, und obwohl man sehr übel mit dem Gebäude umgegangen ist, steht doch die fünfundzwanzig Fuß hohe Mauer noch zur Gänze. Der Platz wird durch Quermauern von gleicher Höhe in drei Abteilungen geteilt. Die erste scheint für das Kloster, die mittlere für die Kirche und die dritte vielleicht zu einem Waffenplatz bestimmt gewesen zu sein. Alle Mauern haben Schießscharten für Musketen, und bis auf den heutigen Tag ist es bei weitem der am besten zu verteidigende Platz in ganz Abessinien. Es sieht weit mehr einem alten Kastell als einem Kloster ähnlich.

Die Höflichkeit, Gastfreundschaft und väterliche Vorsorge des Janni hörten keinen Augenblick auf. Er hatte mich inzwischen in Gondar bei der Iteghé oder königlichen Mutter, bei welcher er lange Zeit Diener gewesen war, in dem günstigsten Licht vorgestellt, ebenso bei ihren Töchtern Ozoro[25] Esther und Ozoro Altash und ganz besonders bei Ras Michael, bei dem er viel erreichen konnte. Überhaupt hatte er bei allen, wo er einigen Einfluß hatte, mochten es nun seine eigenen Landsleute, die Griechen, oder Abessinier oder Mohammedaner sein, die größte Neugierde auf meine Person erweckt.

Über das ganze Land hatte sich eine eigenartige Stille verbreitet, ähnlich der Ruhe vor einem Sturm, ohne daß eine besondere Ursache dafür zu erkennen war. Diese Stille beschloß ich zu nutzen und sofort die Reise nach Gondar anzutreten. Am 17. Januar brachen wir von Adowa nach Gondar auf und schlugen bei Sonnenuntergang an einem Ort, Ber Hannes genannt, in einem engen Tal am Fuß zweier Hügel und an einem kleinen Fluß unser Nachtlager auf.

Am 18. in der Frühe bestiegen wir den einen dieser Hügel auf einem sehr steinigen Weg und kamen wieder in

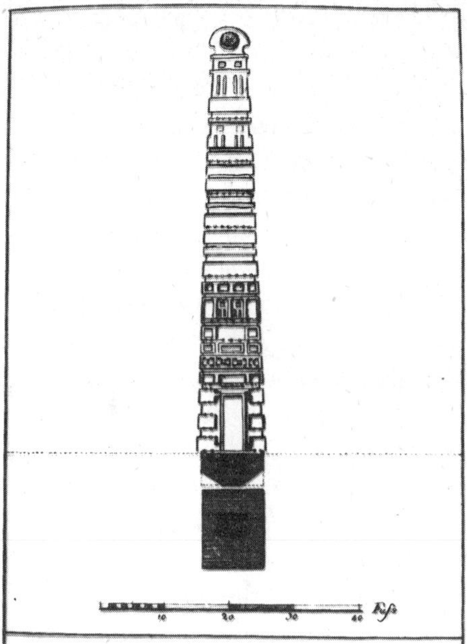

Obelisk zu Axum

eine Ebene, in welcher Axum liegt, welches früher, wie man annimmt, die Hauptstadt von Abessinien war.

Die Ruinen von Axum sind weit verstreut, bestehen aber, wie alle Städte aus alter Zeit, nur aus öffentlichen Gebäuden. Auf einem viereckigen Platz, der meiner Vermutung nach der Mittelpunkt der Stadt gewesen war, stehen vierzig Obelisken, wovon keiner mit Hieroglyphen versehen ist. Einer ist größer als die übrigen noch stehenden, aber es gibt noch zwei größere, die liegen. Sie bestehen alle aus einem Stück Granit, und auf der Spitze des stehenden bemerkt man eine sehr gut gearbeitete Opferschale im griechischen Stil. Ich glaube, daß dieser Obelisk und die beiden umgestürzten Werke des Ptolemäus Evergetes sind. Auf der Vorderseite befindet sich viel Bildhauerei in gotischem Stil, jedoch plump und unordentlich gemacht; Figuren sind keine darauf. Die Vorderseite ist genau gegen Süden gerichtet und ist so sorgfältig aufgestellt, daß sie ihren senkrechten Stand bis auf den heutigen Tag behalten hat.

Es finden sich hier auch Podeste, worauf Figuren von Sphinxen standen. Zwei prächtige Treppen, einige hundert Fuß lang, ganz aus Granit und ungemein schön angelegt und gearbeitet, befinden sich noch an ihrem ursprünglichen Platz und sind die einzigen Überbleibsel eines prächtigen Tempels. In einer Ecke der Plattform, worauf dieser Tempel stand, sieht man jetzt die kleine Kirche von Axum. Sie ist ein schlechtes, übel erhaltenes und mit Taubenkot angefülltes Gebäude. Man ist der Meinung, daß darin noch die alte Bundeslade und die Abschrift des Gesetzes aufbewahrt werden, welche Menelik, der Sohn Salomons, nach den fabelartigen Legenden seinem Vater bei der Rückreise nach Abessinien entwendet haben soll. Man hält die Kirche gleichsam für das Palladium des Landes. Ich glaube, daß hier eine Handschrift des Alten Testaments aufbewahrt wurde, vermutlich diejenige, nach der die erste Übersetzung gemacht wurde. Doch was es auch gewesen sein mag, es wurde mit der Kirche selbst von Mohammed Gragné[26] vernichtet, obwohl man vorgibt, daß es noch aufbewahrt wird. Das habe ich aus dem Mund des Königs selbst gehört.

Axum wird durch einen kleinen Fluß bewässert, welcher das ganze Jahr aus einer Quelle in dem engen Tal fließt, wo die Reihen der Obelisken stehen. Die Quelle wird in einem prächtigen Bassin, hundertfünfzig Fuß im Geviert, aufgefangen und von hier weitergeleitet, um nach Belieben die benachbarten Gärten zu bewässern, wo es aber außer Granatäpfeln von mittelmäßiger Güte nur wenige Früchte gibt.

Die heutige Stadt Axum steht am Fuß eines Hügels und mag vielleicht sechshundert Häuser haben. Es gibt verschiedene Manufakturen, in denen grobes Baumwollzeug hergestellt wird. Überdies macht man hier das beste Pergament aus Ziegenfellen, was hauptsächlich die Beschäftigung der Mönche ist. Alles schien in Axum und in der

Eine christliche Kirche in Axum

Nachbarschaft später als in Adowa zu reifen, der Teff war noch grün auf dem Stiel.

Am 20. Januar verließen wir am Morgen Axum. Anfangs war der Weg ziemlich eben und lief durch kleine Täler und Wiesen, dann begann er anzusteigen und wurde zugleich sehr beschwerlich. Große Steine standen in die Höhe und lagen übereinander, wahrscheinlich die Überbleibsel einer alten gepflasterten Heerstraße, die zu den prächtigen Werken von Axum gehörte.

Wenig später verloren wir die Ruinen der alten Hauptstadt von Abessinien aus den Augen und holten drei Reisende ein, die eine Kuh vor sich her trieben. Sie hatten schwarze Ziegenfelle über den Schultern hängen, Lanzen und Schilde in den Händen, waren aber sonst nur spärlich bekleidet. Es schienen Soldaten zu sein. Die Kuh dürfte nicht zum Schlachten gemästet worden sein, und wir mutmaßten, daß sie gestohlen worden war. Das ging uns übrigens nichts an und war auch in einem Land, welches so lange in Kriege verwickelt war, nichts Besonderes. Wir sahen, daß unser Gefolge sich mit den drei Soldaten, die die Kuh trieben, auf eine kurze Unterredung einließ. Kurz darauf kamen wir an das Ufer eines Flusses, wo ich unser Zelt aufzuschlagen gedachte. Die Treiber brachten die Kuh plötzlich zum Fallen und hielten sie mit Gewalt auf der Erde fest. Das war nur der Anfang der Qual des armen Tieres. Einer setzte sich auf ihren Hals und hielt den Kopf an den Hörnern nieder, ein anderer band die Vorderbeine zusammen, und der dritte, mit einem Messer in der Hand, setzte sich zu meiner großen Verwunderung vor den Hinterbeinen quer über ihren Leib und machte einen tiefen Schnitt in den Oberteil der Lenden. Ich dachte, er würde die Kuh in die Kehle stechen, und sobald ich sah, daß das Tier zur Erde geworfen war, freute ich mich zunächst, da ich annahm, sie würden einen Teil des Fleisches an uns verkaufen. Drei Männer sind nicht genug, eine ganze Kuh alleine zu verzehren.

Ich fühlte mich sehr betrogen, als meine Abessinier sagten, wir würden den Fluß überqueren und unser Lager auf der anderen Seite aufschlagen. Auf mein Verlangen, einen Teil der Kuh zu kaufen, gaben mir meine Leute zur Antwort, daß sie von den Soldaten schon gehört hätten, sie würden die Kuh nicht schlachten, da sie ihnen nicht gehöre und sie sie folglich gar nicht verkaufen könnten. Das erweckte meine Neugierde, ich blieb zurück und ließ meine Karawane vorausgehen. Mit Erstaunen sah ich, daß zwei Stücke Fleisch, dicker und länger als die Schnitten eines Beefsteaks, aus den Lenden des Tieres geschnitten worden waren. Wie es geschah, kann ich eigentlich nicht sagen, denn als das Messer gezogen war, glaubte ich, das Tier würde geschlachtet, und ich hatte keine Lust, dies zu sehen. Doch das Verfahren möge sein wie es wolle, es geschah mit viel Geschicklichkeit, und beide Fleischstücke wurden auf die Oberseite eines ihrer Schilde gelegt.

Zwei der Soldaten waren nun damit beschäftigt, die Wunde zu versorgen, wobei der eine immer den Kopf des Tieres hielt. Dies geschah auf keine gewöhnliche Art. Man hatte die Haut über dem weggeschnittenen Fleisch ganz gelassen. Sie wurde über die Wunde geschlagen und mit ein paar großen Nadeln an dem festen Teil gegenüber befestigt. Ob sie zwischen Haut und Fleisch etwas unter die Haut legten, kann ich nicht sagen, sie bereiteten aber ein Pflaster aus Lehm und deckten die Wunde damit zu. Dann trieben sie die Kuh fort, damit sie ihnen ein reichlicheres Mahl liefern könne, wenn sie am Abend ihre Gefährten träfen.

Ich wunderte mich über eine so soldatenmäßige Mahlzeit und sah nie eine so bequeme Art, Lebensmittel unterwegs mit sich zu führen, wie diese. Ich schrieb dies natürlich der Notwendigkeit und der Neigung zu, eine schnelle Mahlzeit zu bekommen. Es war allerdings eine Freiheit, die man sich gegen die christliche Moral herausnahm, doch welche Überschreitungen der Gebote hält man einem Soldaten im Feld nicht zugute, wenn er vom Feind in die Enge getrieben wird? Ich konnte mir damals nicht einbilden, daß dies im ganzen Land eine ganz gewöhnliche Speise der Einwohner und sogar der Priester war. In dem gastfreundlichen Haus des Janni hatte ich dergleichen Mahlzeiten von lebendigen Tieren nie gesehen. Wir hatten wohl rohes Fleisch bemerkt, aber kein Stück, welches blutig herausgeschnitten war.

Am 20. um 11 Uhr schlugen wir unser Zelt in einer kleinen Ebene am Ufer eines schnellen klaren Baches an einem Ort auf, der Mai-Shum hieß. Es gibt, wenigstens soviel wir wahrnehmen konnten, keine Dörfer hier. Ein Bauer hatte zu beiden Seiten des Baches einen hübschen kleinen Garten angelegt und eine Menge Zwiebeln und Knoblauch gepflanzt.

Außerdem baute er eine Art Kürbisse an, die Melonen ähnlich waren. Dieser Mann hielt uns wegen unserer Waffen und Pferde für Jäger und brachte uns Früchte aus seinem Garten als Geschenk. Er bat uns um Beistand gegen eine Menge wilder Schweine, die große Verwüstungen bei ihm angerichtet hatten und deren Spuren nur zu deutlich sichtbar waren. Ein solches Benehmen ist in diesem Land nur allzu selten und verdiente Aufmunterung. Ich bezahlte ihm deshalb seine grüne Ware, gab ihm zwei meiner Diener zur Hilfe und setzte mich selbst zu Pferd. Mein Pferd Mirza wie auch sein Herr hatten während des Aufenthalts in Adowa unter dem freundschaftlichen Dach des Janni neue Kräfte gesammelt.

Wir erlegten innerhalb von zwei Stunden fünf große wilde Schweine, worunter eins sechs Fuß und fünf Zoll maß. Dieses lief zwei Meilen lang mit erstaunlicher Geschwindigkeit, so daß das Pferd es kaum einholen konnte, obwohl das Tier von zwei Lanzen mit eisernen Spitzen durchbohrt war. Zu Fuß durfte ihm niemand zu nahe kommen, und es wehrte sich eine halbe Stunde, bis ich es endlich mit einer Pistole erschießen konnte. Das Unglück war, daß wir nach einer so glücklichen Jagd von unserem Wildbret nichts genießen konnten, da die Abessinier jegliches Schweinefleisch zutiefst verabscheuen. Und da wir uns der Hauptstadt näherten, war ich vorsichtig geworden und wollte kein Ärgernis erregen.

Am 21. verließen wir früh Mai-Shum und setzten unsere

Reise durch ein offenes Land fort, welches zum Teil mit Teff besät, zum Teil mit wildem Hafer und hohem Gras bewachsen war. Dann reisten wir über viele kleine Hügel auf und ab, die mehr Vergnügen als Strapazen verursachten. Der Jasmin vermehrte sich immer mehr und war das hauptsächliche Gebüsch des Landes.

Wir stiegen nun in die Ebene Selech-Lecha hinab, das Dorf dieses Namens blieb aber zwei Meilen ostwärts liegen. Die Landschaft hatte hier ein so munteres und liebliches Aussehen, welches alles übertraf, was wir bis jetzt gesehen hatten.

Weil der Bohabaum der wichtigste Baum in dieser Gegend ist und weil er gerade in seiner größten Schönheit blühte, ließ ich die Karawane vorbeiziehen und stieg ab, um einen geeigneten Standort zum Abzeichnen zu wählen. Auf einmal hörte ich meine Leute »Räuber! Räuber!« schreien. Ich stieg sogleich auf mein Pferd, um zu sehen, was das Lärmen bedeute. Zu meinem größten Erstaunen sah ich einen Teil meines Gepäcks auf der Erde liegen und die Diener davonlaufen. Andere trieben zu Fuß die unbeladenen Maulesel vor sich her, kurz, alles war in der größten Verwirrung. Als sie die Ecke eines Waldes erreicht hatten, wandten sie sich um und fingen an, ihre Gewehre in Bereitschaft zu setzen. Als ich aber sah, daß die zwei Diener des Königs und der uns von Janni mitgegebene Mann unser Zelt mit größter Ruhe aufschlugen, verbot ich den Flüchtlingen zu feuern, bis sie Befehl dazu von mir erhielten. Ich ritt sogleich zu dem Zelt, wurde aber unterwegs aus dem Gebüsch mit Steinen begrüßt, wovon mich einer heftig am Fuß traf. Zugleich bekam ich einen unreifen Kürbis an den Körper geworfen, der allerdings durch ein grobes baumwollenes, etliche Male umgeschlagenes und mit einem Gürtel befestigtes Tuch gut geschützt war. Da Räuber mit anderen Waffen fechten als mit Kürbissen, fürchtete ich mich nicht länger, als ich die Geschosse zu meinen Füßen niederfallen sah.

Dieser unangenehmen Aufnahme zum Trotz näherte ich mich den Angreifern und rief ihnen zu, daß wir ihre

Freunde und auch Ras Michaels Freunde seien. Ich wünschte nur, mit ihnen zu sprechen, und erbot mich, zu geben, was sie verlangten. Einige Steine waren die einzige Antwort, aber sie richteten keinen Schaden an. Ich gab daraufhin dem Yasine meine Flinte, weil ich dachte, daß vielleicht diese ihnen verdächtig erschien. Das Zelt war jetzt aufgestellt, und ein paar Männer kamen zu uns, welche große Klagen führten. Ich verstand sie aber nicht, nur schien mir, daß sie sich für beleidigt hielten. Kurz, die Ursache war diese: Einer der Mohren hatte einen Haufen Stroh genommen, um ihn seinem Esel zu bringen. Der Eigentümer bemerkte es und brachte das ganze Dorf in Aufruhr. Jeder griff zu seinem Schild und seiner Lanze, da sie sich aber aus Furcht vor unseren Gewehren nicht näher herantrauten, begnügten sie sich damit, aus versteckten Plätzen Steine auf uns zu werfen. Wir sagten ihnen, daß ich, als ein Gast des Königs, darauf bestehen könnte, mit allen Bedürfnissen versorgt zu werden. Wenn sie das jedoch nicht tun wollten, wäre ich es zufrieden, sie für ihre Leistungen zu bezahlen. Sie dürften aber keine Steine mehr werfen, sonst müßten wir uns verteidigen.

Unser Zelt war fertig und auch sonst alles in Ordnung. Wir schlossen einen Vertrag mit den Leuten, und sie willigten ein, uns die Produkte, die wir benötigten, zu verkaufen. Die Preise waren übertrieben hoch, doch ich ließ es mir dennoch gefallen. Einer der Einwohner des Dorfes, der mit einem der Diener des Königs bekannt war, erzählte diesem heimlich, daß das gestohlene Stroh nicht der wahre Grund des Auflaufs gewesen sei. Das Stroh gebräuchten sie zu weiter nichts als zum Verbrennen. Es habe sich jedoch das Gerücht verbreitet, daß eine Schlacht zwischen Fasil und Ras Michael zum Nachteil des letzteren stattgefunden habe. Sie hätten sich also ihren gewöhnlichen Ausschweifungen überlassen und beschlossen, uns, da sie uns für eine Karawane von Mohammedanern mit Waren gehalten hatten, auszuplündern.

Welleta Michael, ein Enkel des Ras, war in diesem Teil der Provinz Befehlshaber. Er war erst dreizehn Jahre alt, und er war nicht an seinem Wohnort, sondern in Gondar. Aber seine Mutter, Ozoro Welleta Michael, hielt sich hier auf, und zwar gerade in einem Haus, das oben auf dem Hügel lag. Einer der Diener des Königs hatte sich heimlich aufgemacht und ihr erzählt, was vorgefallen war. Sie schickte noch am selben Abend eine Mannschaft, welche die Rädelsführer gefangennahm und mit sich fortführte. Sie brachten uns auch ein Geschenk an Lebensmitteln und entschuldigten den Vorfall. Zugleich mahnten sie uns, auf dem weiteren Weg ja auf der Hut zu sein, gaben uns aber die feste Versicherung, daß es keine Schlacht zwischen Fasil und Ras Michael gegeben habe.

Am 22. verließen wir um 7 Uhr Selech-Lecha und trafen um ungefähr 10 Uhr in der Stadt Siré ein. Wir schlugen unser Zelt in einer festen Lage in einer tiefen, vom Wasser ausgehöhlten Rinne am westlichen Ende der Stadt auf. Die Provinz Siré im eigentlichen Sinn reicht von Axum bis an den Tacazze. Die Stadt Siré ist größer als Axum. Sie hat die Gestalt eines Halbmondes. Die Vorderseite richtet sich gegen die Ebene, die größte Breite ist am westlichen Ende. Alle Häuser sind aus Lehm gebaut und mit Stroh gedeckt. Die Dächer sind kegelförmig wie überall in Abessinien. Siré ist wegen seiner groben baumwollenen Zeuge berühmt, welche in der ganzen Provinz Tigre als bares Geld gelten. Außerdem werden Glasknöpfe für Rosenkränze, Nadeln, rohes Antimon und zuweilen auch Weihrauch an Stelle des Geldes verwendet.

Obgleich Siré in einer der schönsten Gegenden der Welt liegt, hat sie doch auch ihre Unbequemlichkeiten. Hier herrschen fast ständig faule Fieber der schlimmsten Art, und zu meiner Zeit war eine Art davon ausgebrochen, die alle Tage eine Menge Menschen dahinraffte. Das Betragen der Einwohner war aber nicht so beschaffen, daß ich es für nötig erachtete, ihnen beizustehen und mich womöglich selbst der Gefahr der Ansteckung auszusetzen. Ich überließ es ihnen also, sich mit ihrem Fieber abzufinden, und mengte mich auf keine Weise ein.

In Siré erhielten wir die gute Nachricht, daß Ras Michael am 10. dieses Monats bei Fagitta auf Fasil gestoßen war und dessen Armee mit einem Verlust von zehntausend Mann gänzlich vernichtet hatte. Diese Nachricht, wenn sie auch noch nicht zuverlässig bestätigt war, setzte alle aufrührerischen Köpfe der Provinz in Furcht, und jedermann kehrte zu seiner Pflicht zurück. Die Furcht, bei dem strengen Statthalter in Ungnade zu fallen, war groß, da alle wußten, daß darauf eine dem Verbrechen mehr als angemessene Rache folgen würde, zumal an denjenigen, die ihn nicht auf seinem Feldzug begleitet hatten.

Am Morgen des 24. brachen wir unser Zelt in Siré ab und reisten durch eine große Ebene. Den ganzen Tag konnten wir, soweit das Auge reichte, keine Berge erkennen, sondern nur wenige einzelne Hügel, die abgesondert in der Ebene standen und mit hohem Gras bedeckt waren. Die Einwohner waren im Begriff, es abzubrennen, damit beim ersten Regen wieder frisches nachwachsen konnte. Heute war der erste bewölkte Tag, den wir in diesem Jahr bemerkten. Die Sonne war etliche Stunden lang von Wolken bedeckt, was uns die Nähe des Flusses Tacazze ankündigte.

Am 26. verlief der Weg durch eine flache Gegend, die aber allem Anschein nach wüst und unbewohnt war. Überall sah man hohes Binsengras und Gestrüpp, an Wasser fehlte es gänzlich. Drei Meilen linker Hand von uns blieb das einsame Dorf Adega liegen, das einzige, welches wir sahen. Um 8 Uhr abends kamen wir an den Rand eines erstaunlich großen Tals, durch welches unten der Tacazze läuft, nach dem Nil der größte Fluß in Oberabessinien. Nach weiteren drei Meilen gelangten wir an das Ufer des Flusses, wo sich die beste Furt mit einem guten festen Boden befindet, welcher ohne Sand aus kleinen Kieseln und großen Steinen besteht. Der Fluß war an dieser Stelle zweihundert Ellen breit, das Wasser völlig klar, schnell fließend und etwa drei Fuß tief. Es war die trockenste Jahreszeit in Abessinien, wo die meisten Flüsse gar nicht mehr Wasser führen.

In der Mitte des Tacazze begegnete uns ein Überläufer

aus Ras Michaels Armee mit der Flinte auf der Schulter. Er trieb zwei arme nackte Mädchen von etwa zehn Jahren vor sich her, die halb verhungert waren und die ihm bei der Verwüstung der Landschaft Maitsha nach der Schlacht in die Hände gefallen waren. Wir fragten ihn nach den näheren Umständen der letzten Vorfälle, er gab uns aber keine befriedigende Antwort. Bald sagte er, es habe eine Schlacht gegeben, bald leugnete er es. Wahrscheinlich war er voller Mißtrauen und fürchtete, wir könnten, das eine oder das andere möge nun wahr sein, uns dadurch bewegen lassen, einen Anschlag auf ihn und seine Beute zu machen. In meinen Augen hatte er nicht das Aussehen eines Siegers, sondern eher das eines Feiglings, der sich heimlich aus dem Staub gemacht und die beiden elenden Kreaturen, die er mit sich führte, gestohlen hatte. Ich gab ihm etwas Mehl und Tabak, was er sehr dankbar annahm, aber genauere Nachrichten wollte er uns doch keine geben.

Die Ufer des Tacazze sind bis dicht ans Wasser mit Tamarisken besetzt. Hinter diesen wachsen hohe und gerade Bäume empor, deren Stärke noch dadurch vermehrt zu sein scheint, weil sie der Gewalt des Flusses widerstehen konnten. Wenige darunter verlieren ihr Laub gänzlich, sie sind das ganze Jahr hindurch reichlich mit Blüten und Früchten bedeckt.

So schön und angenehm dieser Fluß auch ist, so hat er doch auch, wie alles in der Welt, seine Unannehmlichkeiten. Wenn im März die ersten Regen fallen, bis in den November, ist alles tot im Land, sowohl am Ufer als auch in der Nähe davon. Alle Einwohner begeben sich weg und leben in den Dörfern auf den benachbarten Bergen. Und alle diese Menschen sind Räuber und Mörder, die von ihren hohen Wohnungen herabkommen, um den Reisenden aufzulauern und sie auszuplündern. Obgleich die Statthalter in Tigre und Siré, sowohl Michael selbst als auch sein Sohn und Enkel, sich alle Mühe geben, haben sie doch diese Straße nie so säubern können, daß nicht alle Monate einige ermordet werden würden.

Die Menge der Fische im Fluß zieht ungewöhnlich viele

Rhinoceros.

Hyæna

Krokodile an. Sie sind so dreist und ohne Furcht, daß die Menschen, wenn der Fluß anschwillt und nur auf Flößen oder aufgeblasenen Häuten zu passieren ist, oft von diesen lauernden und gefräßigen Tieren weggeschnappt werden. Es gibt auch viele Flußpferde, welche hier Gomari heißen. Ich sah nie welche im Tacazze, hörte sie aber in der Nacht nicht weit von uns an manchen Stellen des Flusses schnarchen und stöhnen. In den dichten Gebüschen gibt es auch eine große Menge Löwen und Hyänen, und wir wurden jede Nacht sehr durch sie gestört. Der Geruch von unseren Pferden und Mauleseln lockte sie häufig in die Nähe unseres Zeltes.

Der Tacazze bildet die Grenze der Provinz Siré. Wir betraten nun die uns feindselig gesinnte Provinz Samen, welche unter dem Befehl des Ayto Tesfos stand. Dieser hatte seit der Ermordung des Joas die Waffen noch nicht niedergelegt und weder seinen Nachbarn Michael als Ras noch den zuletzt ernannten König Hannes als seinen Herrn anerkannt. Er lebte auf einem hohen Felsen, der Judenfels genannt wurde, ungefähr acht Meilen von der Furt entfernt. Sowohl aus diesen Gründen als auch deswegen, weil es der angenehmste Fleck war, den wir bisher gesehen hatten, verließen wir unseren Lagerplatz am Tacazze nur höchst ungern.

Am 27. Januar nach 6 Uhr brachen wir auf, reisten eine kurze Zeit längs dem Fluß hin und erreichten den kleineren Fluß Ingerohha, der oben in der Ebene entspringt und nach einem kurzen Lauf durch ein tiefes Tal in den Tacazze mündet. Nach 7 Uhr verließen wir den Fluß und begannen die Berge zu ersteigen, welche die Südseite des Tales bilden. Der Weg ist schmal, mit vielen Krümmungen, was ihn aber weit unangenehmer macht, sind die senkrechten Abgründe gegen das Tal, auf welche Seite man sich auch immer wendet. Nach 8 Uhr erreichten wir den Gipfel des Berges und machten nach 9 Uhr bei Tabulaque halt, nachdem wir auf dem ganzen Weg durch lauter zerfallene Dörfer gekommen waren. Es ist bei diesen Denkmälern von Michaels Grausamkeit und Gerechtigkeit schwer zu sagen, ob die Räubereien und Gewalttätigkeiten der ehemaligen Einwohner nicht die strengste Züchtigung verdient haben.

Wir lagerten uns bei Addergey in der Nähe des kleinen Flusses Mai Lumi (Zitronenfluß) in einer Ebene, die kaum eine Meile im Quadrat hat und auf allen Seiten mit dichtem Gehölz, wie ein Amphitheater, umgeben ist. Über dem Wald sind kahle, rauhe und unfruchtbare Berge. Mitten am Hügel befindet sich ein Dorf, welches mehr daran zu hängen als darauf zu stehen scheint. Nur ein schmaler Streifen Erde verhindert es, daß die Bewohner in den Abgrund stürzen. Der Wald ist voller Limonen und wilden Zitronen, woher auch der Name stammt. Auf der Westseite vor dem Zelt war ein kleines, tiefes Tal, welches diese kleine Ebene durch einen fürchterlichen Abgrund begrenzte.

Die Hyänen fraßen diese Nacht einen unserer besten Maulesel. Sie kommen hier in großen Mengen vor, ebenso wie die Löwen. Das Brüllen der letzteren ganz in der Nähe hinderte unser Vieh daran, sein Futter zu fressen, und machte es unruhig. Ich verlängerte die Stricke am Zelt und stellte die Tiere dazwischen. Die weißen Stricke und die zitternde Bewegung, welche der Wind verursachte, schreckte die Löwen ab, näher zu kommen. Überdies hatte ich von Janni zwei kleine metallene Glocken gekauft, wie sie die Maulesel tragen. Diese hängte ich an die Zeltstricke, und dieses Getöse trug ohne Zweifel viel dazu bei, unser Vieh vor den räuberischen, aber vorsichtigen Löwen zu schützen. Wir bekamen die Tiere nie zu Gesicht, aber ihr Gebrüll und vielleicht auch ihr Geruch hatten unsere Maulesel so verängstigt, daß sie in der Früh in Schweiß gebadet waren, wie wenn sie einen langen Weg zurückgelegt hätten.

Die wilden Hyänen ließen sich nicht so leicht abschrekken. Ich erschoß eine in der Nacht des 31. Januar, und am 2. Februar schoß ich auf eine andere aus solcher Nähe, daß ich glaubte, sie sicher töten zu können. Ob die Kugeln aus dem Gewehr gefallen waren oder ob ich fehlte, weiß ich nicht, aber nach dem ersten Schuß fing das Tier zu knurren und zu bellen an und ging wie unverwundet auf mich los. Der zweite Schuß traf und streckte es reglos nieder. Yasine und seine Leute töteten eine andere Hyäne mit einem Spieß. Die Hyänen waren von so aufdringlicher Dreistigkeit, daß sie wie Hunde oder andere von Menschen aufgezogene Haustiere um uns herumliefen.

Weit mehr Unbill verursachte uns ein viel kleineres Tier, nämlich eine große schwarze, beinahe einen Zoll lange Ameise, welche aus der Erde hervorkroch. Diese Tiere richteten unsere Decken zugrunde und zerbissen sie in kleine Stückchen, ebenso die Leinwand unseres Zeltes und alle Säcke, die sie finden konnten. Wir hatten sie schon früher in großen Mengen gesehen, hier aber waren sie unerträglich. Ihr Biß verursacht eine starke Entzündung und ist schmerzhafter als der Biß eines Skorpions. Sie heißen Gundan.

Während wir bei Tagesanbruch alles zum Aufbruch fertig machten, überfiel eine Hyäne, die keiner gesehen hatte, einen von Yasines Eseln und riß ihm den Schwanz weg. Ich war eben damit beschäftigt, die Zeltnägel in einen Sack zu stecken und hatte meine geladene Flinte mit dem Bajonett gegen einen Baum gelehnt, weil man um diese Stunde und am Abend am meisten vor Räubern auf der Hut sein muß. Ein Knabe, der bei Yasine diente und die Hyäne zuerst sah, rannte zu meiner Flinte. Yasine hatte eine Hälfte der stärksten Zeltstange in der Hand, die er soeben auseinandernahm, und eilte dem Esel zu Hilfe. In diesem Augenblick ging die Flinte los, die zum Glück nur mit einer Kugel geladen war, und verursachte ihm eine Fleischwunde zwischen Daumen und Zeigefinger der linken Hand. Der Knabe warf die Flinte augenblicklich weg, und die Hyäne war so erschrocken, daß sie den Esel aus ihren Fängen ließ. Sie blieb aber stehen, um sich gegen den Yasine zu wehren, der nicht lange an andere Waffen dachte, sondern ihr mit der Zeltstange einen so derben Schlag über den Kopf versetzte, daß die Hyäne zu Boden fiel, worauf ihr andere mit Lanzen den Rest gaben.

Wir mußten nun für die Verwundeten sorgen. Die Verletzung des Yasine war nur geringfügig, und er nahm sich dergleichen Vorfälle auch nicht sehr zu Herzen. Aber dem armen Esel war nicht so leicht zu helfen. Das unterste Stück des Schwanzes hing nur noch an einer Faser und mußte abgeschnitten werden. Die nächste Operation war es, die Wunde auszubrennen. Da wir aber zum Frühstück kein Brot gebacken hatten, war das Feuer zeitig ausgegangen. Der Stumpf des Schwanzes mußte also mit Schnüren fest umwickelt und zugedreht werden, bis wir genug Feuer hatten, um ein Eisen zum Glühen zu bringen.

Ein ausreichender Beweis von der Gefräßigkeit der Hyänen ist es, daß die toten Tiere, die wir wegschleppten und liegen ließen, am folgenden Morgen von den lebenden beinahe vollständig verzehrt waren.

Diese Hindernisse waren schuld daran, daß wir Addergey erst am 4. Februar morgens um 10 Uhr verlassen konnten. Der Weg führte an einem Hügel durch dichte Waldungen und hohes Gras entlang. Dann stiegen wir in ein steiles enges Tal hinab, das zu beiden Seiten mit hohen Bäumen beschattet gewesen war. Doch beim Abbrennen des Grases wurden sie dieses Jahr in Brand gesteckt. Die neuen Schößlinge waren jedoch bereits wieder acht Fuß hoch.

Die Berge waren hier von ungewöhnlicher Gestalt und hatten ein romantisches Aussehen. Um 1 Uhr machten wir am Fuß eines der höchsten, des Debra Toon, halt, ungefähr auf halbem Weg zwischen dem Berg und dem gleichnamigen Dorf, welches etwa eine Meile im Nordwesten liegt. Etwas weiter in dieser Richtung liegt ein wüster und bergiger Landstrich, Adebarea, das Sklavenland, genannt. Das Land dazwischen ist unbewohnt.

Die Berge von Waldubba waren vier bis fünf Meilen in nördlicher Richtung von uns entfernt. Waldubba bedeutet soviel wie das Tal der Hyäne und ist ein Landstrich, der lediglich von Mönchen bewohnt wird, die sich in dieser ungesunden, heißen und gefährlichen Gegend aufhalten, um sich zu kasteien, und ihr Leben in Buße, Nachdenken und Gebet zubringen. Es ist zugleich auch ein Zufluchtsort für die Vornehmen und Adeligen, die in Ungnade gefallen sind oder sich für beleidigt halten. Diese scheren sich zuerst die Haare ab, legen eine Mönchskutte an und entsagen der Welt, um ihr Leben hier in der Einsamkeit zuzubringen. Sie legen Gelübde ab, welche sie aber nicht länger zu halten entschlossen sind, als es die Umstände erfordern. Dann kehren sie wieder in die Welt zurück und lassen Kutte und Heiligkeit in Waldubba.

Man hegt für diese Mönche eine große Ehrerbietung. Manche glauben, daß sie die Gabe der Prophezeiung haben und daß einige auch Wunder vollbringen können. In unruhigen Zeiten sind diese Mönche sehr nützliche Werkzeuge, um das Volk aufzuwiegeln. Diejenigen, die ich außerhalb von Waldubba in Gondar und Koscam sah, lieferten nie den Beweis der Enthaltsamkeit. Sie aßen und tranken alles in Menge und hatten deswegen keine Skrupel. Sie sagten, daß sie in Waldubba anders lebten, und das mag stimmen. Es gibt auch Weiber, die wir Nonnen nennen würden. Diese leben zwar nicht in Waldubba, gehen aber doch zuweilen dorthin, um mit den Heiligen in einer Art von Vertraulichkeit zu leben, die nichts weniger als den Anschein von geistlicher Heiligkeit hat. Ja manche, die das Leben in der Gemeinschaft dieser heiligen Brüderschaft nicht für vollkommen genug halten, um ihrer Frömmigkeit Genüge zu tun, begeben sich paarweise, immer ein Einsiedler mit einer Nonne, in die Einsamkeit und bringen Monate lang auf den Spitzen der Berge zu, um Kräuter miteinander zu essen. Bei ihrer Rückkehr werden sie als Wunder an Heiligkeit angesehen. Meist sind sie dann mager, entkräftet und erschöpft, und ob das allein den Kräutern zur Last gelegt werden kann, will ich nicht entscheiden, da ich nie an dem einsamen Aufenthaltsort von Waldubba war.

Es herrschen hier ständig heftige Fieber. Die Einwohner sind alle leichenblaß, und viele werden auch durch Einfälle benachbarter Völkerstämme aufgerieben. Das Wasser bei Debra Toon ist rar und schlecht. Es gibt nur eine Quelle, und auch dort hat das Wasser einen unglaublich unangenehmen Geschmack. Es war nicht unsere Absicht, hier Station zu machen. Weil wir aber einen Diener abgeschickt hatten, um einen Maulesel an Stelle des von der Hyäne gefressenen zu kaufen, fürchteten wir, diesen Mann zu verlieren.

Am 5. um 7 Uhr früh verließen wir Debra Toon und kamen an den Rand eines tiefen und mit Wald umgebenen Tals, zu dem der Weg sehr steil hinabführte. Auf der anderen Seite mußten wir aus dem Tal wieder heraus, und zwar auf dem beschwerlichsten Weg, den wir seit langem gegangen waren. Um 10 Uhr befanden wir uns zwischen drei Dörfern, zwei zur Rechten und einem zur Linken. Sie heißen Adamara nach dem Berg Adama, auf dessen Ostseite Tschober liegt. Es liegt dicht am Fuß des Berges und ist von allen Seiten, außer gegen Norden, von einem tiefen und waldigen Tal umgeben. Auf der anderen Seite dieses Tals befinden sich die ungleichen Hügel, welche die rauhen Ufer des Anzo bilden. Auf einer der Hügelspitzen, die eine besonders seltsame Form hat, steht – oder besser: hängt das Dorf Shahagaanah über dem Fluß. Dahinter ragen die unregelmäßig abgebrochenen Berge von Salent hervor, in Gebirgsformationen, die man nirgendwo in Europa sehen kann. Und noch weiter hinten entdeckt man die lange Gebirgskette von Samen, welche in einer geraden Linie und in gleicher Höhe fortläuft, bis sie von der hohen, kegelförmigen Spitze des Lamalmon, der über die Wolken reicht und den man für den höchsten Berg Abessiniens hält, unterbrochen wird. Dennoch führt unglücklicherweise, ich weiß nicht warum, die Heerstraße nach Gondar, welche alle Karawanen passieren müssen, über den steilsten Teil des Berges.

Am 6. in der Früh verließen wir Tschober und passierten einen Wald an der Flanke des Berges. Um 8 Uhr gingen wir über den Zarima, einen hellen Fluß, der über einen Kieselgrund läuft.

Wir begegneten an diesem Tag vielen Mönchen und Nonnen aus Waldubba, ich sollte besser sagen Paaren, weil immer zwei und zwei miteinander gingen. Sie sagten, daß sie vom Markt von Dobarké kämen, welcher gerade herüber von Dippebahha an der Seite des Lamalmon liegt. Die Männer und die Weiber trugen große Bündel mit Lebensmitteln auf der Schulter, die sie dort gekauft hatten. Daraus ist also zu schließen, daß sie nicht nur von den Kräutern in Waldubba leben. Die Weiber waren frisch und jung und schienen sich nach ihrer Leibesbeschaffenheit noch nicht lange in Waldubba kasteit zu haben. Sie hatten vielmehr das Aussehen gesunder Bergbewohner. Man könnte beinahe auf den Gedanken kommen, daß die Mönche das Vorkaufsrecht auf dem Markt hatten, wie es auch in manchen katholischen Ländern üblich ist. Die Männer hatten ein armseliges Aussehen in ihren elenden Kleidern, aber eine wilde und sehr stolze Miene. Sie unterscheiden sich von den Laien nur durch eine gelbe Kapuze auf dem Kopf. Das Zeug, das sie um den Leib tragen, ist ebenfalls gelb, und im Winter tragen sie gelb gefärbte Felle.

Wir stiegen nun den Lamalmon hinauf. Der schmale Weg oder vielmehr Fußsteig war fast nirgends über zwei Fuß breit. Er lief immer am Rand eines Abgrunds spiralförmig die Seite hinauf. Reißende Ströme führen im Winter erstaunlich große Steinmassen den Rücken des Berges hinunter, und diese hatten den Fußsteig an verschiedenen Stellen aufgerissen und gaben uns den Blick in den Abgrund frei. Die wenigsten Köpfe können diesen Anblick ohne Schwindel vertragen, der meinige jedenfalls nicht.

Wir waren genötigt, unser Gepäck abzuladen und langsam den Hang hinaufzukriechen. Wir konnten immer nur kleine Mengen von unseren Sachen auf den Schultern um die Schlünde, die den Weg unterbrachen, herumtragen. Je höher wir kamen, desto steiler wurde der Berg, desto enger die Fußsteige und desto häufiger die Risse im Boden. Unsere von der Last befreiten Maulesel waren kaum imstande, den Berg hinaufzuklettern. Und was unsere Schwierigkeiten noch vergrößerte, war eine Menge von Vieh, welches eben der Berg herabkam und uns allem Anschein nach in den Abgrund zu stoßen gedachte. Nach einer Arbeit von zwei Stunden machten wir auf einer kleinen Ebene halt. Sie heißt St. Michael, nach einer Kirche und einem Dorf.

Höher hinauf können weder Menschen noch Vieh steigen.

Die Luft auf dem Lamalmon ist angenehm und gemäßigt. Wir fanden hier, daß unser Appetit wiederkam, zusammen mit einer Heiterkeit und Leichtigkeit des Gemüts und des Körpers, welche anzeigten, daß unsere Nerven ihre normale Spannkraft wieder erhalten hatten, die sie in den niedrigen, schädlichen und schwülen Gegenden an der Küste des Roten Meeres verloren hatten. Die Sonne scheint hier zwar heiß, aber frühmorgens stellt sich immer ein kühles Lüftchen ein, welches mit dem Steigen der Sonne zunimmt. Im Schatten ist es immer frisch. Der Lamalmon ist der oben erwähnte Paß, über welchen alle Karawanen nach Gondar steigen müssen. Hier wird ein Verzeichnis vom Gepäck und den Waren aufgenommen, welches an den Negadé[27] Ras (Oberzolleinnehmer) in Gondar geschickt wird. Dies geschieht durch einen Mann, der eigens abgesandt wurde, um die Karawane zu begleiten. Es muß auch ein Awide oder Geschenk an den Grundbesitzer gegeben werden, welches dieser mit großer Strenge, Gewalt und meistens auf ungerechtfertigte Weise eintreiben läßt. Dadurch wird diese Station, auf welche die Regierung wegen des Zollhauses und der Nähe zur Hauptstadt ihre besondere Aufmerksamkeit richten sollte, in unruhigen Zeiten zu einem Schauplatz, wo die ersten Diebereien und Mordtaten begangen werden. Obwohl wir nichts mit uns führten, was Abgaben unterworfen war, überließen wir dennoch alles der Willkür des Räubers und machten ihm ein Geschenk. Er schien zufrieden zu sein, und mehr wollten wir nicht.

Wir erhielten die Erlaubnis, am 9. in der Früh abzureisen. Der König sollte sich in Maitsha oder Damot aufhalten, folglich weit von Gondar. Über den Erfolg des Feldzuges waren allerlei widersprüchliche Gerüchte im Umlauf. So standen die Dinge, als ein Diener des Ras Michael ankam, welchen Petros, der Bruder des Janni, abgeschickt hatte. Dies machte allen unseren Schwierigkeiten ein Ende. Noch besser waren die durch den Diener mitgebrachten

Nachrichten. Ras Michael hatte den Fasil wirklich geschlagen und zum Rückzug über den Nil genötigt. Er hielt sich derzeit in Maitsha auf, und man glaubte, daß er die Regenzeit hindurch mit seiner Armee dort bleiben würde. Das entsprach gerade meinem Wunsch, da es mich in die Nachbarschaft der Nilquellen bringen konnte, ohne daß ich auch nur den Schatten einer Gefahr befürchten mußte.

Am Lamalmon wird amharisch geredet, es gibt aber auch viele Dörfer, wo die Sprache der Falascha üblich ist. Diese sind die eigentlichen alten Bewohner der Berge, welche immer ihre Religion, die Sprache und die Sitten ihrer Vorfahren beibehalten haben und in Dörfern für sich leben. Sie verlegen sich jetzt ganz auf den Feldbau, sind Holzhacker, Wasserträger und vor allem die einzigen Töpfer und Maurer in Abessinien. In der Töpferei sind sie vorzüglich, und überhaupt leben sie besser als die übrigen Abessinier. Letztere schreiben diesen Umstand nicht dem größeren Fleiß der Falascha zu, sondern, gleichsam um sich zu rächen, magischen Künsten. Die Dörfer haben meist eine feste Lage und können von den Armeen auf dem Marsch kaum belästigt werden. Sonst wären die Falascha, teils aus Haß, teils aufgrund der Hoffnung, Geld bei ihnen zu finden, beständigen Plünderungen ausgesetzt.

Das Land wird jetzt unglaublich volkreich. Überall sieht man zahlreiche Herden von Rindvieh weiden. Die Tiere haben große, schöne und weit auseinanderstehende Hörner und Buckel wie die Kamele auf dem Rücken. Die Farbe ist meistens schwarz.

Am 13. in der Früh erreichten wir Arradara und zählten danach wohl zwanzig Dörfer auf der rechten und der linken Seite, welche von Ras Michael bei seinem letzten Marsch nach Gondar bis auf die Grundmauern zerstört wurden. Gegen 9 Uhr lag die Kirche Mariam ungefähr hundert Ellen zur linken Hand. Um 10 Uhr lagerten wir bei Tamamo. Das Land ist hier voller Menschen, aber die Dörfer sind meistens nur Ruinen, wenn man sich auch hin und wieder schon damit beschäftigt, sie neu aufzubauen. Alles ist mit Getreide der verschiedensten Arten besät, meistens jedoch mit Weizen. Wir fanden die Preise der Lebensmittel ungemein erhöht, je näher wir der Hauptstadt kamen.

Heute begegneten uns verschiedene Karawanen, die nach Tigre gingen, was ein sicheres Zeichen von Michaels Sieg war, ferner große Viehherden, die aus den rebellierenden Provinzen weggetrieben wurden und nun auf dem Lamalmon weiden sollten. Man hatte sie der Armee abgekauft. Das Land war jetzt nicht nur besser angebaut, sondern die Einwohner schienen auch reinlicher gekleidet und augenscheinlich besser genährt als in den zurückgelassenen Gegenden.

Am 14. setzten wir um 7 Uhr unsere Reise fort. Nachdem wir nun mit unglaublicher Geduld und Standhaftigkeit die Strapazen und Gefahren einer so langen Reise überstanden hatten, genossen wir endlich gegen 11 Uhr das Vergnügen, Gondar zu erblicken, welches nach meiner Schätzung noch zehn Meilen entfernt war. Den königlichen Palast, wenigstens seinen Turm, sah man deutlich, aber keine anderen Häuser, da sie durch eine Menge von Wanzeybäumen, die in der Stadt stehen, versteckt waren. Gondar hat daher das Aussehen eines dichten schwarzen Waldes. Dahinter liegt Azazo, welches ebenfalls von Bäumen verdeckt ist. Die große Kirche des Tecla Haimanot[28] steht auf einem Hügel, und der Fluß darunter macht sie besonders augenfällig. Noch weiter dahinter liegt der große See Tana, welcher unseren Horizont begrenzte.

Am 15. nach 7 Uhr fingen wir an, bergauf zu reisen, und passierten gleich darauf ein Dorf zur linken Hand. Gegen 8 Uhr marschierten wir an den beiden Kirchen Tiba und Mariam vorbei, eine zur Rechten und die andere zur Linken, ungefähr in der Entfernung von einer halben Meile. Um ½9 Uhr erreichten wir das Dorf Tocutcho; und nach einer viertel Stunde passierten wir den Fluß gleichen Namens. Bald darauf machten wir Rast am Fluß Angrab, ungefähr eine halbe Meile vor Gondar.

Tchagassa war der letzte von den vielen kleinen Distrikten, die zusammengenommen die Provinz Woggora bilden.

Gondar mit dem Kaiserschloß

Obwohl sie oft wegen des unruhigen Geistes ihrer Oberhäupter nach Unabhängigkeit streben, wie es jetzt der Fall war, können sie doch sicher sein, sofort dafür büßen zu müssen. Wenn auch die Provinz groß ist, so liegt sie doch zu nahe bei Gondar, als daß man sie lange rebellieren lassen könnte. Auch muß Woggora von der Hauptstadt leben, welche der Markt ist, wo die Produkte abgesetzt werden können. Sie gehört unstreitig zu den fruchtbarsten Provinzen von Abessinien, doch die Einwohner sind ungeachtet ihrer drei Ernten elend und armselig.

Woggora wimmelt von großen Ameisen und erstaunlichen Heeren von Ratten und Mäusen, welche unglaubliche Mengen Getreide verzehren. Zu diesen Plagen kann man noch eine, die größte von allen, hinzufügen: eine schlechte Regierung, welche geschwind alle Vorteile vernichtet, die das Land aus seiner Natur, dem Klima und seiner Lage zieht.

5. Kapitel

Aufnahme und Verrichtungen in Gondar

Wir wunderten uns ungemein bei der Ankunft am Fluß Angrab, daß Petros, der Bruder Jannis, niemanden dorthin geschickt hatte, um uns zu empfangen. In der Folge erfuhren wir, daß er sich vor einigen Drohungen der Priester gefürchtet hatte, die vernommen hatten, daß ein Franke auf dem Weg nach Gondar sei. Er war deswegen zum Ras nach Ibaba gegangen, um seine Befehle zu empfangen. Dies war für mich der allerunangenehmste Umstand, der mir begegnen konnte: Meine Briefe waren an den König und an Ras Michael gerichtet und halfen mir nichts, weil beide abwesend waren. Ich hatte zwar auch Schreiben an Petros und die Griechen, aber sie befanden sich gleichfalls nicht in der Stadt.

Viele Mohammedaner kamen der Karawane bis an den Angrab entgegen. Sie waren allesamt von meiner Ankunft unterrichtet, und ich erklärte ihnen meine Lage. Ich hatte Briefe von Janni an den Negadé Ras Mahomet, das Oberhaupt der Mohren in Gondar und wichtigster Kaufmann in Abessinien, der jedoch ebenfalls abwesend war und sich bei der Armee aufhielt. Aber einer seiner Brüder, ein kluger, offenherziger Mann, bat mich, den Mut nicht zu verlieren, und riet mir, die mohrischen Kleider, die ich trug, nicht abzulegen. Er wolle mir ein Haus zur Verfügung stellen, welches für Mahomet Gibberti bereitstünde, wo ich mich so lange aufhalten könne, bis Petros oder der Ras nach Gondar zurückkämen, ohne daß ich mit den Priestern etwas zu tun hätte. Diesen Vorschlag nahm ich sehr bereitwillig an, weil ich nichts so sehr fürchtete wie Händel mit fanatischen Pfaffen, ehe mich die Regierung und einige Vornehme des Landes in Schutz genommen hatten. Nachdem diese Maßregeln getroffen waren, überließ ich mich der Führung meines mohrischen Freundes Hagi Saleh.

Wir setzten also unseren Weg längs des Angrab fort und hatten Gondar zur Rechten auf einem Hügel und den Fluß zur Linken. Bald kamen wir an die Stelle, wo der Angrab mit dem kleinen Fluß Kabba zusammenfließt und wo auch die Mohrenstadt liegt. Die Mohammedaner wählen immer eine solche Lage wegen ihres häufigen Waschens und Badens. Die Mohrenstadt bei Gondar mag aus etwa dreitausend Häusern bestehen, von denen einige geräumig und solide gebaut sind. Mir wurde ein sehr ordentliches Haus, das für Mahomet Gibberti bestimmt war, zugewiesen.

Mehl, Honig und ähnliche Speisen essen sowohl die Christen wie auch die Mohammedaner. In dieser Beziehung ging es mir gut. Doch obwohl Fleisch im Überfluß vorhanden war, durfte ich dennoch keinen Bissen von einem Vieh essen, das von einem Mohammedaner geschlachtet worden war. Eine solche Gemeinschaftlichkeit wäre als Entsagung vom Christentum betrachtet worden.

Der freundliche Janni hatte durch seinen Diener, der uns von Adowa an begleitet hatte, an den Ayto Aylo geschrieben. Der war der ständige Beschützer der Griechen und war es auch von allen Katholiken gewesen, die sich nach Abessinien gewagt hatten. Diese waren allerdings gezwungen worden, das Land wieder zu verlassen.

Am 15. um 7 Uhr abends wurde Hagi Saleh durch eine Anzahl bewaffneter Männer vor seiner Tür beunruhigt. Seine Verwunderung war aber noch viel größer, als er den Ayto Aylo, der zuvor, soviel ich weiß, noch nie in der Mohrenstadt gewesen war, von seinem Maulesel absteigen und Haupt und Schultern entblößen sah, wie wenn er sich einer Person von hohem Rang nähern wollte.

Yasine saß gerade neben mir und erzählte, was für Neuigkeiten er in der Stadt gehört hatte. Er war mit Ayto Aylo durch verschiedene Aufträge, die er von arabischen Kaufleuten bekommen hatte, gut bekannt. Einige Höflichkeitsbezeigungen zwischen mir und Ayto Aylo erfolgten, sowie er eingetreten war. Ich wollte stehen, bis er sich bedeckt hatte, und er wollte sich nicht setzen, bevor ich es tat.

Er verstand das Tigreische und Amharische vollkommen und besaß einige Kenntnisse des Arabischen, das heißt, er verstand es, wenn er es reden hörte. Er konnte es aber weder lesen noch schreiben und sprach es sehr schlecht, weil ihm die Worte fehlten. Unsere Unterredung führten wir zuerst in arabischer Sprache, und dies war für beide Teile anstrengend genug, obwohl wir genügend Dolmetscher hatten. Als sich die erste Verlegenheit und die Zurückhaltung von beiden Seiten gelegt hatte, begannen wir Tigreisch zu sprechen, welches seit einiger Zeit, vor allem seit Michael Ras geworden war, die gebräuchlichste Sprache in Gondar war. Aylo wunderte sich sehr, daß ich diese Sprache konnte, und sagte dann: »Die Griechen sind doch armselige Geschöpfe. Petros spricht das Tigreische nicht so gut wie dieser Mann.«

Er erzählte uns, daß Welled Hawaryat[29] mit einem Fieber aus dem Kriegslager zurückgekommen sei und man befürchte, es seien die Kindsblattern. Sie hätten von Janni gehört, daß ich in Adowa vielen jungen Leuten durch eine neue Behandlungsart das Leben gerettet hätte. Die Iteghé wünsche mich morgen früh zu sehen, und er habe den Auftrag, mich zu ihr nach Koscam[30] zu bringen. Ich erwiderte, daß ich bereit sei, ihm zu folgen, wenn mich auch die Abwesenheit des Petros und der übrigen Griechen sehr beunruhigte. Er sagte daraufhin lächelnd, daß weder Petros noch er selbst Männer mit schlechtem Charakter seien. Sie seien aber unglücklicherweise äußerst furchtsam, wenn die Sachen auch nicht immer so schlimm seien, wie sie sich einbildeten. Petros sei durch eine Rede des Abba Salama in Furcht versetzt worden. Dieser habe in Koscam in einer hitzigen Rede sein Mißfallen darüber geäußert, daß man einem Franken (er meinte mich) erlaube, nach Gondar zu kommen. Aber, setzte Ayto Aylo hinzu, die Situation werde sich morgen oder in den allernächsten Tagen klären. Ras Michael und Abba Salama seien keine Freunde, und wenn ich seinem Sohn Welled Hawaryat helfen könnte, stünde er dafür ein, daß ein einziges Wort des Ras Michael hundert Mäuler wie das des Abba Salama stopfen würde.

Abba Salama, von dem wir noch zu reden haben, bekleidete damals den Posten eines Acab Saat oder Aufseher des Feuers. Er war der erste geistliche Diener im Palast. Er hatte große Einkünfte und noch stärkeren Einfluß. Trotz seiner Reichtümer führte er den schlechtesten Lebenswandel, den man sich nur denken kann. Obwohl er das Gelübde der Armut und der Keuschheit abgelegt hatte, sagte man ihm nach, daß er zur damaligen Zeit siebzig Beischläferinnen in Gondar hatte. Seine Art, die Weiber zu verführen, war ebenso außergewöhnlich wie die Anzahl der Verführten. Er bediente sich nicht der gewöhnlichen Mittel bei solchen Gelegenheiten, wie Geschenke, Aufwartungen oder Schmeicheleien. Wenn er sein Auge auf eine Frau geworfen hatte, zwang er sie durch die Drohung, sie in den Bann zu setzen, ihm zu Gefallen zu sein. Er besaß eine große Beredsamkeit und Dreistigkeit und war ein besonderer Günstling der Iteghé. Er war ein Mann mit einer angenehmen Miene, klein, aber mit einer schönen Gesichtsfarbe. Aus Wein machte er sich nicht viel, im Essen hingegen war er ein erstaunlicher Schwelger. Allen Weißen, die er mit dem Namen Franken belegte, war er ein unerbittlicher Feind, weswegen die Griechen schon öfter versucht hatten, ihn zu stürzen.

Am folgenden Morgen um 10 Uhr ging ich in Begleitung von Hagi Saleh und Yasine in meiner mohrischen Kleidung zu Ayto Aylo. Ich fand ihn beim Frühstück vor einigen Schüsseln voll Brot, geschmolzener Butter und Honig. Ich aß mit ihm; was übrigblieb, wurde den Mohren und einigen Umstehenden gegeben. Ayto Aylo hatte einen Priester aus Koscam bei sich, und nach dem Mahl brachen wir alle dorthin auf. Die Gesellschaft ritt auf Mauleseln, ich aber mein Lieblingspferd. Als wir den Palast von Koscam zu Gesicht bekamen, entblößten wir alle den Kopf und ritten langsamer. Weil Aylo bei der Iteghé großen Einfluß hatte und ihr wichtigster Ratgeber und Freund war,

Der Palast in Koscam

wurden wir sogleich vorgelassen. Wir stiegen ab und wurden in ein niedriges Zimmer des Palastes geführt. Ayto Aylo ging sofort zur Königin, um sich nach Welled Hawaryat zu erkundigen. Die Audienz währte zwei Stunden. Er kam mit der Nachricht zurück, daß sich der Patient schon besser fühle. Er hatte von einem Heiligen aus Waldubba ein Mittel erhalten, welches darin bestand, daß einige Schriftzeichen mit gewöhnlicher Tinte auf einen Zinnteller geschrieben wurden, die hernach mit einer Flüssigkeit abgewaschen wurden. Dieser Sud wurde dann getrunken. Man war sich inzwischen auch einig geworden, daß Welled Hawaryat an den Kinderblattern litt.

Aylo sagte, daß er bis gegen Abend in Koscam bleiben müsse. Er bat mich, nach Einbruch der Dunkelheit in sein Haus zu kommen und auch den Petros mitzubringen, falls dieser schon zurückgekehrt sei. Tatsächlich war Petros schon zu Hause und wartete in Hagi Salehs Haus auf mich. Obgleich er deutlich zu erkennen gab, daß ich ihm willkommen war, sah ich doch an seiner Miene, daß seine Unterredung mit Ras Michael nicht nach Wunsch verlaufen war oder daß irgend etwas vorgefallen war, was ihn von neuem in Furcht versetzte.

Letzteres war auch wirklich der Fall, denn als er zum Zelt des Ras ging, sah er die ausgestopfte Haut des unglücklichen Woosheka[31], mit dem er gut bekannt war, an einem Baum hängen, um vom Wind getrocknet zu werden. Er erschrak dermaßen und empfand einen solchen Abscheu bei diesem Anblick, daß er in ein Geschrei ausbrach, auf eine fürchterliche Art lachte und seinen Verstand zum Teil verloren zu haben schien. Er flüchtete sich in das Zelt des Negadé Ras Mahomet und wagte sich nicht mehr heraus. Negadé Ras Mahomet ging ohne ihn zu Ras Michael und berichtete ihm von meiner Ankunft, vom Benehmen des Abba Salama und meiner Furcht vor ihm und teilte ihm mit, daß ich in der Mohrenstadt im Haus des Hagi Saleh Unterkunft gefunden hätte. Der Ras gab zur Antwort: »Abba Salama ist ein Esel, und die ihn fürchten, sind noch etwas Ärgeres. Befehle ich denn nur in Gondar, wenn ich mich dort auch aufhalte? Mein Hund spielt eine wichtigere Rolle in der Stadt als Abba Salama.« Nach einer kurzen Pause fuhr er fort: »Yagoube mag in der Mohrenstadt bleiben, wo er ist. Saleh wird nicht zulassen, daß ihn die Pfaffen dort beunruhigen.« Negadé Ras Mahomet lachte und sagte: »Dafür wollen wir garantieren.« Petros machte sich sofort auf den Heimweg, ohne den Ras auch nur gesehen zu haben, und Tag und Nacht wurde er vom Geist seines Freundes Woosheka beunruhigt.

Mir schien, als wir in der Nacht zum Ayto Aylo gingen und Petros den Vorfall genau geschildert hatte, daß beide in der gleichen Furcht waren. Auch Aylo war mit dem Unglücklichen gut bekannt und hatte bis jetzt nicht gehört, wenigstens behauptete er es, daß Woosheka lebendig geschunden worden war.

Ich empfahl mich, um nach Hause zurückzukehren. Ehe ich noch bei der Tür war, sagte Aylo, daß er vergessen habe, mir etwas mitzuteilen: Welled Hawaryat gehe es wieder sehr schlecht, und die Iteghé wie auch seine Frau Ozoro Altash wünschten, ich möge ihn morgen besuchen. Auch eine seiner Töchter sei bereits seit einiger Zeit übel beisammen, und man halte auch sie für sehr gefährdet. »Hört, Ayto Aylo«, entgegnete ich, »die Blattern sind eine Krankheit, die ihren gewöhnlichen Verlauf hat. Wenn der Kranke aber während der langen Zeit ihrer Dauer mit den seltsamen Heilmethoden unwissender Leute behandelt wird, hilft es nichts, daß ich Welled Hawaryat sehe oder ihm einen guten Rat gebe.«

Am Morgen begaben Aylo und ich uns nach Koscam, und um ihm einen Zeitvertreib zu bieten, zeigte ich ihm, wie sich die Araber ihrer Gewehre zu Pferd bedienen. Ebenso führte ich die Vorteile einer Flinte mit doppeltem Lauf vor. Ich schoß verschiedene Vögel vom Pferd aus, und dies waren Dinge, die er bei einer bloßen Erzählung für unmöglich gehalten hätte. Er kam voller Verwunderung in Koscam an und glaubte, ich könne alles ausführen, was ich nur wolle.

Als wir zum Tor des Palastes hineingehen wollten, sahen

wir eine große Prozession von Mönchen, mit den Priestern von Koscam an der Spitze, die ein Kreuz und ein Gemälde in einem sehr schmutzigen, vergoldeten Rahmen mit sich führten. Als Aylo dies sah, wandte er sich nach der Seite und ging in das Zimmer des Kammerdieners Ayto Heikel, der in der Folge mein großer Freund und Gefährte wurde. Er teilte uns mit, daß drei würdige Heilige aus Waldubba gekommen seien, wovon der eine seit zwanzig Jahren nichts mehr gegessen und getrunken habe. Sie hätten versprochen, den Welled Hawaryat durch Auflegung des Kreuzes und des Marienbildes zu heilen, und wünschten deswegen, ich möge mich nicht in die Sache mischen. »Ich verspreche es heilig, Ayto Aylo«, versetzte ich, »ich werde Euch gehorchen. Bei solchen Gehilfen habe ich keine Ursache, mich einzumengen. Wenn sie ihn durch Wunder heilen können, bin ich überzeugt, daß dies die leichteste Methode ist. Wenigstens wird sie seinem Körper nicht den geringsten Schaden zufügen, was mehr ist, als ich von Arzneien versprechen kann. Aber denkt daran, was ich Euch gesagt habe: Es wird ein Wunder sein, wenn Vater und Tochter nicht bis morgen abend tot sind.«

Nach Beendigung der Prozession begab sich Aylo zur Iteghé, vermutlich um ihr zu erzählen, was sich seit der Zeit, da er sie zuletzt gesehen, zugetragen hatte. Dann wurde ich hineingerufen und warf mich nach Landesbrauch auf die Erde nieder. Sie nahm dieses Zeichen des Respekts an, ohne sich zu entschuldigen oder es abzulehnen. Aylo sagte daraufhin: »Dies ist unsere gnädige Befehlshaberin. Ihr könnt Ihr alles sagen, was Ihr auf dem Herzen habt.«

Unsere erste Unterredung betraf Jerusalem, das Heilige Grab, den Kalvarienberg, die Stadt Davids und den Ölberg, deren Lage sie genau kannte. Darauf verlangte sie, ich solle ihr wahrheitsgemäß bekennen, ob ich ein Franke sei oder nicht. »Madame«, sagte ich, »wäre ich ein Katholik, welchen Ihr unter dem Wort Franke versteht, wäre es die größte Torheit, es Euch zu verhehlen. Zur Bekräftigung der Wahrheit, die ich jetzt sagen will (zugleich legte ich die

Hand auf eine große vor ihr liegende Bibel), versichere ich also bei allen in diesem Buch enthaltenen Weisheiten, daß meine Religion weit mehr von der katholischen entfernt ist als die Eurige, daß zwischen den Katholiken und uns wegen des Unterschieds in der Religion weit mehr Blut vergossen wurde als zwischen Eurem Volk und den Katholiken.«

»Wie kommt es dann«, fragte sie, »daß Ihr an keine Wunder glaubt?« – »Ich sehe, Madame«, war meine Antwort, »daß Euch Ayto Aylo die wenigen Worte, die ich vor kurzer Zeit fallenließ, mitgeteilt hat. Ich glaube zwar an die Wunder Christi und der Apostel, sonst wäre ich kein Christ. Aber ich glaube nicht an die Wunder der neueren Zeiten, die bei den geringfügigsten Gelegenheiten durch Kunststücke von Taschenspielern vollbracht werden.« – »Dennoch«, sagte sie, »sind unsere Bücher voll davon.« – »Das weiß ich«, entgegnete ich, »die Bücher der Katholiken sind es ebenfalls.« – »Das glaube ich auch«, setzte sie lächelnd hinzu, »aber was schadet es, zuviel zu glauben? Ist es nicht viel gefährlicher, zu wenig zu glauben?« – »Allerdings«, fuhr ich fort, »aber was ich dem Ayto Aylo sagen wollte, war, daß ich nicht glaube, daß es dem Welled Hawaryat etwas helfen wird, wenn man ihm in seinen Fieberphantasien ein Gemälde auflegt.« – »Aber bei Gott«, antwortete sie, »war doch kein Ding unmöglich.« Ich machte eine bejahende Verbeugung und wünschte inständig, daß die Unterredung vorbei sein möge.

Ich kehrte daraufhin wieder in die Mohrenstadt zurück und ließ Aylo bei der Königin. Am Nachmittag hörte ich, daß die Tochter des Welled Hawaryat tot sei, und in der Nacht starb auch ihr Vater. Ozoro Ayabdar, eine andere Tochter der Ozoro Altash, war inzwischen ebenfalls erkrankt, und ein heftiges Fieber hatte sich in Gondar verbreitet. Die Blattern hatten sich von Massaua über Adowa bis in die abessinische Hauptstadt ausgedehnt.

Am nächsten Morgen kam Ayto Aylo und erzählte mir, daß sich der Glaube an den Heiligen, der in zwanzig Jahren weder gegessen noch getrunken hatte, verflüchtigt habe. Die Königin und Ozoro Esther wünschten sehnlichst, daß ich in den Palast nach Koscam kommen sollte, wo alle ihre Kinder und Enkel von den verschiedensten Männern, welche die königlichen Prinzessinnen geheiratet hatten, unter ihrer Aufsicht waren. Ich antwortete, daß ich nur unter großen Schwierigkeiten kommen könne, da ich den bestimmten Befehl von Petros habe, bis zur Ankunft des Ras bei Hagi Saleh in der Mohrenstadt zu bleiben. Koscam stecke überdies voller Priester, und Abba Salama komme täglich. Dessen ungeachtet wolle ich jedoch kommen, um der Iteghé und Ozoro Esther zu helfen, wenn er und Petros mich dazu aufforderten.

Er bestand darauf, sich eine halbe Stunde zu entfernen, ehe er mir Antwort gäbe. Erst nach drei Stunden kam er wieder und rief mir, ohne abzusteigen, aus der Entfernung zu: »Ach kommt, Ihr müßt im Augenblick gehen.« Ich sagte ihm: »Petros hat neue und reine Kleider nach der Mode von Gondar für mich besorgt. Bevor ich mich nach Koscam begebe, will ich sie anziehen, um sicher zu sein, keine Ansteckung mitzubringen. Während meines Aufenthalts in Salehs Haus habe ich viele Mohrenkinder behandelt, welche meist geheilt wurden. In meinen alten Kleidern kann aber durchaus etwas Ansteckendes sein.« Er lobte mich wegen meiner Vorsicht bis in den Himmel, und alles geschah nach meinem Vorschlag. Mein Haar wurde nach amharischer Sitte rundum abgeschnitten, gekräuselt und parfümiert, und von nun an war ich dem äußeren Anschein nach ein vollkommener Abessinier.

Mein erster Ratschlag nach der Ankunft in Koscam war, daß Ozoro Esther, einer ihrer Söhne aus der Ehe mit Mariam Barea und auch ein Sohn des Ras Michael aus dem Palast weggebracht werden sollten, um dem noch gesunden Teil der Familie Gelegenheit zu geben, der Krankheit vielleicht zu entgehen. Da sich aber der kleine Sohn von Mariam Barea sträubte, wollte die Iteghé nicht zulassen, daß er fortgebracht wurde, und so beschloß man, daß alle im Palast den Ausgang der Krankheit abwarten sollten.

Ehe ich mein neues Amt antrat, verlangte ich, daß Pe-

Ozoro Esther

tros, Aylo, Abba Christophorus, ein griechischer Priester, welcher vor meiner Ankunft in Gondar der Arzt gewesen war, und Armaxikos, ein Priester in Koscam und Liebling der Iteghé, zusammenkommen sollten. Ich erklärte ihnen das Unangenehme an meiner Lage, da ich ein Ausländer ohne Bekanntschaften und Schutz war, die Sprache nur unvollkommen verstand und mich ohne Macht oder Gewalt unter ihnen befand. Ich versicherte ihnen, daß ich mein Möglichstes tun würde, obwohl die Krankheit hier viel ernsthafter und gefährlicher sei als in meinem Land. Ich bestand aber darauf, daß meine Anordnungen bezüglich der Behandlung und der Diät bedingungslos eingehalten würden, so unbedeutend sie ihnen auch erscheinen mochten. Nichts dürfe ohne meine Erlaubnis oder Oberaufsicht unternommen werden, sonst würde ich meine Hände in Unschuld waschen. Sie willigten alle ein, und Armaxikos setzte alle in den Bann, die dieses Versprechen brechen sollten.

Ich merkte, daß das Zutrauen der Frauenzimmer immer mehr zunahm, je sorgfältiger und genauer ich handelte. Armaxikos versprach, mir morgens und abends mit seinem und aller Mönche Gebete beizustehen. Aylo sagte leise zu mir: »Gegen diesen Heiligen werdet Ihr wohl nichts einzuwenden haben. Ich versichere Euch, er ißt und trinkt mit herzlichem Appetit, wie Ihr sehen werdet.«

Nun setzte ich alle Diener in Bewegung. Zimmer waren genug vorhanden. Ich ließ sie mit warmem Wasser und Essig auswaschen, öffnete alle Türen und Fenster und räucherte die Zimmer mit Weihrauch und Myrrhe aus. Das normale, aber gefährliche Verfahren in diesem Land und auch den meisten Morgenländern besteht darin, den Kranken vor der geringsten Luftzufuhr zu schützen. Dazu kommen in Abessinien noch warme Getränke, Feuer, viele Dekken und das Verschließen der Türen, so daß das Zimmer ganz finster ist, während die Hitze durch das beständige Lichterbrennen noch verstärkt wird.

Ayabdar, die noch lebende Tochter der Ozoro Altash, und der Sohn von Mariam Barea hatten sich beide zur gleichen Zeit angesteckt, konnten aber glücklich wiederhergestellt werden. Eine Tochter des Kasmati[32] Boro starb; ihre Mutter blieb zwar am Leben, war aber noch lange danach kränklich. Bei Ayabdar und Mariam Bareas Sohn blieben viele Narben zurück.

Um diese Zeit kam Ayto Confu, ein Sohn der Ozoro Esther und des Kasmati Netcho. Er war noch nicht vierzehn Jahre alt, berechtigte aber schon zu großen Hoffnungen. Er wollte seine Mutter besuchen, ohne daß sie oder ich etwas davon wußten, und wurde gleichfalls angesteckt. Zuletzt kam das kleine Kind Michaels an die Reihe. Obwohl es das schwächste von allen war, erholte es sich doch am besten. Ich erzähle diese Dinge der Kürze halber nicht in der Reihenfolge, wie sie sich zutrugen, sondern nur um dem Leser den Grund anzugeben, warum ich nach so kurzem Aufenthalt schon mit so großer Achtung und Gunst behandelt wurde.

Ozoro Esther zeigte bei den geringsten Gelegenheiten eine außerordentliche Furcht und Ängstlichkeit, die durch die jetzigen ernsten Vorfälle noch vergrößert wurde. Bei jedem Beweis der Fürsorge für meine Kranken erhielt ich das Versprechen von Michaels Gewogenheit, von Reichtümern und von Größe und Schutz. Ozoro Esther aß und schlief nicht mehr, und ihre Fingerspitzen waren voller Geschwüre, weil sie die Kranken so oft berührt hatte. Confu, der Liebling von allen Verwandten der Königin und die Hoffnung ihrer Familie, bekam Anfälle, welche alle für tödlich hielten. Man sah die heftigen Zuckungen seines Körpers als Vorboten seines unmittelbar bevorstehenden Todes an; indes waren diese Anfälle nur von kurzer Dauer und hörten bald nach Ausbruch auf. Die Aufmerksamkeit, die ich auf diesen jungen Mann richtete und die mir in der Folge reichlich durch die bei vielen Gelegenheiten bezeigte Erkenntlichkeit belohnt wurde, rührte zum großen Teil daher, daß ich gleich beim ersten Anblick sehr von ihm eingenommen war.

Obgleich hier nicht der Ort ist, darf ich doch nicht vergessen, den Lesern zu berichten, daß am dritten Tag, nachdem ich in Koscam angekommen war, ein Reiter mit einem Brief von Michael an Hagi Saleh eintraf. Darin wurde der Befehl erteilt, mich nach Koscam zu bringen. Ferner überbrachte der Bote mir einen kurzen arabischen Brief des Negadé Ras Mahomet, abgefaßt im Namen des Ras Michael, der zwar in einem höflichen Ton gehalten war, aber doch den ausdrücklichen Befehl, wie einem Diener gegenüber, enthielt, daß ich mich in den Palast der Iteghé begeben und diesen, bis weitere Anweisungen einträfen, unter keinerlei Vorwand verlassen sollte.

Ich kann nicht leugnen, daß mich dieses bestimmte und befehlshaberische Verfahren sehr stutzig machte und mir sehr mißfiel. Ich zeigte den Brief dem Petros, welcher sehr damit zufrieden war und sagte, er sehe mit Vergnügen an dem Stil, daß der Ras es wirklich und ernstlich so meine. Abends erhielt Petros selbst einen Brief gleichen Inhalts von Jannis Schwiegersohn Anthule, dem griechischen Schatzmeister des Königs. Ebenfalls in entschiedenem Ton geschrieben, enthielt dieser Brief aber die Anweisung, mir auf Kosten des Königs alles zur Verfügung zu stellen, was ich brauchte.

Ich ließ mein Bett vor der Tür zu Confus Schlafzimmer aufschlagen, um auf sein Rufen bei der Hand zu sein. Aber seine Mutter wachte die ganze Nacht in seinem Zimmer, und folglich wäre es unschicklich für mich gewesen, mich ins Bett zu legen. Durch diesen häufigen Umgang entspann sich eine Freundschaft zwischen Ozoro Esther und mir, die in der Folge ununterbrochen andauerte.

Weil die Kranken alle zu genesen schienen, wurden sie in ein großes Haus geschafft, welches innerhalb der Mauern von Koscam lag, um unterdessen die Zimmer wieder zu reinigen und gut auszuräuchern. Dann kamen sie alle wieder zurück, und ich erhielt als Belohnungsgeschenk ein hübsches und bequemes Haus, welches einen eigenen Eingang hatte, so daß ich nicht durch den Palast gehen mußte. Ich hielt es für ratsamer, Ras Michaels Befehlen buchstäblich nachzuleben und Koscam nicht zu verlassen, nicht einmal zu Hagi Saleh oder Ayto Aylo zu gehen, obgleich sie mich oft zu überzeugen suchten, daß der Befehl nicht so wörtlich zu verstehen sei. Aber meine Einsamkeit war mir keineswegs unangenehm. Es fehlte mir nicht an vielen Beschäftigungen, ich brachte meine Instrumente, mein Thermometer, Barometer, die Teleskope und den Quadranten in Ordnung. Über all dies geriet man in Erstaunen. Es kostete mich manche müßige Stunde, ehe ich die Neugierde im Palast befriedigen konnte. Ich sah die Königin täglich früh nach dem Aufstehen, zuweilen auch am Abend, wobei immer viele Priester zugegen waren. Im allgemeinen war ich jeden Tag in der Früh und abends bei der Ozoro Esther, wo ich selten jemanden antraf.

Ich traf Ras Michael am 8. oder 9. März in Azazo. Er

Ras Michael

hatte ein grobes, schmutziges Kleid an, das wie eine Bettdecke um ihn geschlagen war, und ein anderes, wie ein Tischtuch aussehend, war um den Kopf gewunden. Er war mager, alt und schien von den Strapazen sehr ermüdet. Er saß ganz krumm auf einem schönen Maulesel, der ihn geschwind forttrug, ohne ihn durchzuschütteln. Er hatte böse Augen. Da wir den Ort erkannten, wo er absteigen würde, redeten wir nicht eher mit ihm, als bis er dies getan hatte. Vier auf einer Anhöhe kreuzweise in den Boden gesteckte Lanzen und ein darüber aufgespanntes Tuch war ein für einen kurzen Aufenthalt bestimmtes Zelt. Petros und ein griechischer Priester waren außer meinen Dienern meine einzige Gesellschaft.

Wir stiegen zugleich mit Michael ab und schickten dann den griechischen Priester, der ein guter Freund von ihm war, zu ihm hin, damit er ihm berichte, wer ich sei und daß ich gekommen sei, um ihm aufzuwarten. Die Soldaten machten Platz, ich trat zu Michael, nahm seine Hand und küßte sie. Er sah mir eine Sekunde starr ins Gesicht und wiederholte den üblichen Gruß auf tigreisch: »Wie fühlt Ihr Euch? Ich hoffe, Ihr seid wohlauf.« Zugleich wies er mir einen Platz zum Sitzen an. Tausend Beschwerden und tausend Befehle wurden ihm sogleich von ebenso vielen Personen vorgetragen; beinahe wären wir erstickt. Michael dachte weiter nicht an mich und fragte nach keinem von seiner Familie. Einige Minuten darauf kam der König und zog in einiger Entfernung auf der linken Seite an uns vorbei. Michael wurde vor sein Zelt geführt und so lange auf-

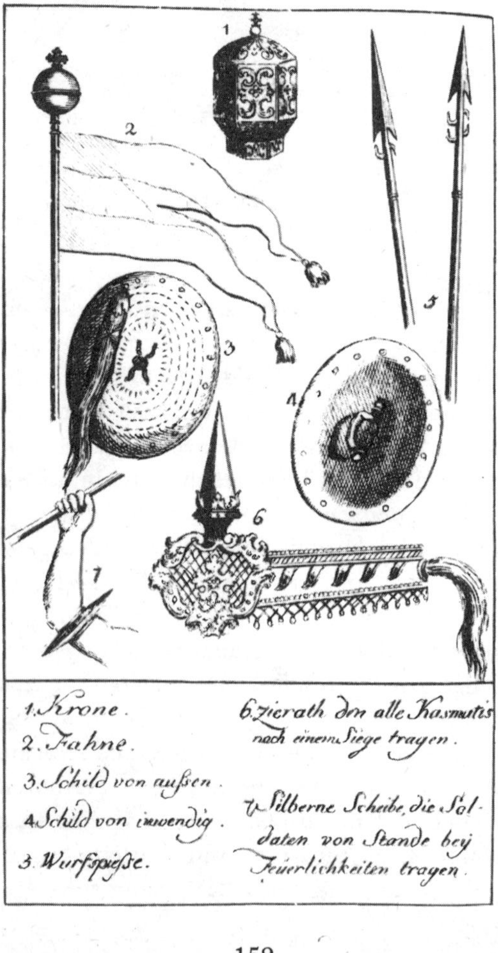

recht gehalten, bis der König vorbeidefiliert war. Vorher hatte er das um den Kopf gewundene Tuch abgenommen und ging dann wieder zu seinem Sitz im Zelt zurück.

Wir kehrten, mit unserer Aufnahme nicht sehr zufrieden, nach Koscam zurück. In der Stadt herrschte nichts als Lärmen und Verwirrung. Am Kahha stand ein Lager mit dreißigtausend Mann. Die erste abscheuliche Tat, die Michael vollbracht hatte, war, daß er zwölf Gallas[33], die er gefangengenommen hatte, die Augen ausstechen und sie ins Feld jagen ließ, damit sie in der Nacht von Hyänen zerrissen würden. Zwei davon nahm ich unter meine Aufsicht und stellte sie wieder her. Ich lernte von ihnen vieles, was ihre Sitten und ihr Land betraf.

Am folgenden Tag zog die Armee im Triumph in die Stadt, und der Ras war an der Spitze der Truppen von Tigre. Er hatte den Kopf entblößt, und über seine Schultern hing eine Art Pallium oder schwarzer Mantel aus Samt, mit silbernen Tressen eingefaßt, bis auf den Rücken hinab. An der Seite beim rechten Steigbügel trug ein Knabe eine fünfeinhalb Fuß lange silberne Rute, wie die Stäbe der hohen englischen Hofbedienten aussehend. Ihm folgten alle Soldaten, die einen Feind erschlagen und dessen Waffen erobert hatten. Ihre Lanzen und Feuergewehre waren mit Stücken roten Tuches geziert, entsprechend der Anzahl von Feinden, die ein jeder von ihnen getötet hatte.

Bei diesem Aufzug zu Pferd schien mir eine Sache bemerkenswert, nämlich der Kopfputz der Statthalter der Provinzen. Ein großes, breites Netz ging über die Stirn und war hinten zusammengebunden. In der Mitte ragte ein Horn oder konisches Stück vergoldeten Silbers etwa vier Zoll lang hervor, welches aussah wie die Kerzenauslöscher in England. Darauf folgte der König mit einem Netz aus weißem Nesseltuch, ungefähr drei Zoll breit, welches vorne um den Kopf ging, hinten mit zwei Knoten zusammengebunden war und zwei Fuß lang auf den Rücken hinabhing. Ihn umgaben die vornehmsten Staatsbedienten, die Jungen von Adel, die kein Kommando hatten, und nach diesen die Haustruppen.

Dann kam der Kanitz Kitzera, der Scharfrichter des Lagers, mit seinem Gefolge, und ganz zuletzt, unter des Königs und des Ras' Gepäck, trug ein Mann die ausgestopfte Haut des unglücklichen Woosheka auf einer Stange. Diese hängte er auf einem Ast des Baumes vor dem königlichen Palast auf, der für dergleichen öffentliche Hinrichtungen bestimmt ist.

Bei der Ankunft in Gondar warteten alle Großen dem Ras und dem König auf. Aylo war bei ihnen, und Ozoro Esther wurde nach Gondar gebracht, ließ aber das Kind auf meinen Rat in Koscam. Bei ihrem Sohn Confu, der zwar von den Pocken genesen war, äußerten sich offensichtlich die Kennzeichen einer Dysenterie; er hielt sich aber auch nicht an die Diät und nahm sich nicht vor der Kälte in acht.

Wir schrieben bereits den 13. März, und ich hatte weder ein Wort von Ozoro Esther noch vom Ras gehört, obwohl sie sich in ein Haus in Gondar begeben hatten, welches nahe bei dem des Petros lag. Ich besuchte die Kinder in Koscam einmal täglich. Die ganze Zeit über wurde ich mit der größten Offenherzigkeit und Zeichen des Wohlwollens von der Iteghé aufgenommen. Es war der Befehl gegeben worden, mich bei allen Gelegenheiten wie einen ihres Hofstaats ungehindert vorzulassen.

Abends kam der Negadé Ras Mahomet in mein Haus und sagte mir, daß Mahomet Gibberti angekommen sei. Zweimal habe er mit dem Ras wegen Privatgeschäften schon eine Unterredung gehabt, habe aber seine Geschenke noch nicht überreichen können. Er gab mir auch die Nachricht, daß Ayto Aylo den Ras am Tag nach seiner Ankunft schon zweimal und den Mahomet Gibberti einmal gesprochen habe. Dies alles sei meinetwegen geschehen. Man sei auf Ayto Aylos Vorschlag hin einig geworden, daß ich Palambaras oder Oberstallmeister des Königs werden sollte. Es sei eine wichtige Stelle, sowohl dem Rang als auch den Einkünften nach, und es sei wenig dabei zu tun.

Ich machte dem Mahomet klar, daß mich diese Gefälligkeit nicht erbauen könne, sondern mich vielmehr zur unglücklichsten aller Kreaturen mache: Mein ganzer Wunsch ginge dahin, das Land und seine verschiedenen Naturprodukte zu sehen, mit den Einwohnern als ein Ausländer umzugehen, aber keines Menschen Herr oder Diener zu sein. Ich wolle ihre Bücher kennenlernen und hauptsächlich die Quellen des Nils besuchen. Als Privatmann wolle ich in meinem Haus wohnen und soviel Zeit wie möglich für mich selbst zur Verfügung haben. Am dringlichsten sei mir aber daran gelegen, zu erfahren, wann ich den Ras sehen und ihm meine Empfehlungsbriefe, da ich doch ein Fremder sei, überreichen könne.

Mahomet begab sich weg und kam mit Mahomet Gibberti wieder zurück. Dieser berichtete mir, daß er außer dem Brief, den ich von seinem Herrn, dem Metical Aga, an Ras Michael hätte, noch eine ganz besondere Empfehlung mit sich führe. Meine Freunde in Jidda, ganz besonders Kapitän Thornhill und Kapitän Thomas Price vom »Löwen«, hatten den Metical Aga veranlaßt, daß er aus Freundschaft alle nur möglichen Kräfte aufbiete, mich dem Ras so zu empfehlen, daß dieser in jeder Beziehung ernsthaft für meine Sicherheit und Zufriedenheit sorge. In diesem Brief wurde dem Michael von der Macht und dem Reichtum unserer Nation Nachricht gegeben, daß sie die völlige Herrschaft über den Handel auf dem Roten Meer hätte und in bestem Einvernehmen mit dem Scherif und dem Metical Aga stünde. Wenn mir etwas widerführe, würde dies Michael Schande und Verdruß bereiten und ärger für ihn sein als der Tod, da er, Metical Aga, für meine Sicherheit gutgestanden hätte, sobald ich nur in Abessinien wäre. Daß ich ein Mann von Stande in meinem Land sei und ein Diener des dortigen Königs, der zwar selbst ein Christ sei, aber doch seine Untertanen, sie mochten nun Muselmänner oder Heiden sein, ebenso gerecht und unparteiisch beherrsche wie die Christen. Meine ganze Absicht ginge bloß dahin, die Quellen und Flüsse, Bäume, Blumen und die Sterne am Himmel zu untersuchen. Ich sei kein Kaufmann und triebe auch keine Art von kaufmännischem Gewerbe. Ich hätte auch kein Geld von irgend jemand nötig, da er dem Mahomet Gibberti den Auftrag gegeben habe, mich mit allem zu versorgen, was ich bräuchte. Meine Landsleute würden für die Wiederbezahlung geradestehen, die Summe möge auch noch so groß sein.

Wenn ich mich richtig erinnere, sollten diese Briefe am 14. gelesen werden. Ich erwartete, zur üblichen Stunde um 5 Uhr nachmittags gerufen zu werden, und war mit Ayto Heikel, dem Kammerdiener der Königin, nach Koscam geritten, um das Kind zu besuchen, welches zwar von seinen Beschwerden geheilt, aber doch noch sehr matt war.

Um 5 Uhr abends wurde eine Nachricht nach Koscam geschickt, ich möge mich zum Ras begeben. Ich kam etwas früher als zur bestimmten Zeit und begegnete am Tor dem Ayto Aylo. Er drückte mir die Hand und sagte: »Schlagt nur nichts aus, hernach läßt sich alles ändern. Es ist wegen der Priester und des Pöbels, daß Ihr einen angesehenen Posten habt, sonst werdet Ihr beim erstenmal, wenn Ihr eine halbe Meile aus der Stadt geht, geplündert und ermordet. Wohl fünfzig Leute haben mir schon erzählt, daß Ihr Kisten mit Gold bei Euch habt, daß Ihr Gold machen oder alles, was Euch nur beliebt, aus Indien bringen könnt. Die Ursache von all dem liegt darin, daß Ihr es ausgeschlagen habt, als die Königin und Ozoro Esther Euch in Koscam Gold angeboten haben. Das dürft Ihr nie wieder tun.«

Wir gingen hinein und sahen den alten Mann auf einem Sofa sitzen. Sein weißes Haar war in vielen kurzen Locken gekräuselt. Er schien in Gedanken zu sein, aber nicht übel gelaunt. Sein Gesicht war mager, seine Augen feurig und lebhaft, doch schienen sie etwas böse, weil er sich dem Wetter zu sehr ausgesetzt hatte. Er schien etwa sechs Fuß groß zu sein, doch verhinderte seine Lähmung, daß man dies mit Genauigkeit bestimmen konnte. Sein Benehmen war von allem Zwang frei. Seine Bildung und seine ganze Person hatten mit meinem Freund, dem gelehrten Grafen Buffon, so viel Ähnlichkeit, wie ich sie nie zwischen zwei Personen gesehen habe. Es mußten schlechte Physiognomisten sein, die nicht die Fähigkeiten und den Verstand aus seinen Mienen lasen. Jeder Blick verriet einen Gedanken, und es schien, als hätte er es nicht nötig, ihn erst durch Worte auszudrücken. Er sprach auch wirklich wenig. Ich küßte der Gewohnheit gemäß den Fußboden vor ihm, er schien aber nicht sehr darauf zu achten, sondern streckte seine Hand aus und schüttelte die meinige, als ich aufstand.

Als Michael den Empfehlungsbrief las, rief er aus: »Metical Aga kennt die Lage dieses Landes nicht. Sicherheit! Wo finde ich die? Ich muß jeden Tag um mein eigenes Leben kämpfen. Nennt Metical das Sicherheit? Wer weiß in diesem Augenblick, ob der König sicher ist oder wie lange ich es sein werde. Alles, was ich tun kann, ist, diesen Mann bei mir zu behalten. Wenn ich mein und des Königs Leben einbüße, so kann sich Metical Aga wohl nicht einbilden, daß es in meiner Macht war, das Leben dieses Fremden zu schützen.«

»Nein, nein«, sagte Aylo, »Ihr kennt diesen Mann nicht, er ist ein Teufel zu Pferd. Er reitet und schießt besser als irgendeiner, der jemals nach Abessinien gekommen ist. Verliert keine Zeit, gebt ihm eine Stelle beim König, man muß sich um seinetwegen nicht sorgen. Er ist sehr mäßig und religiös und wird dem König Gutes tun.«

Ich setzte mich wie auch Aylo, drei bis vier Richter, Petros, Heikel, der Kammerdiener der Königin, und ein Azage[34] des königlichen Palastes ging hinaus, nachdem Michael ihm etwas ins Ohr geflüstert hatte. Diese Unterredung hinderte mich, ihn anzureden und ihm mein Geschenk, welches ein Mann hinter mir bereithielt, zu überreichen. Michael hob mit ernster Miene an: »Yagoube, so dünkt mich, heißt Ihr, hört, was ich Euch sage, und merkt, was ich Euch empfehle. Man hat mir gesagt, daß Ihr ein Mann seid, der es sich zur Aufgabe macht, im Feld herumzuwandern und an einsamen Orten Bäume und Gräser zu suchen und die ganze Nacht allein zu sitzen und die Sterne am Himmel zu betrachten. Andere Länder sind nicht wie dieses; unseres war noch nie in einem schlimmeren Zustand als jetzt. Die gottlosen Einwohner können keine Ausländer leiden. Sähen sie Euch allein in Eurem eigenen

Zimmer, würde ihr erster Gedanke sein, Euch zu ermorden, obgleich sie wüßten, daß sie nichts dadurch gewinnen könnten. Ihr einziger Antrieb würde bloß die Bosheit sein.« – »Der Teufel wirkt stark in ihnen«, sagte eine Stimme in einem Winkel des Zimmers, welche einem Priester zu gehören schien. Der Ras fuhr fort: »Ich habe mich lange mit Eurem Freund Aylo beraten, dessen Vorschläge Ihr zum Glück und mit Recht, wie ich höre, befolgt, so wie wir es alle tun. Ich halte diejenige Lage für Euch am vorteilhaftesten, welche Euch die Freiheit läßt, Euren Absichten zu folgen, aber zugleich auch Eurer Person die Sicherheit verschafft, nicht von Mönchen mit Religionsangelegenheiten geplagt zu werden oder nicht Gefahr zu laufen, von Bösewichten, die Geld bei Euch suchen, ermordet zu werden.« – »Was sollen die Mönche?« rief dieselbe Stimme im Winkel, »die Mönche werden sich nie mit einem Mann wie diesem einlassen.« – »Der König«, fuhr der Ras fort, ohne auf diese Stimme zu achten, »hat Euch deshalb zum Baalomal ernannt, und Ihr sollt einen Teil der Reiterei kommandieren. Geht also zum König und küßt die Erde wegen Eurer Beförderung, ich sehe, Ihr habt diesen Landesgebrauch bei uns schon gelernt. Aylo und Heikel sind geeignete Personen, Euch zu begleiten. Der König bezeigte gestern abend seine Verwunderung mir gegenüber, daß er Euch noch nicht gesehen habe. Dort ist auch der königliche Sekretär, Tecla Mariam, der heute mit Eurer Beförderung aus dem Palast kam.« Der Mann im Winkel, den ich für einen Priester hielt, war ebendieser Tecla Mariam, ein Schreiber. In Abwesenheit des Königs bedeckten Männer von diesem Stand das Haupt, wie es die Priester tun, und das war der Grund meines Irrtums.

Ich überreichte Michael daraufhin mein Geschenk, welches er kaum ansah, weil sich eine Menschenmenge hereindrängte, teils aus Neugierde, teils Geschäfte halber. Ich bemerkte den Abba Salam darunter. Durch das Gedränge wurde ich von meiner Gesellschaft getrennt. Als der Ras mich alleine stehen sah, rief er mich und fragte leise: »Wird der Knabe mit dem Leben davonkommen?« – »Das menschliche Leben ist in Gottes Hand«, entgegnete ich, »aber ich hoffe, das Schlimmste ist überstanden.«

Ich begab mich darauf zum königlichen Palast und traf Aylo und Heikel an der Tür des Audienzzimmers. Tecla Mariam ging voraus bis zu den Füßen des Throns, dann näherte ich mich auch und warf mich auf die Erde. Tecla sagte zum König: »Ich bringe Euch hier einen Diener aus einem so fernen Land, daß wir, wenn Ihr ihn jemals entwischen laßt, nicht imstande sind, ihm zu folgen oder zu wissen, wo wir ihn aufsuchen sollen.« Dies sagte er als ein alter und vertrauter Diener im Spaß. Der König antwortete nicht. Sein Mund war bedeckt, und in seinen Gesichtszügen zeigte sich keine Veränderung.

Zu beiden Seiten des Throns standen fünf junge Männer, drei zur Linken und zwei zur Rechten. Einer davon, Tecla Mariams Sohn (in der Folge mein großer Freund), der oben auf der linken Seite stand, trat zu mir, nahm mich bei der Hand und führte mich auf seinen Platz. Als er sah, daß ich kein Messer im Gürtel trug, zog er seines hervor und überreichte es mir. Als mir meine Stelle angewiesen war, küßte ich den Boden noch einmal.

Der König befand sich in einem Alkoven. Die übrigen Anwesenden begaben sich auf die Seite, so daß sie vom Thron aus nicht gesehen werden konnten, und setzten sich nieder. Nun fingen die üblichen Fragen über Jerusalem und die heiligen Orte an. Wo mein Land wäre? Das konnte ich unmöglich beschreiben, weil sie die Lage von keinem einzigen Land außer ihrem eigenen kennen. Warum ich von so weit herkäme? Ob in meinem Land derselbe Mond und dieselben Sterne wären wie in dem ihrigen? Und noch eine Menge dergleichen leerer und ermüdender Fragen folgten. Einige Male wollte ich dem Mann, der mein Geschenk trug, dieses abnehmen und es dem König überreichen, um mich wegbegeben zu können. Aber der König machte ein Zeichen, es wegzulegen. Bald war ich vom Stehen so ermüdet, daß ich es nicht länger aushalten konnte und mich an die Wand lehnte. Aylo war fest eingeschlafen, und Ayto Heikel und die übrigen Griechen verwünschten ihren Herrn im Herzen, da er sie um eine gute Abendmahlzeit brachte, die der Schatzmeister Anthule für uns bereithielt. Dies wußte der König, wie wir hernach erfuhren. Er war nur entschlossen, unsere Geduld auf die härteste Probe zu stellen. Einige schlichen heimlich fort, und meine Begleitung war fast vor Durst verschmachtet und sank beinahe aus Müdigkeit zu Boden. Diejenigen, welche der König nicht sehen konnte, beschlossen, den Tecla Mariam abzuschicken, um dem König ins Ohr zu sagen, daß ich mich nicht wohl fühle. Er tat es, aber der König achtete nicht darauf. Es war später als 10 Uhr, und der König zeigte noch keine Lust, sich zur Ruhe zu begeben.

Solange Fremde im Zimmer gewesen waren, sprach er mit uns durch einen vom Hof, der Kal Hatze (die Stimme, das Wort des Königs) genannt wird. Jetzt, da nur noch neun oder zehn von uns, seine Hausbedienten, zugegen waren, enthüllte er das Gesicht und den Mund und sprach selbst: bald von Jerusalem, bald von Pferden oder vom Schießen, dann wieder von Indien. Er fragte, wie weit ich mit meinen Teleskopen in den Himmel hineinsehen könnte. Alle diese Fragen wurden mit Bedacht und umständlich wiederholt, wenn ich sie nicht genau beantwortete. Ich war verzweifelt und kaum imstande, ein Wort hervorzubringen. Ich verfluchte mein hartes Los, welches mir meine Beförderung gebracht hatte, und wünschte herzlich, daß es die letzte an diesem Hof wäre.

Endlich wurden die Griechen ungeduldig, kamen aus dem Winkel hinter dem Alkoven hervor und stellten sich unmittelbar vor dem Thron hin. Der König schien verwundert, als er sie erblickte, und sagte, daß er geglaubt habe, sie seien längst nach Hause gegangen. Sie antworteten, sie würden nicht ohne mich gehen. Das konnte aber nach des Königs Meinung nicht geschehen, weil eine der Obliegenheiten meines Amtes darin bestand, daß ich diese Nacht die Tür seines Schlafgemachs bewachte.

Ich hätte ihn in diesem Augenblick totschlagen können. Endlich nahm sich Ayto Heikel ein Herz, trat unter dem Vorwand, eine Botschaft von der Königin zu bringen, zu ihm hin und flüsterte ihm etwas ins Ohr. Der König lachte und sagte, daß er geglaubt habe, wir hätten schon zu Abend gegessen. Dann entließ er uns.

Wir begaben uns alle ganz erbost, wie hungrige Menschen zu sein pflegen, in das Haus des Anthule zum Abendessen. Aus dem Palast nahmen wir drei andere Baalomals, meine neuen Kameraden, mit und noch einen, der ebenfalls in der Reihe gestanden hatte, um die Zahl vollzumachen, obwohl er diesen Posten nicht bekleidete. Er hieß Guebra Mascal und war der Sohn einer Schwester des Ras. Er kommandierte ein Drittel der mit Feuergewehren ausgerüsteten Truppen von Tigre, ungefähr zweitausend Mann. Man hielt ihn für den besten Offizier, den der Ras hatte. Er war etwa dreißig Jahre alt, klein, untersetzt und gut gebaut, mit einer sehr unbedeutenden Miene, mit einem großen Mund, platter Nase, von gelber Farbe und voll Blatternarben. Er war unglaublich eingebildet auf den Wert seiner geleisteten Dienste und auf seine Fähigkeit, mit Feuergewehren umzugehen. Er behauptete dreist, Ras Michael habe ihm alle seine Siege zu verdanken. Von der guten Meinung, die der Ras von ihm als Soldat hegte, rührte es her, daß man ihn noch in Gondar duldete. Im übrigen stand er im Verdacht eines zu vertrauten Umgangs mit einer von seines Oheims Gemahlinnen in Tigre. Mit ihr hatte er angeblich ein Kind gezeugt; wenigstens trennte der Ras sich von ihr und erkannte das Kind nie als seines an.

Dieser Mann speiste mit uns, und daraus entstand einer der ernsthaftesten Vorfälle, die ich je in Abessinien erlebt hatte. Guebra Mascal rühmte seiner Gewohnheit gemäß unaufhörlich seine Geschicklichkeit, mit Feuergewehren umzugehen, seine bewunderungswürdige Flinte und die damit vollbrachten Heldentaten. Petros lachte ihn aus und sagte: »Ihr habt wohl Talent zum Schießen, aber Ihr habt keine Gelegenheit gehabt, es zu lernen. Jetzt ist Yagoube gekommen, der wird Euch etwas lehren, das sich der Mühe lohnt, davon zu reden.« Sie hatten alle stark getrunken, und Guebra Mascal stieß Worte aus, die ich für mich als beleidigend empfand. »Aus Euren Reden zu schließen«, sagte ich ziemlich mürrisch, »sollte ich fast glauben, daß Ihr weder recht wißt, was Männer noch was Gewehre sind. Jede meiner Flinten in den Händen meiner Diener kann doppelt so weit schießen wie die Eurigen. Was mein eigenes Gewehr betrifft, lohnt es sich nicht der Mühe, es mit einer Kugel zu laden. Im Vergleich mit dem Eurigen wird ein Stück Talglicht in dem meinigen mehr Wirkung erzielen als eine eiserne Kugel in Eurer besten Flinte, trotz aller Geschicklichkeit, die Ihr zu besitzen vorgebt.«

Er sagte, ich sei ein Franke und ein Lügner, und als ich aufsprang, gab er mir einen Stoß mit dem Fuß. Darüber geriet ich außer mir, ergriff ihn bei der Kehle und schmiß ihn, so rüstig er auch war, zu Boden. Die Abessinier verstehen nichts vom Ringen oder von Schlägereien mit der Faust. Er zog im Fallen sein Messer und wollte mir einen Stich ins Gesicht versetzen. Weil er den Arm aber nicht frei hatte, konnte er mir nur eine kleine Wunde oben am Kopf beibringen, so daß mir das Blut über das Gesicht herablief. Ich hatte ihm wohl ein Bein untergeschlagen, aber bis jetzt noch keinen Schlag gegeben. Jetzt drehte ich ihm das Messer aus der Hand, mit der Absicht, ihn zu erstechen, aber die Vorsehung lenkte es besser. Anstatt mit der Spitze schlug ich ihm so heftig mit dem Griff ins Gesicht, daß gewiß Narben blieben, die sich selbst von den tiefen Pockennarben abheben. Eine so neue und unvermutete Begebenheit bewirkte, daß sich die Wirkungen des Weines sogleich verloren. Es war zu spät, jemanden im königlichen Palast oder im Haus des Ras zu beunruhigen. Hundert verschiedene Meinungen kamen zugleich aufs Tapet. Einige waren der Ansicht, uns zum König zu schicken, weil wir uns im Bezirk des königlichen Palastes befänden, wo niemand bei Todesstrafe die Hand gegen einen anderen aufheben dürfe. Ayto Heikel war der Meinung, ich sollte mich, weil es bereits spät war, nach Koscam begeben, Petros hingegen, daß ich sogleich in Ayto Aylos Haus gehen müßte. Die beiden Baalomals meinten, ich sollte bei ihnen im königlichen Palast schlafen. Anthule, in dessen Haus ich mich befand und der am meisten wegen der mir zugefügten Beleidigung aufgebracht war, wünschte, daß ich bei ihm bleiben möge, da er mich für schwer verwundet hielt. Dieser Auffasssung waren auch die übrigen, weil sie mir das Blut über die Augen herunterlaufen sahen. Es war die Absicht des Anthule, in der Früh, wenn der König aufstand, ihm den ganzen Vorfall der Wahrheit gemäß vorzutragen.

Ich faßte den Entschluß, nach Hause zu gehen und in meinem eigenen Bett zu schlafen. In dieser Absicht wusch ich mein Gesicht und die Wunde mit Essig aus, wodurch das Blut gestillt wurde. Ich hüllte mich darauf in meinen Mantel und begab mich ohne irgendeinen weiteren Zwischenfall nach Hause und ins Bett. Allein damit war weder Ayto Heikel noch Petros zufrieden. Letzterer ging, obgleich es schon nach Mitternacht war, zum Ayto Aylo, und frühmorgens, als es gerade tagte, sah ich ihn bereits in mein Zimmer treten. Guebra Mascal hatte sich zu einem Verwandten geflüchtet, und die erste Nachricht, die wir früh nach Aylos Ankunft vernahmen, war, daß Guebra Mascal im Haus des Ras mit Ketten und Stricken gefesselt säße.

Ein jeder, der in der Folge erschien, brachte neue Nachrichten. Alle, die bei dem Vorfall zugegen gewesen waren, waren befragt worden und hatten einstimmig die wahren Umstände von meiner Nachsicht und Geduld und meines Gegners stolzem Betragen ausgesagt. Jedermann zitterte davor, daß der Ras auf meine Beschwerden hin einen unüberlegten Entschluß fassen könnte. Die Stadt war voll mit Soldaten aus Tigre, und niemand sah es deutlicher als ich selbst, daß dieser Umstand meinen Untergang herbeiführen konnte, wenn auch die Sache im Augenblick eine für mich günstige Wendung genommen hatte.

Wir trafen Ozoro Esther sehr unruhig und aufgebracht an, sie beruhigte sich aber, als sie mich lachen sah. Sie fragte nach meiner Wunde, die man ihr als sehr gefährlich beschrieben hatte. »Ich fürchte«, erwiderte ich, »daß der arme Guebra Mascal schlimmer daran ist als ich.« – »Wenn er auch verwundet ist«, sagte sie, »sollte er es im Herzen sein!« – »Madame«, gab ich zur Antwort, »eigentlich hat keiner von uns Wunden bekommen. Er war sehr betrunken, ich schlug ihm mehrmals ins Gesicht, wie er es verdiente, und er hat schon die Züchtigung bekommen, die er bekommen mußte. Die ganze Sache war eine alberne Begebenheit.« – »Das ist doch sonderbar,« rief sie aus, »verhält sich das wirklich so?« – »Allerdings«, fiel Aylo ein, »so ist es. Ihr sollt schon nach und nach alles erfahren. Laßt uns jetzt aber die ganze Sache mit Stillschweigen übergehen.«

In diesem Augenblick ließ uns der Ras zu sich bestellen. Er war nackt und saß auf einem Stuhl ohne Lehne, ein Sklave wickelte sein lahmes Bein mit einem breiten Verband ein. Ich fragte ihn ruhig und freundlich, ob ich ihm dienlich sein könne. Er starrte mich unwillig und mit einem fürchterlichen Zähneblecken an, wie ich es vorher noch nie gesehen hatte. »Wie«, hob er an, »seid Ihr alle verwirrt? Aylo, was für Händel hat er mit dem niederträchtigen Guebra Mascal gehabt?« – »Ach«, sagte ich, »ich kam, um Euch selbst alles zu erzählen. Warum fragt Ihr den Aylo? Guebra Mascal war betrunken und trotzig. Er stieß mich. Ich war nüchtern und schlug ihn, wie Ihr an seinem Gesicht sehen werdet. Ich komme jetzt, um Euch zu bekennen, daß es mir leid tut, meine Hand gegen Euren Neffen erhoben zu haben. Aber er hatte unrecht und war betrunken. Ich dachte, daß es besser wäre, ihn auf der Stelle zu züchtigen, als ihn Euch zu übergeben, da Ihr Euch der Sache zu sehr annehmen könntet. Wir kennen Eure Gerechtigkeitsliebe zu sehr und wissen, daß Verwandtschaft bei Euch nicht zählt, wenn Ihr zwischen zwei Parteien zu entscheiden habt.« – »Ich befehle Euch, Aylo«, sagte Michael, »wenn Euch meine Freundschaft lieb ist, mir wahrheitsgetreu zu berichten, wie sich die Sache wirklich verhält, und nichts anderes zu erzählen oder was zu verschweigen.«

Aylo fing daraufhin an, ihm die ganze Sache vorzutragen. Währenddessen ließ mich Ozoro Esther zu sich hinausrufen. Ich traf einen anderen Neffen des Ras, einen weit besseren Mann, bei ihr an. Er hieß Welleta Selasse und kam vom Guebra Mascal mit der Bitte, ich solle ihm doch vergeben und für ihn sprechen, weil es ein Zank in der Trunkenheit ohne Bosheit gewesen sei. »Kommt mit mir«, sagte ich zu ihm, »und Ihr sollt sehen, daß ich nicht eher vom Ras weggehe, bis er Guebra Mascal verziehen hat.« – »Er mag ihn strafen«, erwiderte Welleta Selasse, »Guebra Mascal ist ein böser Mann. Wenn der Ras ihn nur nicht umbringen oder verstümmeln läßt.«

Aylo hatte die Sache inzwischen dem Ras unter dem richtigen Gesichtspunkt, nämlich dem meiner künftigen Sicherheit, geschildert. »Ihr seid ein kluger Mann«, sagte der nun besänftigte Ras, sobald er mich mit Welleta Selasse kommen sah. »Ein Mann wie Ihr kann selbst für seine eigene Sicherheit sorgen, welche doch unser aller Ziel ist. Ich fühle die Euch zugefügte Beleidigung mehr als Ihr selbst. Aber diese Sache soll Euch zur Ehre und Sicherheit gereichen, und nur unter diesem Gesichtspunkt allein kann ich die Verwegenheit des Guebra Mascal hingehen lassen. Welleta Selasse«, fuhr er fort, indem er augenblicklich in die heftigste Wut geriet, »was ist das für ein Betragen, welches meine Leute gegenüber Fremden zeigen? Und noch dazu gegenüber einem mir empfohlenen Fremden, in des Königs Palast, gegen einen königlichen Diener? Wie, bin ich etwa tot oder nicht mehr fähig zu regieren?« Welleta Selasse verbeugte sich, fürchtete sich aber zu sprechen, denn der Ras sah in der Tat wie eine Furie aus.

»Kommt«, sagte der Ras, »zeigt mir Euren Kopf.« Ich zeigte ihm, daß das Blut schon hart geworden war, und sagte, daß es nur ein leichter Schnitt gewesen sei. »Ihr seht, Herr«, erwiderte ich, »daß ich nicht einmal die Haare um die Wunde weggeschnitten habe. Es ist gar nichts. Gebt mit nun aber Euer Wort, daß Ihr dem Guebra Mascal die Freiheit schenken werdet. Und nicht nur das. Ihr sollt ihm nicht einmal Vorwürfe machen, daß er betrunken war, was in diesem Lande ja für kein Verbrechen gehalten wird.« – »Nein, wahrhaftig nicht«, erwiderte er, »aber es ist etwas sehr Seltenes, daß man hier im Trunk mit Messern ficht. Selbst im Lager habe ich kaum jemals davon gehört.« – »Laßt mich nun«, sagte ich, »Welleta Selasses Freundschaft damit verdienen, daß ich ihn zum Boten erwünschter Nachrichten an den Guebra Mascal mache. Laßt ihm mitteilen, daß er frei ist und daß Ihr ihm vergeben habt.« – »Frei?« fiel er mit ins Wort, »wo ist er?« – »Irgendwo in Eurem Haus«, entgegnete ich, »in Ketten geschlossen.« – »Geht, Welleta Selasse«, fuhr er fort, »nehmt dem Hund sein Halsband ab, er soll mir aber nicht vors Gesicht kommen.«

Die ganze Sache war nun beigelegt, und dem König wurde der Ausgang mitgeteilt. Er war ernsthaft und bekümmert, wie wenn ihn das, was vorgegangen war, kränke. Ich bekleidete nun meine Stellung und erhielt große Beweise von der Gnade des Königs. Er gab Befehl, daß ich im Palast wohnen und speisen und daß mir mein Essen geschickt werden sollte. Hier traf ich auch die Söhne des Kasmati Eshté, Aylo und Engedan, junge Leute, mit denen ich in der Folge in vollkommener Einigkeit und Vertrauen lebte. Sie waren meine Kameraden als Baalomal oder königlicher Kammerdiener.

In ganz Gondar sah man nun nichts als Freudenbezeigungen und Feste. Ozoro Ayabdar, die Tochter des kürzlich verstorbenen Welled Hawaryat und der Ozoro Altash, der jüngsten Tochter der Ithegé, und folglich Ras Michaels Enkelin, wurde an Powussen, den Statthalter von Begemder, verheiratet. Der König schenkte ihr große Flächen Landes in dieser Provinz, und Michael gab ihr viel Gold, Feuergewehre, Rindvieh und Pferde. Jedermann in der Stadt, der von beiden Seiten mit günstigen Augen angesehen zu werden wünschte, brachte ansehnliche Geschenke. Der Ras, Ozoro Altash und Ozoro Esther bewirteten ganz Gondar. Täglich wurde eine Menge Rindvieh geschlachtet, und die Stadt hatte das Aussehen eines einzigen riesigen Marktes. In allen Gassen sah man das gemeine Volk mit Stücken rohen Rindfleisches, und die Getränke gingen ebenso reichlich umher. Der Ras bestand darauf, daß ich jeden Mittag mit ihm essen sollte. Das verursachte mir aber jedesmal Kopfschmerzen, weil er mich immer nötigte, viel Met hinunterzuschlucken, ein Getränk, welches meine

Natur vom ersten Tag an bis zum letzten nicht vertragen konnte.

Die verheirateten Weiber aßen, tranken und rauchten durchweg wie die Männer, und es ist unmöglich, dem Leser von diesen Bacchanalien eine Beschreibung in anständigen Ausdrücken zu geben. Ich fand es für nötig, mich diesen Schwelgereien eine Zeitlang zu entziehen und mir die Erlaubnis zu erwirken, die frische Landluft in einiger Entfernung einatmen zu dürfen, so daß ich nur jeden oder jeden zweiten Tag einmal den Palast besuchte. Ich bemühte mich, die unaufhörlich aufeinanderfolgenden Ausschweifungen zu vermeiden, von denen sich kein Europäer einen Begriff machen kann und denen man sogar in Koscam unmöglich entgehen konnte.

Obwohl mich die Gunst des Königs, der Schutz des Ras und mein höfliches, aufmerksames und freundliches Betragen gegen jedermann in Gondar so beliebt machte, wie ich es nur wünschen konnte, und zwar sowohl bei den Tigreern als auch bei denen aus Amhara, wird man doch leicht einsehen, daß die Ursache meines Streits mit Guebra Mascal noch nicht vergessen war.

Als ich eines Tages beim König im Palast war, fragte er mich während der Unterredung, ob ich bei den Händeln mit Guebra Mascal, bevor es zu der Schlägerei gekommen sei, nicht auch betrunken gewesen sei. Als ich ihm versicherte, daß ich vorher und nachher völlig nüchtern gewesen sei, weil der rote Wein des Anthule bereits ausgetrunken gewesen sei und ich nie gerne Met tränke, fragte er mit einer Art von Bitterkeit weiter: »Habt Ihr also nüchtern zu Guebra Mascal gesagt, daß ein Stückchen Talglicht in Eurer Flinte eine größere Wirkung hätte als eine eiserne Kugel in der seinen?« – »Allerdings, Herr.« – »Und warum sagtet Ihr es?» sagte der König sehr kalt und auf eine Art, wie ich ihn noch nie gesehen hatte. »Weil es«, erwiderte ich, »der Wahrheit entspricht und ein geeigneter Einwand gegen einen eingebildeten Mann war, der, wenn er in diesem Land auch einen noch so hohen Posten hat, doch nicht Kenntnisse genug besitzt, ihm in dem meinigen die Reinigung eines Gewehres anzuvertrauen.« – »Oho!« fuhr der König fort. »Ich rede nicht von seinen Kenntnissen, sondern von seiner Flinte. Ihr werdet mir doch nicht einreden wollen, daß Ihr mit einem Talglicht ein Pferd oder einen Mann erschießen könnt.« – »Verzeihung, Herr«, entgegnete ich und machte dabei eine tiefe Verbeugung, »ich will Euch nichts einreden, wovon Ihr Euch nicht überzeugen könnt. Ob ich einen Mann mit einem Licht töten kann oder nicht, ist ein Versuch, den man nicht anstellen darf. Aber sagt mir doch, was ich tun soll, das dem vergleichbar ist. Wird es für Euch ein hinlänglicher Beweis für meine Behauptung sein, wenn ich in der Entfernung dieser Stubenlänge den Tisch, worauf Ihr speist, mit einem Schuß durchlöchere?« Besagter Tisch war etwa einen dreiviertel Zoll dick und bestand aus ägyptischem Feigenholz.

Engedan, der dabeistand, sagte: »Ich bin überzeugt, wenn Yagoube sagt, er kann es tun, so tut er es. Aber wie, das weiß ich nicht. Könnt Ihr mit einem Talglicht auch durch meinen Schild schießen?« – »Zu Euch, Engedan«, erwiderte ich, »darf ich dreist reden. Ich kann durch Euren Schild schießen, und wäre es auch der stärkste in der ganzen Armee, und gleichzeitig auch noch den Mann töten, der sich damit schützen will. Wann wollt Ihr den Versuch sehen?« – »Warum nicht gleich«, fiel der König ein, »es ist niemand hier.« – »Je eher, desto besser«, sagte ich, »ich möchte keinen Augenblick länger in dem unangenehmen Verdacht des Lügens bleiben, der in meinem Land etwas höchst Schändliches ist, man mag auch hier darüber denken, wie man will. Laßt mich also nach meinem Gewehr schicken.«

Der König schien verlegen und, wie ich deutlich merkte, ungläubig. Die Flinte kam. Engedans Schild wurde geholt, der aus einer starken Büffelhaut bestand. Ich sagte: »Dieser ist zu schwach, gebt mir einen dickeren.« Er schüttelte den Kopf mit den Worten: »Ach, Yagoube, Ihr werdet ihn dick genug finden. Es ist bekannt, daß Engedans Schild kein Kinderspiel ist.« Tecla Mariam brachte noch zwei Schilde. Beide waren in ihrer Art vortrefflich. Ich brach von allen drei Schilden die Griffe ab und stellte sie dicht hintereinander gegen eine Wand. Ich lud meine Flinte vor aller Augen zuerst mit Pulver und ließ dann ein halbes Talglicht darauf hineingleiten.

»Nun, Engedan«, sagte ich, »wenn es Euch beliebt, so ruft: ›Gebt Feuer!‹ Stellt Euch aber auch vor, daß Ihr von Eurem guten Schild auf ewig Abschied nehmen müßt.« Er rief, und ich feuerte. Der Schuß ging nicht nur durch die drei Schilde, sondern das Licht fuhr mit solcher Gewalt hindurch, daß es an der Wand dahinter in tausend Stücke zersprang. Ich wandte mich nun zu Engedan und sagte in einem bescheidenen Ton, ohne Triumph, sondern ganz gleichgültig: »Sagte ich Euch nicht, Euer Schild wäre nichts?« Daraufhin brachen die Umstehenden, die zusammengelaufen waren, in Freudengeschrei und lauten Beifall aus. Die drei Schilde wurden dem König gebracht, der voll Verwunderung ausrief: »Ich glaubte es vorher nicht, ehe ich es sah, und noch jetzt kann ich es kaum glauben, da ich es gesehen habe.«

»Engedan«, sagte ich, »wir müssen noch über den Tisch reden. Wir haben das halbe Licht noch übrig, es ist die dünnste und schwächste Hälfte. Ich will den Docht zuoberst laden, weil dort die Baumwolle am weichsten ist.« Der Tisch wurde hingestellt, und das Licht mit dem Docht vorne fuhr hindurch, wie das andere Stück durch die drei Schilde gegangen war. »Beim heiligen Michael!« rief Engedan. »Yagoube, wenn Ihr von nun an sagt, Ihr könnt meinen Vater im Grab aufwecken, so will ich es glauben.« Einige anwesende Priester wunderten sich anfänglich, schienen es aber nachher für etwas Geringes zu halten, weil sie es unter ihrer Würde fanden, über etwas in Verwunderung zu geraten. Sie sagten, es geschehe durch Schreiben, worunter sie Zauberei verstehen. Dieser Meinung, schien sie ihnen doch vernünftig zu sein, waren auch die anderen. Das war aber beim König nicht der Fall; vielmehr machte meine Vorführung einen günstigen und dauerhaften Eindruck auf sein Gemüt. Ich sah in der Folge nie wieder Spuren von Zweifel oder Mißtrauen in seinem Gesicht, sondern vielmehr immer die deutlichsten Zeichen von Freundschaft, Zutrauen und Achtung und einen uneingeschränkten Glauben an alles, was ich von irgendeinem Gegenstand, wovon ich Kenntnis besaß, vorbrachte.

Ich war nun sozusagen im Land ansässig und hatte Gelegenheit, die Sitten, die Regierungsform und den gegenwärtigen Zustand des Landes zu erforschen. Ich will nunmehr dem Leser dasjenige mitteilen, was meiner Meinung nach seine Aufmerksamkeit am meisten verdient.

6. Kapitel

Sitten und Gebräuche in Abessinien

Die Krone von Abessinien ist erblich und ist seit jeher im Besitz einer einzigen Familie gewesen, die, wie man allgemein annimmt, von König Salomon und der Königin von Saba, Negesta Azab, der Königin des Südens, abstammt. Aber sie wird einem aus dieser Linie durch Wahl zugeteilt; es ist kein Landesgesetz oder Gewohnheitsrecht vorhanden, welches dem ältesten Sohn das ausschließliche Recht gibt, seinem Vater zu folgen. Es ist vielmehr immer das Gegenteil üblich gewesen. Wenn die Söhne beim Tod eines Königs alt genug zur Regierung sind und durch irgendeinen Zufall nicht als Gefangene auf den Berg geschickt worden sind, so nimmt der älteste oder der nächstfolgende, der nicht gefangengehalten wird, meistens durch die Macht der Freunde seines Vaters Besitz vom Thron. Wenn aber im Moment kein Prinz zur Hand ist, so hängt die Wahl des Königs immer vom Willen des Ministers ab, und dieser wird als der Wille des Volkes angesehen. Und weil dieser immer Neigung und Interesse hat, selbst zu regieren, so erwählt er immer ein Kind, welches er leiten kann, um das Reich während der Minderjährigkeit des Königs unumschränkt regieren zu können, wodurch das Land erschöpft und an den Rand des Ruins gebracht wird.

Dies ist die Quelle allen Übels in diesem unglücklichen Land. Der Fehler entspringt aus dem Verlangen, eine mehr als vollkommene Regierungsform zu errichten. Ihr erster Grundsatz war: »Wehe dem Land, dessen König ein Kind ist.« Und dies mußte sich oft ergeben, das wußten sie, wenn die Nachfolge dem Lauf der Natur überlassen war. Aber wenn man von zweihundert Personen aus einer Familie, die allesamt regierungsfähig sind, die Wahl hat, so wäre es, dachten sie, ihre eigene Schuld, wenn sie nicht immer einen Prinzen von passendem Alter und entsprechenden Fähigkeiten hätten, um das Reich nach den Bedürfnissen der Zeit zu regieren und die Erbfolge der Familie im Hause Salomons zu erhalten, wie es die Landesgesetze verlangen.

Diese Gedanken schienen zwar anfangs etwas Gutes zu haben, man fand aber in der Folge, daß sie sich nicht bewährten und zum Teil am Ruin des Reiches schuld waren und den ganzen Staat oft in die größte Gefahr und dem Untergang nahe gebracht hatten.

Der König wird mit gewöhnlichem Öl gesalbt, welches man ihm über den Kopf gießt, worauf er es mit beiden Händen in sein langes Haar reibt, wie es seine Soldaten machen, wenn sie genug Butter bekommen können.

Die Krone hat die Gestalt einer Bischofsmütze. Es ist eine Art von Helm, welcher die Stirn, die Backen und den Nacken bedeckt. Sie ist mit blauem Taft gefüttert, außen ist sie halb aus Gold und halb aus Silber, von der schönsten durchbrochenen Arbeit.

Oben auf der Krone war früher eine Kugel aus rotem Glas oder Kristall, und innen hatten sich Schellen von verschiedener Farbe befunden. Diese Kugel scheint mir früher nichts anderes gewesen zu sein als ein Stöpsel auf einer gläsernen Flasche. Dem sei, wie es wolle, jedenfalls ging diese Kugel zu Yasous' Zeiten durch die Niederlage bei Sennar verloren. Ein Mohammedaner fand sie, und Gouangul, das Haupt der Bertuma Galla, brachte sie bis an die Grenzen von Tigre, wohin dann Michael als Statthalter dieser Provinz mit einer Armee und großen Zeremonien marschierte, um sie zu übernehmen. Darauf begab er sich damit zu König Yasous und setzte sich dadurch sehr bei ihm in Gunst.

Verschiedene Schriftsteller haben unter anderen nicht zu beweisenden Dingen auch behauptet, daß man dem König bei der Krönung einen goldenen Ring ins Ohr hänge und ein entblößtes Schwert in die Hand gebe und daß alsdann das Volk niederfalle und ihn anbete. Eine solche Zeremonie ist aber nicht gebräuchlich, und es scheint auch nicht, daß jemals derartige öffentliche Auftritte der Könige der Denkweise dieses Volkes entsprochen hätten. Früher sah man weder des Königs Gesicht noch sonst einen Teil seines Körpers, ausgenommen zuweilen seinen Fuß. Er sitzt in einer Art von Balkon mit Gitterfenstern und Vorhängen vor ihm. Noch jetzt bedeckt er das Gesicht bei Audienzen oder öffentlichen Gelegenheiten oder wenn er Gerichtssitzungen hält. In Fällen, in denen über Verräterei verhandelt wird, sitzt er in seinem Balkon und spricht durch ein an der Seite angebrachtes Loch zu einem Hofbeamten – Kal-Hatze, das Wort des Königs genannt –, durch welchen er seine Bemerkungen und sonstigen Einfälle den Richtern, die am Gerichtstisch sitzen, mitteilen läßt.

Der König geht regelmäßig zur Kirche. Seine Garden besetzen dabei alle Zugänge und Türen, die er passiert, und niemand darf mit ihm hineingehen, außer ein paar Kammerherren, die ihn tragen oder halten. Er küßt die Schwelle und Seitenpfosten der Kirchentür und die Stufen des Altars, worauf er sich wieder nach Hause begibt; manchmal wird ein Gottesdienst in der Kirche gehalten, manchmal auch nicht, niemand macht sich etwas daraus. Die Treppe zum Audienzgemach reitet er auf einem Maulesel hinauf und steigt vor dem beim Thron liegenden Teppich ab. Ich habe oft gesehen, daß der Maulesel seine Unanständigkeit auf einem persischen Teppich im Audienzzimmer beging.

Ein Bedienter – Serach Massery – fängt vor Tagesanbruch am Tor des Palastes mit einer langen Peitsche zu knallen an, dabei einen ärgeren Lärm als zwanzig französische Postillons machend. Dadurch werden die Hyänen und anderen wilden Tiere verscheucht, zugleich ist es das Signal, daß der König aufsteht. Er hält jeden Morgen mit nüchternem Magen Gericht und frühstückt danach etwa um 8 Uhr.

Es sind sechs Adelige, die sich der König wählt, welche Baalomal oder Kammerherrn heißen und von denen immer vier um den König sind. Ein siebenter ist über sie gesetzt, der Azeleffa el Camisha, d. h. Oberkammerherr. Er hat die Aufsicht über des Königs Garderobe und ist der vornehmste unter den Kammerherren. Diese Kammerherren, die schwarzen Sklaven, und einige andere sind gleichsam seine Hausgenossen und leben in einer Art von Vertraulichkeit mit ihm, welche die übrigen Untertanen nicht kennen.

Wenn der König in der Ratsversammlung über wichtige Zivilsachen entscheidet, so befindet er sich abgeschlossen in einer Art von Kammer oder Loge am oberen Ende der Tafel, woran die übrigen Teilnehmer sitzen. Die Mitglieder der Ratsversammlung sitzen um den Tisch herum und stimmen nach ihrem Rang, der jüngste und unterste immer zuerst, ab. Die Shalaka oder Obersten der Haustruppen fangen an, hernach kommen die Oberschenken, welche die Aufsicht über die Getränke des Königs haben. Der dritte ist der Badjerund oder Aufseher des Zimmers, welches das Löwenhaus genannt wird, und dann folgt der Aufseher des Speisehauses. Der nächste heißt Lika Magwass, ein Offizier, der immer vor dem König einhergeht, um das Gedränge des Volkes abzuwehren. Wenn der König in Kriegszeiten auf dem Marsch ist, reitet er beständig in einer bestimmten Entfernung um ihn herum und trägt seine Lanze und den Schild. Einen silbernen Schild aber und eine Lanze mit silberner Spitze trägt er bei den Königen, die keine Lust haben, ihre eigene Person in Gefahr zu bringen. Das war aber zu meiner Zeit nicht der Fall, weil der König seinen schwarzen unverzierten Schild aus einer guten Büffelhaut und cinc Lanze mit einer scharfen eisernen Spitze selbst trug. Der silberne Aufputz wurde bloß nach der Beendigung des Feldzuges gebraucht, wo sie der obengenannte Offizier trug. Früher wurde dem König eine außerordentliche Achtung im Krieg bezeigt, auch während des Treffens mit seinen eigenen rebellischen Untertanen.

Die Insignien der königlichen Würde sind ein weißes Pferd mit kleinen silbernen Schellen am Kopf, ein silberner Schild und ein weißes Netz aus feiner Seide oder Nes-

Der Statthalter

seltuch, welches auf dem Kopf mit einem großen doppelten Knoten um die Haare gebunden wird, so daß die Zipfel bis auf den Rücken hinabhängen oder in der Luft flattern.

Nach dem Lika Magwass kommen weitere Würdenträger wie die Kommandanten der verschiedenen Truppenteile, die Generäle (Azages) und schließlich die Statthalter (Kasmati) der Provinzen von Damot, Samen, Amhara, und zuletzt der Statthalter von Tigre, vor welchem ein goldener Becher auf einem Kissen steht. Er heißt auch Nebrit, weil er der Vorsteher der Stadt Axum ist, in der das abessinische Gesetzbuch aufbewahrt wird.

Nach dem Statthalter von Tigre folgt im Rang der Acab Saat, der Aufseher des Feuers und der wichtigste geistliche

Diener des Königs am Hof. Nach ihm kommt der erste Befehlshaber der königlichen Haustruppen und als letzter der Betwudet oder Ras. Zum Schluß sagt der König seine Meinung, welche entscheidend ist, und schickt sie aus dem Alkoven, in welchem er sitzt, durch den oben erwähnten Kal-Hatze an den Tisch der Ratsversammlung.

Die nächste merkwürdige Gewohnheit ist die Verehrung des Königs, welche in Abessinien noch immer bis auf den heutigen Tag beibehalten wird. Sie besteht nicht nur im Niederknien, sondern in einem gänzlichen Niederwerfen auf die Erde. Man fällt erst auf die Knie, dann auf die flachen Hände und bückt den Leib und den Kopf so tief, bis man die Erde mit der Stirn berührt. Man bleibt, falls man eine Antwort erwartet, so lange in dieser Lage, bis der König oder jemand in seinem Namen verlangt, daß man aufstehe.

Ich habe bereits beiläufig den Umstand erwähnt, daß der König, wenn er in der Ratsversammlung sitzt, nicht gesehen wird. Dies geschieht folgendermaßen: Die Türen und Fenster seines Aufenthaltsraumes, welcher mit dem Audienz- und Ratsversammlungszimmer verbunden ist, haben hölzerne Gitter wie ein Käfig, und innen hängt ein dünner Vorhang aus Taft, so daß, wenn man die innere Kammer verdunkelt, der König alle Anwesenden im Zimmer sehen kann, ohne selbst gesehen zu werden.

Es ist eine ständige Gewohnheit in Abessinien, die Türen und Fenster des königlichen Gemachs gleichsam zu belagern und von frühmorgens an bis in die Nacht aus vollem Hals in einem kläglichen und klagenden Ton um Gerechtigkeit zu schreien, und zwar in allen Sprachen, die sie nur können, um vorgelassen und mit ihren Beschwerden angehört zu werden. In einem so schlecht regierten Reich wie Abessinien, welches unaufhörlich in Kriege verwickelt ist, kann man sich leicht denken, daß es nie an Untertanen fehlt, die sich über wirkliches Unrecht und Gewalttätigkeiten zu beschweren haben. Abgesehen davon ist dies zu einem so beständigen Brauch geworden, daß man auch in Zeiten, in denen zufälligerweise nur wenige in die Hauptstadt kommen – wie etwa in der Mitte der Regenzeit –, man allerlei umherstreifendes Gesindel zusammenfängt, sie speist und dafür bezahlt, daß sie schreien und wehklagen, wie wenn sie in der Tat das größte Unrecht erlitten hätten und unterdrückt würden. Und dies, so sagen sie, geschehe dem König zu Ehren, damit er sich nicht zu einsam vorkomme, wenn es im Palast zu ruhig sei. Dies war unter allen absonderlichen Gebräuchen der unangenehmste für mich, und weil der König das wußte, erlaubte er sich damit, wenn er allein war, oft einen wunderlichen und gar nicht königlichen Spaß.

Manchmal fanden sich, wenn ich in meinem Zimmer beschäftigt war, auf einen Schlag vier- bis fünfhundert Menschen ein, die alle auf einmal zu heulen und zu schreien anfingen, als ob sie die größte Not litten, andere verlangten Hilfe, wie wenn sie im Augenblick viel auszustehen hätten oder auf der Stelle hingerichtet werden sollten, wieder andere röchelten und schluchzten, als wollten sie augenblicklich sterben. Und diese abscheuliche Symphonie wurde so kunstvoll ausgeführt, daß kein Ohr unterscheiden konnte, ob es aus wirklichem Leiden herrührte oder nicht. Ich schickte zuweilen Soldaten hinaus, die einen von denen hereinholten, und auf mein Befragen, was für ein Unheil ihm widerfahren sei, erhielt ich mit kaltem Blut zur Antwort, daß ihm nichts fehle. Er habe den ganzen Tag geschlafen, und wie er von den Soldaten am Tor gehört habe, daß ich mich auf mein Zimmer begeben hätte, sei er mit seinen Kameraden gekommen, um unter meinem Fenster zu schreien und Lärm zu machen und mir vor den Leuten eine Ehre zu erweisen, aber auch aus Angst, ich könnte bei zu großer Ruhe und Einsamkeit melancholisch werden. Er hoffe, ich würde ihnen zu trinken geben, damit sie um so kräftiger weiterschreien könnten. Wenn ich darüber oft in heftigen Zorn geriet, wurde dies augenblicklich dem König hinterbracht, der dann herzlich darüber lachte; manchmal hatte er sich auch gar nicht weit davon versteckt, um Zuschauer meines Mißvergnügens zu sein.

Bei diesen Klagen, sie mögen nun echt oder bloß vorgegeben sein, werden die Worte »Rete O Ian hoi« oft wiederholt, und weil diese einen ähnlichen Klang wie »Prete Ianni« haben, hat man dem König den Namen »Priester Johannes« gegeben, wofür man bisher keine Ursache oder Ableitung finden konnte. Diese Worte bedeuten: Mein König, laß mir Gerechtigkeit widerfahren.

Es wird als ein Grundgesetz Abessiniens angesehen, daß keiner aus der königlichen Familie, der an seinem Leib einen Fehler oder irgendein Gebrechen hat, zur Krone gelangen darf. Aus diesem Grund werden die Prinzen, welche vom Berg Wechne entwischen und später gefangen werden, an einem ihrer Glieder verstümmelt, um auf immer von der Nachfolge ausgeschlossen zu sein.

Die Könige von Abessinien sitzen auf einem goldenen Thron, welcher aus einem breiten bequemen Sitz besteht und mit persischen Teppichen, Damast und reichem Zeug behangen ist und zu dem man auf Stufen hinaufsteigt. Durch die vielen Staatsveränderungen und Kriege hat er jedoch viel von seiner alten Pracht verloren.

Die Könige sind über alle Gesetze erhaben. Sie sprechen Recht in allen geistlichen und zivilen Belangen. Die Güter und die Personen der Untertanen sind ihr Eigentum. Jeder Einwohner ihres Reiches ist ihr geborener Sklave. Hat jemand einen höheren Rang, so nur durch die ausschließliche Gnade des Königs; die Verwandten werden deshalb nicht höher geachtet.

Man sieht den König von Abessinien nie gehen oder einen Fuß außerhalb seines Palastes auf die Erde setzen. Will er von seinem Pferd oder Maulesel absteigen, stellt ihm ein Bedienter einen Stuhl hin. Der König reitet auch durch das Vorzimmer bis zu den Stufen seines Throns oder bis zum Stuhl, der im Alkoven seines Zeltes steht.

Der König von Abessinien spricht das Urteil bei Kapitalverbrechen oft selbst. Niemand wird beim ersten Vergehen zum Tod verurteilt, es sei denn, das Verbrechen war von einer abscheulichen Art, z.B. Vatermord oder Kirchenraub. Überhaupt werden Lebensart und Verdienste einer Person gegen das begangene Verbrechen abgewogen.

Wenn man glaubt, daß sein voriges Betragen dem Staat mehr Vorteile eingebracht, als er durch sein Vergehen Schaden angerichtet hat, wird der Angeklagte im allgemeinen, wenn der König das Urteil allein spricht, freigesprochen.

Wenn ein Gefangener in Abessinien wegen eines Hauptverbrechens zum Tode verdammt ist, wird er nicht erst wieder ins Gefängnis zurückgeführt, was man für grausam hält, sondern er wird sofort weggeschafft, damit das Urteil an ihm vollzogen wird.

Kapitalverbrechen werden in Abessinien mit der Kreuzigung bestraft. Die nächste Todesstrafe ist das Schinden bei lebendigem Leib. Daß diese barbarische Gewohnheit noch in Abessinien herrscht, davon ist das Schicksal des unglücklichen Woosheka ein Beweis, den man in dem Feldzug von 1769 bei meiner Anwesenheit im Land gefangennahm.

Eine andere Todesstrafe ist das Steinigen. Sie wird hauptsächlich an Ausländern, Franken genannt, wegen Religionssachen vollzogen. Die katholischen Priester, die man in den letzten Zeiten in Abessinien entdeckt hat, wurden gesteinigt. Ihre Körper liegen noch auf den großen wüsten Plätzen und in den Straßen von Gondar, mit Haufen von den Steinen, die sie töteten, bedeckt.

Zu den Hauptstrafen muß auch das Ausstechen der Augen gerechnet werden, eine Grausamkeit, von der ich nur zu viele Proben während meines kurzen Aufenthalts in Abessinien gesehen habe. Sie wird vor allem an Rebellen ausgeübt.

Die Körper der Verbrecher, die wegen Verräterei, Mordtat und Notzucht zu gewissen Zeiten auf der Heerstraße hingerichtet werden, bleiben im allgemeinen in Abessinien unbegraben liegen. Die Straßen von Gondar sind mit Stükken von ihren Gerippen bestreut, welche die wilden Tiere, sobald es Nacht wird, häufig in die Stadt schleppen, so daß es fast nicht möglich ist, um diese Zeit auf den Straßen zu gehen. Ich erlebte viele Beispiele davon während meines Aufenthalts. Die Hunde brachten Stücke von menschlichen Körpern ins Haus oder in den Hof, um sie dort um so ruhiger verzehren zu können. Mir war dieses äußerst ekelhaft, aber es geschah so oft, daß ich genötigt war, sie im Besitz ihrer Beute zu lassen.

Ein Fremder von Stand, der dem König besonders empfohlen ist, wie ich es war, der kein Geld nötig hat und nicht um des täglichen Unterhalts wegen vom Staat abhängt, bekommt im allgemeinen ein Dorf oder mehrere zugeteilt, die ihm seine Bedürfnisse befriedigen müssen, ohne daß er es nötig hat, sich jedesmal an den König oder seine Minister wenden zu müssen. Amha Yasous z. B., der Fürst der Provinz Shoa, erhielt das große königliche Dorf Emfras, das ihn mit Speisen für seinen Tisch versorgen mußte. In Karoota hatte er ein anderes für den Wein, eins in Dembea, des Königs eigener Provinz, für seinen Weizen und wieder ein anderes in Begemder für die baumwollenen Zeuge, für seine Dienerschaft und dergleichen mehr. Als ich in königliche Dienste trat, bekam ich die Dörfer, die zu den Posten, die ich bekleidete, gehörten. Und eins namens Geesh, bestehend aus achtzehn Häusern, wo die Quellen des Nils sind, erhielt ich auf mein Ersuchen vom König, obgleich ich ein besseres hätte haben können, mir Honig zu liefern. Dies wurde mir auch von dem Rebellen Waragna Fasil bestätigt, der mich nie durch meine Einkünfte reich werden ließ, da er nie erlaubte, daß ich mehr als zwei irdene Gefäße erhielt, worin der Honig von den Lupinen so bitter war, daß ich ihn gar nicht gebrauchen konnte. Ich war ein milder Herr, und es bestand nicht die geringste Wahrscheinlichkeit, daß ich mich durch die Einkünfte dieses Landes je bereichern würde, dies um so mehr, als ich einen Leutnant, der die Reiterei kommandierte, unter mir hatte, dessen Gedanken mehr auf Jerusalem und das Heilige Grab als auf den Vorteil, den er aus seinem Posten ziehen konnte, gerichtet waren.

Nicht nur die wichtigsten Nahrungsmittel, sondern auch der Handel, der Tribut an den König und der Unterhalt eines großen Teils der Hauptstadt besteht aus Honig und Butter, welche auch die üblichen Speisen der Vornehmeren sind, wenn sie kein Fleisch essen. Aus Honig wird auch das übliche Getränk in Abessinien, der Met, bereitet. Werden die Provinzen nicht angebaut, so wachsen die Lupinen wild, und ihre Blüten dienen den Bienen zur Nahrung. Davon wird der Honig aber so bitter, daß niemand ihn essen, noch sich seiner auf irgendeine Art für Speisen oder für Getränke bedienen will.

Nachdem der König mir mit Einwilligung des Statthalters Fasil das Dorf Geesh angewiesen hatte, schickte dieser böswillige Mensch den Tribut zwar in großen Gefäßen, machte aber das Geschenk dadurch unbrauchbar für mich, daß er Honig von einem so bitteren, von den Lupinen erhaltenen Geschmack schickte, daß ihn kein Mensch zu irgend etwas gebrauchen konnte. Die Einwohner wenden deswegen unaufhörlich allen Fleiß an, um diese bitteren Pflanzen auszurotten. Werden diese Gegenden durch Krieg verwüstet, kann man sicher sein, daß eine reichliche Ernte von Lupinen darauf folgt und daß eine Zeitlang sehr elender Honig gewonnen wird.

Man hat auch verschiedene Arten von Brot in Abessinien, welche in der Güte verschieden sind. Der König ißt Weizenbrot, aber nur von Weizen, der in der Provinz Dembea wächst und deswegen des Königs Speise genannt wird.

Die Abessinier essen kein Wild oder Wassergeflügel, nicht einmal Gänse, die man in Ägypten für einen großen Leckerbissen hält. Der Grund dafür ist, daß sie nach ihrer Bekehrung zum Judentum[35] ihre alten Gebräuche, so weit sie dem mosaischen Gesetz zuwiderliefen, abschaffen mußten.

Ich muß hier noch eines sehr widernatürlichen Gebrauchs gedenken, der durchweg in Abessinien herrscht und der in den ältesten Zeiten in der ganzen Welt üblich gewesen zu sein scheint. Ich habe in den Nachrichten über meine Reise von Massaua aus erzählt, daß ich unweit von Axum drei Reisende einholte, welche Soldaten zu sein schienen und eine Kuh vor sich her trieben. Sie hielten bei einem Bach still, warfen die Kuh nieder und schnitten ihr ein großes Stück Fleisch aus den Lenden, worauf sie langsam mit der Kuh weiterzogen. Als man in England von diesem Umstand hörte, erhob man ein großes Geschrei und trug keine Bedenken, dies für unmöglich zu halten, obwohl niemand die abessinischen Sitten und Gebräuche auch nur im geringsten kannte. Die Jesuiten, die vor etwa hundert Jahren in Abessinien lebten, hatten zwar berichtet, daß dieses Volk rohes Fleisch esse, aber niemand wußte etwas davon.

Es beruht bloß auf Vorurteilen, wenn wir es verwerfen, rohes Fleisch zu essen, weder göttliche noch menschliche Gesetze verbieten es, soviel ich weiß. Wenn es zufolge neuerer Entdeckungen von Reisenden wahr ist, daß es Völker gibt, die den Gebrauch des Feuers nicht kennen, so konnte Gott auch kein allgemeines Verbot, rohes Fleisch zu essen, ergehen lassen. Auf alle Fälle ist es noch nicht genau entschieden, ob es nicht ein älterer und allgemeinerer Gebrauch war, rohes Fleisch zu essen, als es durch Feuer zuzubereiten. Ich bin wenigstens dieser Meinung.

Entsprechend meinem Vorhaben, die Sitten der von mir besuchten Völker, mögen sie nun schlecht oder gut sein, wahrheitsgemäß zu beschreiben, kann ich nicht umhin, von einer Mahlzeit, die nach Polyphemus' Geschmack gewesen wäre, zu berichten, soweit dies die Grenzen des Anstands erlauben. Diese Art von Mahlzeit gehört zur Geschichte eines barbarischen Volkes. Sosehr ich es auch wünschte, kann ich es doch nicht verschweigen.

In der Hauptstadt, wo man zu allen Zeiten sicher ist, aber auch auf dem Land und in den Dörfern, wenn die periodischen Regen so häufig und anhaltend werden, daß die Täler kein Pferd mehr tragen können, wenn die Einwohner also sagen können, daß sie zu Hause sicher sind und deswegen Schild und Lanze im Vorhaus an die Wand hängen, dann versammelt sich eine Anzahl der Angesehensten beiderlei Geschlechts in den Dörfern, die Hofleute im königlichen Palast und die Bürger in den Städten, um zwischen 12 und 1 Uhr ihr Mittagsmahl zu halten.

Mitten im Zimmer wird ein langer Tisch, mit Bänken an den Seiten, für die eingeladenen Gäste aufgestellt. Bevor die Portugiesen hier Tische und Bänke eingeführt hatten, hatte man sich dazu einer auf der Erde ausgebreiteten Ochsenhaut, wie es noch im Heerlager und auf dem Lande üblich ist, bedient. Dann wird eine Kuh oder ein Ochse oder auch mehrere, je nachdem, wie zahlreich die Gesellschaft ist, dicht an die Tür gebracht, und die Füße werden fest zusammengebunden. In die herabhängende Haut am Hals dieser Tiere, in die sogenannte Wamme, wird eine Wunde bis auf das Fett, woraus sie besteht, geschnitten. Aus den kleinen darin befindlichen Blutgefäßen fallen nur sechs oder sieben Tropfen auf die Erde. Die hartherzigen Mörder haben weder einen Stein noch eine Bank oder einen Altar, worauf sie den Kopf des Tieres bei dieser Operation legen. Ich möchte um Verzeihung bitten, daß ich sie so nenne, doch sie haben nicht einmal so viel Mitleid, das arme Tier zu töten. Vielmehr suchen sie es so lange am Leben zu erhalten, bis es ganz aufgefressen ist. Wenn das mosaische Gesetz ihrer Ansicht nach durch das Vergießen der wenigen Tropfen Blut auf die Erde erfüllt ist, fallen einige über den Rücken des Tieres her und schneiden auf jeder Seite des Rückgrats die Haut auf, so dick sie auch sein mag. Dann stecken sie die Finger zwischen Haut und Fleisch und fangen an, die Haut bis auf die halben Rippen herunter abzuziehen, immer weiter bis hinten an die Lenden. Wo sich die Haut nicht gut abziehen läßt, schneiden sie diese herunter, bis das arme Tier völlig geschunden ist. Dann wird alles Fleisch in derben viereckigen Stücken von den Lenden geschnitten, ohne Knochen und mit viel Blutverlust. Das entsetzliche Gebrüll des Tieres ist das Zeichen für die Gesellschaft, sich niederzusetzen.

Vor jedem Gast liegt statt eines Tellers ein runder Kuchen, der ungefähr zweimal so groß wie ein Pfannkuchen und etwas dicker und zäher ist. Es ist Brot ohne Hefe, das etwas säuerlich, aber keineswegs unangenehm schmeckt, leicht zu verdauen ist und aus einer Kornart, Teff genannt, gebacken ist. Man findet es in den verschiedensten Farben, von schwarz bis weiß. Drei bis vier der hellen Brote werden obenauf, darunter vier bis fünf der gewöhnlichen, etwas schwärzlichen, auf jedem Platz vor die Gäste hingelegt. Die unteren dienen jedem Herrn dazu, sich die Finger daran abzuwischen, und danach den Dienern zur Mahlzeit, anstelle des helleren Brotes.

Zwei oder drei Diener tragen dann jeder ein viereckiges Stück Rindfleisch mit bloßen Händen herbei und legen es auf die Teffkuchen, die wie Teller längs des Tisches liegen, ohne daß ein Tuch oder sonst etwas darunter läge. Die Gäste nehmen nunmehr Messer in die Hände: die Männer ihre großen krummen Messer, welche sie in Kriegszeiten auf mancherlei Weise gebrauchen, und die Weiber kleine zusammenklappbare, wie die der schlechtesten Art, welche in Birmingham zu einem Pfennig das Stück verkauft werden.

Die Gesellschaft wird so geordnet, daß ein Mann immer zwischen zwei Weibern sitzt. Der Mann schneidet mit seinem langen Messer ein dünnes Stück ab, welches sich in England gut zu den sogenannten Beefsteaks eignen würde. Man sieht noch deutlich die Bewegung der Fasern, wie in lebendigem Fleisch. Kein Mann in Abessinien, der irgend etwas darstellen will, ißt selbst oder rührt sein eigenes Essen an. Die Weiber nehmen das von ihm abgeschnittene Stück, schneiden es in Streifen von etwa der Länge eines kleinen Fingers und dann wieder quer in viereckige, würfelgroße Stückchen. Dieses legen sie auf ein Stück Teffbrot, welches stark mit schwarzem oder Cayenne-Pfeffer und mit Steinsalz bestreut ist, und wickeln es in dieses wie in eine Rolle ein.

Der Mann hat inzwischen das Messer wieder an seinen Platz gesteckt. Er lehnt sich mit jeder Hand auf das Knie seiner Nachbarin, mit vorwärts gebeugtem Körper, gesenktem, vorausgerecktem Kopf und offenem Maul, wie ein geisteskranker Mensch. Er wendet sich zuerst der Frau zu, welche die erste Rolle in Bereitschaft hat und ihm diese ganz in den Mund stopft, der so voll wird, daß Gefahr besteht zu ersticken. Dies ist bei den Abessiniern ein Beweis von Größe. Je bedeutender der Mann wirken will, ein desto ansehnlicheres Stück steckt er in den Mund, und je mehr Lärm er beim Kauen macht, desto mehr schreibt man ihm feine Lebensart zu. Sie haben ein Sprichwort: Bettler und Diebe essen nur kleine Stücke, ohne ein Getöse zu machen. Wenn dieser Bissen hinuntergeschluckt ist, was geschwind geschieht, hält ihm die andere Nachbarin eine Rolle hin, und so geht es weiter, bis er gesättigt ist. Er trinkt nie vor beendeter Mahlzeit, aber vorher macht er aus Dankbarkeit gegen seine schönen Nachbarinnen, die ihn fütterten, zwei kleine Rollen von gleicher Form, beide öffnen den Mund zu gleicher Zeit, und er steckt einer jeden mit der Hand ihre Portion hinein. Dann beginnt er aus einem großen, hübschen Horn zu trinken. Die Weiber essen, bis sie satt sind, und dann trinken sie alle zusammen: Es lebe die Freude und die Jugend! Fröhlichkeit und Scherz beleben in reichem Maß die Gesellschaft, und selten kommt es zu Zänkereien und bitteren Vorwürfen.

Die ganze Zeit über steht das arme Schlachtopfer vor der Tür und blutet nur wenig. Solange sie noch Fleisch von den Knochen schneiden können, machen sie sich nicht an die Schenkel oder an solche Teile, wo sich die großen Arterien befinden. Endlich fallen sie aber auch darüber her, und dann blutet sich das Tier bald zu Tode. Das Fleisch wird so zäh, daß die Kannibalen, welche den Rest zu essen bekommen, es mit großer Mühe wie die Hunde mit den Zähnen von den Knochen herunternagen müssen.

Unterdessen steigt die Freude bei den Gästen im Haus immer höher, die Liebe setzt alles in Feuer, und alles ist mit uneingeschränkter Freiheit erlaubt. Man kennt keine Sprödigkeit, keinen Verzug, man sucht keinen einsamen Ort zur Erfüllung seiner Begierden. Man hat nur ein einziges Zimmer, wo dem Bacchus und der Venus geopfert wird. Die beiden nächsten Nachbarn des Platzes, den ein verliebtes Paar verlassen hat, halten diesem ihre Oberkleider an Stelle eines Schirmes vor, und, nach dem Lärm zu urteilen, sollte man glauben, daß sie es für ebenso schimpflich halten, ihre Umarmungen in der Stille zu verrichten, wie ihre Mahlzeit. Wenn sie ihren Platz wieder eingenommen haben, trinkt die übrige Gesellschaft auf die Gesundheit des glücklichen Paares. Ihr Beispiel findet hin und wieder am Tisch Nachfolger, je nachdem ein Paar Lust hat. Alles geht dahin, ohne daß sich jemand darüber ärgert. Keinem entfällt ein unanständiges Wort oder irgendeine noch so entfernte Anspielung auf die Handlung.

Obgleich man in den Nachrichten der Jesuiten viel von Heiraten und Vielweiberei liest, läßt sich doch nach der strengsten Wahrheit behaupten, daß in Abessinien keine anderen Ehen geschlossen werden als die, welche ohne weitere Formalitäten durch beiderseitige Einwilligung eingegangen werden. Wenn der eine oder andere Teil nicht mehr damit zufrieden ist, wird sie aufgehoben, und es kommt auch oft vor, daß solche geschiedene Ehen wieder erneuert werden, wenn es beiden Teilen wieder gefällt, als Mann und Frau zusammen zu wohnen, sie mögen nun in der Zwischenzeit mit anderen verheiratet gewesen sein oder mit anderen Kinder gezeugt haben. Ich erinnere mich, daß ich einmal in Koscam bei der Iteghé war, wobei sich in der Versammlung eine Frau von sehr vornehmem Stand mit sieben Männern befand, mit denen sie allen verheiratet gewesen war, aber keiner von ihnen war der damalige glückliche Gemahl.

Bei einer Trennung werden die Kinder geteilt, die Mutter wählt zuerst den ältesten Sohn und der Vater die älteste Tochter. Ist nur eine Tochter da und die übrigen sind lauter Söhne, so bekommt der Vater das Mädchen. Ebenso gehört von Rechts wegen der Mutter ihr einziger Sohn, wenn sonst lauter Töchter vorhanden sind. Ist die Zahl nach der ersten Wahl ungleich, werden die übrigen Kinder durch das Los geteilt. Ein Unterschied zwischen ehelichen und unehelichen Kindern wird vom König bis zum Bettler nicht gemacht. Nähme man an, daß nur eine Ehe gültig wäre, müßten alle übrigen im Ehebruch gezeugten Kinder Bastarde sein.

Es war und ist jederzeit die Gewohnheit der abessinischen Könige gewesen, so viele Weiber zu nehmen, wie sie wollen. Diese sind aber nicht alle Königinnen, nur eine von ihnen wird als solche angesehen. Ihr setzt man die Krone auf, und sie heißt dann Iteghé.

Der König bedient sich bei seiner Verheiratung keiner anderen Zeremonie als folgender: Er schickt einen Azage in das Haus, wo sich das Frauenzimmer aufhält, und der Abgeordnete kündigt ihr an, daß es des Königs Wille sei, sich sogleich nach seinem Palast zu verfügen. Sie putzt sich alsdann aufs beste heraus und gehorcht unverzüglich. Darauf weist ihr der König ein Zimmer im Palast an und schenkt ihr irgendwo ein Haus, wo sie es am liebsten wünscht. Wenn er sie zur Iteghé erklärt, so scheint dies noch die meiste Ähnlichkeit mit einer Heirat zu haben. Dann gibt der König, er mag sich in der Residenz oder im Lager aufhalten, einem der Richter den Befehl, in seiner Gegenwart zu erklären: Er, der König, habe seine Magd dazu erkoren und ernenne sie zu seiner Königin. Ihr wird dann die Krone aufgesetzt, sie wird aber nicht gesalbt.

Weil die Krone in einer Familie vererbbar und gleichwohl die Wahl des Thronfolgers frei war, mußten sich bei der eingeführten Vielweiberei die Thronfolger sehr vermehren und unaufhörliche Streitigkeiten veranlassen. Man mußte also ein Mittel ausfindig machen, um der Anarchie und der Vergiftung des königlichen Blutes, die unvermeidlich war, vorzubeugen. Dieses Mittel war sehr menschlich und milde. Man hielt die Kronprinzen nämlich auf einem hohen Berg in einer guten und milden Luft in Verwahrung und sorgte für ihren Unterhalt auf öffentliche Kosten. Sie lernten lesen und schreiben, weiter aber nichts. Der Staat gab zu ihrem Unterhalt siebenhundertfünfzig Kleidungsstücke und dreitausend Unzen Gold, was soviel ist wie dreißigtausend Taler oder englische Kronen. Man begegnet diesen Prinzen hart, und in unruhigen Zeiten werden sie oft bei der geringsten Verfehlung hingerichtet. Bei meinem Aufenthalt in Abessinien wurden die ihnen angewiesenen Einkünfte so schlecht verwaltet, daß man sagte, einige seien vor Hunger und Kälte und durch die Hartherzigkeit und den Geiz des Ras Michael gestorben, weil der es vernachlässigt habe, ihnen die nötigen Bedürfnisse zu verschaffen. Auch der König hatte, soviel ich bemerken konnte, nicht die Nächstenliebe, die man von einem Prinzen hätte erwarten sollen, der selbst aus dieser Lage erlöst war. Vielleicht rührte es von der Furcht her, die er vor dem Ras Michael hegte.

So traurig die Lage dieser Prinzen auch sein mag, so müssen wir sie doch glücklich preisen, wenn wir einen Blick auf das benachbarte Königreich Sennar oder Nubien werfen. Dort vertraut man keinem Berg den Aufenthalt der Prinzen an, sondern sobald der Vater stirbt, wird allen Kollateralerben und allen ihren Nachkommen, deren man habhaft werden kann, die Kehle abgeschnitten.

In keinem Land der Welt gibt es so viele Kirchen wie in Abessinien. Obwohl das Land sehr bergig und das Gesichtsfeld eingeschränkt ist, sieht man doch selten weniger als fünf oder sechs Kirchen. Und wenn man auf einer ringsumher freien Anhöhe steht, wohl fünfmal soviel. Jeder Mann von Ansehen denkt auf seinem Totenbett, daß er alle gottlosen Handlungen seines Lebens dadurch gutmachen kann, wenn er Geld stiftet, um eine Kirche damit zu bauen, oder wenn er eine zu seinen Lebzeiten errichtet hat. Der König selbst baut viele. Wo ein Sieg errungen worden ist, wird eine Kirche auf dem von den verwesenden Leichnamen der Erschlagenen noch stinkenden Schlachtfeld errichtet. Früher geschah das nur, wenn die Feinde Heiden oder Ungläubige waren, nun wird dies auch nach einem Sieg über Christen beobachtet.

Den Platz zu einer Kirche wählt man immer bei einem fließenden Wasser wegen der Bequemlichkeit bei den Reinigungen und Abwaschungen, worin sie das levitische Gesetz genau beachten. Man errichtet die Kirche immer auf einem schönen runden Hügel, der immer mit Reihen von Oxycedrus oder virginischen Zedern umgeben ist. Nichts trägt zur Schönheit dieses Landes so sehr bei wie diese Kirchen und die Pflanzungen ringsumher. In der Mitte dieser Zedernpflanzungen sind in angemessener Entfernung eine Anzahl schöner Bäume, Cusso genannt, gesetzt. Sie wachsen sehr hoch und haben alle ein sehr malerisches Aussehen.

Alle Kirchen sind rund und mit Stroh gedeckt, oben laufen sie konisch zu. Außen herum steht eine Anzahl hölzerner Säulen aus Zedernstämmen, welche das Gebäude und das acht Fuß über die Kirchenmauer vorspringende Dach tragen, wodurch ein angenehmer Gang oder eine Kolonnade bei heißem oder Regenwetter entsteht. Innen hat die Kirche verschiedene Abteilungen, wie sie das mosaische Gesetz vorschreibt. Die erste besteht aus einer Rundung, die etwas größer ist als die innere. Hier sitzt die Versammlung und betet. Innerhalb dieser Rundung ist ein viereckiger Platz, der durch einen Vorhang abgeteilt wird. Darin befindet sich noch eine sehr kleine Abteilung, die das Allerheiligste darstellt. Sie ist so eng, daß nur die Priester hineingehen können. Man muß barfuß in eine Kirche gehen, und barfuß darf jemand überall hin, wo er will, doch unter der Bedingung, daß er rein ist, das heißt, daß er seit vierundzwanzig Stunden mit keiner Frau etwas zu tun gehabt oder ein Aas oder sonst einen toten Körper berührt hat (eine sonderbare Verbindung). In diesem Fall darf er den äußeren Umfang der Kirche nicht betreten, sondern muß in einer respektvollen Entfernung unter den Zedern stehenbleiben und darf seine Gebete verrichten.

Alle Personen beiderlei Geschlechts, die nach jüdischen Gesetzen untüchtig sind, müssen diese Entfernung beachten. Dies ist immer der zur Kirche gehörende Ort, wo man, ausgenommen in der Fastenzeit, den größten Teil der Versammlung antrifft. Doch dies ist dem Gewissen eines jeden überlassen.

Wenn man in die Kirche geht, zieht man die Schuhe vor dem Eintritt am äußeren Umfang aus. Es muß aber ein Diener dabeibleiben, sonst wird das Schuhwerk, wenn es gut ist, von den Priestern und Mönchen gestohlen, ehe man wiederkommt. Beim Eintritt küßt man die Schwelle und die beiden Türpfosten, geht hinein, sagt ein beliebiges Gebet her, geht wieder weg und hat seine Schuldigkeit in Ansehung des Gottesdienstes getan. Die Kirchen sind voll von Gemälden, auf Pergament gemalt, die an den Wänden beinahe ebenso nachlässig angenagelt sind wie die elenden Kupferstiche in unseren armseligen Bierhäusern. Es ist unter den Schreibern immer eine Art von Malerei bekannt gewesen, die ein Geschmiere darstellt, das noch weit schlechter ist als unsere elendeste Malerei auf den Aushängeschildern. Zuweilen lassen sie für eine Kirche eine Anzahl Heiligenbilder kommen, die in Kairo auf Pergament gemalt werden und nicht viel besser als ihre eigenen Arbeiten sind. Sie werden obenherum an der Mauer wie ein Fries befestigt. Im allgemeinen sieht man den heiligen Georg mit seinem Drachen und den heiligen Demetrius, der mit einem Löwen kämpft. Unter ihren Heiligen treffen sie keine Wahl, sie sind aus dem Alten und dem Neuen Testament, und aus beiden sind welche genommen, die man wohl von der Verbindlichkeit, Heilige zu sein, freisprechen möchte. Es gibt z. B. darunter einen heiligen Pontius Pilatus mit seiner Frau, einen heiligen Bileam mit seinem Esel und einen heiligen Simson mit dem Kinnbacken und dergleichen mehr. Was mich aber am meisten befremdete, war eine Art von viereckiger Miniaturmalerei vorne an der Mütze eines Priesters, der in Adowa das Abendmahl reichte. Sie stellte den Pharao auf einem weißen Pferd dar, der vom Roten Meer verschlungen wird, und oben auf demselben schwammen überall Flinten und Pistolen umher.

Der Abuna wird als der Patriarch der abessinischen Kirche angesehen, weil sie von dem koptischen Patriarchat in Alexandrien nicht viel wissen. Von der Frühgeschichte des abessinischen Patriarchats ist nichts bekannt. Der erste Patriarch, den man namentlich kennt, ist der Abuna Tecla Haimanot, der sich durch die Wiedereinsetzung der königlichen Familie auf den Thron[36] und durch seine Neuerungen sowohl in der Kirche als auch im Staatswesen bekannt machte. Es wurde damals die merkwürdige und sehr weise Einrichtung getroffen, daß es den Abessiniern nicht freistehen sollte, einen von ihren eignen Landsleuten zum Abuna zu wählen.

Weil der Abuna selten die Landessprache versteht, hat er keinen Anteil an der Regierung und geht nur an Festtagen in den Palast, wenn er etwa um eine Gunst zu bitten oder Klagen vorzubringen hat. Von seinem ehemaligen Ansehen hat er besonders durch seine Intrigen, seine Un-

Äthiopische Kostüme

wissenheit, seinen Geiz und Mangel an Standhaftigkeit viel verloren. Seine wichtigste Beschäftigung besteht in der Ordination der Geistlichen. Eine Anzahl von Männern und Kindern zeigt sich ihm aus der Entfernung, bleibt stehen und wagt es aus Demut nicht, sich ihm zu nähern. Er fragt dann, wer sie seien, und sie antworten, daß sie zu Diakonen gemacht werden wollten. Darauf macht er mit einem kleinen eisernen Kreuz in seinen Händen zwei- bis dreimal das Kreuzzeichen und haucht sie mit den Worten an: »Ihr sollt Diakone sein.« Ich sah einmal, wie die ganze Armee von Begemder zu Diakonen gemacht wurde, nachdem sie eben von einem Blutvergießen an zehntausend Mann zurückkam. Sie war bei Aylo Meidan aufmarschiert, und der Abuna stand vor der Kirche des heiligen Raphael, ungefähr eine viertel Meile entfernt. Es befanden sich auch etwa tausend Weiber darunter, die ebenfalls an dem Hauch und der Schwingung des Kreuzes teilnahmen und daher auch zu Diakonen wurden.

Ähnlich erfolgt die Einsetzung der Mönche. Vor dem Abuna versammelt sich in einer Entfernung von wohl fünfhundert Ellen ein Haufen Volk und hebt einen melancholischen Gesang an. Auf seine Frage, wer die bärtigen Männer seien, antworten sie, daß sie zu Mönchen ordiniert zu werden wünschten. Er macht dann ebenfalls einige Kreuzzeichen, haucht dreimal mit dem Mund und erklärt die Männer zu Mönchen. Diejenigen, die zu Priestern bestellt werden wollen, müssen jedoch imstande sein, ein Kapitel aus dem Evangelium des Markus lesen zu können, was sie in einer Sprache tun, von welcher der Abuna kein Wort versteht. Daraufhin erhält der Abuna für ihre Ordination ein Stück Salz von der Größe eines Mauerziegels, ungefähr im Wert von sechs englischen Pfennigen. Dieses Geschenkes wegen behaupten die Jesuiten, es wäre Simonie.

Die Mönche leben hier nicht in Klöstern wie in Europa, sondern in besonderen Häusern, die um die Kirche herum stehen, und ein jeder bebaut ein Stück des ihnen zugehörigen Landes. Die Priester bekommen das ihnen angewiesene Gehalt in Naturalien und arbeiten nicht. Ein vom König eingesetzter Verwalter, der ein Laie ist, wohnt unter ihnen und nimmt die den Kirchen gehörenden Renten ein. Er gibt jedem Priester den ihm zukommenden Anteil, aber weder der Abuna noch sonst ein Geistlicher hat etwas mit den Einkünften der Kirchen zu tun oder kann sie anrühren.

Die Abessinier empfangen das heilige Abendmahl in beiderlei Gestalt, mit ungesäuertem Brot und mit Weinbeeren, die mit den Schalen gepreßt werden, wie sie wachsen, so daß gleichsam eine Art von Marmelade daraus entsteht, die mit einem flachen Löffel gereicht wird.

Es ist ein Irrtum, wenn man glaubt, es gebe keinen Wein in Abessinien. Man macht viel starken und vortrefflichen Wein in Dreeda, dreißig Meilen südwestwärts von Gondar. Die Menge desselben macht mehr als zwanzigmal soviel aus, wie man in ganz Abessinien zum Genuß beim heiligen Abendmahl benötigt. Die Einwohner selbst machen sich aber nicht viel aus Wein und pflanzen die Reben bloß an einem einzigen Ort. In den Wäldern von Tigre wächst eine kleine schwarze Traube von herrlichem Geschmack wild.

Die Kommunikanten erhalten je nach ihrem Stand verschieden große Stücke Brot. Ich habe Männer von hohem Rang gesehen, welche den Mund so weit aufmachten, wie sie nur konnten, und denen die Priester aus großem Respekt vor ihnen ein so großes Stück Brot hineinschoben, daß ihnen das Wasser aus den Augen lief, weil sie es nicht kauen konnten. Im übrigen wird das Brot ebenso unanständig und mit solchem Lärm verzehrt wie bei den Tischmahlzeiten.

Nach dem Empfang des heiligen Abendmahls in beiderlei Gestalt wird ein großer Krug gebracht, woraus der Kommunikant einen starken Trunk nimmt. Dies ist auch nötig, um die eben verschluckte große Menge Brot hinunterzuspülen. Dann verläßt er die Stufen der inneren Abteilung der Kirche, worauf der das Abendmahl austeilende Priester steht, dreht sich mit dem Gesicht gegen die Kirchenmauer und betet in der Stille dem Anschein nach mit Anstand und Andacht.

Ich schließe diese Materie, die außerhalb meiner Interessensphäre ist und derer ich nur gedenke, weil ich weiß, daß einige von meinen Lesern davon unterrichtet zu sein wünschen, mit einer Anekdote, welche sich wenige Monate vor meiner Ankunft in Abessinien zutrug. Der Priester von Adowa erzählte sie mir zufällig am Tag des Festes der Heiligen Drei Könige, und Janni bezeugte, daß sie wahr sei und er selbst Zeuge davon gewesen sei.

Ras Michael ging an einem Sonntag vor seiner Abreise von Adowa nach Gondar mit großem Gepränge in die Kirche, um das Sakrament zu empfangen. Es war ein solches Gedränge von Menschen, die ihn sehen wollten, daß ein Teil des konsekrierten Weines auf den Stufen, worauf die Kommunikanten standen, verschüttet wurde. Man warf sofort etwas Stroh oder Heu darauf, um den Wein zu bedekken, die Kommunion wurde bis zum Ende fortgeführt und das Heu unter den Füßen zertreten.

Dies schien dem Janni und einigen bei ihm sich aufhaltenden Priestern höchst anstößig zu sein. Michael erfuhr davon und sagte lediglich, ohne weiter seine Meinung zu äußern, was das Streuen des Heus betreffe, seien die Priester eben Schweine, die es nicht besser verstünden. Diese wenigen Worte fuhren dem Priester von Adowa in die Nase. Er wandte sich sehr geheimnisvoll und zum Beweis seiner Freundschaft an mich, bat um meine Meinung, fragte, was er hätte tun sollen und was man in meinem Land getan haben würde. Er gab mir mit großer Ernsthaftigkeit zu erkennen, daß er nie an die Verwandlung des Brotes und Weines in den wahren Leib und das Blut Christi durch die Konsekration geglaubt habe. Er sei nie dieser Meinung gewesen, sondern stelle sich vielmehr vor, Brot bleibe auch nach der Konsekration Brot, und Wein bleibe Wein.

Aus diesem Beispiel, welches ich nur zufälligerweise und nicht durch neugieriges Fragen erfuhr, scheint mir das, was die Jesuiten sagen, wahrscheinlich, daß nämlich einige unter den Abessiniern nicht an die wahre Gegenwart der Eucharistie glauben. Doch bin ich nicht genugsam unterrichtet, darüber ein endgültiges Urteil zu fällen. Genauere Untersuchungen darüber anzustellen wäre gewiß mit großer Gefahr verknüpft gewesen. Ich erzähle nur, was ich davon weiß, und überlasse es meinen Lesern, sich eine Meinung darüber zu bilden und weitere Untersuchungen anzustellen.

Die Agaazi, die Vorgänger des Volkes, welches sich in Tigre niedergelassen hatte und aus den Gebirgen von Habab gekommen war, waren Hirten an den Küsten des Roten Meeres. Sie reden die Geezsprache und sind das einzige Volk in Abessinien, welches Kenntnisse von einer Schrift hat. Sie sind durchweg, sowohl die Männer als auch die Frauen, beschnitten. Dieser Brauch ist beim männlichen Geschlecht einem jeden bekannt, der nur etwas von der jüdischen Geschichte weiß. Aber beim anderen Geschlecht ist es, soviel ich weiß, ausschließlich eine heidnische Sitte, welche in Afrika in den an Ägypten und das Rote Meer grenzenden Gegenden bekannt und allgemein üblich ist. Ich will sie Excision nennen, um diese ungewöhnliche Operation so anständig wie möglich zu benennen. Auch bei den Falasha werden beide Geschlechter beschnitten.

In Abessinien erfolgt die Beschneidung mit einem Rasiermesser oder sonst einer scharfen Klinge. Es werden keine religiösen Zeremonien während der Operation vorgenommen, noch geschieht sie in einem besonderen Alter. Im allgemeinen vertritt eine Frau die Stelle eines Wundarztes.

Die Falasha sagen, daß sie die Beschneidung zuweilen mit dem Rand eines scharfen Steins, manchmal mit einem Messer und manchmal auch mit den Nägeln der Finger durchführen. Sie lassen deswegen die Nägel an ihrem kleinen Finger unproportioniert lang wachsen. Während der Operation singt der Priester ein Lied oder gewisse Verse, deren Inhalt ungefähr so lautet: »Gesegnet seist Du, o Herr, der Du die Beschneidung verordnet hast.« Das geschieht am achten Tag nach der Geburt und ist ein Religionsgebrauch, zurückgehend auf die erste Einsetzung Abrahams durch Gott.

Mit der Excision des weiblichen Geschlechts hat es eine andere Beschaffenheit. Derjenige Teil, den die Natur wegen seiner außerordentlichen Empfindlichkeit völlig bedeckt hat, steht in diesem Land so weit über den bestimmten Ort vor und übertrifft die normale Größe, daß daraus vielleicht nicht nur Ekel und andere Unbequemlichkeiten entstehen, sondern auch der Zweck, wozu die Ehe eingesetzt worden ist, zum Teil verhindert wird. Weil man nun in den Ländern, wo diese Ausdehnung und Größe üblich ist, die Volksmenge von jeher als ein Hauptaugenmerk aller Staaten angesehen hat, war man bemüht, diesem Übel abzuhelfen und etwas von den über die gewöhnlichen Grenzen hervorragenden Teilen wegzuschneiden. Daher nehmen alle Völker in den südlichen Gegenden Afrikas diese Operation an ihren Töchtern vor. Es ist keine gewisse Zeit dazu bestimmt, doch geschieht es immer, bevor sie heiratsfähig werden.

Es gibt noch eine Zeremonie, welche ebenfalls die Weiber angeht, die ich Incision nenne und zum Schluß noch anführen will. Sie ist sehr gebräuchlich und wird auch von den Juden geübt, obwohl das Gesetz sie ihnen ausdrücklich verbietet: »Ihr sollt euch kein Mal beibringen und nicht kahlscheren über den Augen, wenn jemand gestorben ist.« Aber sobald ein naher Anverwandter in Abessinien stirbt, es mögen nun Eltern, Geschwister, Vettern oder ein Liebhaber sein, zerkratzt sich jede Frauensperson der Familie mit dem Nagel des kleinen Fingers, den sie zu diesem Zweck langwachsen lassen, die beiden Schläfen in der Größe einer Münze. Man bemerkt daher im Gesicht einer jeden abessinischen Schönen entweder eine Wunde oder eine Narbe. Und bei trockener Jahreszeit, wenn die Armee im Feld steht, haben sie wegen des ständigen Verlustes von Freunden selten die Möglichkeit, die Haut heilen zu lassen, bevor Friede einkehrt und die Armee wegen der Regenzeit zurückkehrt.

7. Kapitel

Der Verfasser wird Statthalter und versucht, die Quellen des Nils zu erreichen. Politische Verwirrung im Land

Ich erhielt gar bald einen Beweis von der Gewogenheit des Ayto Confu, der mir in verschiedener Beziehung ein großes Vergnügen bereitete. Im südlichen Teil von Abessinien, an den Grenzen zu Sennar, ist ein heißer, flacher und ungesunder Landstrich, der nur von Mohammedanern bewohnt ist, die mit dem allgemeinen Namen Mazaga bezeichnet werden.

Die Araber in Sennar, welche mit dem Statthalter in Atbara[37] in schlechtem Einvernehmen stehen, flüchten quer durch die Wüsten hierher, um den Räubereien und Gewalttätigkeiten dieses grausamen Tyrannen zu entgehen. Wenn diese ankommen, verbreitet sich augenblicklich ein großer Warenüberfluß in Ras el Feel, wie diese abessinische Provinz genannt wird. Überall werden Märkte abgehalten, wo für beträchtliche Summen Rindvieh aller Art, Milch, Butter, Elefantenzähne, Häute und verschiedene andere Waren verkauft werden.

Ayto Confu besaß viele Ländereien von seinem Vater Kasmati Netcho, sowie auch einige, die seiner Mutter Ozoro Esther gehörten, die alle in dieser Provinz lagen, welche das Recht hatte, einen eigenen Statthalter zu haben. Da der Vizestatthalter aber immer ein Mohammedaner sein mußte, war diese Statthalterschaft bei den Großen des Reiches nicht sehr begehrt.

Außer den Ländereien, welche dem Ayto als sein väterliches Erbe gehörten, hatte Ras Michael ihm noch mehr dazu gegeben und ihm zugleich aus Liebe zu seiner Mutter Ozoro Esther, ungeachtet seiner Jugend, die Statthalterschaft anvertraut. Der mohammedanische Vizestatthalter Abd el Jelleel war ein verzagter Mann und hatte sich geweigert, eine Mannschaft zu stellen, als er aufgefordert wurde, mit dem König gegen Fasil in den Krieg zu ziehen.

Ayto Confu hatte beschlossen, sich nach Ras el Feel zu begeben, die Ordnung wieder herzustellen, den Abd el Jelleel abzusetzen und an seiner Stelle einen anderen Vizestatthalter zu bestimmen. Als er sich vom König den Beistand von Truppen zu diesem Zweck erbat, erfuhr ich von dem Plan.

Sobald ich Ozoro Esther sah, riet ich ihr, alle Mittel anzuwenden, um Ayto Confu von der Reise nach Ras el Feel abzuhalten, wenn sie nicht willens wäre, ihren Sohn bald aus der Welt zu schaffen. Die rote Ruhr hatte in diesen Gegenden nie zu wüten aufgehört, und diese Beschwerden hatten Ayto seit den Blattern nie völlig verlassen und ihn fast einem Schatten gleich gemacht. Es wäre also kein sichererer Weg zu seinem Verderben gewesen, als ihn seiner Absicht gemäß dorthin reisen zu lassen. Ozoro Esther, die Iteghé, deren besonderer Günstling er war, und alle seine Freunde gerieten darüber in Unruhe, bis der Ras ihm schlechterdings verbot, dorthin zu gehen.

Negadé Ras Mahomet, den ich bereits erwähnt habe, der Bruder des Hagi Saleh, der mir meine erste Wohnung in Gondar verschafft hatte, war das Haupt aller Mohammedaner in der Residenz, ich möchte beinahe sagen, in ganz Abessinien. Er war zugleich ein Günstling des Ras und zeigte auf Empfehlung des Metical Aga eine ebenso große Neigung für mich wie sein Bruder Saleh. Dieser Mann kam eines Morgens zu mir und erzählte, daß Yasine, den ich mit mir nach Abessinien gebracht hatte und der mir vom Metical Aga empfohlen war, eine Tochter des Abd el Jelleel geheiratet habe, und ein Sohn des Hagi Saleh wiederum habe eine Tochter des Yasine geehelicht. Er setzte hinzu, daß es in Abessinien keinen tapfereren Soldaten und besseren Reiter als Yasine gebe. Er liebe das Geld nicht und sei ein ehrenhafter und rechtschaffener Mann, eine Ansicht, die auch ich jederzeit bestätigen konnte. Alle

Einwohner von Ras el Feel, kein einziger ausgenommen, wünschten, den Yasine an der Stelle von Abd el Jelleel zum Statthalter zu haben.

Ursprünglich hatte ich den Entschluß gefaßt, nie selbst einen Posten anzunehmen und auch um keinen für jemand anderen anhalten zu wollen. Meine Leser wissen, daß ich wegen meiner eigenen Sicherheit, wenn auch sehr gegen meinen Willen, genötigt war, den ersten Vorsatz zu brechen, sobald ich ihn gefaßt hatte. Nun überlegte ich, ob es aus diesem Grund nicht besser wäre, auch den zweiten aus diesem Grund zu brechen. Zwei Dinge waren von großer Wichtigkeit für mich, das Verhalten des Yasine und seine Zuneigung zu mir während der ganzen Reise und meine Absicht, die Rückreise durch Ras el Feel und Sennar anzutreten, um mich nicht wieder in die Hände des blutdürstigen Räubers, des Naybe von Massaua, zu begeben, der, wie ich gehört hatte, schon verschiedentlich seine bösen Absichten zu erkennen gegeben hatte, sollte ich jemals wieder auf seine Insel kommen.

Ich nahm an, daß die Freundschaft des Yasine mit den Arabern dieser Grenzgebiete von großem Nutzen für mich sein würde, und ließ also, nachdem ich vorher Ayto Aylo um Rat gefragt hatte, der Ozoro Esther die Sache durch ihn vortragen. Als ich dann selbst mit der Prinzessin darüber redete, hatte ich das Gefühl, daß irgend etwas an der Sache war, das ich nicht enträtseln konnte. Sie antwortete nicht bestimmt, wie es sonst ihre Art war, und ich befürchtete, sie hätte etwas gegen den Yasine einzuwenden. Ich blieb auch nicht lange in Ungewißheit, weil Ozoro Esther mir schließlich berichtete, daß Abba Salama ein eifriger Anhänger des Abd el Jelleel sei, da er von diesem bestochen worden sei. Trotzdem entschloß ich mich, die ganze Sache dem Confu selbst vorzutragen, um über die vorliegenden Hindernisse Gewißheit zu haben und dem Yasine eine eindeutige Antwort geben zu können.

Kurz darauf traf ich Ayto Confu in Koscam. Ich wunderte mich sehr, als ich ihn ernsthaft und ohne sich lange zu bedenken sagen hörte: »Ich habe eine ebenso gute Meinung von Yasine wie Ihr und auf der anderen Seite eine ebenso schlechte von Abd el Jelleel, wie sie nur irgend jemand in Gondar hegen kann. Dazu habe ich Ursache genug, weil mir der König erst kürzlich mit einer sehr verdrießlichen Miene gesagt hat, daß ich auf meine Geschäfte nicht acht gäbe. Dies ist auch insofern wahr, als dieser Streifen Landes zugrunde gerichtet worden ist, weil er vernachlässigt wurde. Aber ich bin nicht mehr Statthalter von Ras el Feel, sondern habe diesen Posten niedergelegt. Ich hoffe, man wird einen besseren und klügeren Mann dafür nehmen. Dieser soll dann den Yasine oder wen er sonst will, zu seinem Vizestatthalter erwählen, denn ich habe beim Kopf der Iteghé geschworen, daß ich mich nicht weiter in die Regierung von Ras el Feel einmengen werde.«

Ich verlor nun keine Zeit, sondern begab mich gleich zu Ozoro Esther, um für den Yasine wegen der Statthalterschaft von Ras el Feel ein gutes Wort einzulegen. Zuerst stieß ich jedoch auf Tecla Mariam, den Sekretär des Königs, der mich bei der Hand nahm und mit einer lächelnden Miene sagte: »Ach, ich wünsche Euch Glück, das ist brav! Ihr seid nun kein Ausländer mehr, sondern einer von den Unsrigen. Wie, wart Ihr nicht bei Hof?« Ich erwiderte, daß ich dort im Augenblick keine besonderen Geschäfte hätte und bloß hierher gekommen sei, um den Ayto Confu zu sehen und ein gutes Wort für den Yasine einzulegen, damit er Unterstatthalter von Ras el Feel würde.

»Warum macht Ihr ihn nicht selbst dazu?« sagte er. »Was geht das jetzt den Confu an? Ihr glaubt doch nicht, daß Ihr noch am Gängelband gehalten werdet? Ihr könnt Euch beim König bedanken, aber ich rate Euch, nicht vom Yasine zu sprechen, das ist nicht gebräuchlich. Ihr könnt, wenn es Euch beliebt, mit dem Confu reden, der ihn bereits kennt und Euren Befehlen, wenn es nötig ist, mehr Gewicht geben kann.«

»Verzeiht, Tecla Mariam«, fiel ich ein, »wenn ich Euch nicht verstehe. Ich kam hierher, um für den Yasine zu sprechen, damit ihm Confu oder sein Nachfolger den Posten geben möge, und Ihr sagt mir, ich soll ihn selbst dazu ernennen?« – »Das tue ich auch. Wer anders kann ihn dazu machen als eben Ihr? Ihr seid Statthalter von Ras el Feel.« Ich stand ohne Bewegung und voll Erstaunen da. »Es ist keine große Sache«, fuhr er fort, »ich hoffe, Ihr werdet das Land nie sehen. Es ist sehr heiß und ungesund und voll von Mohammedanern. Aber das Gold ist dort genausogut wie christliches Gold.«

Nachdem ich mich ein wenig von meinem Erstaunen erholt hatte, begab ich mich zum Ayto Confu, um ihm als meinem Oberherrn die Hand zu küssen, was er mir aber auf keine Weise erlauben wollte. Die Iteghé hatte inzwischen eine große Mahlzeit für uns besorgt. Auch Yasine wurde augenblicklich geholt und zum Unterstatthalter ernannt. Er wurde gekleidet, das heißt, mit dieser Würde beliehen, und erhielt den Befehl, sich unverzüglich nach seiner Statthalterschaft Ras el Feel zu begeben.

Meine Gesundheit war inzwischen so sehr geschwächt worden, daß ich kaum noch irgendeinen Exzeß hätte aushalten können. Als ich am folgenden Tag nach Hause ging, wurde ich von einem leichten Fieber befallen, und weil ich glaubte, es wäre der Beginn eines kalten Fiebers, welches mich oft plagte, nahm ich Chinarinde. Es ließ etwas nach, und ich schloß mich in meinem Haus ein und schritt zu meiner ständigen Diät aus gekochtem Reis. Dazu trank ich kaltes Wasser in ausreichender Menge.

Um diese Zeit verbreitete sich das schlimme Gerücht in Gondar, daß Kasmati Boro, den der Ras zum Statthalter von Damot gemacht hatte, von Fasil geschlagen und gezwungen worden sei, sich in sein eigenes Land Gojam zurückzuziehen. Fasil habe mit einer noch stärkeren Armee von Gallas, als er nach Fagitta gebracht habe, seine übliche Residenz Buré wieder in Besitz genommen.

Da all dies nur im Geheimen erzählt wurde, fragte ich den Tecla Mariam im Vertrauen, was er davon wüßte. Als er das Gerücht bestätigte, konnte ich meinen Kummer nicht verhehlen. Ich bildete mir ein, daß diese unvermutete Wendung in der politischen Situation ein unüberwindliches Hindernis für mich sein würde, jemals die Quellen des Nils zu erreichen. »Ihr irrt«, erwiderte Tecla Mariam, »das ist für Eure Absichten gerade das beste, was Euch begegnen kann. Warum Ihr diese Gegenden besuchen wollt, weiß ich nicht, aber ich bin überzeugt, daß Ihr nie mit Sicherheit dahin kommen könnt, solange Fasil dort das Kommando führt. Er ist der vollkommenste Galla, der je den Nil überschritten hat. Er weiß nichts von Wort halten, weder Treue, Glauben noch Eidschwur binden ihn. Er stiftet Unheil um des Unheils willen und lacht darüber. Um Hydar Michael, also im November, wird ganz Abessinien gegen ihn marschieren, und er wird uns nicht standhalten. Dann werden wir sein Land nicht eher verlassen, bis wir alles vernichtet und geplündert haben. Ihr werdet Zeit haben, Euch in aller Bequemlichkeit umzusehen, könnt Euch mit Eurer eigenen Macht verteidigen und seid niemandem dafür verpflichtet. Denkt nur daran, was ich Euch sage: Friede wird mit Fasil nie werden, weil er es nicht wünscht. Ihr werdet es, wenn Ihr klug seid, nie versuchen, nach Maitsha zu gelangen, bevor Ihr nicht entweder Fasils Kopf auf einer Stange gesehen habt oder Michaels Armee bei Buré lagern seht.«

Wie oft habe ich in der Folge über diese merkwürdigen Worte nachgedacht, wenn sie sich auch nicht in dem Umfang bewahrheiteten, wie sie damals, als sie gesagt wurden, gemeint waren.

Fasil war nach seiner Niederlage bei Fagitta und der in seinem eigenen Land erlittenen Schmach über den Nil in die Provinz Bizamo gegangen. Als er aber vernahm, daß Ras Michael wieder nach Gondar zurückgekehrt war, brach er mit seiner Reiterei wieder nach Buré auf, einem von den Agaus bewohnten Distrikt. Er eroberte das Land zurück und nötigte den neuen Statthalter Kamati Boro, sich nach Gojam zurückzuziehen.

Die Agaus waren im Herzen immer auf des Königs Seite gewesen und nur mit Gewalt gezwungen worden, sich mit Fasil zu vereinigen. Sofort nach seiner Niederlage ergriffen sie die Partei des Ras Michael. Das erste, was Fasil daher bei seiner Rückkehr nach Buré tat, war, die Agaus von allen Seiten anzugreifen. Von ihrer Vernichtung hatte er einen doppelten Vorteil zu erwarten. Zuerst konnte er dadurch seine Feinde in Gondar aushungern; und danach konnte er dieses reiche und fruchtbare Land zu seinem eigenen Nutzen verwenden, wenn er nach der Vertilgung der Agaus das Gebiet seinen Landsleuten, den Gallas aus Bizamo, zur Bebauung überließ.

Bei Banja, einer der wichtigsten Niederlassungen, fand eine hartnäckige Schlacht statt, wobei die Agaus völlig geschlagen wurden. Sieben ihrer Anführer, alles Männer von Ansehen, blieben auf dem Feld. Unter diesen war auch Ayamico, ein sehr naher Verwandter des Königs. Die erste Nachricht von dem Gemetzel überbrachte ein Sohn des Nanna Georgis, des Oberhauptes der Agaus, der aus der Schlacht entkommen war. Michael saß eben bei Tisch, wobei ich zugegen war. Es war gerade an einem Tag, als eines der Feste wegen Powussens Hochzeit abgehalten wurde. Der junge Georgis trat mit einem zerrissenen und schmutzigen Kleid ins Zimmer, unerwartet und auch beinahe unbemerkt, und stellte sich am Ende des Tisches hin. Michael hatte gerade den goldenen Becher in der Hand, woraus zu trinken das ausschließliche Recht des Statthalters von Tigre ist. Sobald der Ras den Georgis sah und bevor dieser noch ein Wort reden konnte, warf Michael den Becher mit Wein auf die Erde und rief laut: »Ich bin schuld am Tod dieser Menschen.«

Jedermann stand auf, die Tafel wurde aufgehoben, und Georgis berichtete über das Unglück. Er erzählte, daß der Stamm der Agaus beinahe vertilgt sei, viel Blut sei geflossen, und Fasil habe sie mit großer Grausamkeit verfolgt, um wegen seiner Niederlage bei Fagitta Gleiches mit Gleichem zu vergelten.

Der königliche Rat wurde sofort einberufen und beschlossen, daß verstärkte Bemühungen angestellt werden sollten, um möglichst bald ins Feld ziehen zu können, obwohl die Regenzeit bereits eingesetzt hatte. Gusho[38] und Powussen sollten sofort in ihre Provinzen zurückkehren, um ihre Armeen, so gut es ging, zu verstärken. Nie wurde ein Entschluß mit größerem Eifer gefaßt: Der Vorteil der Agaus war auch der Vorteil von Gondar, denn durch Fasils Einfall drohte unmittelbar eine Hungersnot.

Des Königs und Michaels Truppen waren alle zum Aufbruch bereit und hatten sich eine Woche lang bei den Feierlichkeiten erholt. Gusho und Powussen schworen dem Michael, ohne Fasils Kopf nie wieder zurückzukommen, und reisten am folgenden Morgen ab.

Die ganze Zeit über hatte meine Gesundheit immer mehr abgenommen, woran größtenteils die unordentliche Lebensweise der vorigen Woche schuld war. Bei den zahlreichen Festlichkeiten der Hochzeit verlangte der Ras meine Gegenwart und wollte keine Entschuldigung annehmen. Ich erbat mir also vom König die Erlaubnis, mich nach Emfras begeben zu dürfen, um mich zu erholen. Diese Stadt, wo viele mohammedanische Zeltmacher wohnen, liegt etwa zwanzig Meilen von Gondar entfernt. Gusho hatte dort ein Haus mit einem großen, schönen Garten, dessen Benutzung er mir sehr gerne erlaubte. Er gab mir aber eine Warnung, deren Sinn ich damals noch nicht verstand. Er meinte, daß es besser wäre, wenn ich mit ihm nach Amhara ginge, wo es ruhiger als beim König und Ras Michael sei und ich schneller meine Gesundheit wiedererlangen könnte.

Der König und Michael hatten ausreichend für Zelte und andere Bequemlichkeiten für mich gesorgt, ich brauchte aber noch ein Zelt für mich, welches oben eine breite Öffnung hatte, um mit meinem Quadranten Beobachtungen anzustellen, ohne durch aufdringliche und neugicrige Zuschauer gestört zu werden. Da der König bei seinem Zug ins Feld dicht bei dieser Stadt vorbeimarschieren mußte und die meisten, welche sich um sein Gepäck kümmern mußten, Mohammedaner aus Emfras waren, konnte ich mir keinen besseren Aufenthaltsort wählen oder irgendwo freier und bequemer leben als hier.

Nachdem ich mich beim König und dem Ras verabschiedet hatte, tat ich dasselbe auch bei der Iteghé in Koscam. Die vortreffliche Fürstin gab sich alle Mühe, mir auszureden, Gondar zu verlassen. Sie sah meine Absicht, die Quellen des Nils aufzusuchen, als einen törichten Einfall an, der eines klugen und verständigen Mannes unwürdig sei. Sie gab mir den ernstlichen Rat, unter ihrem Schutz in Koscam zu bleiben und abzuwarten, bis Ras Michael und der König zurückkämen. Dann sollte ich die erste gute Gelegenheit ergreifen, auf dem Weg, den ich gekommen war, durch Tigre, in mein Vaterland zurückzukehren, ehe mir ein Unglück begegnete.

Ich entschuldigte mich, so gut ich konnte. Es war schwer, gänzlich ungebildete Personen, welche nichts von der Bedeutung meines geplanten Vorhabens für die ganze Welt ahnten, auch nur einigermaßen zu überzeugen.

Nach dieser Unterredung mit der Königin erhielt ich Gold, und es wurde der Befehl gegeben, mich während meines Aufenthalts in Emfras ausreichend mit Vieh und Lebensmitteln zu versorgen. Daran hatte es auch zu anderen Zeiten nicht gefehlt, und ich hatte mich auf Ayto Aylos Rat auch nicht dagegen gewehrt. Ich kann nicht umhin, anzumerken, auf welch unterschiedliche Art und Weise ich von drei verschiedenen Personen versorgt wurde. Wenn ich Gold vom Michael empfing, bekam ich es öffentlich aus seiner Hand in die meinige, ohne Komplimente und so, wie er auch die übrigen königlichen Diener bezahlte. Erhielt ich es vom König, überreichte er es mir auch mit eigener Hand und gab seiner Sorge Ausdruck, daß ich mich zu knapp halte, nichts fordere und daß ich die Abgaben, welche die mir gegebenen Orte zu entrichten hätten, nicht mit der nötigen Schärfe eintriebe, was auch in der Tat der Fall war. Die Königin, von der ich beständig Geschenke empfing, gab mir das Gold nie selbst, sprach auch nie darüber, weder vorher noch nachher, sondern schickte es immer durch einen ihrer Diener an einen von den meinigen, damit es für unsere Bedürfnisse verwendet würde.

Gondar, die Hauptstadt Abessiniens, liegt auf einem Hügel von ansehnlicher Höhe, dessen oberer Teil, worauf die Stadt erbaut ist, beinahe eben ist. In Friedenszeiten wohnen hier ungefähr zehntausend Familien. Die Häuser sind meistens aus Lehm, mit Strohdächern von konischer Form, welches die gängige Bauweise in den Ländern ist, wo tropische Regenfälle vorherrschen. Am Westende der Stadt liegt der königliche Palast, welcher ehemals ein ansehnliches Gebäude war. Er ist viereckig angelegt, hat viereckige Türme an den Ecken und war früher vier Stockwerke hoch. Von oben hatte man eine prächtige Aussicht über das Land südlich vom Tanasee. Ein großer Teil des Gebäudes liegt jetzt in Schutt und Asche, weil durch Feuer zu verschiedenen Zeiten Teile davon verbrannten. In den beiden unteren Stockwerken ist aber immer noch genug Raum vorhanden. Das Audienzzimmer ist hundertzwanzig Fuß lang.

Verschiedene Könige haben nacheinander Zimmer an den Seiten angebaut, die aber nur aus Lehm sind, auf die Art, wie es in ihrem Land üblich ist. Denn der Palast selbst ist von Maurern aus Ostindien und von solchen Abessiniern erbaut worden, die von den Jesuiten in der Architektur unterrichtet worden waren, ohne die katholische Religion anzunehmen, und die daher nicht mit den portugiesischen Priestern aus dem Land gejagt wurden. Dies war zur Zeit des Königs Fasiladas.

Der Palast und alle dazugehörigen Gebäude sind mit einer starken, etwa dreißig Fuß hohen doppelten Mauer umgeben. Zwischen der äußeren und der inneren befindet sich ein überdachter Gang, durch welchen man rundum gehen kann und in die Straßen hinabsieht. In der äußeren Mauer sind Schießlöcher. Es scheint nicht, daß jemals Schießscharten für Kanonen vorhanden gewesen wären. Die vier Seiten der Mauer mögen wohl eineinhalb englische Meilen in der Länge betragen.

Der Berg oder Hügel, worauf die Stadt liegt, ist auf allen Seiten von einem tiefen Tal umgeben, welches drei Ausgänge hat. Einen gegen Süden nach Dembea, Maitsha und den Ländern der Agaus, den anderen nordwestwärts gegen Sennar über den hohen Berg Debra Tzai oder den Berg der Sonne, an dessen Fuß Koscam, das Schloß der Iteghé, liegt, und schließlich der dritte im Norden gegen Woggora, über

Palast in Gondar

den Berg Lamalmon und so weiter durch Tigre nach dem Roten Meer.

Der Fluß Kahha kommt vom Berg der Sonne, läuft durch das Tal und schützt die ganze Südseite der Stadt. Der Angrab kommt von Woggora her und umgibt Gondar von der Nordostseite. Beide Flüsse vereinigen sich am Fuß des Hügels, etwa eine halbe Meile südlich der Stadt.

Gleich am Ufer an der anderen Seite des Angrab, Gondar gegenüber, ist eine ansehnliche, nur von Mohammedanern erbaute Stadt mit ungefähr tausend Häusern. Diese Leute sind überaus tätig und arbeitsam. Viele von ihnen werden gebraucht, um das Gepäck und die Feldequipage des Königs und des Adels zu besorgen, wenn es in die Schlacht geht oder nach der Beendigung des Kriegszuges. Sie nehmen die Zelte mit erstaunlicher Geschwindigkeit und Leichtigkeit ab und schlagen sie auf. Sie beladen und führen auch die Maulesel und das Gepäck und bilden ein eigenes Korps mit den dazugehörigen Offizieren. Es ist ihnen aber nicht erlaubt, auf der einen oder anderen Seite zu kämpfen, was sie aber ohnehin nicht tun wollen.

Am 4. April in der Früh um 8 Uhr brach ich von Gondar auf und erreichte am Nachmittag des nächsten Tages Emfras. Der Ort liegt auf einem steilen Hügel, zu dem ein fast senkrechter Weg wie eine Leiter hinaufführt. Die Häuser, ungefähr dreihundert an der Zahl, stehen alle in der Mitte des Hügels, mit der Vorderseite gegen Westen. Über den Häusern liegen die Gärten und Felder, mit Sträuchern und Bäumen ohne jede Ordnung angepflanzt, bis zum Gipfel hinauf. Von Emfras aus kann man den ganzen Tanasee und noch einen Landstrich auf der anderen Seite überblikken. Hier war früher die königliche Residenz. Auf einem kleinen Hügel steht noch ein Haus von Hatze Hannes, in der Gestalt eines viereckigen Turms, welches aber fast ganz verfallen ist.

Der Tanasee ist bei weitem die größte Wasserfläche, die man in diesem Reich kennt, obwohl man den Umfang viel zu groß angibt. Die größte Breite ist von Dingleber bis Lamgué und beträgt in gerader Linie von Osten nach Westen etwa fünfunddreißig Meilen. Sie nimmt aber an beiden Enden beträchtlich ab, und hin und wieder mißt man nicht mehr als zehn Meilen. Die größte Länge ist von Bab Baha bis in die Gegend, wo der Nil durch eine Ecke des Sees mit einem immer sichtbaren Strom läuft; sie beträgt neunundvierzig Meilen von Norden nach Süden. In den trockenen Monaten von Oktober bis in den März nimmt der See im Umfang sehr ab, in der übrigen Jahreszeit schwellen die Flüsse ringsumher an und fließen in den See. Dann steigt der Wasserstand, das Wasser fließt über das flache Land, und der See hat folglich eine weite größere Oberfläche.

Es gibt im See fünfundvierzig bewohnte Inseln, wenn man den Abessiniern trauen will, die in allen Bereichen große Lügner sind. Ich glaube, daß sich die Anzahl auf elf belaufen mag. Die wichtigste heißt Dek, Daka oder Daga, was soviel wie Hügel oder hoher Grund bedeutet, und liegt ungefähr in der Mitte des Sees. Den Umfang kann ich nicht angeben, weil ich nie dort war. Andere heißen Halimun, näher gegen Gondar gelegen, Briguida gegen Gorgora zu und etwas weiter dahinter Galila. Diese Inseln waren früher alle Gefängnisse für hochgestellte Personen, dienten aber auch zu einem freiwilligen Aufenthalt, um sich der Welt nach einem großen Unglück oder einer empfangenen Beleidigung zu entziehen. Auch waren es Plätze, wo man in unruhigen Zeiten seine kostbarsten Besitztümer in Sicherheit bringen konnte. Wenige Wochen nachdem ich Emfras wieder verlassen hatte, wurden dreizehnhundert Unzen Gold, welche die Königin ihrem Statthalter auf der Insel Dek, Welleta Christos, anvertraut hatte, von diesem Geistlichen gestohlen. Er war ein Mann von außerordentlicher Heiligkeit, der vierzig Jahre lang gefastet hatte. Als er entfloh und sich verbarg, erlaubte die Königin nicht, daß man ihn suchte und gefangennahm.

Der König und Ras Michael zogen also in einen neuen Krieg gegen Fasil Waragna. Als die Armeen in der Nähe von Emfras vorbeimarschierten, schloß sich Bruce mit seiner Begleitung und einem neuerworbenen Freund, einem Griechen namens Strates, der ein Diener am Hof in Gondar war, den Truppen an. Im Falle eines Sieges hoffte er, sein Ziel zu erreichen und unter dem Schutz der königlichen Soldaten schnell zu den Quellen des Nils gelangen zu können.

Es kam jedoch anders als geplant. Gusho und Powussen, die Statthalter von Amhara und Begemder, brachen ihren Treueeid, um ihren eigenen Interessen und Machtbestrebungen besser dienen zu können. Sie verschworen sich ebenfalls gegen den König, gingen ein Bündnis mit Fasil ein und versuchten, die Armee des Ras Michael in einen Hinterhalt zu locken. Dies schlug jedoch fehl, und auch eine Anzahl kleinerer Scharmützel zwischen den feindlichen Parteien, in die auch Bruce verwickelt wurde, brachten keine Entscheidung. Der Reisegefährte Strates geriet kurzfristig in Gefangenschaft und wurde ausgeplündert.

Die Regenzeit hatte bereits eingesetzt, und unter furchtbaren Strapazen schleppten Bruce und seine Gefährten die schweren Instrumente durch die überfluteten und morastigen Gebiete. Plündernd und brandschatzend zogen die Soldaten durch die Lande, grausame Hinrichtungen waren an der Tagesordnung. Versorgungsschwierigkeiten demoralisierten die Truppen auf beiden Seiten, der Feldzug endete in einem unbeschreiblichen Chaos, ohne daß James Bruce sein heißersehntes Ziel erreichen konnte.

Als sich Gusho und Powussen schließlich mit ihren Armeen zurückzogen und ihren neuen Verbündeten Fasil ebenfalls im Stich ließen, beschlossen auch Ras Michael und der König, sich vorerst nach Gondar zurückzubegeben und eine bessere Gelegenheit für einen neuen Kriegszug abzuwarten. Auf diesem Rückmarsch trafen sie jedoch noch einmal auf Fasil und seine Truppen.

Fasil erschien mit seiner Armee oben auf dem Hügel. Ich habe kein Augenmaß, um ein so starkes Truppenkorps zu schätzen, aber diejenigen, die an dergleichen Berechnungen mehr gewöhnt sind, behaupteten, daß es aus ungefähr dreitausend Mann bestünde. Es war ein schöner Anblick, aber der Abend begann dunkel zu werden. Nachdem sich die Armeen in Augenschein genommen hatten, fingen sie unter dem Schlagen der Pauken an, langsam den Hügel herabzusteigen. Unsere Kavallerie war über die Front hinausgerückt, und Fasil schickte eine Abteilung seiner Reiter ab, die mit den unsrigen fechten sollte. Er selbst hielt still, nachdem er wenige Schritte den Hügel abwärts gerückt war. Die beiden Detachements trafen auf halbem Weg bei einigen Bäumen zusammen und kämpften, wie es schien, um die Entscheidung. Aber unsere Reiter, war es aus Furcht oder auf Befehl (denn die Feinde waren ihnen an Anzahl nicht überlegen), machten plötzlich kehrt und kamen Hals über Kopf herab, so daß wir befürchteten, sie könnten in unsere eigene Infanterie einbrechen. Auf Befehl des Ras wurden aus dem Mittelfeld einige Schüsse auf sie abgegeben, und Michael rief im Spott: »Nehmt ihnen die Pferde weg und schickt sie in die Mühle!« Die Kavallerie teilte sich nach rechts und links in die beiden mit Gras bewachsenen Täler unter dem Feuerschutz unserer Musketiere. Einige von Fasils Reiter wurden mit hineingezogen und von den Soldaten auf der Seite des Hügels erschlagen. Auf der Seite des Königs wurde kein Mann von Ansehen vermißt, außer Welleta Michael, der Neffe des Ras, dessen Pferd gestürzt war und der danach von Fasil gefangen und weggebracht wurde.

Wenige Minuten später kam ein Bote von Fasil. Es war Dobo, ein Zwerg, der immer zu dergleichen Aufträgen gebraucht wurde. Diese Kommunikation ist erlaubt, der Bote wird nicht nur geschützt, sondern auch noch belohnt. Man nimmt zu diesen Diensten nur verschlagene Leute, die fähig sind, auf alles genau achtzugeben, und ein solcher war Dobo. Er benachrichtigte den Ras, daß er sich bereithalten solle, da es Fasils Absicht sei, ihn anzugreifen, sobald er seine Infanterie an sich gezogen habe. Dobo fügte noch als eine Bitte seines Herrn und als Zeichen der Beachtung seiner Pflicht hinzu, der König möge heute seine Kleidung nicht verändern, damit er nicht etwa den Truppen der fremden Gallas, die ihn sonst nicht erkennen oder ihm den schuldigen Respekt nicht erweisen würden, in die Hände fallen könnte.

Ich hörte danach, daß Ras Michael über diese Worte herzlich lachte und dem Boten zur Antwort gab: »Sagt dem Fasil, er soll nur noch einige Minuten auf seinem jetzigen Platz warten, und ich gebe ihm mein Wort, daß der König sich nach seinem Belieben kleiden kann.« Als dem König Dobos Auftrag hinterbracht wurde, ließ er dem Ras melden: »Dobo soll dem Fasil in meinem Namen sagen, ich hätte, wenn mir sein Standort bekannt gewesen wäre, Welleta Gabriel, den Hausverwalter der Ozoro Esther, zu ihm geschickt.« Das war eine höhnische Anspielung auf die Schlacht bei Fagitta, wo dieser Beamte besoffen hinter einem Baum gestanden und dadurch, daß er einen Galla erschoß, veranlaßt hatte, daß alle übrigen aus Furcht vor den Kugeln die Flucht ergriffen hatten.

Nach der Abfertigung des Dobo rückte die ganze Armee sogleich mit schnellen Schritten vorwärts und tobte und schrie der Gewohnheit gemäß auf eine sehr wilde Art und Weise. Als Fasil sah, daß die königlichen Truppen bereitwillig und mutig anrückten und daß er in wenigen Minuten gezwungen sein würde, ein Treffen zu wagen, marschierte er in scharfem Trott über die sanften Hügel abwärts und zog sich zurück. Es schien, wie wir nachträglich vernahmen, daß er in großer Sorge wegen des Restes seiner Truppen war, von denen er keine Nachricht erhalten hatte. Er hatte sein Lager zwar verlassen und war mit seiner Kavallerie angerückt, um Michaels Armee zu rekognoszieren, hatte aber gar nicht die Absicht, ihm ein Treffen zu liefern. Er war jetzt gegen Gusho und Powussen sehr aufgebracht, weil er deutlich sah, daß er von ihnen hintergangen worden war.

Dies wird die Schlacht von Limjour genannt, nach einem von Ras Michael im letzten Feldzug abgebrannten Dorf, welches an der Stelle des oben erwähnten Scharmützels gestanden hatte. Wäre Fasil nur halb so bereitwillig wie der Ras gewesen, so hätte es ein entscheidendes Treffen werden müssen. Der Ras sah, daß Fasil keine Lust hatte, und erriet die Ursache leicht. Kaum hatte er sich entfernt und kaum schwiegen seine eigenen Trommeln, so hörte er einen Nagareet schlagen, eine Kriegstrommel, und er wußte, daß es die von Kefla Yasous war. Dieser General eilte mit den besten und frischesten Truppen dem Michael vor der Schlacht zu Hilfe. Alles war voll Freude beim Zusammentreffen, und Männer aller Stände priesen das Verdienst des Generals.

Am folgenden Tag marschierte die Armee nach Dinglebér, welches ein hoher Hügel oder Felsen ist, der so dicht am See liegt, daß kaum ein Weg zur Durchreise dazwischen bleibt. Oben auf dem Felsen steht ein königliches Wohnhaus. Da wir zeitig ankamen und nun außerhalb Fasils Statthalterschaft waren, bestand der König darauf, den Ras und alle Personen von vornehmem Stand zu bewirten. Von den Gutsbesitzern aus der Nachbarschaft war eine Menge Vieh hergeschickt worden. Davon erhielt Ras Michael zehn Ochsen, Kefla Yasous auch, und verschiedene andere erhielten ebenfalls zehn. Ich bekam einen für mich nebst zwei Unzen Goldes für meine Diener, um Maulesel dafür zu kaufen. Sie waren aber schon versorgt, denn außer meinen beiden, worauf sie ritten, hatten sie noch

Äthiopische Kostüme

vier in sehr gutem Zustand eingefangen, deren Herren vermutlich umgekommen waren, weil niemand darauf Anspruch erhob.

Am Abend kamen in Dingleber zwei Reiter von Fasil in Friedenskleidern und ohne Waffen an. Man kannte sie als zwei seiner wichtigsten Diener, es waren ernsthafte, höfliche Männer von mittlerem Alter, die nichts von dem Harlekinsmäßigen des Dobo hatten. Sie bekamen sofort eine Audienz, zuerst beim Ras, danach beim König. Sie sagten und redeten auch die Wahrheit, daß Fasil wieder über den Kelti zurückgegangen sei und sein Lager am jenseitigen Ufer aufgeschlagen habe. Verstärkung habe er keine bekommen. Ihr Auftrag bestehe darin, dem Ras mitzuteilen, daß er seine Armee nicht durch unnötiges Eilen auf dem Marsch nach Gondar zu ermüden brauche. Er könne sicher sein, daß Fasil, ihr Herr, ihn nicht weiter beunruhigen werde und auf dem Marsch zurück nach Buré begriffen sei. Die beiden Boten erzählten dem Ras von der ganzen Verschwörung, so weit sie ihn betraf, und daß Powussen und Gusho mit ihrem Herrn die Verabredung getroffen hätten, Michael einzuschließen und zu vernichten. Sie berichteten, wie sehr Fasil über das verräterische Verhalten der beiden gegen ihn enttäuscht sei. Anstatt ihr Wort zu halten, hätten sie ihn verlassen, obwohl sie gewußt hätten, daß der größte Teil seiner aus Gallas bestehenden Truppen sich auf die andere Seite des Nils zurückgezogen habe und nur mit Schwierigkeiten hätte zusammengezogen werden können. Allein habe er sich gegen die ganze Macht des Ras und des Königs zu schlagen gehabt. Fasil ließ ferner seinen Entschluß erklären, nie wieder gegen den König in Waffen zu erscheinen, sondern seine Statthalterschaft unter ihm zu verwalten und die gewöhnlichen Abgaben genau zu entrichten. Er versprach ferner, alle Verbindungen mit Gusho und Powussen zu lösen, wie er es bereits getan hatte. Auch wollte er in der nächsten besseren Jahreszeit mit seiner ganzen Macht gegen sie ins Feld rücken, wenn der König es befehlen würde. Zuletzt meldeten die beiden Abgesandten noch Fasils Wunsch an, der Ras möge ihm doch seine Enkelin Welleta Selassé zur Gemahlin geben. Dann wolle er mit völligem Zutrauen nach Gondar kommen.

In der Audienz, die sie noch am selben Abend beim König hatten, fügten sie noch hinzu, daß Fasil dem Ras Michael nicht trauen könne, weil er sein Wort schon so oft gebrochen und so viele Ausflüchte und Vorbehalte bei seinen Versprechungen im Sinn habe.

Obwohl der Ras an Fasils Worte nicht recht glaubte, willigte er doch ohne Schwierigkeiten in alles ein, was dieser verlangte. Er versprach ihm seine Enkelin, und zum Beweis, daß er zum Frieden bereit wäre, wurden des Königs beide Trommeln vor die Tür des Zeltes gebracht, und wir hörten zu unserem größten Erstaunen ausrufen: »Fasil ist Statthalter von Agau, Maitsha, Gojam und Damot. Glück über ihn, und lange lebe er als ein treuer Diener des Königs, unseres Herrn.«

Das war eine außerordentliche Staatsveränderung in so kurzer Zeit. Kaum waren dreiundvierzig Stunden verflossen, seitdem Fasil den Plan hatte, den größten Teil der Armee zu ersäufen und den übrigen auf beiden Seiten des Nils niederzuhauen. Und es waren noch nicht vierundzwanzig Stunden verflossen, seit er uns ein Treffen im freien Feld anbot, und jetzt war er des Königs Statthalter in vier der reichsten abessinischen Provinzen. Jedoch ist dies als eine Folge der Bedürfnisse und der Zeitumstände anzusehen, und bei beiden Parteien lagen die Würfel auf dem Tisch, wer den anderen am geschicktesten überlisten würde.

Fasils Bediente wurden prächtig gekleidet, und die Absicht war anfangs, sie sofort wieder zurückzuschicken. Aber nach reiflicherer Überlegung wurde jemand anderer abgeschickt, und die beiden wurden als Geiseln wegen Fasils Versprechungen zurückgehalten, um mit nach Gondar zu gehen und von dort die Belehnung nach Buré zurückzubringen. Das ganze Lager überließ sich nunmehr der Freude.

Ich hatte heftige Anzeichen von Fieber und legte mich voll von Gedanken über die außerordentlichen Vorfälle nieder, die sich in so wenigen Stunden gleichsam aneinanderdrängten. Ich hatte Fasils Diener am Abend in mein Zelt beordert und vernahm, daß eine Ratsversammlung abgehalten worden war, worin man dem Welleta Kyrillos, dem Geschichtsschreiber des Königs, Anleitungen gegeben hatte, auf welche Art er die Ereignisse der letzten Tage und das Treffen mit Fasil bei Limjour beschreiben sollte. Die Ankunft des Kefla Yasous und die Belehnungen Fasils mit Damot und Maitsha sollten mit goldenen Buchstaben festgehalten werden.

Am 30. Mai fiel nichts Besonderes vor, und wir erreichten in wenigen Tagen Gondar. Am Tag vor unserem Einzug, als wir am Fluß Kemona unser Lager hatten, kamen zwei Boten von Gusho und Powussen mit allerlei Entschuldigungen, warum sie nicht zum König gestoßen wären. Sie wurden vom Ras sehr übel aufgenommen und erhielten beim König gar keine Audienz. Das Geschenk, welches sonst immer aus neuen Kleidern von einigem Wert besteht, war diesmal aus Spott ein Stück von schlechtem, dunkelblauem Zeug, ungefähr im Wert von einer halben Krone. Sie durften nicht im Lager schlafen, sondern wurden sofort zu Fasil geschickt, zu dem sie im Begriff waren zu gehen.

Ich für meine Person hatte wirklich keine Ursache, zufrieden zu sein, da ich nach einer langen und ununterbrochenen Reihe von Gefahren, Strapazen und Kosten nach Gondar zurückkam und meinen Zweck, die Quellen des Nils zu erreichen, verfehlt und nichts als ein starkes Fieber gewonnen hatte. Der Ort des Ursprungs dieses Flusses war noch immer das große Geheimnis.

Der König hatte vernommen, daß Gusho und Powussen mit allen ihren Truppen bereit waren, ihn in Gondar zu überfallen, sobald der Tacazze durch die Regenfälle so angeschwollen war, daß seine Armee sich nicht mehr nach Tigre zurückziehen konnte. Man glaubte zumindest, daß dies der Zeitpunkt war, da ohne Zweifel die Proklamation des Königs zugunsten Fasils, besonders weil er ihm die Provinz Gojam gegeben hatte, den Vormarsch der Rebellen nur beschleunigte.

Am Morgen nach des Königs Ankunft wurde auch in Gondar öffentlich bekannt gemacht, daß Fasil mit Gojam, Damot, Agau und Maitsha belehnt worden sei, worauf seine zwei Diener abermals prächtig gekleidet wurden und mit Ehrenbezeigungen die Rückreise antraten.

Weil ich noch nie daran gezweifelt hatte, auf die eine oder andere Weise zu den Quellen des Nils zu gelangen, von denen wir vor unserer Rückreise keine fünfzig Meilen mehr entfernt waren, unterließ ich es nicht, mir alle möglichen Mittel zunutze zu machen, die nur die geringste Wahrscheinlichkeit boten, zur Erreichung meines Zieles beizutragen. Ich war im Lager sehr aufmerksam und dienstfertig gegenüber Fasils Bediensteten gewesen, redete hochachtungsvoll von ihrem Herrn, machte jedem ein kleines Geschenk und gab ihnen auch eine Kleinigkeit für Fasil mit. Auf der anderen Seite waren sie mir sehr lästig gewesen, da ich ihnen als Arzt etwas für Fasils ersten General, Welleta Yasous, verschreiben sollte. Er litt an einem Krebsschaden an der Lippe, wenigstens hielt ich es nach ihren Beschreibungen dafür.

Verschiedene meiner medizinischen Freunde hatten mir geraten, zubereiteten Schierling, welchen Doktor Störk, ein Wiener Arzt, empfohlen hatte, mitzunehmen. Man hatte mir einen ansehnlichen Vorrat davon, nebst der Vorschrift des Gebrauchs, auf mein Verlangen hin aus Frankreich geschickt. Um sicherzugehen, verschrieb ich dem Welleta Yasous nur eine kleine Dosis, weil ich weit besorgter war, mir keine Vorwürfe zuzuziehen, als meinem mir unbekannten Patienten zur Gesundheit zu verhelfen. Ich verbot ihm auch strikt, rohes Fleisch zu essen, und riet ihm zu einer Milchkur, wobei er viel Molke trinken sollte. Die beiden Boten waren vor Freude außer sich, ihre Aufträge so glücklich erledigt zu haben, und erklärten in Gegenwart des Königs, daß Fasil, ihr Herr, weit mehr Freude über die Medizin, die Welleta Yasous Gesundheit wieder herstellen sollte, haben würde, als über das große Gehalt, welches er durch die Gnade des Königs empfing.

»Wenn dem so ist«, sagte ich, »so will ich mir an diesem

Tag der Gunstbezeigungen zweierlei vom König ausbitten.« – »Das ist etwas Seltenes«, entgegnete der König, »kommt heraus damit. Ich glaube nicht, daß sich jemand findet, der Euch eine abschlägige Antwort geben wird. Nur verwehre ich mich gegen die Bitte, daß Ihr in Eurer gewöhnlichen Verzweiflung die Heimreise wünscht.« – »Gut, Sire«, erwiderte ich, »ich gehorche. Das ist auch keine von meinen Bitten, sondern diese bestehen darin, daß mir Eure Majestät das Dorf Geesh geben und den Platz, wo der Nil entspringt, damit ich von dort aus für mich und meine Diener mit Honig versorgt werde. Die zweite Bitte ist, daß mich Fasil, wenn es in seiner Macht steht, nach Geesh bringen soll und mir die Quellen zeigt. Er soll es auf mein Verlangen tun, ohne eine Belohnung dafür zu verlangen oder Ausflüchte zu machen.«

Alle lachten über eine Bitte von so geringer Bedeutung und meinten, daß dies überhaupt nichts wäre; sie wollten zehnmal mehr für mich tun. Der König sagte darauf: »Meldet dem Fasil, daß ich dem Yagoube und seiner Nachkommenschaft auf immer das Dorf Geesh gebe, nebst den Quellen, die er so sehr liebt. Sie sollen nie unter dem Namen eines anderen im Deftar erscheinen und ihm, sei es in Kriegs- oder Friedenszeiten, nie genommen oder ausgetauscht werden. Schwört ihm das im Namen eures Herrn.« Daraufhin nahmen sie die Vorderfinger meiner rechten Hand, und einer nach dem anderen von ihnen legte die beiden Vorderfinger seiner Rechten kreuzweise darüber und küßte sie. Das ist die dortige Art zu schwören, wenigstens unter denjenigen, die sich Christen nennen. Weil Azage Kyrillos, der Geschichtsschreiber des Königs, zugegen war, verordnete der König, daß dieses Geschenk im Deftar oder dem Buch von den Einkünften, worin alle Abgaben und Einnahmen aus den Ländern des Königs aufgezeichnet sind, eingetragen werde. »Ich will es mit goldenen Buchstaben hineinschreiben«, sagte der alte Mann, »und so arm ich bin, will ich ihm doch auch ein Dorf geben, welches viermal besser als Geesh ist, wenn er eine Frau nimmt und bei uns bleibt, wenigstens so lange, bis meine Augen geschlossen sind.« Man kann sich leicht vorstellen, daß diese Worte die Unterredung sehr vergnügt machten. Fasils Diener begaben sich äußerst zufrieden weg, um am nächsten Tag abzureisen, und sobald der König zu Bett war, ging ich gleichfalls in mein Zimmer.

Ras Michael und seine Offiziere waren inzwischen mit ganz anderen Gedanken beschäftigt. Sie durften Fasil nicht trauen, und überdies konnte er ihnen im Augenblick keine Dienste leisten. Die Regenzeit war angebrochen, und er war in seine Heimat gezogen. Der westliche Teil des Reiches stand in Bereitschaft, Gondar anzugreifen. Im Norden lag Woggora im Weg, wo alles in Waffen und voller Ungeduld war, das harte Vorgehen zu rächen, welches die Provinz beim ersten Marsch des Ras Michael nach Gondar hatte erdulden müssen. Der Tacazze, welcher Tigre von Woggora trennt und am Fuß der hohen Berge von Samen läuft, war einer der größten und reißendsten Flüsse in Abessinien. Und wenn er auch keiner von den ersten war, die über die Ufer treten, war er doch, wenn er bis zu seiner vollen Höhe angeschwollen war, weder zu Pferd noch zu Fuß zu passieren, da der Strom große Steine und Bäume mit sich fortreißt. Dennoch gab es keine andere Sicherheit, als den Durchmarsch zu wagen. Michael und mit ihm alle seine Soldaten waren der Meinung, daß sie, wenn sie umkommen müßten, doch lieber ihren Tod im Fluß an den Grenzen ihres eigenen Landes finden, als ihren Feinden in Amhara lebend in die Hände fallen wollten. Dazu waren seit Michaels Ankunft in Gondar, wahrscheinlich bereits vorher, Tag und Nacht Vorbereitungen getroffen worden.

Am folgenden Morgen war die ganze Armee in Bewegung. Am Abend vorher nahm ich vom König in einer Audienz Abschied, die mich mehr Überwindung kostete als irgendeine andere in meinem Leben. Ich mußte ihm sagen, daß ich mich übel fühlte und nicht imstande sei, ihm nach Tigre zu folgen, und daß mein ganzes Herz an der Erfüllung des einzigen Zwecks meiner Reise hänge, ohne welche ich nicht mit Ehren in mein Vaterland zurückkommen könne. Ferner, daß ich durch den Einfluß Seiner Majestät hoffe, Fasil würde Mittel finden, meine Wünsche zu erfüllen. Und wenn nicht, so verließe ich mich darauf, ihn, den König, bald zurückkehren zu sehen, was hoffentlich bald möglich sein würde. Ginge ich aber nach Tigre, so wäre ich völlig überzeugt, daß ich mich nie mehr wieder dazu entschließen könnte, nach Gondar zurückzureisen.

Er schien durch das Vertrauen, welches ich in seine Rückkehr setzte, Mut zu fassen. »Yagoube«, sagte er in einem niedergeschlagenen und wehmütigen Ton, »Ihr könnt mir, wenn Ihr wollt, vorhersagen, ob ich zurückkehren werde oder nicht und was mir widerfahren wird. Die Instrumente und Räder, womit Ihr beständig nach den Sternen seht, dienen doch zu nichts anderem, als die Zukunft zu erforschen.« – »In der Tat, Sire«, erwiderte ich, »es sind Werkzeuge, die uns teils den Weg auf der See zeigen, teils die Wege, welche wir zu Land reisen. Wenn sie einmal aufgezeichnet sind, lehren sie andere, welche diese Wege nie gegangen sind, sie zu allen Zeiten wiederzufinden. Aber von den Ratschlüssen der Vorsehung, sie mögen nun Euch oder mich selbst betreffen, weiß ich ebensowenig wie der Maulesel, den Eure Majestät reiten.«

Der König war sehr gerührt und, wie es mir schien, überzeugt. Er sagte: »O Yagoube, geht doch mit mir nach Tigre. Ich will alles für Euch tun, was Ihr verlangt.« – »Sire, Ihr tut bereits alles, was ich verlange, und noch mehr. Ich habe Euch meine Gründe gesagt, warum ich nicht gehen kann. Laßt mich hier nur einige Monate zurück und auf Eure Rückkehr warten.«

Der König gab mir darauf den Rat, mich ständig bei der Iteghé in Koscam aufzuhalten und nicht wegzugehen, es sei denn, daß Fasil nach Gondar käme. In jedem Fall sollte ich ihm immer genaue Nachricht geben, wie man mich behandle. Hierauf trennten wir uns mit größtem Widerstreben. Er war ein König, der es verdiente, ein besseres Volk zu beherrschen. Mein Herz war von den Beweisen seiner Gnade und Herablassung, die ich seit dem ersten Eintritt in seinen Palast ununterbrochen genossen hatte, tief gerührt.

Kurz bevor der Ras seinen Maulesel bestieg, nahm Ozoro Esther mit ihren Dienern ebenfalls Zuflucht bei ihrer Mutter, der Iteghé. Die Königin befahl, ihre Tore in Koscam zu schließen. Gondar glich einer von Feinden eroberten Stadt, jeder, der Waffen in den Händen hatte, tat, was ihm beliebte.

Am 10. Juni rückten Gusho und Powussen in Gondar ein und warteten der Königin am folgenden Tag auf. Beide ersuchten sie, von Koscam in die Residenz zu ziehen und inzwischen die Regierung zu übernehmen. Das schlug sie allerdings aus, so lange sie mit Fasil keinen Frieden gemacht hätten. Sie sagte, daß Fasil der einzige sei, der sich bemüht habe, den Tod seines Königs Joas zu rächen, und der deswegen bis jetzt Krieg geführt habe. Ohne diese Bedingung würde sie nie nach Gondar kommen und an den öffentlichen Geschäften teilnehmen. Überdies hatte ihr Fasil die Nachricht übersandt, daß man Gusho und Powussen nicht trauen könne, da sie schon einmal ihr Wort nicht gehalten hätten und ihm nicht zu Hilfe gekommen seien. Überdies seien sie ohne ihn in Gondar eingerückt, obwohl die Absprache gewesen sei, daß sie dies alle drei zugleich tun wollten und durch vereinten Ratschlag die Regierungsform festsetzen wollten. Über diesen Unterhandlungen verstrichen viele Tage. Fasil versprach immer, unter der einen oder anderen Bedingung zu kommen, hielt aber nie Wort und verließ Buré nicht.

Am 24. wartete ich Gusho und Powussen in Gondar auf. Ich traf sie in dem Zimmer, wo Ras Michael zu sitzen pflegte. Sie lagen beide auf der Erde und spielten ein Brettspiel, dessen Umrisse mit Kreide auf den Teppich gezeichnet waren. Sie entboten mir keinen Gruß, sondern schüttelten mir nur die Hand und spielten weiter, ohne den Kopf zu heben oder mir ins Gesicht zu sehen.

Gusho fragte mich: »Wäre es nicht besser gewesen, Ihr wäret mit mir nach Amhara gegangen, wie ich Euch bat, als wir zuletzt in Gondar waren? Ihr hättet euch viele Strapazen und Unruhen auf dem gefährlichen Marsch durch Maitsha erspart.« Ich antwortete darauf: »Es fällt mir als

Fremdem schwer zu wissen, was in einem Land wie diesem am besten zu tun ist. Ich war, wie Ihr vermutlich gehört habt, ein Gast des Königs und wurde von ihm sehr begünstigt. Folglich war es meine Pflicht, bei ihm zu bleiben, zumal er es wünschte. Und das ist immer, wie man mir berichtet hat, Sitte in diesem Land gewesen. Überdies gab mir Ras Michael den Befehl.« Darauf sagte Powussen, indem er den Kopf schüttelte: »Ich sehe, er kann den Ras und den König nicht vergessen.« – »Das ist nur natürlich«, entgegnete Gusho, »sie waren ihm sehr gewogen. Er war zu ihrer Zeit ein großer Mann, und sie gaben ihm ansehnliche Summen Geldes. Aber ich hörte nie, daß er sich in Geschäfte mischte, vor irgend jemand übel redete, und noch viel weniger, daß er jemanden beleidigte.« – »Ich hoffe«, sagte ich, »daß ich das nie tat. Ich hatte nie diese Absicht und auch keine Veranlassung dazu. Ich bin mit jedermann gut ausgekommen, und ich vergesse auch die Freundschaftsversicherungen nicht, die ich von Euch erhalten habe.« Mit diesen Worten wandte ich mich an Gusho. Er stockte etwas und setzte mit einer stolzen Miene hinzu: »Ja, ja, wir waren, dünkt mich, jederzeit Freunde.«

Ich stand auf, um wegzugehen, weil mir dieses Verhalten nicht gefiel. Vor dem Rückzug des Königs nach Tigre saß Gusho in meiner Gegenwart zum Beweis seines weit geringeren Standes immer bis zum Gürtel entblößt, er schickte mir manche Kuh, manches Schaf und manchen Honigtopf. Aber mit dem Abzug des Königs war auch mein Ansehen dahin. Ich war in ihrer Achtung gesunken und merkte wohl, daß sie mich dies empfinden lassen wollten. Nach meiner Rückkehr erzählte ich der Königin den ganzen Vorfall. »Es sind ein paar grobe, dumme Kerle«, erwiderte sie.

Am Abend dieses Tages kam ein Diener von Ras Michael, der allerlei spöttische Worte und ernsthafte Drohungen an Powussen und Gusho mitbrachte. Er ließ sagen, daß er den König bald nach Gondar zurückbringen werde und hoffe, sie würden seine Ankunft in der Hauptstadt erwarten.

Am 27. warteten Powussen und Gusho der Königin auf,

um Abschied zu nehmen. Sie erklärten, daß es nicht ihre Absicht sei, in Gondar zu bleiben, um wechselweise ein Gegenstand von Michaels und Fasils Spöttereien zu sein. Daraufhin machten sie sich sofort auf den Weg nach Hause, ohne sich durch Trompeten, Trommeln oder sonst irgendeinen Aufzug ein Ansehen zu geben. Gleich darauf langte ein Abgeordneter von Fasil an, mit der Bitte, Gusho und Powussen möchten doch in Emfras anhalten, weil er eben aus Buré aufgebrochen sei und in wenigen Tagen in Gondar eintreffen werde. Demzufolge blieben Gusho und Powussen wirklich in Emfras und wurden sechs Wochen durch allerlei Vorwände und Botschaften in elenden Quartieren aufgehalten, bis ihre Armeen sich zerstreuten. Die Soldaten verließen aus Hunger und wegen des unaufhörlichen Regens ihre Anführer und gingen allesamt nach Hause.

Anfang August kam die Königin nach Gondar und saß jeden Tag auf dem Thron. Sie war drei Jahre lang nicht hier gewesen, und ich wünschte aufrichtig, sie hätte es auch jetzt unterlassen. Man hatte in diesen Tagen vor, einen neuen König zu wählen, und sie war bei den Beratungen zugegen. Ihre Absicht war bekannt, einen Sohn von Aylo, einem Bruder des vormaligen Königs Joas, auf den Thron zu setzen, welcher noch ein Kind war. Wer sich vor Ras Michael fürchtete, und das waren damals so ziemlich alle, war dagegen, in so kritischen Zeiten ein Kind zum König zu haben. Allein so alt die Königin auch war, hatte sich doch die Herrschbegierde wieder bei ihr eingestellt.

Als die Königin eines Abends wieder in Koscam war, wurde in Eile eine Versammlung der vornehmsten in Gondar zurückgebliebenen Offiziere abgehalten. Sie richteten ihr Augenmerk auf einen gewissen Welleta Girgis, einen jungen Mann von etwa vierundzwanzig Jahren, den man für einen Sohn des Yasous hielt. Sein schlechtes Leben und üble Sitten hatten ihm seine Sicherheit und die Freiheit erhalten, weil Ras Michael ihn deswegen mit Verachtung gestraft hatte und er nicht auf den Berg Wechne verbannt wurde. Seine Mutter war von edler Abkunft, ihre

Lebensumstände hatten sich aber so verschlimmert, daß sie sich genötigt sah, ihren Lebensunterhalt mit Wassertragen zu verdienen. Die Mutter schwor, daß Yasous der Vater ihres Sohnes sei; und weil dieser König bekanntermaßen nicht allzu heikel in der Wahl seiner Beischläferinnen war und sich auf keine bestimmte Anzahl beschränkte, konnte es ebensogut wahr als auch nicht wahr sein, daß er den Welleta Girgis mit ihr erzeugt hatte. Der junge Mann wurde zum König bestimmt und erwählte den Namen Socinios.

Am folgenden Morgen kam der neue König nach Koscam in Begleitung seines Anhangs, mit seinen Garden und allen Kennzeichen der königlichen Würden. Er warf sich der Iteghé zu Füßen und bat sie um Verzeihung, daß er sich der Rechte seiner Geburt ohne ihre Erlaubnis, und ohne daß sie einen Anteil daran gehabt hätte, bediente. Er erklärte ihr seinen Entschluß, nur nach ihrem Rat zu regieren, und bat sie, ihm die Bitte zu erfüllen, nach Gondar zu kommen und ihren Platz als Iteghé und Regentin des Reiches wieder einzunehmen.

Ungefähr am 10. August trug sich ein Vorfall zu, der, wie man allgemein glaubte, den Fasil bewegen würde, nach Gondar zu kommen. Ein gewöhnliches Weib von den Gallas in Tchelga, einer Stadt an der Grenze zu Sennar, zankte sich mit ihrem Mann und warf ihm vor, daß er es gewesen sei, welcher den verstorbenen König Joas mit eigener Hand ermordet habe. Dieser Galla wurde daraufhin sofort ergriffen, nach Gondar geschickt und von der Iteghé befragt, wobei ich zugegen war. Er bekannte, ohne sich lange zu bedenken, daß ihn Ras Michael zu sich beordert habe, ihm Geld gegeben und ihm große Versprechungen gemacht habe, wenn er den König noch in derselben Nacht ermorden würde. Es seien noch einige andere Personen dabeigewesen, darunter auch Shaleka Becro, ein Verwandter des jetzigen Königs, und Woldo Hawaryat, ein Mönch aus Tigre. Der Gefangene gestand, er habe sich gefürchtet, daß man ihn aus Gründen der Geheimhaltung ermorden würde, wenn er sich weigere, den Auftrag auszuführen.

Man habe ihn so viel Branntwein trinken lassen, daß er davon betrunken geworden sei, und ihm dann die Schlüssel zu den Zimmern des Joas gegeben. Dann seien sie alle mit ihm in den Palast gegangen und hätten dort den König, der in seinem Zimmer gedankenvoll auf und ab geschritten sei, angetroffen. Obwohl es schon Mitternacht gewesen sei, habe er noch seine gewöhnliche Kleidung getragen. Zwei Leute hätten versucht, ihm einen Strick um den Hals zu werfen, aber der König, ein junger starker Mann, habe sich verteidigt und den Strick aus den Händen seiner Mörder entwunden. Daraufhin habe ihm der Galla mit einem eisenbeschlagenen Stock einen Schlag auf den Kopf versetzt, so daß er zu Boden gestürzt sei. Die anderen hätten ihn dann mit einem kurzen Strick stranguliert. Der Mönch Woldo Hawaryat habe geschrien, es möglichst kurz zu machen. Dann hätten sie den Leichnam in die benachbarte Kirche des heiligen Raphael geschleppt, wo ein Grab oder vielmehr eine Höhle vorbereitet gewesen sei, in welche sie den toten König mit seinen Kleidern, so wie er gewesen sei, hineingeworfen hätten. Der gefangene Galla sagte auch, sie seien von jemand gefragt worden, was sie da machten, als sie den Körper aus dem Palast durch eine Öffnung in der Mauer in den Kirchhof getragen hätten. Sie hätten darauf geantwortet, daß sie einen Fremden begrüben, der am vergangenen Tag an einem pestilenzartigen Fieber gestorben sei.

Gleich nach diesem Bekenntnis wurde der Galla hinausgeführt und am Daroobaum vor des Königs Tor gehenkt. Selbst als er bereits unter dem Galgen stand, verlangte er keine Gnade und zeigte auch keine Furcht vor dem Tod. Viele tadelten die schleunige Hinrichtung, manche hielten sie auch für klug, weil der Galla bereits viele, die um die Königin waren, als Teilnehmer am Mord ihres Sohnes genannt hatte.

Das Ergebnis der Untersuchung und die Aussage des Mörders wurde sofort an Fasil gesandt, welcher wie gewöhnlich versprach, bald nach Gondar zu kommen. Der Körper des Joas wurde ausgegraben und in der Kirche auf ein wenig Stroh gelegt. Seine Züge waren leicht zu erkennen, aber ein Tier hatte eine Backe angefressen.

Am Tag darauf begab ich mich von Koscam nach Gondar, ohne der Iteghé Nachricht davon zu geben, und nahm einen Griechen namens Petros mit, der früher Kammerherr bei Joas gewesen war. Um 11 Uhr vormittags gingen wir in die Kirche St. Raphael und erwarteten dort viele zu finden, die von der gleichen Neugierde hingetrieben wurden. Weil aber die Wahrheit dieser schrecklichen Tat erst jetzt bekannt geworden war und sich jedermann in Gondar vor dem Ras Michael fürchtete, der jeden Tag kommen konnte, war keine lebende Seele da, ausgenommen ein Mönch, der zur Kirche gehörte und auch die Schlüssel hatte. Man hielt es anscheinend für ein Verbrechen, dasjenige zu wissen, was Michael offenbar zu verheimlichen wünschte.

Sobald Petros das Gesicht seines Herrn sah, rief er: »Er ist es«, und lief so schnell wie möglich fort. Was mich betrifft, fand ich die unanständige Art, wie der Körper aufgebahrt war, äußerst anstößig. Es rührte mich mehr als der Mord selbst, denn es schien, als hätte man ihn nur so auf die Erde hingeworfen, weil der Kopf, die Arme und die Füße nach allen möglichen Richtungen wiesen und die Hüften und dicken Beine größtenteils entblößt waren. Ich bat den Mönch, die Kirche abzuschließen und mit mir in das Haus des Petros zu kommen. Petros war jetzt ein Kaufmann, welcher mit Decken und ähnlichen Waren handelte, welche er von Kairo holte. Es verging eine Stunde, ehe wir ihn dahin brachten, sich mit gehöriger Fassung zu betragen, und er mir einen kleinen persischen Teppich, wie ihn die Mohammedaner gebrauchen, um darauf zu beten, und eine Webe grobes Nesseltuch verkaufte. Ich bat den Priester, weil Petros sich schlechterdings weigerte, in die Kirche zurückzukehren, er solle den Leichnam anständig auf den Teppich legen und das Gesicht und den übrigen Körper mit dem Nesseltuch zudecken, welches man aufheben könne, im Falle jemand komme, um den Leichnam zu sehen.

Der Priester nahm den Teppich und das Tuch mit großen Beweisen seiner Zufriedenheit an und erzählte mir, daß er es gewesen sei, der die Mörder angerufen habe, als sie den Körper in den Kirchhof getragen hätten. Er habe sie erkannt und vermutet, daß sie etwas Böses im Schilde führten. Als er am folgenden Tag vernahm, daß man den König vermisse, sei er überzeugt gewesen, daß es sein Körper gewesen sei, der eingescharrt worden sei. Am Morgen habe er sich zu dem Ort hinbegeben und gesehen, daß die Mörder in der Eile eine Zehe und ein Stück des Fußes nicht hinlänglich mit Erde bedeckt hätten. Dieses habe dann er getan und seit der Zeit immer, wie er sagte, den Platz bewacht, damit das Grab nicht gestört oder jemand anderer dort begraben würde.

Anfang Oktober kam Guebra Selassé, ein Diener des Königs und einer der Türhüter des Palastes, als Bote an die Königin. Er brachte eine sehr lakonische Botschaft, die aber doch leicht zu verstehen war: »Begrabt Euren Sohn, da Ihr ihn jetzt erhalten habt, oder ich will ihn, wenn ich komme, begraben und einige seiner Verwandten zugleich mit ihm.« Hierauf wurde Joas in aller Stille begraben.

Der genannte Guebra Selassé war ein besonderer Freund von mir, der meine Schuhe betreute, wenn ich sie auszog, um ins Audienzzimmer zu gehen. Ich wartete also voll Ungeduld, bis er zu mir auf mein Zimmer kommen würde, was er auch am späten Abend tat. Er erzählte mir, daß Ras Michael und Fasil Frieden miteinander gemacht hätten und daß Welleta Michael, der Neffe des Ras, welchen Fasil in der Schlacht bei Limjour gefangengenommen hatte, der Vermittler dabei gewesen sei. Auch hätten der König und der Ras durch ihr kluges Betragen die ganze Provinz Tigre bis auf den letzten Mann wieder ausgesöhnt. Der Ras habe durch eine Proklamation alle Abgaben von dem Tag an, da sie über den Tacazze gegangen seien, auf ein Jahr in Anbetracht der geleisteten treuen Dienste erlassen. Dies sei an verschiedenen Orten durch Trommelschlag bekanntgemacht worden. Zugleich habe der Ras erklärt, er wolle die Kosten des nächsten Feldzuges aus seinem eigenen Vermögen und ohne weiteren Beistand tragen, bis er den König wieder auf seinen Thron in Gondar gesetzt habe. Eine Art von tollem Mut habe sich daraufhin in allen Ständen breitgemacht, und jedermann habe seinem Regenten in die Residenz folgen wollen.

Ich fragte den Guebra Selassé, ob es bekannt geworden sei, daß ich eine Decke zum Bedecken des Körpers des Joas angeschafft hätte, und hoffte, man würde deshalb nicht etwa irgendeinen Verdacht schöpfen. Er sagte nein, nichts weniger. Der König habe es lobend vermerkt, und als ein Priester es dem Ras berichtet habe, habe dieser nichts weiter dazu gesagt als: »Yagoube ist ein Fremdling in unserem Land, er findet es anstößig, zu sehen, daß man einen Menschen aus dem Grab nimmt und ihn wie einen Hund auf die bloße Erde hinwirft.« Das sei alles gewesen, was Michael dazu bemerkt habe, und auch hernach habe er von der ganzen Sache keine Silbe mehr erwähnt.

Auch als der Ras und der König nach Gondar zurückkamen, haben sie nie mit mir darüber geredet. Die Iteghé aber lobte mich sehr, und das taten auch alle Vornehmen, weit mehr, als es die Sache verdiente. Die bloße Menschlichkeit erforderte es, und die Furcht vor dem Ras, die ich nicht hatte, war die einzige Ursache, daß eine so schickliche Sache unterblieb und einem Ausländer überlassen wurde. Selbst Ozoro Esther, die eine Feindin des Joas war, rief mich zu sich, als sie in einem Kreis der Vornehmsten des Hofes saß und sagte: »Setzt Euch dorthin, Yagoube. Gott hat Euch über alle in diesem Land erhöht, indem er Euch die Macht gegeben hat, obwohl Ihr nur ein Fremder seid, dem König dieses Reiches einen Liebesdienst zu erweisen.« Jedermann bezeigte seinen Beifall, besonders jedoch die Damen, und ich glaube dreist behaupten zu können, daß ich nie von so vielen auf einmal der Günstling gewesen bin.

Ich fertigte den Guebra Selassé mit der Nachricht an den König ab, daß ich entschlossen sei, nun noch einmal die Reise zu den Quellen des Nils zu versuchen. Ich dächte Zeit genug dazu zu haben und auch wieder nach Gondar zurückzukommen, bevor er den Tacazze wieder überschreiten würde, was er meiner Meinung nach bald tun würde.

Als ich diesen Entschluß gefaßt hatte, wartete ich der Iteghé auf. Sie war außerordentlich gegen dieses Unternehmen eingestellt. Sie gab mir zu bedenken, was mich der letzte Versuch gekostet hatte, und bat mich, alle weiteren Gedanken an die Reise so lange zu verschieben, bis Fasils Ankunft in Gondar erfolge. Sie wolle mich ihm dann selbst übergeben, um von ihm sichere Wegweiser und eine ausreichende Bedeckung zu erhalten. Sie warnte mich vor den Truppen der heidnischen Gallas, welche in der Armee des Fasil marschierten und die mich, wenn ich auf sie stoßen würde, ohne Barmherzigkeit ermorden könnten.

All dies entsprach sicher der Wahrheit, aber es gab doch viele Gründe, die mir nach reiflicher Überlegung zeigten, daß jetzt doch bei allen Gefahren vermutlich der einzige Zeitpunkt war, wo mein Vorhaben ausführbar war. Ich war überzeugt, daß nach der Rückkehr des Königs in die Hauptstadt sehr bald ein neuer Bruch zwischen Fasil und Ras Michael erfolgen würde. Ich beschloß also, meine Reise unverzüglich und ohne weiteren Zeitverlust anzutreten.

Tafel mit Hieroglyphen 1771 zu Axum entdeckt.

8. Kapitel

Die zweite Reise zu den Quellen des Nils

Ich machte also alle Anstalten, Gondar am 27. Oktober 1770 zu verlassen und mich nur wenige Meilen von der Stadt zu entfernen, hingegen am folgenden Tag eine desto größere Strecke zurückzulegen. Ich hatte meinen Quadranten, den Zeitmesser und die Teleskope in der besten Ordnung. Aber um 12 Uhr erhielt ich die Nachricht, daß ein Bote des Ras Michael mit großen Neuigkeiten von Tigre angekommen sei. Ich jagte sofort in vollem Galopp nach

Koscam und fand den Guebra Christos dort, welcher dem Ras bei seinen Mahlzeiten die Gefäße mit Bouza zu bringen pflegte. Man nimmt zu solchen Botschaften immer Leute von niederem Stand, damit sie nicht durch ihr dadurch erlangtes Ansehen Rachebegierde erregen.

Auf meine Frage, ob der Bote keinen Auftrag für mich vom König habe, sagte er, fast gar keinen. Er erzählte mir, daß der König einen Stein mit uralter Schrift für mich erhalten habe, den er mir mitbringen wolle. Er sei in Axum ausgegraben worden und stehe am Fußende seines Bettes. Der König habe ihm aber nicht aufgetragen, mir dies zu sagen, er habe es bloß von seinen Dienern gehört.

Meine Neugierde war sehr gespannt, was dies für ein Stein sein könnte, ich merkte aber gar bald, daß es vergebens war, etwas vom Guebra Christos zu erfahren. Auf jede Frage antwortete er mit »ja«. Fragte ich, ob der Stein blau sei, so war er blau; und bald war er rund, bald viereckig, bald länglich. Alles, was er davon wisse, sagte er endlich, sei, daß er alle Arten von Krankheiten heile, und bei gehörigem Gebrauch mache er unverwundbar und unsterblich. Er könne zwar nicht selbst Bürge dafür sein, schwor aber, er habe es von einem Priester aus Axum, der es wisse, gehört.

Mein Herz war ganz voll bei dem Gedanken an die Gutherzigkeit des Königs, der sich nach so langer Abwesenheit und trotz seiner kritischen Lage an die Untersuchungen erinnerte, die er mich oft anstellen sah. Ich betrachtete diese Nachricht als ein gutes Omen und bekam ein gewisses Vertrauen und eine Gemütsverfassung, die mir lange fremd gewesen waren.

Ich schlief die Nacht ruhig und war am folgenden Morgen erst um ½10 Uhr reisefertig.

Den Abend vorher versuchte ich meinen alten Gefährten Strates zu überreden, mich bei diesem Versuch zu begleiten, wie er es beim vorigen getan hatte. Allein der Gedanke an die früheren Gefahren und Leiden war noch nicht in seinem Gemüt erloschen, und als ich ihn bat, mitzukommen, um den Kopf oder den Ursprung dieses berühmten Flusses zu sehen, gab er mir in seiner plumpen Art, sich auszudrücken, die Antwort, daß ihn der Teufel holen solle, wenn er jemals den Kopf oder den Schwanz des Nils aufsuchen wolle.

Am 28. Oktober am Morgen gegen 10 Uhr verließen wir Gondar und überquerten den Kahha am Fuß der Stadt. Wir setzten den Weg längs des Berges durch ein schwach bewohntes Land fort. Weil es gerade auf dem Weg liegt, den die Armee zu nehmen pflegt, wird es von den Bauern natürlicherweise gemieden, oder diese werden daraus vertrieben. Unser Weg war beständig von Flüssen durchschnitten, welche im Verhältnis zur Größe des Landstrichs nirgends in der Welt so häufig sind.

Kurz vor 4 Uhr lagerten wir uns am Ufer des Kemona. Das Dorf dieses Namens liegt auf einem Hügel jenseits des Flusses. Wir sahen hier viel Rindvieh, welches wir zu Beginn der Reise nur wenig wahrgenommen hatten. Heute legten wir nach unserer Schätzung in sechseinviertel Stunden etwa vierzehn Meilen zurück. An dieser Langsamkeit war mein Quadrant schuld, der zwar in zwei Stücke zerteilt war, aber doch vier Mann zum Tragen erforderte. Er war auf zwei langen Stangen aus Bambus festgebunden. Der Zeitmesser und die beiden Teleskope erforderten ebenfalls zwei Männer. Wir schlugen unser Zelt an der Seite des Flusses, dem Dorf gegenüber, auf und brachten die Nacht hier zu.

Am 29. Oktober um 7 Uhr morgens verließen wir das Nachtlager am Kemona. Der Weg lief westsüdwestwärts, und nach einer Stunde erreichten wir die Kirche Abba Abraham in dem Dorf gleichen Namens. Es liegt linker Hand direkt an der Straße. Wir waren bisher immer leicht bergan in einem wenig versprechenden Land gereist. An den Abhängen des Berges stand kleines, unregelmäßiges Gehölz. Alles ist voller Quellen, deren Gewässer sich in dem flachen Land von Walkayt vereinigen. Im Südwesten sahen wir den kleinen Berg Guarre vor uns und machten nach 10 Uhr bei demselben halt. Er steht allein in einer Ebene, wie ein Zuckerhut, und hat eine so regelmäßige Gestalt, als wenn er künstlich gemacht wäre. Nach 11 Uhr setzten wir unseren Weg meist westsüdwestwärts fort und ließen das kleine Dorf Bowiha eine Meile zur Seite. Etwa sechs Meilen linker Hand lag die Halbinsel Gorgora, die sich etliche Meilen weit in den Tanasee hineinstreckt.

Hier stand eine der ersten und prächtigsten Kirchen der portugiesischen Jesuiten, nachdem sie zur Bekehrung des Reiches eine Mission in Abessinien errichtet hatten. Der damalige König Socinios gab ihnen Grund und Boden und auch das Geld dazu. Sie bauten das Gebäude mit eigenen Händen und täfelten es zierlich mit Zedernholz. Der König, ein eifriger Katholik, wählte sich in der Folge hier einen Landsitz und munterte die Portugiesen durch Geschenke und liebreiches Betragen auf. Dieser Königspalast hat eine der schönsten Lagen dieser Welt. Man hat die weite Fläche des Sees vor sich und den Ausblick auf die flachen, aber fruchtbaren Provinzen Dembea, Gojam und Maitsha. Im Hintergrund begrenzen die hohen Berge von Begemder und Woggora den Blick.

Der See ist hier, wie man mir berichtete, sehr fischreich, was von manchen anderen Teilen desselben nicht gesagt werden kann. Die hohe Lage der Halbinsel Gorgora macht sie zu einer der gesündesten und schönsten Gegend des Reiches, während die Einwohner des flachen Landes außerhalb dieser schmalen Landzunge zu verschiedenen Jahreszeiten bösartigen Fiebern unterworfen sind.

Kurz vor 3 Uhr schlugen wir nach einem Weg von fünfdreiviertel Stunden, den wir auf zwölf Meilen schätzten, unser Zelt bei Bab Baha auf. Der erste Teil unserer heutigen Reise kam der am vorigen Tag nicht gleich, der Weg war rauh, führte aber durch angenehme Täler und sanft ansteigende Hügel. Im ganzen zeigte es sich, daß wir seit Gondar um ein beträchtliches höher hinangestiegen waren.

Die Gegend um Bab Baha ist die fruchtbarste in ganz Abessinien. Diese im Süden und Woggora im Norden sind die beiden Kornböden, welche das übrige Königreich versorgen. Bab Baha besteht aus einem Klumpen kleiner Dörfer, welche an Zahl und Menge der Einwohner die von Ke-

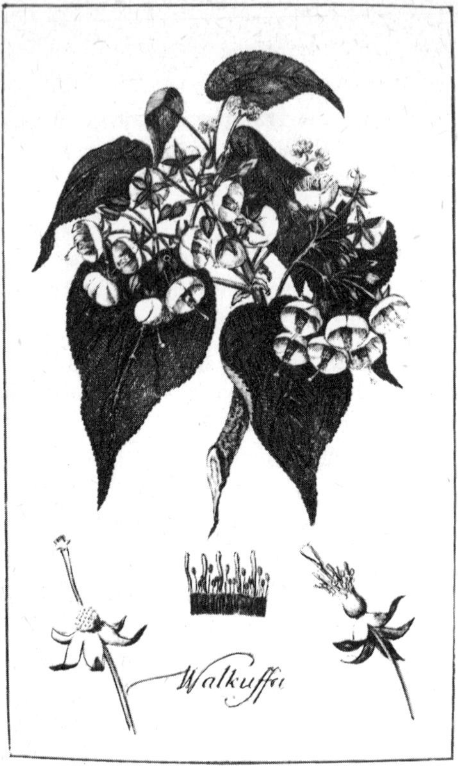

mona übertreffen und nahe am Tanasee liegen. Die Königin und viele ihrer Verwandten besitzen hier Häuser und Landgüter, welche Ras Michael im letzten Krieg geschont und nicht wie die übrigen verwüstet hat.

Am 30. Oktober brachen wir früh um 6 Uhr von Bab Baha auf und reisten immer dichter um den See westsüdwestwärts herum. Weder die Furcht vor Krokodilen noch vor anderen Ungeheuern dieses großen Sees konnten mich davon abhalten, einige Minuten darin zu schwimmen. Die Sonne schien sehr warm, trotzdem war das Wasser empfindlich kalt, was von den vielen Flüssen herrührt, die sich unaufhörlich von den Bergen in den See ergießen.

Nach 2 Uhr setzten wir die Reise fort und passierten um ½4 Uhr einen kleinen hellen Fluß mit wenig Wasser,

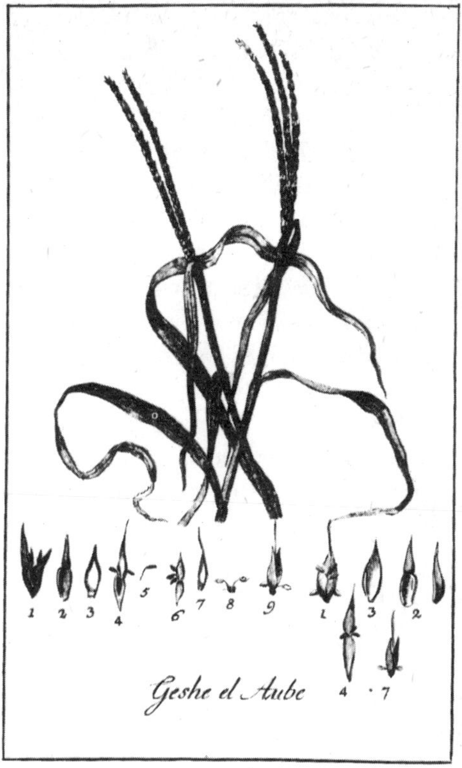

dessen Name mir entfallen ist. Aus der Breite seines Bettes zu schließen, mag es im Winter ein beträchtliches Gewässer sein. Er hatte einen guten kiesigen Grund. Wir trafen hier eine Menge vor Fasils Armee fliehender Bauern an, wovon viele, als sie uns erblickten, ihren Weg verließen. Darunter befand sich auch ein Diener des Guebra Ehud, eines Bruders meines sehr vertrauten Freundes Ayto Aylo. Er erzählte mir, daß es leicht möglich sei, daß Fasil diese Nacht bei uns vorbeimarschieren würde, und riet, daß wir uns vor der Front einer solchen Armee nicht aufhalten sollten. Ich antwortete ihm, daß ich mich lieber vor der Front einer solchen Armee aufhalte als bei der Nachhut. Ich würde auch sehr verlegen sein, wenn ich in der Mitte lange aufgehalten würde. Mein einziger Wunsch sei es, den Fasil zu begrüßen und mir einen Paß und Empfehlungen von ihm zu verschaffen. Der Diener teilte uns mit, daß Fasil jetzt sein Lager bei Bamba, eine Meile von uns entfernt, aufgeschlagen habe und von da aus die rohen Gallas wieder in ihr eigenes Land zurückschicken wolle. Er gab uns einen Mann mit, der für uns sorgen sollte, und bat uns, ihn nicht eher zu entlassen, bis wir Fasil getroffen hätten. Weiter sollten wir nirgends ein Zelt aufschlagen, sondern in eins von den leeren Häusern in Bamba gehen, da alle Einwohner daraus entflohen seien.

Bamba besteht aus einer Ansammlung verschiedener Dörfer in einem Tal, welches jetzt voller Soldaten war. Wir wandten uns mit unserem Führer auf die linke Seite und bekamen ein annehmbares Haus, nur die Türe war fortgeschleppt worden. Fasils Zelt war etwas unter uns aufgeschlagen und zeichnete sich durch nichts als durch seine Größe aus. Es war aber leicht durch die Lichter ringsum und durch die Trommel, welche ständig geschlagen wurde, zu erkennen. Fasil stieg eben vom Pferd. Ich schickte sogleich den Diener ab, um ihn zu begrüßen und ihm zu melden, daß ich unterwegs sei, ihn zu besuchen. Ich sei überzeugt, daß jetzt alle Schwierigkeiten überstanden seien, weil ich wisse, daß es an ihm liege, unsere Reise zu einem glücklichen Ende zu führen. Seine Diener, die ich im Palast beim König sah, als Fasil mit seinen Befehlshaberstellen beliehen wurde, gaben mir die Versicherung eines wirksamen Schutzes und einer prächtigen Aufnahme.

Inzwischen war es beinahe 8 Uhr abends geworden, ehe ich die Nachricht bekam, ihm aufzuwarten. Ich begab mich sogleich in sein Zelt und mußte dort, nachdem ich mich selbst angemeldet hatte, ungefähr eine Viertelstunde warten, ehe ich vorgelassen wurde. Fasil saß auf einem mit einer Löwenhaut bedeckten Kissen, und ein anderes Fell lag statt einer Decke zu seinen Füßen. Um den Kopf hatte er ein baumwollenes Tuch wie ein schmutziges Handtuch gewunden. Sein Oberkleid oder Mantel war dicht um den Hals und die Schultern geschlagen, so daß auch die Hände bedeckt waren. Ich verbeugte mich und ging auf ihn zu, um eine der Hände zu küssen, aber sie war so eingehüllt, daß ich das Kleid statt der Hand küssen mußte. Dies tat er entweder, weil er ein solches Kompliment nicht erwartete, oder es sollte ein Zeichen von Geringschätzung sein, was in der Folge sehr gut zu seinem übrigen Betragen paßte.

Es waren weder Kissen noch eine Decke im Zelt, sondern nur etwas Stroh war gleichsam zufälligerweise umhergestreut. Ich setzte mich auf die Erde nieder und glaubte, er sei krank, weil ich nicht wußte, was dies alles zu bedeuten hatte. Er sah mich starr an und sagte leise auf amharisch zu mir: »Wie fühlt Ihr Euch? Seid Ihr wohlauf?« Ich gab die übliche Antwort: »Gott sei Dank, es geht mir gut.« Er schwieg, wie wenn ich reden sollte. Es war nur ein einziger Mann zugegen, der auf der Erde saß und das Zaumzeug eines Maulesels ausbesserte.

Der Diener, der hinter mir stand, stieß mich mit dem Knie, zum Zeichen, daß ich reden sollte. Das tat ich denn auch, obwohl es mich einige Überwindung kostete. »Ich bin«, fing ich an, »auf Eure Einladung und mit des Königs Erlaubnis gekommen, um Euch in Eurer eigenen Statthalterschaft meine Aufwartung zu machen und Euch zu bitten, daß Ihr mir erlaubt, das Land der Agaus und die Quellen des Abay oder Nils zu besuchen, von welchem ich einen Teil schon in Ägypten gesehen habe.« – »Die Quellen des Abay!« rief er mit gespielter Verwunderung aus. »Wißt Ihr, was Ihr sagt? Sie sind Gott weiß wo, irgendwo im Land der Gallas, eines wilden und fürchterlichen Volkes. Die Quellen des Nils! Seid Ihr verwirrt? Denkt Ihr, daß Ihr in einem Jahr oder wann dorthin kommen könnt?« – »Herr«, erwiderte ich, »der König hat mir gesagt, sie lägen in der Nähe von Sacala und noch näher bei Geesh, ein paar Dörfer der Agaus, die in Eurer Statthalterschaft liegen.« – »Ihr kennt also Sacala und Geesh?« fragte er halb verdrießlich, indem er pfiff. Vermutlich war es seine Absicht, daß ich die mir vom König gemachte Schenkung des Dorfes Geesh erwähnen sollte, die nie sehr nach Fasils Geschmack war und die er auch wirklich unnütz für mich machte. »Ich kann die Namen wiederholen, die ich höre«, antwortete ich. »Ganz

Abessinien kennt den Ursprung des Nils.« – »So!« sagte er, indem er meine Stimme und Art zu reden nachahmte. »Aber ganz Abessinien wird Euch nicht dorthin bringen, ich gebe Euch mein Wort.« – »Wenn Ihr es nicht wollt«, erwiderte ich, »so wird es allerdings niemand wollen. Ich wünschte, Ihr hättet das dem König beizeiten gemeldet, dann würde ich den Versuch nicht gemacht haben. Ich verließ mich auf Euch und kam deswegen so weit her. Ich war der festen Ansicht, daß, wenn mich ganz Abessinien dort auch nicht schützen könnte, es doch Euer Wort allein bewerkstelligen würde.«

Nun nahm er eine gefälligere Miene an: »Seht, Yagoube«, fing er an, »ich kann es tun und will es um des Königs willen tun, der mir die Sache empfohlen hat. Aber der Acab Saat, Abba Salama, hat mich bitten lassen, nicht zu erlauben, daß Ihr weitergeht. Er sagte, es sei gegen die Landesgesetze, Franken wie Euch zu erlauben, im Land herumzureisen. Es habe ihn auch geträumt, daß mir etwas Böses widerfahren würde.« Das ärgerte mich ganz besonders, und ich sagte: »So! Sind also die Zeiten der Priester, Propheten und Träumer wieder gekommen?« – »Ich verstehe Euch«, sagte er zum erstenmal lächelnd, »ich kümmere mich ebensowenig wie der Ras um die Pfaffen und die Propheten. Aber ich wollte nur, daß Ihr daran denkt, daß die Menschen in diesem Land nicht so sind wie in dem Eurigen. Ein Galla macht sich nichts daraus, einen Mann aus Eurem Land totzuschlagen. Ihr Weißen seid alle weichlich, Ihr seid wie die Weiber. Ihr taugt nicht dazu, in eine Provinz zu gehen, wo immer Krieg ist und worin Männer wohnen, die von der Wiege an Soldaten sind.«

Ich merkte, daß es seine Absicht war, mich aufzubringen. Tatsächlich hatte er es auch so weit gebracht, daß es mich, glaube ich, das Leben gekostet hätte, wenn ich ihm nicht mit meiner Antwort die Meinung gesagt hätte. So unvorsichtig handelte ich! »Herr«, sagte ich, »ich bin zu den wildesten Völkern dieser Welt gereist. Alle, ausgenommen dieser Euer Stamm, haben einige große Männer unter sich, die darüber erhaben sind, einen Ausländer ohne Verteidigung übel zu behandeln. Aber selbst der Schlimmste und Niederträchtigste unter diesen rohen Völkern hat mich niemals so behandelt, wie Ihr es heute unter Eurem eigenen Dach getan habt, obwohl ich doch so weit her zu Euch kam, um Euren Schutz zu erbitten.« – »Wieso?« fragte er. »Ihr habt mich«, war meine Antwort, »fürs erste einen Franken genannt, welches der am meisten verhaßte Name in diesem Land ist. Das würde genügen, daß ich, wo ich mich auch zeige, von allen Einwohnern ohne weitere Umstände gesteinigt werde. Unter einem Franken versteht Ihr einen mit römisch-katholischer Religion, welche meiner Nation ebensosehr zuwider ist wie der Eurigen. Ferner habt Ihr, ohne jemand anderen von meinem Volk als mich selbst gesehen zu haben, den Schluß gezogen, daß wir alle feigherzig und weibisch seien wie Eure Knaben und Weiber oder noch ärger als diese. Seht, Herr, Ihr habt nie gehört, daß ich mich für mehr als einen gewöhnlichen Engländer und bei weitem für kein vortreffliches Muster unter ihnen ausgegeben habe. Ich bin kein Soldat, weiß aber doch genug vom Krieg, um zu bemerken, daß die Eurigen nur Stümper in diesem Stande sind. Aber es gibt Soldaten unter meinen Freunden und Landsleuten, die es nicht einmal für eine Tat, die großes Lob verdient, ansehen würden, mit fünfhundert Mann alle Eure nackten Wilden im Staub zu zertreten.«

Fasil tat, wie wenn er über meine Worte lachte, schien mir aber doch im Grund meine Freiheit übelzunehmen. Es war auch in der Tat eine dreiste, im Eifer ausgesprochene Rede. »Was mich selbst betrifft«, fuhr ich fort, »erlaubt mir nur, mich nach der Art meines Landes zu Pferd zu bewaffnen. Ich will es bei aller meiner Ungeschicklichkeit im Kriegshandwerk mit zwei der besten Reiter aus Eurem Heer berühmter Soldaten aufnehmen, die von der Wiege an Krieger sind.«

Er wollte antworten, aber in diesem Augenblick bekam ich heftiges Nasenbluten. Der Diener ergriff mich bei der Schulter und führte mich eiligst zum Zelt hinaus. Fasil schien sehr verlegen zu sein, denn das Blut floß in Strömen auf meine Kleider. Ich begab mich wieder in meine Behausung, und das Blut wurde durch das Abwaschen des Gesichtes mit kaltem Wasser bald gestillt. Ich setzte mich nieder, um nachzudenken, und je ruhiger ich wurde, desto unzufriedener war ich mit mir, weil ich mich aus der Fassung hatte bringen lassen. Aber man kann sich nicht vorstellen, wie groß der Anreiz dazu war, wenn man dergleichen nicht selbst erfahren hat.

Meiner Ansicht nach war es nunmehr entschieden, daß alle meine Hoffnungen, die Quellen des Nils zu sehen, dahin waren. Alle Unruhen, Kosten, Zeit und alles, was ich ausgestanden hatte, waren nun durch die eigensinnigen Launen eines Barbaren umsonst gewesen, dessen Wohlwollen ich mir längst zuvor erworben zu haben glaubte. Und was das schlimmste war, ich befand mich keine vierzig Meilen mehr von dem so sehnlichst gewünschten Ort. Mit einem Mal hatte meine Hoffnung bei dem letzten so ganz unerwarteten Hindernis Schiffbruch erlitten.

Ich war eben im Begriff zu gehen, als Ayto Welleta Michael, ein Neffe des Ras Michael, bei mir eintrat. Ich übergehe unsere Unterredung. Er bezeigte mir seine Anteilnahme an der üblen Begegnung, die ich hatte ausstehen müssen. Er verwünschte den Fasil, legte ihm tausend Schimpfnamen zu und sagte, daß mir Ras Michael seinen Kopf dereinst auf einer Stange zeigen würde. Er gab mir zu verstehen, daß Fasil ein Geschenk erwarte und glaube, ich wollte es statt dessen bloß bei den Empfehlungen des Königs bewenden lassen. »Ich habe ein Geschenk«, erwiderte ich, »und noch dazu ein sehr schönes, aber ich dachte, daß er wie ich selbst sehr ermüdet war und die Zeit zu kurz gewesen wäre, um das Gepäck zu diesem Zweck zu öffnen. Hätte er bis zum nächsten Morgen gewartet, wäre er gewiß durch mein Geschenk befriedigt worden.« – »Gut! Gut!« sagte Welleta Michael. »Für Eure Reise will ich bürgen, denn ich hörte, daß Fasil deswegen Befehle gab, wenn er auch kein Geschenk von Euch erhielt. Was kostet es ihn auch, Eurem Verlangen zu willfahren? Er müßte sich schämen, Euch die Erlaubnis abzuschlagen. Das verbietet ihm seine eigene Eitelkeit.« Diese Versicherung beruhigte mich mehr als alle beruhigenden Tropfen der Welt und brachte mich wieder zu mir selbst. Ich ging zu Bett und fiel in einen gesunden Schlaf, bis ich um Mitternacht durch einige Diener des Fasil aufgeweckt wurde. Sie brachten zwei magere lebendige Schafe und sollten fragen, wie ich mich fühle, und die ganze Nacht hier bleiben, um das Haus vor Dieben in der Armee zu bewachen. Sie teilten mir den Befehl ihres Herrn mit, frühmorgens zu ihm zu kommen, weil er mich gerne zu meiner Reise abfertigen wolle, bevor er seinen Gallas die Freiheit erteile, nach Hause zu reisen. Dies vertrieb nun alle Besorgnis, machte mir aber so viel Mut, daß ich wegen der ungeduldigen Erwartung des Morgens die ganze Nacht nur mehr wenig schlief.

Wir waren in einer Jahreszeit, wo es erst nach 6 Uhr heller Tag wird. Ich begab mich ins Lager und traf dort den Guebra Ehud, der mir die Versicherungen des Welleta Michael bestätigte und mir erzählte, daß Fasil befohlen habe, verschiedene von seinen eigenen Pferden zu bringen, um eins für mich zum Geschenk auszusuchen. Es standen auch wirklich zwölf Stück mit Sattel und Zaum da, die ein Stallmeister führte. Die Pferde waren mir höchst gleichgültig, da ich selbst ein gutes hatte und keines von diesen über sieben Pfund Sterling nach dem Marktpreis wert war. Der geschäftige Stallmeister wählte einen lichtbraunen Klepper aus, welcher am besten von allen in Schuß war, aber dem Anschein nach nicht stark genug, um mich zu tragen. Der Diener versicherte mir, daß das Pferd einen trefflichen Schritt hätte. Fasil halte viel darauf, das Pferd sei aber zu fromm und schläfrig für ihn. Er bat mich, aufzusteigen, obwohl nichts darauf lag als der hölzerne Teil eines Sattels, dünn mit braunem Leder überzogen, und statt der Steigbügel hatte es eiserne Ringe. Die Abessinier reiten mit bloßen Füßen und Beinen und stecken nur die große Zehe in einen eisernen Ring. Sie halten diesen zwischen der großen und der folgenden Zehe, weil sie fürchten, sich beim Fall eines Pferdes in den Steigbügeln zu verhängen.

Ich tat dem Mann den Gefallen, das Pferd zu versuchen.

Ich befahl dem Seis oder Pferdeknecht, den Sattel und das Zaumzeug mit meinem eigenen zu vertauschen, und legte Sporen mit langen scharfen Rädern an. Ich merkte gleich, daß dem Pferd das Gebiß nicht gefiel, und darüber wunderte ich mich nicht. Mein Sattel war ein sogenannter Kriegssattel, hinten und vorne hoch, so daß das Pferd, wenn es nicht stürzte, den Reiter unmöglich abwerfen konnte. Statt der Peitsche hatte ich einen drei Fuß langen dicken und knotigen Stock, und es war ein Glück, daß ich so vorbereitet war.

In den ersten beiden Minuten nach dem Aufsteigen wußte ich nicht, ob ich mehr auf der Erde oder in der Luft war. Das Pferd schlug hinten aus, bäumte sich auf und sprang wie ein Reh mit allen vier Füßen in die Höhe. Es währte einige Zeit, ehe ich mich besinnen konnte. Dann versuchte das Tier einen Galopp und nahm den Zaum zwischen die Zähne, bekam aber einen Stoß, der es stutzig machte. Es galoppierte aber dennoch weiter, und als es merkte, daß ich den Zaum nachließ und es Freiheit bekam, riß es so geschwind wie möglich aus und schlug alle zehn Ellen nach hinten aus. Als wir in eine kleine Ebene mit einem Bach kamen, ging das Pferd in leichtem Trott. Ich mußte aber nur etwas mit den Steigbügeln schütteln, so riß es von neuem aus, und wenn es stillstand, zitterte es am ganzen Leib. Ich war aber entschlossen zu siegen und hängte mein Oberkleid an einen Baum, was wieder einen neuen Ausriß veranlaßte. Das Tier mußte aber gehorchen, und ich ritt einen Hügel halb hinauf, darauf auch noch einen anderen. Ich arbeitete es so durch, daß es weder Atem noch Kräfte mehr hatte, und ich dachte, es würde mich nicht wieder ins Lager bringen können.

In der Nähe von Fasils Zelt blieb das Pferd, als ich den Zügel sanft anzog, stehen, wie es ein gut zugerittenes Pferd tun würde. Mein Diener nahm Zaumzeug und Sattel ab und gab dem Stallknecht seinen eigenen wieder zurück.

Das arme Tier machte eine traurige Figur, die Seiten waren von den Sporen aufgerissen, und das Maul blutete. Der Schurke von Pferdeknecht, der mich zum Besteigen des

Vultur barbatus.
Aus dem Göttingischen Museum.

Tieres verleitet hatte, schlug die Hände zusammen, als er das Pferd so zugerichtet sah. Ich achtete nicht darauf, sondern befahl ihm nur, das Pferd zu seinem Herrn zu bringen. Jetzt dürfe er es zu reiten wagen, was er wohl sonst an diesem Morgen nicht unternommen haben würde.

Als mein eigenes Pferd gesattelt war, beschloß ich, weil ich mich äußerst aufgebracht fühlte, es etwas zu reiten, um mich vor einer zweiten Unterredung mit Fasil etwas zu fassen. Ich hielt diesen letzten verräterischen Streich, der mich leicht Arme und Beine hätte kosten können, für weit ärger, als was am Abend vorher im Zelt vorgegangen war. Es schien, als ob es auf mein Leben abgesehen wäre oder als ob wenigstens der Fortsetzung meiner Reise ein wesentliches Hindernis in den Weg gelegt werden sollte. Mein Diener hatte eine kleine Flinte mit einem doppelten Lauf in der Hand, die mit Schrot geladen war, um ungewöhnliche Vögel zu schießen, wenn uns welche unterkamen. Ich nahm sie mit auf mein Pferd und ritt einen grünen Hügel hinauf, so daß ich oberhalb des Lagers war und von diesem aus gut gesehen werden konnte. Ich galoppierte, ritt im Trab und machte alles, was mein Pferd konnte. Es war in allen seinen Bewegungen vortrefflich und hinlänglich abgerichtet. Die Gallas sahen dies mit Erstaunen und Vergnügen, sie lieben die Pferde von Natur aus.

Es befanden sich damals, so wie immer, in der Nähe des Lagers eine Menge Geier, die sehr dreist sind und sich vom Aas nähren. Ich wählte ein paar aus, die nahe bei mir sachte herumflogen. Erst schoß ich einen auf der rechten und dann einen auf der linken Seite, welche beide tot zur Erde stürzten. Die Zuschauer erhoben ein großes Geschrei, worauf ich nicht achtete, sondern ganz gleichgültig tat, wie wenn nichts Außerordentliches geschehen wäre. Dann stieg ich ab und überließ Pferd und Flinte dem Diener. Ich setzte mich auf einen großen Stein und legte etwas weißes Papier auf einen Kratzer am Bein, den mir das erste Pferd beigebracht hatte, als es zu nahe an einem Dornstrauch vorbeigeprescht war. Und weil meine Überziehhosen ganz vom Blut dieses Tieres, welches ich so viel gespornt hatte, befleckt waren, glaubte jedermann, ich sei verwundet.

Fasil ließ mich unverzüglich zu sich rufen, nachdem er aufgestanden war. Er stand an der Tür seines Zeltes, als ich begann, mein eigenes Pferd zu reiten, und befahl, die Vögel, die er mich schießen sah, zu holen. Seine Diener suchten vergebens das Einschußloch, das sie getötet hatte, weil niemand von ihnen jemals Schrot gesehen hatte. Ich half ihnen nicht aus ihrer Verwirrung. Kaum war ich in Fasils Zelt getreten, verlangte er sehr ernsthaft, ihm zu zeigen, wo die Kugel durchgegangen war. Ich gab ihm keine Erklärung, sondern sagte: »Wenn Ihr wirklich die Absicht habt, mich zu töten, so tut Ihr es besser hier, wo ich Diener habe, die mich begraben und hernach dem König und der Iteghé hinterbringen können, wie menschenfreundlich Ihr Fremde aufnehmt, die sie Euch empfehlen.« Er fragte mich, was ich damit sagen wolle. Als ich ihm zu antworten gedachte, erzählte ihm Welleta Michael die ganze Begebenheit mit dem Pferd der Wahrheit gemäß. Der Fit-Auraris[39] Woldo sagte ihm etwas in der Gallasprache, was die Sache, wie man deutlich sah, noch verschlimmerte. Fasil schien ganz wütend zu werden und sagte dem Fit-Auraris nur drei Worte in ebendieser Sprache, worauf Woldo wegging. Meine Diener erzählten mir später, daß er den Pferdeknecht holen ließ, der mir das Tier gebracht hatte. Zum Willkommen gab er ihm mit einem Prügel einen Schlag auf den Kopf, daß er zu Boden stürzte, und hernach noch ein Dutzend mehr. Er befahl, ihn in Ketten zu legen, und kehrte wieder zum Zelt zurück.

Als Fasil hörte, daß ich verletzt sei, und meine blutigen Beinkleider sah, hob er die Hände mit Abscheu und Verdruß, der offenbar nicht gespielt war, in die Höhe und beteuerte mit allen Schwüren, die er nur ersinnen konnte, daß er nichts von der Sache gewußt und geschlafen habe, daß er keine Pferde besitze, die meiner würdig seien, außer dem einzigen, welches er selbst reite, daß aber ein jedes Pferd, welches man als das seinige kenne und vor mir hergetrieben würde, anstelle eines Passes dienen und mir Respekt bei den wilden Völkern, die ich antreffen könnte, verschaffen würde. Nur in dieser Absicht habe er mir ein Pferd schenken wollen. Er wiederholte die Versicherungen von seiner Unschuld und wie bekümmert er durch diesen Vorfall sei, was er auch wirklich zu sein schien. Er erzählte mir, daß der Pferdeknecht bereits gebunden sei und in wenigen Stunden hingerichtet werden würde. Ich war mit seiner Aufrichtigkeit zufrieden und wünschte, daß diese unangenehme Unterredung ein Ende haben möge. Daraufhin baten mich alle, indem sie auf meine Beinkleider sahen, daß ich für meine Wunde sorgen sollte. Ich antwortete, daß das Blut bereits gestillt sei; und indem ich mich an Fasil wandte, sagte ich: »Ihr seht, wir Weißen erschrecken nicht so über unser eigenes Blut, wie Ihr glaubt.« Der Fasil wünschte daraufhin, daß wir das Zelt für eine kleine Weile verlassen sollten, was wir auch taten.

Ungefähr nach zehn Minuten wurde ich wieder hineingerufen, um an einem großen Frühstück teilzunehmen. Honig, Butter und rohes Rindfleisch waren im Übermaß vorhanden, wie auch einige gute Schüsseln mit gedämpften Speisen. Ich war sehr hungrig, weil ich seit der gestrigen Mittagsmahlzeit nichts genossen hatte, gleichwohl aber viele Bewegungen des Leibes und der Seele gehabt hatte. Wir waren also sehr vergnügt, jeder erzählte etwas, von den Agaus oder vom Nil, und Fasil versicherte, er wolle mich in sein eigenes Land jenseits des Nils bis zum Königreich Narea führen, wenn Frieden sei.

Darauf nahm ich eine Serviette und öffnete sie vor ihm. Er schien das Geschenk ganz und gar vergessen zu haben, aber von dem Augenblick an änderte sich seine ganze Miene, und er sah aus wie ein anderer Mann: »Ah, Yagoube, ein Geschenk für mich! Ihr solltet erwägen, daß das völlig unnötig ist. Ihr seid mir vom König und dem Ras empfohlen. Ihr wißt, daß wir Freunde sind, und ich würde auch ohne diese Empfehlung zwanzigmal mehr für Euch tun. Überdies habe ich mich nicht als ein vornehmer Mann Euch gegenüber aufgeführt.«

Es kostete keine große Mühe, diese Gewissensskrupel zu überwinden. Er nahm ein Stück nach dem anderen von dem Geschenk in die Hand und besah es. Darunter war eine karmoisinrote Schärpe von fünf Ellen Länge, mit Fransen und in Tunis gemacht. Das Gewebe war so schön, wie ich es noch kaum jemals gesehen habe, mit einem wellenförmigen Muster darin; ferner eine Schärpe von gelber Farbe mit einer schmalen roten Einfassung und silbernen Fransen, zwei seidene Schärpen aus Zypern, eine breiter als die andere, aber fünf Ellen lang, und schließlich eine persische Pfeife mit einer langen biegsamen Röhre, mit türkischem Leder überzogen, mit einem Mundstück aus Bernstein und einem kristallenen Gefäß, um den Tabak durch das Wasser zu rauchen, was zur großen Üppigkeit in den Morgenländern gehört. Er schob sie zurück, lachte und sagte: »Ich will sie Euch nicht rauben, das wäre offenbarer Diebstahl. Ich habe nichts dafür getan, das ist ein Geschenk für einen König.« – »Es ist ein Geschenk für einen Freund«, erwiderte ich, »der einem Fremden oft wichtiger ist als ein König. Euren König nehme ich aus, welcher des Fremden bester Freund ist.« Obgleich Fasil nicht leicht aus der Fassung zu bringen war, schien er es doch diesmal beinahe zu sein. »Wenn Ihr sie nicht so annehmen wollt«, setzte ich hinzu, »wie sie Euch angeboten werden, so ist es für mich die größte Beleidigung, die ich jemals erfahren habe. Ich kann sie, wie Ihr wißt, nie wieder zurücknehmen.«

Das überzeugte ihn, er würde aber auch mit schwächeren Gründen zufrieden gewesen sein. Er nahm das Tuch mit allem, was darin war, und übergab es einem Offizier. Dann mußte sich jedermann wieder aus dem Zelt begeben, weil eine Ratsversammlung abgehalten werden sollte. Fasil rief Männer zu sich, auf die er sich verlassen konnte und die er mit uns schicken wollte, um ihnen die gehörigen Befehle für ihr Verhalten zu erteilen. Ich merkte deutlich, daß ich ihn gewonnen hatte.

Ich hatte meinen Dienern mit dem Gepäck befohlen, voraus nach Dingleber aufzubrechen, und ihnen den Diener des Guebra Ehud mitgegeben. Ich behielt nur mein Pferd und einen gemeinen abessinischen Diener bei mir, um ihnen nachzufolgen. Alles war des Morgens in aller Früh in Bereitschaft gewesen, und die Leute hatten sich sehr hurtig auf den Weg gemacht.

Ungefähr um 1 Uhr wurde ich zu Fasil gerufen. Er empfing mich sehr höflich und verlangte, daß ich mich mit ihm auf demselben Kissen niedersetzen sollte, was ich mir aber verbat. »Freund Yagoube«, fing er an, »ich kann Euch für Euer Geschenk nichts wiedergeben, weil ich es nicht erwartete, hier im Feld einen Mann anzutreffen, wie Ihr einer seid. Aber Ihr werdet bald nach Gondar zurückkommen, und dort werden wir uns auf eine bessere Art wiedersehen. Die Quellen des Nils sind nicht weit, ein Bote zu Pferd kann in einem Tag hinkommen. Ich gebe Euch einen guten Mann mit, der im Land als mein Diener wohlbekannt ist.«

Ich dankte sehr für seine Güte und gab ihm zu erkennen, daß ich wünschte, mich augenblicklich aufzumachen, meine Diener seien bereits fort und unterwegs. »Ihr seid im Begriff«, setzte ich hinzu, »das wilde Volk zu entlassen. Ich möchte so weit weg von den Kriegern sein, wie es nur möglich ist, und deswegen große Tagesreisen machen, bis wir die Straße, welche sie nehmen, verlassen. Man sagte mir, daß wir das tun werden.«

»Ihr habt ganz recht«, sagte Fasil, »es war bloß bei dem Gedanken, Ihr könntet Euch mit dem verwünschten Pferd einen Schaden zugefügt haben, daß ich wünschte, Ihr solltet bis morgen bleiben. Aber legt doch die blutigen Kleider ab, die sind nicht schicklich für Euch. Ich muß Euch neue beschaffen, Ihr seid mein Vasall. Der König hat Euch Geesh, wohin Ihr geht, gegeben, ich muß Euch damit belehnen.« Ich verbeugte mich. Eine Anzahl seiner Diener führten mich eiligst hinaus; auch Guebra Ehud, Welleta Michael und der Fit-Auraris begleiteten mich. Ich warf sogleich meine Überziehhosen und beide Oberkleider ab. Sie wurden durch andere ersetzt, und nach einer Minute wurde ich in Fasils Zelt zurückgeführt, nur mit einem feinen nesseltuchenen Kleid, das nur um den Leib gewunden war und bis auf die Füße hinabreichte, bekleidet. Im Zelt nahm Fasil das Gewand, welches er frühmorgens neu angelegt hatte, und hängte es mir eigenhändig über die Schultern, während seine Diener ihm augenblicklich ein anderes überwarfen. Zugleich sagte er zu den Umstehenden: »Seid Zeuge, daß ich Euch, Yagoube, das von den Agaus bewohnte Geesh so vollkommen und frei gebe, wie der König es mir gegeben hat.« Ich verbeugte mich und küßte ihm die Hand, wie es Vasallen nach Landesgewohnheit tun müssen. Er gab mir daraufhin ein Zeichen, mich niederzusetzen.

»Hört, was ich Euch sagen werde«, fuhr Fasil fort, »ich halte es für das beste, wenn Ihr Euch jetzt schleunigst auf den Weg macht. Desto eher kommt Ihr wieder nach Gondar zurück. Ihr braucht Euch nicht durch das rohe Volk, von dem Ihr gesprochen habt, beunruhigen zu lassen.« Ich verbeugte mich abermals, und er sagte weiter: »Ihr seht hier diese sieben Männer (ich sah in meinem Leben keine, die mit Spitzbuben mehr Ähnlichkeit hatten), sie sind alle Anführer der wilden Gallas, wenn Ihr sie so nennen wollt, aber sie sind dennoch Eure Brüder.« Ich verbeugte mich. »Ihr könnt durch ihr Land reisen, als wenn es das Eurige wäre, ohne daß Euch jemand im geringsten beleidigen wird. Ihr werdet bald mit ihnen allen verwandt sein, denn es ist bei ihnen Sitte, daß ein Fremder von Stand, wie Ihr es seid, wenn er als Gast zu ihnen kommt, mit der Schwester, Tochter oder einer nahen Verwandten des Vornehmsten unter ihnen schläft. Ich darf doch wohl annehmen«, setzte er mit schalkhafter Miene hinzu, »daß Ihr die Sitten der Gallas nicht für beschwerlicher halten werdet als die in Amhara.« Ich verbeugte mich abermals, dachte aber im stillen, für meine Person keinen Gebrauch von einem solchen Angebot zu machen. Fasil schnatterte darauf etwas in der Gallasprache, was ich nicht verstand. Die Männer antworteten mit einem wilden Geheul, dergleichen ich bis jetzt nie gehört hatte, und schlugen sich auch auf die Brust, was vermutlich ein Zeichen der Bejahung war.

»Als Ras Michael«, setzte Fasil hinzu, »von der Schlacht bei Fagitta zurückkam, ließ er am Tag nach seiner Ankunft einigen Männern, die alle Brüder und Verwandte dieser hier waren, in Gondar die Augen ausstechen und an das Ufer des Angrab führen, damit sie dort den Tod fänden. Die meisten wurden, glaube ich, von Hyänen gefressen. Ihr nahmt zwei von ihnen in Eurem Haus auf, gabt ihnen Essen und Kleider, beschütztet sie und habt sie menschenfreundlich behandelt.« – »Es geht ihnen gut«, fiel ich ein, »und sie leiden keinen Mangel. Die Iteghé wird sie Euch überliefern. Das einzige, was ich tat, war, daß ich sie taufen ließ. Ich weiß nicht, ob ihnen das mißfiel, aber es geschah, um ihnen besseren Schutz und ein Recht auf das Mitleid der Einwohner von Gondar zu verschaffen.« – »Was das betrifft«, sagte er, »machen sie sich nichts aus der Taufe, sie bringt ihnen weder Vorteil noch Schaden. Sie kümmern sich um solche Sachen nicht. Gebt ihnen nur zu essen und zu trinken, so werdet Ihr willkommen sein und könnt sie vom Morgen bis zum Abend taufen. Nach jeder bewiesenen Fürsorge sind diese Gallas alle Brüder von Euch und werden sich eher totschlagen lassen, als zu dulden, daß Euch etwas Widriges widerfährt.« Fasil sagte darauf wieder etwas in ihrer Sprache, worauf sie abermals ein Zeichen des Bejahens gaben und so taten, als ob sie meine Hand küssen wollten.

Er hatte all dies in einem Ton und auf eine so gütige Art gesagt, wie ich es bisher noch nicht erlebt hatte, obwohl die Abessinier wie die meisten wilden Völker große Schwätzer sind. »Wohlan denn«, sagte ich, »um all der Verbindlichkeiten willen, die Ihr erwähnt habt und die Ihr auf eine für mich so rühmliche Art erzählt habt, bitte ich Euch nun, mich zum Ursprung des Nils reisen zu lassen und mich mit meinem Gefolge auch sicher wieder zurückzubringen. Fertigt mich jetzt so geschwind wie möglich ab und legt mir keinen Zwang auf, der mich hindert, meine Neugierde auf meine Weise zu befriedigen.«

Er wandte sich daraufhin abermals an seine sieben Anführer, die alle so wie er aufstanden. Ich, Guebra Ehud, Welleta Michael und der Fit-Auraris taten dies ebenfalls. Wir bildeten zusammen einen Kreis und hoben unsere flachen Hände in die Höhe. Fasil verrichtete mit seinen Gallas ein Gebet von etwa einer Minute, wobei sie ungemein andächtig zu sein schienen. »Nun geht in Frieden«, sagte Fasil. »Ihr seid nun ein Galla. Wir haben eben einen Fluch über diejenigen, über ihre Kinder, ihr Gras, Getreide und Vieh ausgesprochen, die sich unterstehen, gegen Euch und die Eurigen die Hand aufzuheben, oder die Euch nicht im Falle eines Angriffs aufs äußerste verteidigen und alle Absichten dazu im Keim ersticken, wenn sie hören, daß solches gegen Euch im Schild geführt wird.« Ich küßte Fasil die Hand, bevor ich Abschied nahm. Wir gingen an die Tür des Zeltes, wo ein schönes graues Pferd mit Sattel und Zaum stand. »Nehmt dieses Pferd von mir zum Geschenk«, sagte er. »Es ist nicht so gut wie Euer eigenes, aber Ihr könnt Euch darauf verlassen, daß es nicht von der Art ist wie jenes, welches Euch der Schurke diesen Morgen gab.

Ich ritt es gestern, als ich mein Lager hier aufschlug. Ihr sollt es aber nicht selbst reiten, sondern es nur mit Sattel und Zaumzeug vor Euch herführen lassen. Keine Seele in Maitsha wird Euch anrühren, sobald sie dieses Pferd sieht.«

Ich nahm daraufhin mit allem möglichen Respekt Abschied von Fasil und meinen neuerworbenen Brüdern, den Gallas. Trotzdem wünschte ich von ganzem Herzen, sie nie wieder zu sehen. Wie man es nach Landesbrauch gegenüber Höhergestellten immer tut, wandte ich mich zu Fasil und bat um Erlaubnis, in seiner Gegenwart aufs Pferd zu steigen. Bald war ich ihnen aus dem Gesicht. Shalaka Woldo, mein neuer Führer, ritt nicht gleich mit, weil er noch einige Privatgeschäfte zu erledigen hatte, folgte aber doch bald nach. Fasils Pferd wurde vorausgeführt.

Ein Galla

Shalaka Woldo war allem Anschein nach nicht der Mann, der einen Ausländer mitten unter einer auf dem Rückzug begriffenen Armee schützen konnte, die auseinanderging wie diese und nach entlegenen Gegenden zurückmarschierte und vielleicht nie wieder gesammelt werden konnte. Er war jedoch von jemandem ausgewählt worden, der genau wußte, daß Woldo vor allen anderen des in ihn gesetzten Vertrauens würdig war. Er war ungefähr fünfundfünfzig Jahre alt, von Geburt ein Agau und trug nichts auf dem Kopf, ausgenommen sein langes krauses schwarzes Haar, welches gerade anfing, etwas grau zu werden. Es fehlte ihm so wie allen seinen Landsleuten der Bart. Er hatte ein baumwollenes Tuch in vielfältigen Formen, wie es ihm seine Einbildungskraft gerade eingab, um die Schultern geworfen, legte es aber im allgemeinen, außer bei Nacht, auf einen seiner Maulesel und ging mit nacktem Oberkörper. In diesem Fall hatte er ein Ziegenfell von der Gestalt eines Weiberhalstuchs um die Schultern hängen. Ferner trug er grobe weite Hosen, die bis zur Mitte der dicken Beine herabreichten und durch einen groben baumwollenen Gürtel, der sechs- bis siebenmal um den Leib gewunden war, befestigt waren. In diesem stak ein krummes Messer, dessen Klinge ungefähr zehn Zoll lang und an der breitesten Stelle drei Zoll breit war. Sonst trug er keine Waffen, und auch dieses Messers bediente er sich nur, um das Fleisch zum Essen zu zerschneiden, also nicht zum Angriff oder zur Verteidigung. Ein so wichtiger Mann wie er konnte wohl annehmen, daß er im Gebiet seines Herrn keine Gefahren fürchten müsse. Zuweilen hatte er als starker Raucher eine lange Pfeife in der Hand, sonst aber einen drei Fuß langen und daumendicken Stock, mit dem er an Männer, Weiber und Tiere bei der geringsten Veranlassung sehr freigebig Prügel austeilte. Er ging mit bloßen Füßen, ohne ein Maultier zu besteigen, hielt aber mit uns Schritt, welche Geschwindigkeit wir auch einschlugen. Überdies war er sehr klug und listig und schien den Inhalt unserer Gespräche zu erraten, obwohl wir in einer Sprache redeten, wovon er kein Wort verstand.

Am 31. Oktober nach 2 Uhr machten wir an dem kleinen, nicht sehr schnellen Fluß Chergue halt, welcher aus Südwesten gegen Nordosten läuft und sich im Tanasee verliert. Um 3 Uhr passierten wir den kleinen Fluß Dingleber und kamen gleich darauf in das Dorf gleichen Namens, welches oben auf einem Felsen liegt, den wir erstiegen. Man spricht hier die Falashasprache, obwohl diese heute nur von den Juden dieses Namens geredet wird. Ehemals war es die Sprache in der ganzen Provinz Dembea, deren südliche Grenze hier ist. Die Luft in Dingleber ist vortrefflich und die Aussicht eine der schönsten in Abessinien. Auf der einen Seite übersieht man ganz deutlich den See mit seinen Inseln, gegen Norden erblickt man die Halbinsel Gorgora, den ehemaligen Wohnsitz der Jesuiten, wo sich auch noch die Ruinen des königlichen Palastes befinden. Nordwärts vom See sieht man in der Ferne den Nil, der durch den See läuft und dessen Lauf man sehr deutlich wahrnimmt, weil sich sein Wasser nicht mit dem Wasser des Sees vermischt. Man sieht den Ausfluß aus dem See, wo sich der sogenannte zweite Wasserfall bei Alata befindet. Weiterhin erkennt man das Gebiet von Sacala, einem der Distrikte der Agaus, wovon die Nilquellen, der Gegenstand aller meiner Wünsche, nicht weit entfernt sind. Dicht dahinter sieht man die hohen Berge von Amid-Amid, welche diese Quellen in zwei Halbkreisen wie ein Neumond oder ein Amphitheater umgeben und wegen ihrer Gestalt den Namen Mondberge zu verdienen scheinen, in deren Nachbarschaft man den Ursprung des Nils in früheren Zeiten vermutete.

Um 4 Uhr nachmittags verließen wir Dingleber und passierten um 7 Uhr einen großen Fluß. Dann zogen wir auf engen Wegen zwischen Bergen hindurch, die bis oben hinauf mit Gras und Buschwerk bewachsen waren. Es war eine herrliche Nacht, und wir beschlossen, sie größtenteils zu nützen.

Am 1. November gegen 2 Uhr früh lagerten wir bei zwei kleinen Dörfern, deren Hütten eben fertig geworden waren. Als ich gegenüber dem Shalaka Woldo meine Freude darüber zeigte, daß die Einwohner ihre vom Ras Michael zerstörten Häuser wieder aufbauten, antwortete er mit einem menschenfeindlichen Lächeln: »Ei freilich! Ich freue mich auch. Wären diese Häuser nicht wieder gebaut worden, hätten wir diese Nacht kein Feuerholz am Kelti gehabt.« Er wollte damit sagen, daß die Gallas hinter uns, deren nächstes Lager am Ufer des Kelti war, alle neuerbauten Häuser niederreißen würden, um Brennholz mitzunehmen. Wir sahen auch wirklich schon Spuren neuerbauter und kürzlich wieder zerstörter Häuser, deren Holz zum Teil angebrannt war, zum Teil auf der Erde herumlag und uns diese Nacht zur Feuerung diente. Ich selbst fühlte mich sehr schlecht und konnte kaum noch die paar Stunden aushalten, bis wir nach 6 Uhr morgens am Kelti anlangten.

Die Ufer dieses Flusses sind ungemein steil und gefährlich. Die Erde löst sich ab und fällt in großen Klumpen in den Fluß. Das Wasser ist zwar trüb und schlammig, ist aber süß und hat einen guten Geschmack. Wir sahen am anderen Ufer Licht und Feuer. Wir hatten bereits begonnen, unser Zelt aufzustellen, als wir von zwei Gallas zu Fuß, bewaffnet mit Lanze und Schild, die Botschaft erhielten, unser Lager nicht an diesem Ort aufzuschlagen, weil man unsere Pferde und Maulesel vermutlich stehlen würde. Wir sollten den Fluß sofort überqueren und unser Zelt bei ihnen aufstellen.

Ich fragte den Shalaka Woldo, wer die Leute seien. Er sagte, daß sie einen Vorposten von Fasils Armee bildeten, der den Lagerplatz für das morgige Hauptquartier besetzt halte. Es seien lauter Gallas unter dem Kommando eines berühmten Räubers, der Springer genannt werde. Im Vorbeigehen sagte er mir ins Ohr, daß im ganzen Land der Gallas kein größerer Dieb und Mörder anzutreffen sei.

Da Zelt und Gepäck bereits abgeladen waren, war es nötig, die Maulesel von neuem zu bepacken. Wegen der Ermüdung nach einer so langen Tagesreise und dem Mangel an Schlaf nahmen wir die Arbeit sehr verdrießlich in Angriff. Kaum merkte dies Shalaka Woldo, pfiff er ein paarmal auf den Fingern und schrie dazu, worauf uns gleich

Am Tanasee

etwa fünfzig Kerle zu Hilfe kamen. Im Augenblick war unser Gepäck hinübergeschafft, und in ebenso kurzer Zeit waren zwei Zelte aufgeschlagen, eine Arbeit, die diesen Leuten sehr vertraut ist und worin sie geschickt umzugehen wissen.

Sobald wir unser Lager aufgeschlagen hatten, erfuhren wir den Grund, warum man uns nicht auf dem anderen Ufer allein lassen wollte. Die zurückkommenden Gallas rissen alle Dörfer nieder, um Feuerholz zu bekommen, und plünderten auch, obwohl die Einwohner ebenso wie sie Gallas und von Fasils Partei waren. Diese aus ihren Häusern getriebenen und aller Habseligkeiten, außer Schild und Lanze, beraubten Leute verfolgten die herumstreifenden Soldaten und rächten sich an denen, die sie überraschen konnten oder die nicht zu zahlreich für sie waren.

Kaum hatte ich mich zum Schlafen niedergelegt, als ein Diener und mit ihm Woldo vom Springer an mich geschickt wurden. Sie brachten uns einen Ochsen von ungeheurer Größe, der aber nicht sehr fett war. Das Tier wurde augenblicklich geschlachtet und abgehäutet. Inzwischen machte ich einen kurzen, aber sehr erquickenden Schlaf, mit dem festen Entschluß, meine Reise in derselben Eile fortzusetzen, bis wir an den Ort kommen würden, wo sich unser Weg und der der Armee trennen würden.

Um 10 Uhr machte ich unserem kommandierenden Offizier, dem Springer, meine Aufwartung. Er schien über meinen Besuch sehr verlegen, war ganz nackt bis auf ein Tuch um die Lenden und hatte sich eben im Kelti gewaschen. Es hatte ihm aber, wie mich dünkte, wenig geholfen. Eben rieb er sich den Leib und die Arme mit geschmolzenem Talg ein, und ein Mann machte ihm den Kopf zurecht, indem er einige kleine Ochsendärme in die Haare flocht, welche mir nicht einmal gereinigt zu sein schienen.

Unsere Unterredung war weder lang noch interessant. Mir wurde ganz übel von dem unangenehmen Geruch nach Blut und den stinkenden Därmen. Er verstand kein Wort Amharisch oder Geez[40] oder von irgendeiner anderen Sprache, mit Ausnahme der Gallasprache. Der Springer war lang und mager, hatte ein spitzes Gesicht, eine lange Nase, kleine Augen und fürchterlich lange Ohren. Er sah einem nie ins Gesicht, sondern ließ die Augen beständig herumschweifen, ohne sie auf etwas zu heften. Er hatte große Ähnlichkeit mit einem mageren, heißhungrigen Windhund. Ich gab ihm ein kleines Geschenk, das er mit großer Gleichgültigkeit annahm. Er sagte lediglich zu Woldo, wenn ich es zur Bezahlung des Ochsen gegeben hätte, wäre es nicht nötig gewesen, da er ihn mir auf Fasils Befehl gegeben habe und er ihn nichts koste.

Wir erfuhren hier, daß wir noch auf eine Gruppe von zweihundert Mann stoßen würden, welche Fasil abgeschickt hatte, um die Strecke zu bewachen, damit nicht einige Einwohner aus Maitsha, deren Häuser verwüstet worden waren, uns nach unserer Trennung von der Armee verfolgen könnten. Der Springer erzählte uns, daß sein Bruder diesen Trupp kommandiere, der aus lauter Gallas von Fasils eigenem Stamm bestünde. Der Bruder heiße das Lamm, sei aber ein ebensolcher Mörder und Räuber wie er selbst. Ich stand eben auf, um das Zelt zu verlassen, als Woldo, der hinter mir saß, meldete, daß Nachrichten aus Gondar eingetroffen seien. Mich überfiel ein plötzliches Zittern, weil ich einen neuen Streich oder ein Hindernis fürchtete, welches die Reise, deren glückliche Beendigung ich so herzlich herbeiwünschte, rückgängig machen konnte.

Während ich zu meinem Zelt zurückging, begegneten mir Strates und Guebra Mariam, ein anderer Grieche und Diener der Ozoro Esther, den ich gut kannte. Nachdem ich ihm Zeit gelassen hatte, sich zu erholen, holte ich ihn allein zu mir ins Zelt, um den Auftrag der Ozoro Esther von ihm zu vernehmen. Sie hatte seit meiner Abreise von Gondar gekränkelt, hatte ein schleichendes Fieber gehabt, welches ihre Nerven sehr angegriffen hatte, und war jetzt wegen eines Zustands in Sorge, der nur eine Folge von Schwäche war. Er bestand in einem Zusammenschrecken und einer unfreiwilligen Zusammenziehung der Beine und der Arme, einer Art von Konvulsion, die sie oft aus dem Schlaf weckte. Sie sah dies als einen sicheren Vorboten des Todes an und ließ mich bei aller Freundschaft, die sie mit mir verband, beschwören, doch zu ihr zurückzukommen, ehe es zu spät wäre. Sie verbürgte sich, daß mich einer ihrer Neffen, sobald sie wiederhergestellt wäre, augenblicklich zu den Quellen des Nils bringen sollte.

Ich will den Leser nicht mit der Beschreibung meiner Verlegenheit aufhalten, in die mich diese Nachricht versetzte. Ich entschloß mich, die Fortsetzung meiner Reise zu wagen, obwohl man mir das niedrigste aller Vergehen, die Undankbarkeit gegen meine Wohltäter, zuschreiben würde. Außer meiner persönlichen Neigung zu Ozoro Esther, als einer der liebenswürdigsten Weiber der Welt, war sie die Mutter meines vertrautesten Freundes Ayto Confu und die Gemahlin des Ras Michael, über den sie mit jedem Tag mehr Einfluß gewann. Doch alle Umstände wiesen darauf hin, daß sich nie wieder eine Gelegenheit zu meiner geplanten Reise bieten würde, da es als sicher galt, daß das Reich in noch weit größere Unruhen gestürzt werden würde. Dies war die einzige Ursache, die mich der Aufforderung der Ozoro Esther nicht folgen ließ. Ich teilte dem Guebra Mariam mit, daß eine unmittelbare Rückkehr schlechterdings unmöglich sei, daß ich mich aber mit äußersten Kräften bemühen würde, eine rasche Heimkehr zu beschleunigen. Ich ließ ihn auch wissen, wie mit der Patientin während meiner Abwesenheit verfahren werden sollte.

Meine Ängstlichkeit, keine Zeit mehr auf dieser Reise zu verlieren, bewog mich, sie schon an diesem Nachmittag fortzusetzen. Zu diesem Zweck hatte ich den Diener der Ozoro Esther abgefertigt. Es stellte sich aber heraus, daß weder Mensch noch Tier an diesem Tag weiterziehen konnten. Von dem übertriebenen Marsch von neunundzwanzig Meilen, ohne auszuruhen und bei wenig Futter, waren unsere Maulesel ganz entkräftet, und die Männer, die den Quadranten trugen, bekannten, daß sie, ohne eine Nacht auszuruhen, nicht weiterkönnten. Wir mußten also aus der Not eine Tugend machen und beschlossen einstimmig, einen Rasttag zu halten. Wir befanden uns am bequemsten Lagerplatz, den wir uns nur wünschen konnten. An Futter und Wasser hatten wir Überfluß; auch betreffs unserer Sicherheit hatten wir alle Ursache, zufrieden zu sein.

Strates war bei uns geblieben, und ich fragte mich, welcher Beweggrund ihn dazu verleiten konnte, sich noch einmal den Gefahren eines so beschwerlichen Weges auszusetzen. Der sonderbare Mann bereute seinen Entschluß, in Gondar zu bleiben, sobald wir weg waren. Wie wir aus seiner eigenen wie auch der Erzählung des Guebra Mariam vernahmen, hatte er sich vorgenommen, uns zu Fuß nachzueilen, als er vernahm, daß Ozoro Esther einen Diener an mich abschicken wollte. Er durfte sich anschließen, und die Prinzessin, der die Sorge des Strates um meine Person gefiel, gab ihm sogar einen Maulesel, damit ihr Diener durch ihn keine Verzögerung erleide.

Am anderen Morgen setzten wir um 7 Uhr unsere Reise gegen Süden fort. Gegen Mittag erreichten wir Roo, einen ringsumher mit Bäumen beschatteten Platz in einer kleinen Ebene, wo die in der Nähe siedelnden Einwohner von Goutto, Agau und Maitsha zusammenkommen, um einen Markt mit Häuten, Honig, Butter und allen Arten von Vieh abzuhalten. Alle Märkte in Abessinien werden an solchen Plätzen, auf offenem Feld unter schattigen Bäumen, veranstaltet, wo jedermann während seines Aufenthaltes unter dem Schutz der Regierung steht, zu der der Ort gehört. Keine Streitigkeiten oder persönliche Feindschaften dürfen hier ausgehandelt werden. Wer aber Feinde hat, muß sich auf dem Hin- und Rückweg in acht nehmen, weil ihn dort niemand vor Gefahren schützt.

In dem trockenen Bett eines Flusses, am Fuß eines kleinen Gehölzes, ehe man zum Marktplatz Roo hinaufsteigt, trafen wir das Lamm, den Bruder unseres Freundes Springer. Er war wie ein Dieb in einer Höhle versteckt, die wir leicht hätten passieren können, ohne ihn zu entdecken. Wir gaben ihm etwas Tabak, den er sehr liebte, und verschiedene andere Kleinigkeiten. Wir befragten ihn über

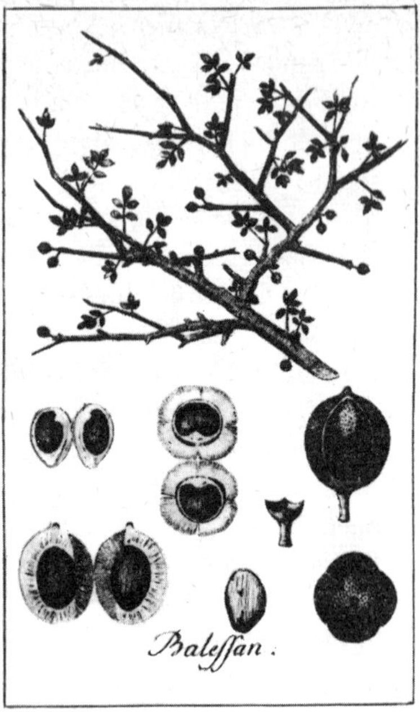

den Zustand des vor uns liegenden Weges, und er gab bereitwillig Auskunft.

Woldo sang Lobeshymnen auf das Lamm. Er sagte, daß dieser viel menschlicher als sein Bruder dächte. Wenn er in Gojam oder sonst irgendwo in Abessinien einfiele, ermorde er keine Weibspersonen, nicht einmal die Schwangeren, was sonst bei den Gallas üblich zu sein scheint. Ich bezeigte dem Woldo meine Freude über diesen großen Beweis von Menschlichkeit, was er ganz ernsthaft, als ob es meine wirkliche Meinung wäre, annahm.

Ich fragte Woldo, was aus den Gallas geworden sei, welchen Michael nach der Rückkehr von der Schlacht bei Fagitta in Gondar die Augen habe ausstechen lassen. Keiner, antwortete er, sei wieder in sein Vaterland zurückgekommen. Man sage, daß sie von Hyänen gefressen worden seien, weil man sie an das Ufer des Angrab geführt habe, damit sie dort umkämen. »Ich nahm zwei davon unter meinen Schutz«, fiel ich ein. »Ja«, sagte er, »die übrigen hätten auch gerettet werden können.« Und mit leiser Stimme setzte er hinzu: »Daß die Hyänen sie aufgefressen haben, ist eine Erdichtung wegen der Gallas, aber wir Diener des Fasil wissen, daß sie auf seinen Befehl in Maitsha und dem Land der Agaus aus dem Weg geräumt wurden, damit sie niemand aus ihren Provinzen sehen und über ihre Verstümmelung erschrecken könne, wie es die Absicht des Ras war, als er sie blenden und doch am Leben ließ. Um diesem Plan zuvorzukommen, ließ Fasil sie unterwegs hinrichten, bevor sie ihr Land erreichen konnten.« Ich erschrak, ich gestehe es, über diese feine Politik Fasils, die mir von seinem Charakter ein vollständiges Bild gab. »Wie«, sagte ich, »seine eigenen Leute, die im Gefecht für ihn gefangen wurden, hat er bloß deswegen ermordet, weil der Feind ihnen aus Grausamkeit das Augenlicht genommen hat? Wahrhaftig, Woldo, das ist unglaublich.« – »Oho«, entgegnete er, »dennoch ist es wahr.« Nun sah ich ein, warum die Gallas, die ich in Gondar zu mir nahm, sich immer weigerten, in ihr Land zurückzukehren, obgleich sich zuweilen sehr sichere Gelegenheiten dazu geboten hatten.

Obwohl das Lamm und seine Soldaten, die übrigen Gallas, uns wenig Aufmerksamkeit schenkten, war doch der Respekt merkwürdig, den sie dem Pferd Fasils erwiesen. Die meisten gaben ihm, einer nach dem anderen, eine Handvoll Gerste, das Lamm selbst hatte eine lange und ernsthafte Unterredung mit ihm. Woldo berichtete mir, daß der Inhalt der Worte nichts anderes sei als Bedauern über das unglückliche Schicksal des Pferdes und über Fasils Grausamkeit, daß er es einem weißen Mann anvertraut habe, der es nicht füttern und nie wieder nach Bizamo zurückkehren lassen würde. Bizamo ist ein Land der Gallas südlich des Nils, nachdem er seine südlichste Krümmung gemacht und das Königreich Gojam umflossen hat. Mir gefiel diese aufrichtige Liebe zu dem Tier besser als alle Beweise Woldos von der menschlichen Gesinnung des Lamms, der selten schwangere Weiber ermordet.

Bei Roo verließen wir die Straße, welche nach Buré, der Residenz des Statthalters von Damot führt und wohin der

Nisser Werk

Nisser Tokoor.

Marsch der Armee gehen sollte. Ich nahm also, wie ich mir schmeichelte, auf immer von meinen Brüdern, den Gallas, Abschied, doch ließ ich das Pferd noch immer vorausführen. Wir wandten uns nun gerade gegen die Quellen des Nils, welche nach dem Kompaß Südost gegen Süden lagen.

Strates, der sich einen Zeitvertreib daraus machte, neue Vögel und andere Tiere für unsere Naturaliensammlung aufzuspüren, feuerte hier seine Flinte auf einen Vogel ab, der wunderschöne bunte Federn hatte. Ich hielt an und machte eine ungefähre Skizze von dem Tier, um bei größerer Muße eine genaue Zeichnung anfertigen zu können. Kaum war das geschehen, hörten wir, unsere Reise fortsetzend, verwirrtes Schreien und wildes Lärmen und sahen eine Anzahl Reiter mit erhobenen Lanzen auf uns zusprengen, wie wenn sie uns angreifen wollten. Der Boden war uneben und mit Unterholz bewachsen, so daß es schien, als könnten sie nicht so hurtig zu uns gelangen, wie sie es wünschten. Wir hatten Zeit, uns mit unseren Gewehren, Flinten und Musketen hinter dem Gepäck kampfbereit zu machen. Nachdem Woldo sie an dem Geschrei als seine Freunde erkannte, bevor er noch die Gesichter sehen konnte, rannte er ihnen einige Schritte entgegen. Sie riefen: »Fasil ali – Fasil ali«, das heißt: »Hier befiehlt niemand als Fasil.« Die Reiter hielten bei Woldo an, und wir erfuhren, daß dies der vom Lamm kommandierte Haufen war, den wir unterwegs getroffen hatten. Nachdem wir aufgebrochen waren, hatten sie gehört, daß fünf Agaus auf Pferden zwischen der Armee und ihrem Posten durchgeritten waren, und als sie den Schuß hörten, hätten sie befürchtet, diese Männer könnten etwas gegen uns im Schilde führen. Deswegen seien sie mit möglichster Eile zu unserem Beistand gekommen.

Wir machten also die Erfahrung, daß dieser Mann, den wir für nicht viel klüger als ein Stück Vieh gehalten hatten, dennoch in der Vollziehung seiner Befehle ebensoviel Klugheit, Genauigkeit, Dynamik und Begriffe von Pflichterfüllung hatte wie ein christlicher Offizier bei einem ähnlichen Auftrag.

Es war nun an der Zeit, unsere Reise fortzusetzen. Um dem Lamm meine Dankbarkeit für den wesentlichen Dienst, den er uns zu leisten gedacht hatte, zu bezeigen, gab ich ihm viermal soviel Tabak, wie er zuvor bekommen hatte, und im gleichen Verhältnis auch von den übrigen Kleinigkeiten. Er nahm dies alles mit völliger Gleichgültigkeit wie beim erstenmal an. Als ob es sein Eigentum gewesen wäre, ließ er weder in Worten noch in seiner Miene die geringste Dankbarkeit erkennen.

Nach einer halben Stunde waren wir wieder zu Pferd,

und unsere Freunde waren ebenfalls bereit, wieder fortzureiten. Ich befahl dem Strates, heute nicht wieder zu schießen, damit wir keine neue Zusammenkunft hätten, wonach uns keineswegs verlangte.

Nachdem wir den Fluß Assar und verschiedene zu Goutto gehörige Dörfer passiert hatten und gegen Süden reisten, bekamen wir zum erstenmal den hohen Berg Geesh, das so lange ersehnte Ziel unserer gefährlichen und mit vielen Unruhen verknüpften Reise zu Gesicht. Unter diesem Berg sind die Quellen des Nils. Unserer Schätzung nach betrug die Entfernung in gerader Linie dreißig Meilen, ohne die Krümmungen des Weges zu rechnen.

Am Nachmittag des 2. November erreichten wir das Ufer des Nils. Die Furt ist hier nur mit großen Beschwerden und Gefahren zu durchwaten, weil man im Boden viele Löcher, die durch starke Quellen entstehen, leicht nachgebenden Quellsand und auf kleinstem Raum eine Menge großer Steine und Felsen antrifft. Die Ostseite war schlammig und voller Löcher in einem tonigen Boden. Der Nil ist hier ungefähr zweihundertsechzig Fuß breit und sehr schnell. Seine Tiefe beträgt in der Mitte vier Fuß, an den Ufern nicht über zwei. Die Ufer sind sanft abschüssig. Die Westseite zieren besonders hohe Arten von Weiden, die ohne Knoten gerade in die Höhe treiben und lange spitzige und wollige Samen tragen. Die Abessinier nennen diesen Baum Ha und brennen Kohle zur Herstellung von Schießpulver daraus. Auf der anderen Seite ist das Ufer auf eine große Entfernung mit spitzigen Felsen bedeckt, die von einigen hohen, aber vor Alter absterbenden Bäumen überschattet werden: eine traurige, fürchterliche Naturszene, ein dunkler Ort, woraus wir in unserer Einbildungskraft einen Löwen oder ein anderes, noch wilderes Ungeheuer hervorspringen sahen.

Die Verehrung, die man Gott in diesem Land wie in den ältesten Zeiten erweist, erstreckt sich nur auf den Distrikt von Goutto, und, wie ich glaube, nicht viel weiter. Die Ursache liegt meiner Meinung nach darin, daß dieses Land im Besitz seiner alten Bewohner geblieben ist, die weiter flußabwärts liegenden Gebiete aber nicht. Wir wissen, daß Maitsha vor nicht gar langer Zeit aus politischen Gründen mit heidnischen Gallas besiedelt worden ist. Aus Goutto und der Provinz der Agaus aber sind die ehemaligen Einwohner nicht ausgewandert, und bei diesen ist der alte Aberglaube tiefer verwurzelt als die neuere christliche Lehre.

Eine große Menschenmenge kam an der Furt zu uns und leistete uns nach einigem Streit große Hilfe beim Passieren des Flusses. Anfangs widersetzten sie sich mit großer Heftigkeit und ließen niemand zu Pferd oder auf einem Maulesel durchreiten. Sie luden unsere Maulesel ab und legten das Gepäck auf dem Gras nieder. Sie drangen darauf, daß wir die Schuhe ausziehen sollten, und taten so, als ob sie diejenigen, die den Schmutz von ihren Kleidern und Hosen im Nil abzuwaschen versuchten, steinigen wollten. Meine dadurch aufgebrachten Diener suchten diese Roheit mit gleicher Münze heimzuzahlen, und Woldo stieß einige vieldeutige Drohungen aus. Ich saß indessen da und fühlte mich glücklich, so unvermutet die Überbleibsel der Verehrung dieser alten Gottheit noch in voller Kraft zu finden.

Schließlich erlaubten sie uns und unseren Tieren zu trinken und führten mich endlich über den Fluß, indem sie mich von jeder Seite, aus Vorsicht wegen der Löcher, sorgfältig stützten. Aber das Fehlen der Schuhe war mir äußerst unbehaglich, die spitzigen Felsen und Steine auf dem Grund verursachten einige tiefe Schnitte in meinen Fußsohlen. Dann wurde alles Vieh auf meine Seite herübergeschafft, und auch einer meiner Diener wurde mit größter Sorgfalt von diesem armen Volk herübergebracht. Woldo hatte mir vorher einen Wink gegeben, ich sollte mich, so wie sie es wünschten, übersetzen lassen. Außer meiner Flinte blieben die übrigen Feuergewehre, Diener, das Gepäck und auch Woldo zurück. Nun erkannte ich bald, was seine Absicht war und daß er sehr wohl wußte, in einem seinem Herrn, dem Fasil, gehörenden Land zu sein.

Es waren zwischen zwanzig und dreißig Agaus da, alte

und junge, darunter einige mit Schilden und Lanzen, alle aber mit Messern bewaffnet. Woldo nahm seinen kleinen Stock in die eine Hand und setzte sich auf einem grünen Hügel bei der Furt, mit einer angezündeten Pfeife in der anderen Hand, nieder. Meine Leute stellte er hinter sich und ließ das Gepäck allein. Nunmehr fing er an, die Agaus sehr ernstlich zu ermahnen, ohne Zeitverlust das Gepäck auf ihren Schultern hinüberzuschaffen. Die vordersten Agaus lachten über diesen Auftrag und gaben ihm deutlich zu verstehen, daß er erst einen Preis für ihre Mühe festsetzen solle. Woldo fuhr inzwischen fort, mit augenscheinlicher Ruhe seine Pfeife zu rauchen, und setzte eine bedeutende Miene auf. Er fragte sie in einem gemäßigten Ton, ob sie nicht selbst darauf gedrungen hätten, daß wir den Fluß zu Fuß passieren sollten, ob sie nicht selbst unser Gepäck abgeladen und ohne unsere Einwilligung die Maulesel auf die andere Seite gebracht hätten.

Die armen Leute bekannten aufrichtig, daß sie dies getan hätten, weil es niemandem erlaubt sei, den Nil auf eine andere Weise zu passieren. Sie seien auch durchaus bereit, unser Gepäck unbeschädigt, aber gegen Bezahlung hinüberzuschaffen. Kaum hatten sie dieses gesagt, sprang Woldo in größtem Zorn auf, legte die Pfeife weg, nahm seinen Stock, rannte mitten unter sie und schrie unter heftigem Fluchen: »Wer bin ich? Wer bin ich denn? Etwa ein Mädchen, ein Weib oder ein heidnischer Hund wie ihr? Und wer ist Waragna Fasil? Seid ihr nicht seine Sklaven? Oder wem gehört ihr sonst, daß ihr glaubt, ich werde euch für eure teuflische Abgötterei und euren Aberglauben bezahlen? Hier ist eure Bezahlung!« Er band sich seine Kleider fest um den Leib und fing an, sie mit seinem Stock auf den Kopf oder ins Gesicht zu schlagen, wo er sie eben treffen konnte, indem er jedesmal ein paar Fuß in die Höhe sprang.

Dann riß er einem langen plumpen Kerl, der voll Erstaunen neben ihm stand, die Lanze aus der Hand und zielte mit der Spitze auf ihn, so daß ich dachte, den armen Kerl gleich tot zur Erde stürzen zu sehen. In diesem Augenblick ergriffen dieser wie auch die übrigen die Flucht, und das war kein Wunder, denn ich sah in meinem Leben keinen, der die Rolle eines wütenden Teufels so natürlich spielen konnte. Als die Leute fortliefen, schrie Woldo meinen Dienern zu, daß sie ihm eine Flinte geben sollten. Dies bewirkte, daß die Unglücklichen noch schneller liefen und sich im Gebüsch versteckten. Zum Glück für den Woldo setzten ihn meine Diener nicht durch eine Flinte in Verlegenheit, weil er nicht das Herz gehabt hätte, sie abzufeuern, ja nicht einmal sie zu berühren, und wenn er dadurch Herr über die ganze Provinz hätte werden können.

Ich saß als Zuschauer auf der anderen Seite und wähnte uns nun in einer schönen Verlegenheit. Der Abend brach an, in einer Jahreszeit, wo es um 6 Uhr finster wird. Mein Gepäck und die Diener waren auf der einen Seite des Flusses, ich mit unseren Tieren auf der anderen, meine Füße durch die Steine verletzt und der Fluß so voller Löcher und Höhlen, daß, wenn die Maulesel auch alle schon beladen und bereit auf der anderen Seite gestanden hätten, es doch keiner wagen durfte, sie ohne Führer durch den Fluß zu führen.

Ich beruhigte mich aber damit, daß Woldo das Land kannte und sicher ein Mittel wüßte. Ich dachte mir, daß sein friedliches Betragen während der Zeit, als die Maulesel entladen und durch den Fluß getrieben wurden, wie auch sein wütendes Betragen nachher zu einem Plan gehören müßten, in den mich nicht zu mengen ich fest entschlossen war. Und nichts überzeugte mich davon mehr als seine Entschlossenheit, eine Flinte zu verlangen, da man ihn sonst nicht auf zehn Schritt Entfernung an jemand heranbringen konnte, der eine abschoß, wenn auch die Mündung des Laufs in eine entgegengesetzte Richtung gehalten wurde. Ich verhielt mich also ganz ruhig, um den Ausgang abzuwarten. Trotzdem wunderte ich mich, als ich sah, daß Woldo seine Pfeife und den Stock nahm und mit meinen Dienern herüberkam, wie wenn nichts vorgefallen wäre, und das Gepäck ohne Bewachung auf der anderen Seite ließ. Er verlangte daraufhin, daß wir uns alle auf unsere Pferde setzen und die Maulesel vor uns her treiben sollten, was wir auch taten. Kaum waren wir hundert Ellen weitergezogen, als ich noch mehr Männer als vorhin nach unserem Gepäck laufen sah, und während einer von ihnen zu uns herüberkam und uns bat, anzuhalten, brachten die übrigen alles augenblicklich herüber.

Unser Führer war jedoch damit nicht zufrieden, sondern nahm eine finstere Miene an, als ob er gröblichst beleidigt worden wäre. Er ließ die Maulesel an ihrem Platz stehen und wollte keinen einzigen zum Bepacken ans Ufer zurückschicken, unter dem Vorwand, daß es Unglück bedeute, wenn man am selben Tag wieder umkehre. Sie mußten also das Gepäck auf den Schultern zu den Mauleseln hintragen und es dort niederlegen. Hierauf umgaben sie ihn alle und baten, er möge die ganze Geschichte seinem Herrn nicht erzählen, da sie sich vor einer Geldstrafe oder einer Brandschatzung ihrer Dörfer fürchteten.

Ich muß bekennen, daß diese so verwickelte Spitzbüberei, die so hurtig erfunden und so glücklich ausgeführt wurde, mich jetzt zum erstenmal zu einem ernsthaften Nachdenken über meine Lage brachte. Wir befanden uns fast ganz in den Händen Woldos. Der Diener des Guebra Ehud war zwar noch bei mir, aber er hatte hier weder Kenntnisse noch Einfluß und mir schon verschiedentlich zu verstehen gegeben, daß er sich wieder nach Hause sehne. Er schien keine große Meinung von Woldo zu haben, sein Mut war ihm gesunken, und er hatte einen Widerwillen gegen unsere ganze Reise, seitdem er Zeuge gewesen war, wie Fasil mich anfangs in Bamba aufgenommen hatte. Ich war deswegen immer sehr freundlich mit ihm umgegangen und ließ ihn den ganzen Weg auf einem von meinen Mauleseln reiten. Ich machte ihm auch verschiedene Geschenke und versprach ihm noch mehr, so daß er, wenngleich nicht sehr gerne, bei mir blieb, auf alles achtete, aber wenig redete.

Gegen den Woldo war ich nicht minder aufmerksam gewesen. Ich kam seinen Wünschen durch kleine Geschenke nach und versprach ihm größere. Ich hatte eine schöne breite Schärpe aus roter Seide umgebunden, die wohl sechs- bis siebenmal um den Leib ging. Ich trug mein krummes Messer und ein Paar Pistolen darin. Woldo hatte die Schönheit des Tuches oft bewundert und gefragt, wo es gemacht worden sei und was es koste. Ich hatte immer nachlässig und nur beiläufig darauf geantwortet und dann nicht mehr daran gedacht, weil er nicht mehr danach fragte.

Wir langten durch die erwähnten Verzögerungen sehr spät in dem Dorf Goutto an und schlugen unser Quartier im Haus eines angesehenen Mannes auf, der es bei unserer Annäherung verlassen hatte, da er dachte, wir gehörten zu Fasils Armee.

Weil wir das Getöse eines Wasserfalls sehr deutlich hörten und noch eineinhalb Stunden Tag hatten, beschloß ich während der Zeit, da eine Kuh zum Schlachten gesucht wurde, weil alles Vieh weggetrieben oder versteckt worden war, den Wasserfall zu besuchen, um am folgenden Morgen dadurch nicht aufgehalten zu werden. Da Fasils Pferd frisch und nicht geritten war, stieg ich auf, statt es vor mir herzutreiben, und nahm einen von meinen eigenen Dienern und einen Mann aus dem Dorf mit, den Woldo mir verschaffte, weil ich ihm nicht zumuten wollte, selbst mitzugehen.

Dieser Wasserfall, welcher unter dem Namen des ersten Wasserfalls vom Nil bekannt ist, entsprach nicht den Begriffen, die wir uns davon gemacht hatten. Er war kaum sechzehn Fuß hoch und maß sechzig Ellen in der Breite, überdies war der Absturz an verschiedenen Stellen unterbrochen, so daß man trockene Stellen an den Felsen wahrnehmen konnte.

Nach befriedigter Neugier galoppierte ich vom Wasserfall denselben Weg wieder zurück, ohne eine menschliche Seele seit Goutto gesehen zu haben. Fasils Pferd ging sehr gut, es konnte die Sporen nicht leiden, hatte sie aber auch nicht nötig. Bei unserer Rückkehr stand man gerade im Begriff, eine Kuh zu schlachten. Als ich wegritt, war wenig Hoffnung vorhanden, eine zu finden, aber Woldos Fleiß und Klugheit hatte die Schwierigkeit überwunden. Auf eine besondere Art, durch die Hände zu schreien, indem er sie vor den Mund hielt, erreichte er es, daß ihm einiges Rindvieh antwortete, welches in einem Nebenort, wo man es nicht vermutete, versteckt war. Eines der Tiere wurde ohne Barmherzigkeit sogleich geholt.

Ich glaubte, daß jetzt der richtige Zeitpunkt war, dem Woldo zu erklären, wie ich mit den Agaus, welche von Fasil, wie ich wohl wußte, in die größte Armut versetzt worden waren, umzugehen gedachte. Ich sagte ihm also, da der König mich mit dem kleinen Distrikt von Geesh belehnt habe, sei ich entschlossen, dort auf einige Zeit meinen Wohnsitz aufzuschlagen. Um meine Ankunft für die Leute angenehmer zu machen, sei es meine Absicht, ihnen für dieses Jahr alle Abgaben zu erlassen, die sie dem König oder dem Fasil als ihrem Herrn zu bezahlen schuldig seien. »Wartet nur«, fiel Woldo ein, »wie sie sich gegen Euch betragen.« – »Nein«, sagte ich, »ich will damit anfangen, ihnen zu zeigen, wie sie sich betragen sollen, und nicht warten, bis ihr jetziges Elend sie verleitet, einen Mann übel aufzunehmen, der, wie sie vielleicht glauben, nur aus Neugierde zu ihnen kommt, um ihnen und ihren verhungerten Familien das wenige, was ihnen Fasil gelassen hat, vollends abzunehmen. Ich stelle Euch also die kurze Frage, ob Ihr Euch verpflichtet, mir in allem zu gehorchen, was ich für nötig halte, Euch während meines Aufenthalts in Geesh und auf dem Rückweg zu befehlen?« Er antwortete, daß er dies tun wolle, sonst dürfe er nicht wieder zu seinem Herrn, dem Fasil, zurückkommen.

Strates hatte sich geweigert, den ersten Wasserfall zu besichtigen, weil er einen heftigen Appetit verspürte und auf die Kuh warten wollte. Nach meiner Rückkehr war die Reihe der Nachtwache an ihm. Als ich mich in einer kleinen Hütte niedergelegt hatte, in deren Nähe meine Diener saßen, hörte ich einen heftigen Zank unter ihnen. Auf mein Befragen erfuhr ich, daß Strates zum Zeitvertreib einige Schnitten Rindfleisch auf dem Rost gebraten hatte, während die anderen schliefen. Diese hingegen dachten, ihm für seine Gefräßigkeit einen Streich zu spielen. Als die Schnitten auf dem Rost ausgebreitet waren, hatte Woldo durch das Loch im Dach, welches als Rauchabzug diente, feinen Sand oder Staub hinabgestreut, sobald sich Strates etwas vom Feuer entfernte. Weil Woldo aber mit seiner Lage nicht recht zufrieden war, suchte er seinen Standort zu verändern, um seine Absichten wirksamer ausführen zu können. Er hielt das Dach für stark genug, allein darin täuschte er sich. Er brach ein, stürzte herab, und mit ihm fiel ein Stück des Daches und der Mauer mit Getöse auf den Boden und zum Teil ins Feuer. Der Schrecken und die eigene Gefahr, in der er sich befand, bewirkten, daß Woldo einige Worte in der Gallasprache ausstieß. Meine Diener, welche auf den Ausgang des Streiches warteten, schrien: »Die Gallas! Die Gallas!« Strates, der die ganze Armee der Gallas in der Nähe glaubte, fiel auf sein Gesicht nieder und rief: »Schont mein Leben!« Ich lag in tiefem Schlaf, als mich der Lärm und das Geschrei: »Die Gallas!« aufweckte. Ich fuhr auf, griff zu einer mit Kugeln geladenen Flinte mit aufgestecktem Bajonett und lief zur Tür, wo ich den Woldo sah, der seine Verletzungen und Brandwunden untersuchte, aber unbewaffnet war. Das Gelächter ließ mich gar bald die Ursache erraten, und ich wurde durch das Aussehen des Strates und des Woldo beruhigt, die mit Staub und Schmutz bedeckt vor mir standen. Während sich aber alle über diesen drolligen Streich belustigten, fing das herabgefallene Stroh vom Dach an zu brennen, und wir konnten die Flammen nur mit äußerster Mühe löschen. Leicht hätte das ganze Dorf in Flammen aufgehen können.

Am 3. November um 8 Uhr morgens verließen wir das Dorf Goutto und zogen anfangs durch ein flaches Land voll von Akazienbäumen, aber wenig anderen Arten. Die Bäume waren alle verkrüppelt, weil man ihnen in der Jugend die Wipfel abgeschnitten hatte, so daß sie nur kleine Zweige trugen. Außerdem schienen sie jedes Jahr beschnitten zu werden. Als ich nach dem Grund fragte, berichtete man mir, daß wir uns jetzt im Honigland befänden. Aus den abgeschnittenen Zweigen würden große Körbe gemacht und an Bäumen bei den Häusern aufgehängt, ähnlich wie Vogelkäfige, damit die Bienen während der Trokkenmonate ihren Honig hineintrügen. Alle Häuser, bei denen wir danach vorbeimarschierten, und die in der Nähe stehenden Bäume waren tatsächlich mit solchen Körben versehen, worin zahlreiche Bienenstöcke arbeiteten. Die Einwohner schienen nicht darauf zu achten, aber für uns waren die Bienen mit ihren Stacheln tagsüber eine große Plage, von der wir nur im freien Feld oder des Nachts im Haus befreit waren.

Gegen 9 Uhr passierten wir den kleinen hellen Fluß Dee. Es ist sonderbar, daß Flüsse in verschiedenen Weltgegenden, die nie miteinander in Verbindung standen, denselben Namen führen. Der Dee ist ein Fluß in Nordschottland, in Cheshire in England läuft auch ein Dee. Und hier in Abessinien gibt es ebenfalls einen Fluß dieses Namens. Der Arno ist ein bekannter Fluß in der Toskana, wir fanden aber auch einen Arno unterhalb von Emfras, der in den Tanasee mündet. Keiner von diesen Flüssen hatte mit dem anderen auch nur die geringste Ähnlichkeit, so viel ich bemerken konnte. Die Namen haben auch in keiner Sprache, die ich kenne, die geringste Bedeutung.

Wir stiegen nun in eine große Ebene voller Sümpfe hinab, die auf der Westseite vom Nil begrenzt wird, und überquerten gegen 11 Uhr den kleinen Fluß Diwa, welcher von Osten gegen Westen läuft. Er war nicht breit, aber bei weitem der tiefste, den wir jemals passiert hatten. Die Ufer bestehen aus Erde, fallen senkrecht ab und geben nach, weil der Boden tonig und schmierig ist. Wir mußten die Maulesel abpacken und das Gepäck hinübertragen, eine sehr mühsame Beschäftigung, die wir aber doch glücklich hinter uns brachten.

In dieser Ebene macht der Nil auf einer Länge von vier Meilen, glaube ich, mehr Krümmungen als irgendein anderer Fluß in der Welt. Er dreht sich wohl hundertmal, unter anderem wendet er sich einmal so plötzlich in die Ebene hinein, daß wir glaubten, ihn überqueren zu müssen, und schon unsere Anstalten dazu trafen, als wir sahen, daß er sich auf einmal in eine ganz entgegengesetzte Richtung drehte, wie wenn wir ihn nie wieder antreffen sollten. Der Nil ist hier nicht über zwanzig Fuß breit und nirgends über einen Fuß tief.

Um 1 Uhr mußten wir eine Reihe niedriger Hügel hinauf, welche diese Ebene im Süden beschließen. Die Berge hinter diesen heißen Attata, sie sind dicht mit Buschwerk bewachsen und von Schlünden und den Betten reißender Waldströme durchschnitten.

Gegen 3 Uhr ging es wieder bergab, und am Fuß überquerten wir einen kleinen Fluß, der die Grenze des Gebietes von Attata bildet. Wegen des morastigen Bodens war er sehr schwer zu passieren. Die Sonne hatte in der ganzen Ebene von Goutto sehr heiß geschienen, hier jedoch war sie vollends unerträglich und machte uns zu jeder Tätigkeit unfähig. Das schlimmste war, daß Woldo behauptete, er fühle sich so übel, daß er daran zweifle, weitergehen zu können. Er glaubte, daß er im nächsten Dorf sterben würde. Allein ich verstand mich zu gut darauf, als daß ich ihn wegen einer tatsächlichen Krankheit in Gefahr gesehen hätte. Ich merkte sofort, daß er sich nur verstellte, und zweifelte nicht daran, daß mir seine vorgebliche Krankheit ebensoviel zu schaffen machen würde wie eine wirkliche.

Die Berge auf der Westseite bilden einen Teil des Gebirges von Aformasha oder stoßen wenigstens dort daran, wo sie sich von einer fast südöstlichen Richtung südwärts wenden und die Dörfer und das Gebiet von Sacala einschließen, welche am Fuß derselben liegen. Noch weiter gegen Westen befindet sich das kleine Dorf Geesh, wo die so lange gesuchten Quellen des Nils sind. Zwischen den Bergen Amid-Amid und der Kette von Litchambara ist das jetzt unter dem Namen des heiligen Georg bekannte Tal. Den ehemaligen oder heidnischen Namen konnte ich nicht erfahren. Mitten durch dieses Tal fließt der Jemma, ein Fluß, der dem Nil an Breite gleichkommt, wenn er ihn nicht übertrifft und ungleich schneller läuft.

Diese dreifachen Gebirgsketten, wovon eine immer hinter der anderen liegt und die gleichsam konzentrische

Kreise bilden, nähren die Vorstellung, daß es die Mondberge (montes lunae) des Alterums sind, an deren Fuß man den Ursprung des Nils vermutete. Und in der Tat sind es auch keine anderen.

Diese Berge haben alle einen vortrefflichen Boden und sind überall mit dem schönsten Weidegras bewachsen. Weil dieses unglückliche Land aber seit vielen Jahren ein Kriegsschauplatz gewesen ist, haben die Einwohner bloß die Gipfel der Berge gepflügt und besät, wohin die Armeen auf ihrem Marsch oder die Feinde nicht leicht hinaufkommen können. Auf der halben Höhe der Abhänge stehen die mit einer weißen Grasart gedeckten Häuser, die daher schon aus einer großen Entfernung in die Augen fallen. Unterhalb ist alles Grasland, wo das Vieh unter den Augen der Bewohner weidet. Sobald Unruhen entstehen, treiben sie die Tiere die Berge hinauf, wo sie außer Gefahr sind. Hagel liegt oft etliche Stunden auf den Gipfeln der Amid-Amidberge, Schnee jedoch hat man nie gesehen, weshalb die Abessinier in ihrer Sprache auch kein Wort dafür haben.

Nach 4 Uhr machten wir bei einem Dorf mitten in der Ebene oder dem Tal halt. Dieses ist nicht über eine halbe Meile breit, der Fluß ist nur eine viertel Meile entfernt und läuft am Fuß der Berge hin. Die Gehöfte waren, so wie alle übrigen seit unserem Übergang über den Nil bei Goutto, mit großen und dichten Pflanzungen von Ensete[41] umgeben, welche eine der schönsten Produkte der Natur und zugleich eine sehr angenehme und gesunde Speise für den Menschen abgibt. Man sagt, sie sei zuerst durch die Gallas aus Narea nach Maitsha und darauf nach Goutto, zu den Agaus und nach Damot gebracht worden. Die Provinz Damot liegt auf der Südseite der Amid-Amidberge. Alle diese Provinzen werden durch diese Pflanze und ihre Knollen, Denitch genannt, mit Nahrung versorgt. Es ist dieselbe, welche in England unter dem Namen Jerusalems-Artischocke bekannt ist und mehr in unserem Land geschätzt zu werden verdient, als es geschieht.

Wir waren selten so glücklich, daß die Einwohner in den Dörfern unsere Ankunft erwarteten. Die Furcht vor dem

Ensete No 1

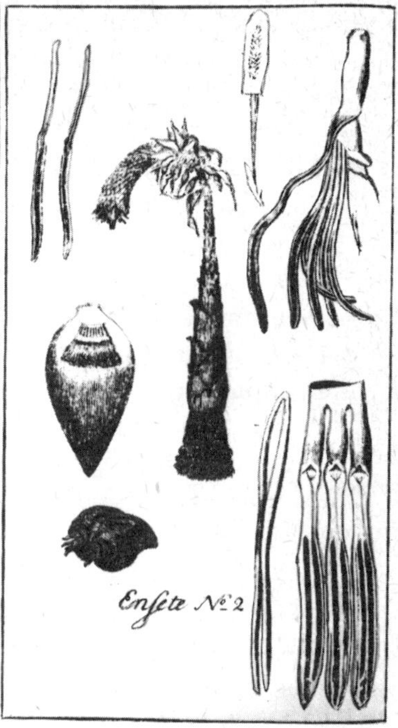

Ensete No 2

Marsch der Gallas und die Ungewißheit seines Zieles bewirkte, daß sie uns für einen Trupp der Armee hielten, wozu Fasils Pferd, welches immer vor uns her geführt wurde, viel beitrug.

Wir fanden das Dorf, wo wir anhielten, völlig verlassen und nur einen irdenen Topf, worin große Stücke von der Ensetepflanze kochten. Wir machten uns keine Gewissensbisse daraus, uns diese anzueignen, um aber einen Ersatz dafür zu leisten, drang ich darauf, daß bei der Abreise ein Stück Salz zurückgelassen wurde, welches in Gondar und in ganz Abessinien soviel wie eine kleine Münze gilt.

Ich überlegte, ob ich vielleicht mehr erreichen könnte, wenn ich Fasils Pferd, das Schreckensbild, welches vor uns her getrieben wurde, selbst ritt. Ich merkte zwar wohl, daß Woldo es lieber sah, wenn das Pferd ohne Reiter ging. Das hatte ich auch an dem Abend bemerkt, als ich von Goutto zu dem Wasserfall ritt. Es ist Hochverrat, sich auf den Sattel des Königs oder auf seinen Sitz in Gondar zu setzen, und Woldo glaubte immer und ganz besonders jetzt, daß sein Herr keinem König auf Erden etwas nachgäbe. Dem sei, wie es wolle, mein Plan betreffend das Pferd war von dem Woldos sehr verschieden. Ich hatte das Tier liebgewonnen und beschlossen, während der Reise seine Geschicklichkeit zu verbessern, damit es bei der Rückkehr nach Gondar ein besseres Reittier wäre, als ich es in Bamba von Fasil erhielt. Ich versuchte also Woldos Skrupel dadurch zu beseitigen, indem ich Fasils Sattel, der sehr unbequem war und überdies eiserne Ringe an Stelle der Steigbügel hatte, zur Seite legte und meinen eigenen verwendete. Das Pferd war wirklich sehr schön, wie es manche Pferde der Gallas sind, von einer einheitlichen Bleifarbe ohne weiße Flecken. Ich hoffte, dem König, der eine leidenschaftliche Liebe für Pferde hatte, mit dem Tier ein willkommenes Geschenk zu machen.

Um 11 Uhr führte der Weg nach Südost, und wir marschierten linker Hand an einer Marienkirche vorbei. Das Klima war hier außerordentlich mild und angenehm, der Boden war mit dem lebhaftesten Grün bedeckt, die Berge mit schönen Bäumen und Gesträuchen, und an diesen wiederum hingen vorzügliche Früchte und Blüten. Diese reizenden Szenen hoben meine Lebensgeister, und ebenso fühlten meine Diener, die durch unsere Unterredungen so sehr zu Geographen geworden waren, daß sie wußten, daß wir dem Ziel unserer Reise nahe waren. Sowohl Strates als auch ich hatten, als uns das Lamm nicht mehr hören konnte, allerlei Vögel und andere Tiere geschossen. Wir alle schienen neuen Mut und frische Kräfte bekommen zu haben, außer dem Woldo. Er behielt sein niedergeschlagenes Wesen und schien mit dem Tag schwächer zu werden. Nach 11 Uhr erreichten wir den Gipfel eines Berges, von dem aus wir zum erstenmal Sacala erblickten, welches sich unten in der Ebene von Westen bis gerade nach Süden erstreckt und dort an das Dorf Geesh stößt.

Nach 12 Uhr machten wir auf einer kleinen Anhöhe halt, auf welcher jeden Sonnabend der Markt von Sacala abgehalten wird. In großer Menge wird hier schönes Rindvieh feilgeboten, von dem das ganze Land einen reichlichen Segen hat, ferner große Esel, die nützlichsten Reit- und Lasttiere, Honig, Butter, Ensete zum Essen und eine kunstvolle Arbeit aus den Blättern dieser Pflanze, die mit verschiedenen Farben wie ein Mosaik bemalt ist. Butter und Honig gehen meistens nach Gondar und Buré, aber auch die Provinzen Damot, Maitsha und Gojam bedürfen einer beträchtlichen Menge dieser Artikel.

Nach 1 Uhr passierten wir den Gumetti, welcher die Ebene begrenzt, und mußten dann einen steilen und schwierigen Berg hinauf, den schlimmsten, den wir auf dieser Reise zu ersteigen hatten. Wir fanden keinen anderen Weg als den, den Schafe und Ziegen ausgetreten hatten. Er schien nie von Menschen betreten worden zu sein, er war zerklüftet und voller Löcher, an manchen Stellen lagen große Steine, die seit dem Anfang der Welt hier zu liegen schienen. Dazu kam, daß die Abhänge dicht mit Unterholz bewachsen waren, welches bis dicht an die Abgründe reichte, wo wir uns befanden.

Gegen 2 Uhr erreichten wir den Gipfel, von welchem wir einen umfassenden Ausblick auf das ganze übrige Gebiet von Sacala, den Berg Geesh und die Kirche St. Michael Geesh hatten, welche etwa eineinhalb Meilen von St. Michael Sacala, wo wir uns jetzt befanden, entfernt lag. Unmittelbar unter uns sahen wir den Nil selbst, der außerordentlich an Größe abgenommen hatte und nur mehr ein kleiner Bach war, der kaum genug Wasser führte, eine Mühle antreiben zu können. Ich konnte mich an dem Anblick nicht satt sehen, während ich alle die Prophezeiungen der klassischen Schriftsteller von der ewigen Finsternis und der Verborgenheit der Nilquellen überdachte.

Aus diesen angenehmen Träumen wurde ich durch ein Lärmen geweckt und erfuhr, daß wir unseren Führer Woldo verloren hätten. Die Diener waren sich nicht einig, wann sie ihn zuletzt gesehen hatten. Strates und der Diener des Guebra Ehud waren in den Wald gegangen, um etwas zu schießen, und aus dem Knall hörten wir, daß sie sich nicht weit entfernt hatten. Ich hoffte also, Woldo würde, so wenig er auch ein Freund von Feuergewehren war, in ihrer Gesellschaft sein. Als ich sie aber ohne ihn erscheinen sah, war ich höchst unzufrieden. Sie sagten, sie hätten ungefähr vor einer Stunde einige außerordentlich große ungeschwänzte Affen wahrgenommen, wovon einige aufrecht gegangen seien. Diese hätten sie so weit in den Wald verfolgt, daß sie kaum wieder hätten herausfinden können. Sie erinnerten sich aber nicht, beim Weggehen den Woldo gesehen zu haben. Nun wurden verschiedene Mutmaßungen angestellt. Einige dachten, Woldo sei entschlossen, uns zu betrügen und auszuplündern, andere bildeten sich ein, er habe von Fasil den Auftrag, uns auf verräterische Weise ermorden zu lassen. Wiederum andere glaubten, er sei von wilden Tieren, am ehesten von Affen oder Pavianen, deren Gefräßigkeit, Größe und wildes Aussehen bei dieser Gelegenheit sehr übertrieben wurde, gefressen worden; insbesondere Strates zweifelte nicht im geringsten daran. Guebra Ehuds Diener setzte mit einer bedeutenden Miene hinzu, daß Woldo nicht weit sein könne. Wir schickten ihn also mit einem Mauleseltreiber zurück, ihn zu suchen. Kaum waren die beiden einige hundert Ellen zurückgegangen, sahen sie Woldo kommen, aber so schwach und krank, daß er sagte, er könne nicht weiter als bis zur Kirche gehen. Er sei fest entschlossen, dort die Nacht über zu bleiben.

Ich fühlte seinen Puls und untersuchte ihn genau. Ganz deutlich sah ich, daß ihm nichts fehlte. Ich sagte ihm also sehr entschlossen und ohne meine Fassung zu verlieren, daß ich wohl merke, er sei ein Betrüger. Er solle bedenken, daß ich ein Arzt sei, der am Anfühlen seiner Hand allein merke, daß er nicht krank sei, sondern daß er einen Streich im Schilde führe, der ihm aber übel bekommen würde. Dies schien ihn kleinmütig zu machen, er sagte wenig und bat nur, einige Minuten zu warten, dann würde ihm besser sein. Wir müßten noch Kräfte sammeln, da wir noch einen großen Berg zu passieren hätten, ehe wir nach Geesh kämen.

»Hört«, sagte ich, »Eure Lügen helfen nichts. Ich weiß so gut wie Ihr, wo Geesh liegt und daß wir weder Berge noch sonst schlimme Stellen mehr zu passieren haben. Wenn Ihr zurückbleiben wollt, so könnt Ihr es tun.« Ich sagte dies in einem so bestimmten Ton wie möglich, verließ meine Gesellschaft und ging so schnell wie möglich zur Furt des Nils hinab. Woldo blieb mit den Dienern oben, welche die Maulesel beluden. Er schien von seiner Schwäche völlig geheilt zu sein und führte ungefähr zehn Minuten mit Guebra Ehuds Diener ein vertrautes Gespräch. Dieses wollte ich nicht unterbrechen, weil ich merkte, daß der Diener schon einen Teil von Woldos Geheimnissen kannte. Als dies vorbei war, stiegen sie alle zu mir herab, als ich eben einen Zweig von einem gelben Rosenbusch abbrach, die in Mengen über der Furt hingen.

Die ganze Gesellschaft passierte die Furt, ohne mich zu stören. Woldo schien so gut wie immer zu gehen und stieg einen sanft ansteigenden Berg hinauf. Fast auf dem Gipfel steht die Kirche St. Michael Geesh. Der Nil ist hier keine vier Ellen breit und, wo wir durchgingen, etwa vier Zoll hoch. Es war bloß ein unbedeutender Bach, der sehr schnell über einen Grund von kleinen Steinen lief, unter denen harte schwarze Felsen hervorragten. Man passiert ihn hier sehr leicht, er ist klar, und etwas weiter abwärts findet man einige unbeträchtliche Wasserfälle. Auf der Südseite steigt der Boden allmählich vom Ufer weg an, und man wandert gemächlich über viele kleine Hügel und Anhöhen.

Auf der Nordseite der St.-Michaelskirche hatten meine Leute angehalten, und hier stieß ich zu ihnen, ohne eine besondere Eilfertigkeit zu zeigen. Es war ungefähr um 4 Uhr am Nachmittag und heute einige Stunden lang sehr heiß gewesen. Die Gesellschaft saß im Schatten eines Hains von prächtigen Zedern, die mit großen, schönen und in Blüte stehenden Bäumen vermischt waren. Die Männer lagen im Gras, und die Maulesel sättigten sich mit ihrer Last auf dem Rücken an den im schönsten Wuchs stehenden Pflanzen. Ich ließ mir mein Kräuterbuch geben, um den Rosenzweig schnell hineinzulegen und ihn unter Beibehaltung seiner Gestalt allmählich zu trocknen. Die Blüte zeichnete ich überhaupt mit dem Pistill und den Staubfäden ab, weil die feinen Teile, die doch zur Klassifizierung der Pflanze unentbehrlich sind, sich zusammenziehen und abfallen oder beim Trocknen eine ganz andere Gestalt annehmen. Deshalb sollten sie immer zuverlässig in frischem und grünem Zustand abgezeichnet werden.

Zu Woldo sagte ich im Vorbeigehen ganz gleichgültig, daß es mich freue, ihn wieder hergestellt zu sehen. Er würde gleich wieder gesund sein und sollte nur nichts fürchten. Er stand auf und wünschte mich allein zu sprechen. Den Diener des Guebra Ehud nahm er mit dazu.

»Ich sehe es an Eurer Miene«, fing ich an, »daß Ihr mir eine Lüge sagen wollt. Ich schwöre es Euch aber, daß Ihr auf diese Weise nichts von mir erhaltet, nicht einmal ein gutes Wort. Durch die Wahrheit aber und durch gutes Betragen könnt Ihr alles erlangen. Was in Euren Augen etwas Großes ist, hat vielleicht in den meinigen keinen solchen Wert. Durch nichts als Wahrheit, ich wiederhole es noch einmal, und gutes Betragen könnt Ihr Euer Ziel erreichen. Ich weiß es genau, daß Ihr ebensowenig krank seid, wie ich es bin.« – »Herr«, entgegnete er mit einer sehr aufrichtigen Miene, »Ihr habt recht, ich verstellte mich. Ich bin gar nicht unpäßlich gewesen und bin es auch jetzt nicht, aber ich hielt es für den besten Vorwand, um Euch den wahren Grund zu verschweigen, warum ich nicht nach Geesh gehen und mich noch viel weniger bei den Quellen des Nils zeigen kann, die, ich gestehe es, nicht mehr weit sind, obgleich ich nochmals wiederhole, daß sich noch ein Berg zwischen Euch und den Quellen befindet.« – »Seid doch so gut«, sagte ich ganz gelassen, »und entdeckt mir den wichtigen Grund. Habt Ihr einen Traum oder eine Erscheinung gehabt, als Ihr unterhalb der Kirche St. Michael Sacala zurückgeblieben seid?« – »Nein«, antwortete er, »es war weder eine Erscheinung noch ein Traum, noch der Teufel. Ich wünschte, es wäre nichts Schlimmeres. Ihr wißt so gut wie ich, daß Fasil, mein Herr, die Schlacht gegen die

Agaus gewann. Ich war dabei und tötete einige, darunter waren auch Agaus aus Geesh. Ihr wißt, daß es Sitte in diesem Land ist, mit seinem eigenen Blut für das Blut der Feinde bezahlen zu müssen, wenn man ihnen in die Hände fällt.«

Ich brach in ein heftiges Gelächter aus, welches ihn aus der Fassung brachte, und setzte hinzu: »Sagte ich es Euch nicht, Ihr würdet mir eine Lüge vormachen. Bildet Euch nicht ein, daß ich daran zweifle oder es Euch abstreiten will, daß Ihr einige getötet habt. Es blieben viele in der Schlacht auf dem Platz, jemand mußte sie töten, und Ihr mögt immer der Mann gewesen sein, der es tat. Glaubt Ihr aber, daß ich mir einbilde, Fasil, der über so vieles Blutvergießen Rechenschaft zu geben hat, könnte die Agaus auf die Art beherrschen, wie er es tatsächlich tut, wenn er nicht einmal einen seiner Diener zwanzig Meilen von seiner Residenz mit Sicherheit an sie abschicken dürfte? Glaubt Ihr, daß ich mir das im Ernst einbilden kann?« – »Frisch, frisch!« sagte der Diener des Guebra Ehud. »Habt Ihr nicht gehört, daß Ihr durch Wahrheit und gutes Betragen alles erhalten könnt, worum Ihr bittet?« Und zu mir gewandt fuhr er fort: »Herr, ich sehe, daß Euch diese Sache beunruhigt, und was diesem wunderlichen Mann fehlt, wird Euch weder arm noch reich machen. Er wünscht sich so sehr die karmoisinrote Schärpe, die Ihr um den Leib tragt. Ich sagte zu ihm, er solle so lange warten, bis Ihr nach Gondar zurückkehren würdet, er aber gab mir zur Antwort, daß er nicht nach Gondar ginge, sondern uns nur bis Maitsha zurückbegleite. Des weiteren sagte ich ihm, er solle so lange warten, bis Ihr durch die Besichtigung der Nilquellen, wonach ihr Euch so sehr sehnt, Euer Gemüt beruhigt hättet. Er antwortete mir darauf, daß er überzeugt sei, Ihr würdet ihm die Schärpe nicht geben, da Ihr Euch aus dem Wasserfall bei Goutto und aus all den anderen schönen Flüssen und Kirchen, die er Euch gezeigt habe, nicht viel gemacht und immer nur nach den Nilquellen verlangt hättet, die Euch schöner als alles andere erscheinten. Der Nil sei aber geradeso wie alle anderen Flüsse. Dies würde Euch nicht befriedigen und er deshalb die Schärpe nicht bekommen.«

Diese vernünftige Unterredung hatte mich etwas besänftigt. Die Schärpe war schön, aber es wäre unverzeihlich gewesen, die Erfüllung meiner Wünsche auch nur um eine Minute verzögern zu wollen. Ich ergriff die Pistolen, die in meinem Gürtel staken, und zog sie heraus, um sie einem von meinen Leuten zu geben. Woldo, in der Meinung, es geschehe in einer anderen Absicht, sprang einige Schritte zurück und versteckte sich hinter einem Diener. Wir belustigten uns alle über diesen Schrecken, aber keiner so sehr wie Strates, der dies als eine Vergeltung ansah, weil Woldo ihm durch den Sturz vom Dach des Hauses in Goutto eine ebensolche Furcht eingejagt hatte. Nachdem ich meine Schärpe abgenommen hatte, gab ich sie Woldo mit den Worten: »Da ist Eure Schärpe, aber merkt Euch wohl, was ich vorhin gesagt habe: Ihr könnt durch gutes Benehmen alles von mir bekommen. Wenn Ihr mir aber während der Fortsetzung unserer Reise noch einen einzigen Streich spielt, so will ich mich so an Euch rächen, daß Ihr immer an mich denken sollt. Ihr sollt dann nicht nur Eurer Schärpe, sondern sogar Eurer Haut beraubt werden.«

Er nahm die Schärpe an, war aber über meine Drohung so erschrocken, daß er anfing, Entschuldigungen zu stammeln. »Laßt es nur gut sein«, sagte ich, »wir verstehen einander, kein Wort mehr davon. Es ist schon spät, verliert keine Zeit, sondern bringt mich ohne weitere Umstände geradewegs nach Geesh und zu den Quellen des Nils. Zeigt mir den Hügel, welcher uns noch davon trennt.« Er führte mich daraufhin um die Kirche herum auf die Südseite und zu dem Wäldchen hinaus, welches die Kirche umgibt. »Dies ist der Hügel«, sagte er mit einer listigen Miene, »welcher, als Ihr Euch auf der anderen Seite befandet, zwischen Euch und den Quellen des Nils war. Sonst ist keiner da. Seht nach jenem kleinen Rasenhügel mitten in dem wässrigen Sumpf, darin trifft man die beiden Quellen des Nils an.«

Obwohl ich durch das Abbinden meiner Schärpe halb entkleidet war, zog ich doch die Schuhe aus und lief den

Der Nil und das Quellgebiet des Blauen Nils (= Blue River)

Hügel hinunter zu der kleinen Insel aus grünem Rasen, die ungefähr zweihundert Ellen entfernt lag. Der ganze Abhang des Hügels war mit Blumen überwachsen, deren knollige Wurzeln aus der Erde herausragten. Wenn man darauftrat, löste sich die äußere Schale ab, was bewirkte, daß ich ein paarmal heftig fiel, bevor ich den Rand des Sumpfes erreichte. Dann kam ich zu der Insel aus grünem Rasen, welche die Gestalt eines Altars hatte und anscheinend ein künstliches Gebilde war. Ich stand nunmehr voll Entzücken an der Hauptquelle, die in der Mitte entspringt.

Man kann es sich leichter vorstellen als es beschreiben, was in diesem Augenblick in meiner Seele vorging. Ich stand an der Stelle, welche seit beinahe dreitausend Jahren das Genie, den Fleiß und die Untersuchung alter und neuer Köpfe beschäftigt hatte. Ich triumphierte hier als ein einfacher englischer Privatmann in meinen Gedanken über Könige und ihre Heere, und jeder Vergleich machte mich stolzer. Bald jedoch flößte mir der Ort, an dem ich stand, der Gegenstand meiner Ruhmessucht, Gedanken ein, die mich in dem kurzen Genuß meines Triumphes störten. Ich war erst seit wenigen Minuten bei den Quellen des Nils angelangt, durch unzählige Gefahren und Leiden, von denen mich die kleinste ohne den unaufhörlichen Schutz der göttlichen Vorsehung hätte überwältigen können. Meine Reise war auch nur erst halb vollendet, und alle Gefahren, die ich überstanden hatte, warteten bei der Rückreise von neuem auf mich. Eine traurige Mutlosigkeit bemächtigte sich meiner, und die Lorbeerkrone, die ich mir selbst zu schnell gewunden hatte, welkte dahin. Ich beschloß deswegen, mich etwas zu zerstreuen, bis ich durch ernsthafteres Nachdenken diese Gedanken überwinden konnte.

Ich sah, daß Strates mich auf dem Abhang des Hügels erwartete. »Strates«, rief ich ihm zu, »treuer Ritter, kommt und triumphiert mit Eurem Don Quichote auf der Insel Barataria, wohin wir uns durch Klugheit und Glück hinbegeben haben. Kommt und triumphiert hier über alle Könige der Erde, über ihre Heere, ihre Philosophen und ihre Helden.« – »Herr«, erwiderte er, »ich verstehe kein Wort von dem, was Ihr sagt und was Ihr meint. Ihr wißt sehr wohl, daß ich kein Gelehrter bin. Aber Ihr tätet besser daran, diesen Sumpf zu verlassen. Kommt nach Hause und seht, was Woldo macht, ich fürchte, er sucht noch mehr als Eure Schärpe.«

»Kommt«, hob ich an, »trinkt mit mir von diesem herrlichen Wasser auf die Gesundheit Seiner Majestät König Georgs III. und auf eine lange Reihe seiner Nachkommenschaft.« Ich hatte einen großen Becher aus der Schale einer Kokosnuß in der Hand, den ich in Arabien gekauft hatte und der bis an den Rand voll war. Strates trank schnell und mit Freude. Er setzte hinzu: »Verderben komme über seine Feinde!« Darauf warf er seine Mütze mit einem lauten Hurra in die Höhe. »Nun, Freund«, fuhr ich fort, »jetzt trinken wir auf einen geringeren, aber nicht weniger heiligen Namen, auf Maria!« Er fragte, ob die Mutter Gottes darunter zu verstehen sei. »Allerdings, ich glaube es, Strates.« Er sagte kein Wort, gab aber sein Mißfallen durch Achselzucken zu erkennen.

Der Tag war sehr heiß gewesen, und ich hatte wegen des Streites mit Woldo viel reden müssen. Es war also nicht nur Neugierde, sondern wirklicher Durst, der mich zu den häufigen Trinksprüchen bei dieser so lange gesuchten Quelle, dem ältesten aller Altäre, bewog. »Hier«, sagte ich zu Strates, »wir wollen auf unsere glückliche Rückreise trinken.« – »Hört«, fing er mit ernsthafter Miene an, »ich trank aus ganzem Herzen auf die Gesundheit von König Georg, seiner Gemahlin, seiner Kinder und Geschwister. Gott segne sie alle, Amen! Was aber die Jungfrau Maria betrifft, so bin ich kein Katholik. Verzeiht es mir, daß ich auf niemandes Gesundheit trinke, den meine Kirche nicht anerkennt. Was die glückliche Rückreise betrifft, kann diese niemand eifriger wünschen als ich, Gott weiß es, denn ich bin dieses armseligen Landes längst überdrüssig. Aber Ihr müßt es mir vergeben, wenn ich es abschlage, noch mehr Wasser zu trinken. Man sagt, daß die Heiden jeden Morgen über diesem Loch den Teufel anbeten, und ich fürchte, ich fühle seine Hörner bereits in meinem Leib seit dem ersten Trunk von diesem höllischen Wasser.« Das Wasser war allerdings so frisch, wie ich es vorher noch kaum jemals getrunken hatte. »Kommt, kommt«, sagte ich, »seid nicht verdrießlich.« – »Verdrießlich oder nicht«, entgegnete Strates, »über meine Kehle soll kein Tropfen mehr kommen. Nein, nein! Mit Wein oder noch besser mit Branntwein trinke ich auf so vieler Menschen Gesundheit, wie Ihr wollt. Nur kein Wasser mehr für den Strates, ich bin sicher, ich habe mir mit diesen Possen bereits Schaden zugefügt. Gott vergebe es mir!« – »So will ich allein trinken. Ihr seid des Namens eines Griechen unwürdig, ja, Ihr verdient in Zukunft nicht einmal mehr den Namen eines Christen.« Mit dem gefüllten Becher in der Hand sagte ich: »Auf die Gesundheit der russischen Kaiserin Katharina!« – »Her mit dem Becher!« fiel er ein. »Füllt ihn ganz voll. Ich biete dem Teufel Trotz und verlasse mich auf den heiligen Georg und den Drachen. Ich trinke auf die Gesundheit der Kaiserin Katharina! Unglück über ihre Feinde! Hurra, es lebe Katharina, und sie siege!« Bei diesen Worten warf er seine Mütze abermals in die Höhe.

Eine Anzahl Agaus hatte sich inzwischen auf dem Berg vor dem Tal versammelt und still betrachtet, was ich und Strates bei dem Altar machten. Nur zwei oder drei waren bis an den Rand des Morastes gekommen, hatten die verzerrten Gebärden und Handlungen des Strates gesehen und auch sein Hurrageschrei gehört. Sie hatten deswegen den Woldo, als er in das Dorf kam, befragt, was dies alles bedeuten solle. Woldo sagte ihnen, der Mann sei von einem tollwütigen Hund gebissen worden und habe seinen Verstand verloren, was die Männer gleich mit uns aussöhnte. Sie setzten hinzu, daß der Nil den Strates unfehlbar heilen würde. Nur wäre es bei solchen unglücklichen Zufällen gebräuchlich, das Wasser in der Früh und auf nüchternen Magen zu trinken.

9. Kapitel

Endlich am Ziel

Nachdem ich meine Leser mit einer hoffentlich nicht langweiligen Lektüre so lange unterhalten habe, wird es Zeit sein, wieder zu Woldo zurückzukehren, der unterdessen unsere Aufnahme beim Oberhaupt des Dorfes Geesh in Ordnung brachte. Die von ihm getroffenen Maßregeln waren so beschaffen, daß sie uns zugleich von seiner Geschicklichkeit wie auch von seiner Zuneigung uns gegenüber überzeugten. Die armseligen Agaus hatten sich um ihn versammelt und waren begierig zu wissen, wie lange wir wohl bei ihnen bleiben würden. An dem Pferd, welches vorangeführt wurde, sahen sie, daß wir zu Fasil gehörten, und sie mutmaßten deswegen, daß sie für unseren Unterhalt sorgen müßten, oder mit anderen Worten, daß wir so lange, wie es uns beliebte, auf ihre Kosten leben wollten.

Woldo enthob sie dieser Furcht ebenso geschwind, wie sie entstanden war. Er berichtete ihnen, daß mich der König mit dem Dorf Geesh beliehen habe. Fasils Geiz und seine Tyrannei seien mit dem heutigen Tag vorbei, und sie hätten einen neuen Herrn bekommen, der fröhlich unter ihnen leben wolle und den Entschluß gefaßt habe, alle Arbeit, die er verlangen würde, zu bezahlen und alles für bares Geld zu kaufen. Er setzte noch hinzu, daß man auch keine weiteren Kriegsdienste von ihnen verlangen würde, weder im Namen des Königs noch des Statthalters von Damot, noch für ihren jetzigen Herrn, der gar keine Feinde habe. Wir sahen, daß sich diese Nachrichten sehr hurtig verbreitet hatten, und bei unserer Ankunft im Dorf wurden wir deshalb herzlich willkommen geheißen.

Woldo hatte von dem Shum[42] eine Wohnung verlangt, der nun sehr höflich seine eigene abtrat. Sie war gerade groß genug für mich, was uns nötigte, noch vier bis fünf andere in unseren Gebrauch zu nehmen. Kaum hatten wir Besitz davon genommen, als ein Diener von Fasil mit der Nachricht an den Shum eintraf, mir die Oberherrschaft und das Eigentum an dem Ort aufgrund meiner Belehnung durch den König abzutreten. Zugleich brachte der Bote eine schöne, schneeweiße Kuh, zwei Schafe und zwei Ziegen mit. Fasil schickte uns auch sechs Krüge mit Met und fünfzig vortreffliche weiße Brote, nebst zwei Hörnern, gefüllt mit dem stärksten Branntwein.

Wir waren nun beruhigt, zufrieden und brachten den Abend sehr lustig zu. Insbesonders gab sich Strates große Mühe, viele Gläser von dem guten Met aus Buré zu leeren, um den Teufel zu bezwingen, welchen er mit dem verzauberten Wasser der Nilquellen hinuntergeschluckt hatte. Woldo hatte zwar seine Sache sehr gut gemacht und die Gemüter aller Dorfbewohner für uns eingenommen, hegte aber doch noch einige Furcht wegen seiner selbst. Er glaubte, meine Achtung verloren zu haben, und ließ mich durch einen Diener bitten, gegenüber dem Gesandten des Fasil nichts von der Schärpe zu erwähnen. Ich versicherte ihm, solange ich sähe, daß er sich gehörig betrage, wie er es jetzt tue, wäre es weit wahrscheinlicher, daß ich ihm nach unserer Rückkehr noch eine weitere Schärpe schenken würde, als mich über die Mittel, wodurch er die erste zu erhalten gesucht habe, zu beschweren. Dies befreite ihn von seiner Angst, und er verdiente auch wirklich, solange er danach noch bei uns war, täglich mehr und mehr unseren Beifall.

Ehe wir zu Bett gingen, fertigte ich den Diener Fasils ab, welcher den Befehl hatte, unmittelbar zurückzukehren. Weil der Mann gesehen hatte, daß wir an dem mitgebrachten Branntwein nicht sparten, versprach er uns, gleich nach seiner Rückkehr mehr zu schicken, was er auch wirklich tat.

Woldo war nun vollkommen glücklich. Er hatte freie

Hand und konnte schalten und walten, wie es ihm beliebte, ohne Befehlen gehorchen zu müssen. Er hatte dem Shum gesagt, daß wir jemanden brauchen könnten, der für unsere Bedürfnisse sorge, einkaufe, Brot backe und das Hauswesen in Ordnung halte. Wir zeigten ihm die Artikel, die wir zum Tausch anboten, und sagten ihm, daß wir die wertvolleren Sachen, wie Ochsen und Schafe, mit Gold bezahlen wollten. Der Shum staunte über unseren scheinbaren Reichtum und unsere großmütigen Vorschläge. Er sagte zum Woldo, wenn wir schon einmal in seinem Haus wären, so dränge er darauf, daß wir seine Töchter als Aufwärterinnen nehmen sollten. Das Angebot war billig und wurde sofort angenommen. Der Shum ließ augenblicklich drei Mädchen holen, und wir trugen ihnen ihre Aufgaben auf. Die Älteste war besonders bereitwillig und tüchtig. Sie war ungefähr sechzehn Jahre alt, von mehr als mittlerer Größe und überaus höflich. Sie hätte in jedem Land Europas, die Hautfarbe ausgenommen, als Schönheit gegolten, überdies war sie sehr aufgeweckt. Wir verstanden kein Wort von ihrer Sprache, aber sie begriff sehr leicht die Zeichen, die wir ihr vormachten. Wir gaben dieser Nymphe des Nils den Namen Irepone, welcher ein Tier bezeichnet, das Mäuse vertilgt. Ob sie aber zum Geschlecht der Frettchen oder der Schlangen gehörte, konnte ich nicht recht unterscheiden. Bald hätte man sie zu dem einen, bald zum anderen zählen können, es war mir aber kein Gegenstand von Bedeutung.

An diesem und am nächsten Tag, nachdem sie verschiedenes für uns eingehandelt hatte, hielt sie es für ihre Schuldigkeit, uns eine Rechnung vorzulegen und dem Woldo am Abend das übrige herauszugeben, mit der Bemerkung, daß sie nichts für sich behalten oder etwas entwendet habe. Ich hielt diese regelmäßige Abrechnung für eine unedle Behandlung unserer Wohltäterin. Ich rief den Woldo und ließ ihn ein Paket bringen, welches dieselben Artikel enthielt wie das ihr zuerst gegebene, nämlich Glasknöpfe, kleine Scheren, Messer und große Nadeln. Dann brachte ich ein noch nicht aufgebrochenes Paket dieser Art zum

Vorschein und sagte, sie sollte die Sachen unter ihren Freundinnen verteilen; und wir verlangten nicht, daß sie Rechnung darüber ablegen müßte. Ich hätte vielmehr noch viele dergleichen Dinge, die ich ihr bei der Abreise für die Mühe, die sie unseretwegen habe, zurücklassen wolle. Zu diesen Kleinigkeiten hatte ich noch eine Unze Gold hinzugefügt, womit ich glaubte, daß damit alle Kosten unseres Aufenthalts reichlich würden bestritten werden können. Ich dachte oft, die kleine Wilde würde über den Besitz so vieler Schätze und über das in sie gesetzte Vertrauen verrückt im Kopf werden. Und man hätte blind sein müssen, hätte man nicht bemerkt, daß ich große Fortschritte in ihrem Herzen gemacht hatte. Die ökonomischen Einrichtungen unseres ganzen Hauswesens waren nun gemacht, und es blieb nichts mehr übrig, als die nötigen Untersuchungen vorzunehmen.

Der Tag brach an, und in wenigen Minuten war ein jeder vor seiner Tür. Alle drängten sich herbei, um uns zu sehen, und wir frühstückten öffentlich mit viel Heiterkeit. Die weiße Kuh wurde geschlachtet und jedermann eingeladen, an dem Mahl teilzunehmen. Der Shum, der gleichzeitig auch der Priester des Flusses war, sollte ebenfalls seine Portion bekommen. Er verbat es sich aber, bei uns Platz zu nehmen und mit uns zu essen, seine Söhne hingegen waren weniger schüchtern.

Das bisher Gesagte wird hoffentlich jeden unparteiischen Leser überzeugen, daß diese berühmten Quellen gleichsam durch ein unglückliches Schicksal bis auf den heutigen Tag ebenso unbekannt geblieben sind, wie sie es seit den ältesten Zeiten waren. Bisher kann man noch keinen sicheren Gewährsmann nennen, der beweisen könnte, daß sie schon früher entdeckt wurden, oder daß jemals das neugierige Auge eines Reisenden diese Quellen geschaut hätte. Ich habe nun das Zutrauen zu meinen Lesern, daß sie, mich gleichsam an diesem Ort stehen sehend, die Nachrichten über den Ursprung dieses berühmtesten Flusses der Welt geduldig anhören werden, zumal sie diese vergeblich aus Büchern oder von irgendeinem anderen Menschen erfahren können. Ich schmeichle mir, daß sie mit meinem auf diesen Gegenstand verwendeten Fleiß zufrieden sein werden.

Die Agaus von Damot erweisen dem Nil göttliche Ehren, sie beten den Fluß an, und Tausende Stücke Vieh sind der Gottheit, deren Aufenthalt sie in der Quelle vermuten, geopfert worden und werden noch geopfert. Die Agaus sind in verschiedene Stämme geteilt, und die Bemerkung ist angebracht, daß es nie Streit oder Erbfeindschaft zwischen diesen gegeben hat. Und wenn doch einmal ein Samen der Uneinigkeit ausgestreut worden ist, so hat diese doch nie länger als bis zur nächsten jährlichen Zusammenkunft aller Stämme am Ursprung des Nils gedauert, wo dem Fluß Opfer dargebracht werden und ihm der Name eines Gottes des Friedens beigelegt wird.

Einer der am wenigsten ansehnlichen Stämme in Anbetracht der Macht und Anzahl seiner Mitglieder hat immer unter ihnen den Vorzug, und zwar wegen des Umstandes, daß in seinem Distrikt und nahe bei dem elenden Dorf Geesh, nach dem auch der Stamm benannt wird, die so lange gesuchten Quellen des Nils angetroffen werden.

Dennoch liegt das Dorf Geesh nicht im Blickfeld dieser Quellen, obwohl es nicht über sechshundert Ellen davon entfernt ist, sondern es befindet sich auf einem Felsen oder Berg gleichen Namens, der ungefähr dreihundert Ellen in das Tal von Assoa hinabreicht. In diesen Felsen scheinen absichtlich verschiedene Terrassen und Absätze gehauen zu sein, von denen jede mit einem Haufen von Häusern, selten mehr als acht bis zehn, besetzt ist. Die Ursache, daß diese Lage gewählt wurde, ist die Furcht vor den Gallas, die oft in diese Gebiete Abessiniens eingefallen sind und sogar einige Stämme der Agaus gänzlich vertilgt haben.

Vom Fuß des Felsens von Geesh, wo oben das Dorf liegt, fällt der Boden allmählich gegen Norden ab und führt zu einem Sumpf. In der Mitte dieses Sumpfes, das ist ungefähr vierzig Ellen von jeder Seite oder dem Rand und etwas weniger vom Fuß des Berges Geesh, erhebt sich ein kleiner runder Hügel etwa drei Fuß über den Sumpf in die Höhe, scheint aber weit tiefer in diesen hinabzureichen. Der Durchmesser ist nicht ganz zwölf Fuß. Er ist mit einem seichten Graben umgeben, der das Wasser sammelt und sich gegen Osten entleert. Der Hügel ist künstlich aus Rasen gemacht, der von den Seiten herbeigeschafft und immer in gutem Stand gehalten wird. Dies ist der Altar, auf welchem die Agaus ihre religiösen Gebräuche vollziehen. In der Mitte desselben befindet sich ein Loch, welches ebenfalls durch Menschenhände gemacht oder wenigstens vergrößert wurde. Man hält es frei von Gras und anderen Wasserpflanzen. Das Wasser darin ist rein und hell, man sieht auf der Oberfläche nicht die geringste Bewegung oder ein Aufsprudeln. Diese Mündung oder Öffnung der Quelle hat an einigen Stellen etwa einen Zoll weniger als drei Fuß im Durchmesser, und das Wasser stand am 5. November ungefähr zwei Zoll unter dem oberen Rand des Lochs. Es nahm auch, so lange wir uns in Geesh aufhielten, weder ab noch zu, obwohl wir viel davon zu unserem Gebrauch nahmen.

Als ich meine Lanze in das Loch steckte, fand ich bei sechs Fuß und vier Zoll einen geringen Widerstand, wie von schwachen Binsen oder Gras, und noch sechs Zoll tiefer bemerkte ich, daß die Lanze in einen weichen Boden drang. Ich traf aber weder auf Steine noch auf Kies. Dies bestätigte sich auch durch einen anderen Versuch am 9. November mit einem schweren Senkblei an einer Schnur, welches mit Seife beschmiert war. Es brachte von unten nur schwarze Erde herauf, von eben der Art wie die im Sumpf und an den Rändern desselben.

Zehn Fuß von dieser ersten Quelle etwas nach Südwest befindet sich die zweite Quelle. Sie hat ungefähr elf Fuß im Durchmesser und hat eine Tiefe von acht Fuß und drei Zoll. Und ungefähr zwanzig Fuß von der ersten Quelle, ebenfalls in Südwest, ist die dritte, die eine Öffnung von zwei Fuß und eine Tiefe von fünf Fuß und acht Zoll hat. Die beiden letzteren Quellen befinden sich auch mitten in kleinen Altären, die wie der erste aus festem Rasen gemacht sind. Der Altar der dritten Quelle schien vom Wasser beinahe ruiniert zu sein, und in beiden stand es fast bis an den oberen Rand. Am Fuß eines jeden rieselte ein klarer schneller Bach. Sie vereinigten sich und flossen in den Graben des ersten Altars. Von diesem floß das Wasser in einer Stärke nach Osten ab, daß es ungefähr eine Röhre von zwei Zoll im Durchmesser gefüllt hätte.

Das Wasser aus diesen Quellen ist sehr leicht und gut und ganz ohne Geschmack. Es war damals durch und durch sehr kalt, obwohl es der Mittagssonne ausgesetzt war. Es stehen keine anderen Bäume oder Büsche in der Nähe, als die auf dem Felsen Geesh an der Südseite und die Bäume rund um die Kirche St. Michael Geesh an der Nordseite, welche wie alle abessinischen Gotteshäuser mit einem Hain von Bäumen umpflanzt ist.

Am Montag, dem 5. November, am Tag nach meiner Ankunft in Geesh, war das Wetter hell, der Himmel unbewölkt, kein Wind, mit einem Wort, der Tag schickte sich vollkommen für Beobachtungen. Weil ich nun so eifrig wünschte, den Ort geographisch genau zu bestimmen, den diese Quelle so lange, und ohne daß man es wußte, eingenommen hatte, schlug ich mein Zelt am Rande des Felsens, unmittelbar über der Wohnung des Shum, auf. Ich hatte meine Instrumente sowohl in Ansehung des Zenits als auch des Horizonts mit aller möglichen Sorgfalt berichtigt. Mittels eines messingenen Quadranten von drei Fuß im Durchmesser bestimmte ich durch eine Meridianhöhe des oberen Randes der Sonne, wobei ich alle möglichen Aequationen und Deduktionen in Erwägung zog, die Breite des untersuchten Ortes mit 10° 59′ und 11″. Eine andere Observation dieser Art ergab am 6. November 10° 59′ 8″, und danach fand ich das Mittel aus dreiunddreißig Beobachtungen der größten und nächsten Sterne mit 10° 59′ 10″. Wollte man unnötig gewissenhaft sein und noch 15″ für die gemessene Entfernung des Ortes, wo das Zelt stand, bis zum Altar hinzurechnen, so käme man mit 10° 59′ 25″ auf die runde Zahl der Breite der ersten Nilquelle.

Am 7. November war ich so glücklich, die Immersion des

ersten Jupiter-Trabanten beobachten zu können. Es war die letzte, welche hier vor der Konjunktion dieses Planeten mit der Sonne sichtbar war. Mein Standpunkt war sehr ungünstig, weil die Aussicht auf den Himmel überall durch einen dichten Wald aus Bambusrohr mit hohen Bäumen, die oben an dem Abgrund wuchsen, verstellt war. Der Jupiter stand tief, und die erstaunliche Masse des schönen Berges Geesh drohte den Planeten zu verbergen, bevor unser Geschäft vollendet war. Ich war also genötigt, mein Teleskop bis an den Rand des Felsens hinaufzuschaffen, wo ich bei dem günstigen Wetter einen so schönen und deutlichen Blick auf den Planeten hatte, wie ich es mir nur wünschen konnte. Aus dieser Beobachtung kam ich zu dem genauen Ergebnis, daß die Länge der wichtigsten Nilquelle 36° 55′ und 30″ östlich des Meridians von Greenwich beträgt.

Ich hatte während meiner Anwesenheit in Jidda von den englischen Schiffen etwas Quecksilber bekommen, welches reiner und schwerer als das gewöhnliche war. Ich wärmte eine Röhre sachte am Feuer, füllte sie mit diesem Quecksilber und bemerkte zu meiner großen Verwunderung, daß es in einer Höhe von zweiundzwanzig Zoll stand. Ich befürchtete, es könnte etwas Luft in die Röhre eingedrungen sein, legte sie an einem warmen Ort im Zelt hin, deckte sie bis zum folgenden Morgen zu, legte mich zu Bett und schlief bis früh um 6 Uhr. Es war jedoch alles in Ordnung, das Quecksilber stand immer noch auf zweiundzwanzig Zoll, und die Höhe änderte sich auch in den folgenden Tagen, die ich noch in Geesh zubrachte, nur wenig. Ich zog daraus den Schluß, daß ich mich bei den Nilquellen über zwei Meilen höher als der Meeresspiegel befand, eine erstaunliche Höhe, in der man beständig einen heiteren Himmel genießt und eine brennende Sonne über sich hat, die vom Aufgang bis zum Untergang nicht einen Augenblick mit Wolken bedeckt ist.

Der Name des Shum war Kefla Abay, das heißt Diener des Flusses. Er war ein Mann von ungefähr siebzig Jahren, nicht sehr mager, aber kränklich, wie man es bei seinem Alter erwarten konnte. Er behauptete, vierundachtzig oder fünfundachtzig Kinder gehabt zu haben. Der ansehnliche Posten, den er bekleidete, war vom Beginn der Welt an in seiner Familie gewesen, wie er sich einbildete. Wenn alle seine Vorfahren eine so zahlreiche Nachkommenschaft gehabt haben wie er, so war auch wenig Wahrscheinlichkeit, daß die Erbfolge jemals an Fremde kommen würde. Er hatte einen langen weißen und mäßig starken Bart, eine sehr seltene Zierde in Abessinien, wo die wenigsten Haare auf dem Kinn haben. Er trug ein Fell um den Leib geschlagen, welches mit einem breiten Gürtel festgebunden war. Es war so zerschabt, zerrieben und bearbeitet, daß es das Aussehen von Gemsenleder hatte, nur dunkler in der Farbe war. Darüber trug er einen Mantel und bedeckte den Kopf mit der Kutte. Die Füße waren nicht bedeckt, er trug aber doch Sandalen, die das Aussehen derjenigen hatten, die man an alten Statuen wahrnimmt. Sobald sich der Priester dem Sumpf näherte, worin der Nil entspringt, zog er sie aus, und das mußten wir ebenfalls tun. Man erlaubte uns, das Wasser zu trinken, wir durften aber keinen anderen Gebrauch davon machen. Kein Einwohner von Geesh wäscht sich oder seine Kleider im Nil, sondern in einem Fluß, der von dem Berg Geesh in die Ebene von Assoa hinabfließt, nach Süden läuft und sich dort mit dem Nil vereinigt, wo dieser sich nach Norden wendet.

Bei der wichtigsten Nilquelle, dem oben beschriebenen Altar, versammelt dieser Priester beim ersten Erscheinen des Sirius oder Hundssterns, oder, wie andere sagen, elf Tage danach, die Oberhäupter aller Stämme der Agaus. Es wird eine schwarze Färse, die noch kein Kalb getragen hat, geschlachtet und ihr Kopf in die Quelle getaucht. Dann wird der Kopf in die Kuhhaut gewickelt, welche zuvor innen und außen mit Wasser aus der Quelle besprengt wurde. Der Körper der Färse wird dann halb durchgehauen und ausgeweidet. Man legt ihn dann auf den Hügel über der ersten Quelle und wäscht ihn sorgfältig ab, wozu die Ältesten und Vornehmsten das Wasser mit zusammengehaltenen Händen von den beiden anderen Quellen herbeitragen. Eine Schüssel darf dazu nicht verwendet werden.

Dann versammeln sich alle auf dem kleinen Hügel etwas westlich von St. Michael (früher geschah dies auf dem Platz, wo jetzt die Kirche steht) und teilen das Fleisch nach Proportion der versammelten Stämme. Jeder hat das Recht auf gewisse besondere Stücke, was sich aber nicht nach der gegenwärtigen Wichtigkeit dieser Stämme richtet. Geesh bekommt eines der besten Stücke, obwohl es das kleinste Gebiet von allen hat, und Zeegam, der reichste und mächtigste Stamm von allen, bekommt die kleinste Portion. Ich erkundigte mich vergebens, auf welche Regeln sich diese Einteilung begründe, bekam aber immer die allgemeine Antwort, daß es von alten Zeiten her so gebräuchlich sei.

Wenn das Fleisch ihrer Gewohnheit nach roh verzehrt und Nilwasser unter Ausschluß jedes anderen Getränks dazu getrunken ist, legen sie die Knochen an dem Ort, wo sie sitzen, auf einen Haufen und verbrennen sie zu Asche. Dies geschah sonst da, wo die Kirche steht, aber als sie auf Anstiften der Jesuiten zum christlichen Glauben bekehrt werden sollten, wurde der Altar, auf welchem die Knochen verbrannt wurden, zerstört und an seiner Stelle eine Kirche erbaut, deren Türen aber, glaube ich, seit dieser Zeit nie wieder geöffnet worden waren. Es gibt auch jetzt, soviel wir merkten, keinen einzigen Christen hier, bei dem der Wunsch, diese Kirche zu besuchen, vorhanden wäre. Nachdem ihr Altar durch den Kirchenbau zerstört war, verzehrten sie das Fleisch und verbrannten die Knochen auf dem Gipfel des Berges Geesh, wo sie vor einer Entweihung des Ortes sicher waren und wo man die Spuren dieser Zeremonie noch wahrnehmen kann. Vermutlich hat aber das mühsame Ersteigen des Berges und die große Gleichgültigkeit der Regierung gegenüber der christlichen Religion sie wieder dazu bewogen, auf den kleinen Hügel neben dem Sumpf zurückzukehren, wo sie diese Feierlichkeit alle Jahre vollziehen. Vermutlich werden sie ihren ehemaligen Altar wieder errichten, wenn die Kirche zusammenfällt, was sie alle Tage heimlich zu fördern trachten.

Nach Beendigung ihrer blutigen Mahlzeit bringen sie das in die Haut gewickelte Haupt der Färse, welches nie-

1 Tsaltsalya. 2 El Adda.

Gehörnte Schlange.

mand sehen darf, in eine Höhle, welche nach ihren Angaben unter der Quelle hindurchführt, und verrichten dort bei einer Anzahl von Lichtern ihre Andacht. Die besonderen Gebräuche dabei habe ich nie in Erfahrung bringen können. Es geht dabei ähnlich zu wie bei einer Freimaurerzeremonie, die den Teilnehmern geläufig ist, die aber niemand verrät. Irgendwann in der Nacht verlassen sie die Höhle, aber wann und unter welchen Vorschriften konnte ich ebensowenig erfahren. Sie wollten mir auch nicht gestehen, was sie mit dem Kopf machten, ob sie ihn verzehrten, begrüben, oder was sonst daraus würde. Die Abessinier begnügen sich mit dem vermutlich von ihnen selbst erfundenen Märchen, daß ihnen der Teufel erscheine und den Kopf mit ihnen verzehre. Und daß sie ihm unter der Bedingung, ihnen Regen und Heil für ihre Bienen und das Rindvieh zu verschaffen, Gehorsam schwören. Dem sei, wie es wolle, soviel ist doch gewiß, daß sie den im Fluß wohnenden Geist anbeten, welchen sie den ewigen Gott, das Licht der Welt, das Auge der Welt, den Gott des Friedens, ihren Heiland und den Vater des Weltalls nennen.

Unser Wirt, der Shum und Priester, hatte keine Bedenken, uns seine Gebete um Regen zur rechten Jahreszeit, um gesegneten Graswuchs und um die Erhaltung gewisser Arten von Schlangen herzusagen. Er bat darin auch um die Abwendung des Donners und sprach seine Gebete in einem sehr pathetischen Ton und mit einer Art von Melodie. Den Fluß nannte er dabei den höchsten Gott und den

Heiland der Welt. Die übrigen Worte konnte ich nicht recht verstehen und mußte mich auf die Verdolmetschung durch Woldo verlassen. Diese beiden dem Fluß gegebenen Namen verstand ich jedoch auch ohne einen Übersetzer, und für diese allein kann ich bürgen.

Ich fragte den Priester, dessen Gunst ich mir mit allem Fleiß zu erwerben gesucht hatte, ob er je einen Geist gesehen hätte. Er antwortete, ohne zu stocken: »Ja, sehr oft.« Er versicherte, den Geist am dritten Abend nach unserer Ankunft bei Sonnenuntergang bei einem Baum, den er mir zeigte, wahrgenommen und von ihm die Nachricht vom Tod eines seiner Söhne und von der Annäherung eines Teils der Armee des Fasil gehört zu haben. Er hätte auch seine Schlange zu Rat gezogen, welche frisch und mit Appetit gegessen habe. Daher wisse er, daß ihm von uns kein Leid widerfahren werde. Ich fragte ihn weiter, ob er den Geist nicht bewegen könne, auch mir zu erscheinen. Der Priester sagte, daß er sich nicht unterstehe, diese Bitte an ihn zu richten. Ob er glaube, daß mir der Geist erscheinen würde, wenn ich mich abends allein unter diesen Baum setzte, drang ich weiter in ihn. Er sagte »nein« und versicherte, der Geist habe eine angenehme Gestalt und scheine älter als von mittlerem Alter zu sein, er selbst wage es allerdings selten, ihm ins Gesicht zu sehen. Der Geist habe einen langen weißen Bart, und seine Kleider seien nicht wie die ihrigen aus Leder, sondern aus Seide nach der Mode des Landes. Auf meine Frage, woher er denn wisse, daß es kein Mensch sei, lachte er oder machte vielmehr eine höhnische Miene, schüttelte den Kopf und setzte hinzu: »Nein, nein! Es ist kein Mensch, sondern ein Geist.« Ich erkundigte mich, was für ein Geist es denn seiner Meinung nach sei. »Der vom Fluß«, erwiderte er, »es ist der Gott und der Vater der Menschen.« Ich konnte ihn aber nie dahin bringen, sich deutlicher zu erklären. Ich verlangte von dem Priester auch zu wissen, warum er um die Abwendung des Donners bete: »Weil dieser den Bienen schadet«, war seine Antwort, »und unsere wichtigste Einnahme aus Honig und Wachs besteht.« Warum er für die

Schlange bete, fragte ich weiter. »Weil sie mir das bevorstehende Gute und Böse anzeigt«, antwortete er.

Es scheint, daß alle Agaus einige von diesen Tieren in ihrer Nachbarschaft haben und die Reichen sogar in ihren Häusern. Bevor sie eine Reise antreten oder sonst etwas Wichtiges unternehmen, werden die Schlangen umsorgt und gefüttert. Sie holen das Tier aus seiner Höhle und setzen ihm Butter und Milch vor, was besonders nach seinem Geschmack ist. Frißt es nicht, so steht ein großes Unglück bevor.

Die Agaus behaupten, daß diese Schlangen, bevor die Gallas oder andere Feinde einen Einfall in ihrem Land machen, verschwinden und nirgends gefunden werden können. Man sagt, daß auch Fasil, der kluge und listige Statthalter dieses Landes, dieser Art von Wahrsagerei sehr ergeben sei, und zwar dergestalt, daß er nie aufs Pferd steige oder sein Haus verlasse, wenn das Tier, welches er sich zu diesem Zweck hält, keine Eßlust zeige.

Die Agaus, in deren Land der Nil seinen Ursprung hat, sind eine der volkreichsten Nationen in Abessinien. Wenn sie ihre ganze Macht aufbieten, was jedoch selten geschieht, können sie viertausend Reiter und eine große Anzahl zu Fuß ins Feld schicken. Früher waren sie jedoch noch zahlreicher; verschiedene unglückliche Schlachten und die unaufhörlichen Einfälle der Gallas haben sie sehr geschwächt. Ihre Reichtümer sind jetzt größer als ihre Macht, denn obwohl ihre Provinz nirgends über sechzig Meilen lang und nicht halb so breit ist, hängt doch Gondar und das ganze umliegende Land, was die wichtigsten Bedürfnisse betrifft, von den Agaus ab. Unaufhörlich ziehen sie in Kolonnen von tausend bis tausendfünfhundert Mann auf einmal in die Residenz, um Rindvieh, Honig, Butter, Weizen, Häute, Wachs und anderes zu bringen.

Weil die Abhängigkeit von den Agaus mehr auf ihren Produkten als auf den aus ihrem Land zu erhaltenden Soldaten beruht, haben kluge Regenten einen Vertrag mit ihnen geschlossen und statt des Beitrags zu Kriegsdiensten einen gewissen Tribut verlangt. Allein die Bedürfnisse der

Zeiten haben in dieser weisen Einrichtung zuweilen Veränderungen erfordert, und die Agaus haben durch die Unterdrückung Ras Michaels und nachher durch Fasil sehr gelitten, wodurch auch dem Staat ein großer Nachteil erwachsen ist.

Es müßte eine natürliche Folge sein, daß die Butter bei einem so weiten Transport von etwa hundert Meilen in diesem Klima schmilzt und verdirbt. Das wird durch die Wurzel der Pflanze Moc Moco verhindert, die eine gelbe Farbe hat und einer Möhre sehr ähnlich ist. Diese wird zerquetscht und unter die Butter gemischt, die schon durch eine kleine Menge dieses Stoffs auf eine lange Zeit frisch bleibt. Das ist ein wichtiges und sehr brauchbares Hilfsmittel, denn durch Salz würde dieser Zweck schwerlich erreicht werden; es wird überdies an Stelle des Geldes verwendet. Diese Pflanze ist also von größtem Nutzen, um einem hohen Preis eines so unentbehrlichen Artikels vorzubeugen, da Butter das wichtigste Nahrungsmittel der Abessinier von allen Ständen ist. Mit dieser Wurzel bemalen sich auch die Bräute die Füße von den Knöcheln abwärts, die Nägel und die Innenseite der flachen Hand. Ich brachte viele Samen davon, der dem Koriandersamen gleicht, mit mir nach Europa und streute ihn reichlich in allen königlichen Gärten aus. Ich kann aber nicht sagen, ob er aufgegangen ist.

Außer daß die Agaus den Markt von Gondar versorgen, kaufen ihnen die benachbarten schwarzen, wilden Völker einen großen Teil ihrer Produkte ab, neben vielen anderen, die sie auf dem Rückweg von der Hauptstadt mitbringen. Sie bekommen dafür im Tausch Elefantenzähne, Rhinozeroshörner, Gold in kleinen Blättchen und eine Menge der feinsten Baumwolle. Sie könnten von diesen Waren noch weit größere Mengen erlangen, wenn sie sich begnügen würden, den Handel auf ordentliche und ehrliche Weise zu treiben. So aber machen die Agaus viele Einfälle in das Land dieser Wilden, um Sklaven zu jagen, und stören sie dabei in ihren Beschäftigungen, Gold zu suchen und Elefanten zu töten.

Der Handel ist dadurch sehr eingeschränkt, kommt aber auf folgende Art und Weise doch zustande: Zwei Familien schicken einander wechselweise ihre Kinder. Dann ist Frieden zwischen ihnen, da beide Geiseln haben. Diese Kinder verheiraten sich oft in der Familie, zu der sie geschickt wurden, und dann ist diese Familie für eine Generation geschützt und hat Ruhe. Dergleichen Beispiele sind aber nicht allzu häufig, und beide Völker haben einen gar zu großen natürlichen Hang zum Stehlen und Rauben. Diesem geben sie immer wieder nach, und die Folge davon ist gegenseitige Feindschaft.

Das Land der Agaus hat eine hohe Lage und dadurch natürlicherweise ein gemäßigtes und gesundes Klima. Die Tage sind allerdings heiß, und in der Sonne fühlt man eine brennende Hitze. Sitzt man aber im Schatten oder in einem Haus, ist die Luft kühl, weil beständig ein leichter Wind weht, der die Sonnenhitze selbst um die Mittagszeit mäßigt, obgleich wir hier nur zehn Grad und etliche Minuten vom Äquator entfernt sind.

Ungeachtet dieses glücklichen Himmelsstriches sollen die Agaus doch kein hohes Alter erreichen. Dies läßt sich aber schwer mit Gewißheit behaupten, da sie keinen Zeitbegriff haben und daher selbst nicht zu befragen sind. Obwohl das Land mit allen Bedürfnissen reichlich gesegnet ist, sind doch ihre Abgaben und Frondienste jetzt so zahlreich und die letzten Unglücksfälle so groß gewesen, daß sie die zu verkaufenden Artikel nur verhandeln, um den unaufhörlichen Erpressungen nachkommen zu können. Sie haben selbst keinen Genuß aus ihren Produkten, sondern leben in unglaublichem Elend.

Wir sahen viele Weiber voller Runzeln und von der Sonne verbrannt, die kaum ein menschenähnliches Aussehen hatten und in der brennenden Hitze mit einem, zuweilen auch mit zwei Kindern auf dem Rücken herumgingen und den Samen eines Binsengrases sammelten, woraus sie eine Art Brot backen.

Die Kleidung der Agaus besteht durchgängig aus Häuten, die sie auf eine ihnen eigene Art gerben und bearbei-

Ashkoko

Luchs.

ten. Sie tragen diese bei kaltem Wetter in der regnerischen Jahreszeit, die hier sehr lange dauert und überaus heftig ist. Die Jüngeren gehen meist nackt, und die verheirateten Weiber tragen die Kinder auf dem Rücken mit sich umher. Ihre Kleidung besteht aus einer Art von Hemd, welches bis auf die Füße hinunterreicht und um den Leib fest gegürtet wird. Der untere Teil gleicht einem doppelten Unterrock, von dem eine Falte über die Schulter geworfen und quer über dem Busen mit einem Speiler oder kleinen Spieß befestigt wird, um hinten darin die Kinder zu tragen. Die Weiber sind fast durchweg mager und wie die Männer unter der mittleren Größe. Unfruchtbarkeit ist bei den Agaus nicht bekannt. Mit elf Jahren fangen die Mädchen an, Kinder zu bekommen, und im allgemeinen heiraten sie auch in diesem Alter. Mannbar sind sie schon zwei Jahre vorher.

Die Häuser sind durchgehend aus Lehm und Stroh. Obwohl ich zwei große Zelte hatte, die für meine Leute ausreichend waren, riet man mir doch, mich in den Besitz von Häusern zu setzen, um unsere Maulesel und Pferde vor nächtlichen Diebereien und Überfällen wilder Tiere, von denen das Land voll ist, zu sichern. Fast hinter jeder kleinen Gruppe von Wohnungen befindet sich ein großer Keller oder eine unterirdische Wohnung, die, in den Felsen gehauen, von erstaunlichem Umfang ist und unglaubliche Arbeit gekostet haben muß. Es läßt sich unmöglich bestimmen, ob diese Höhlen ehemals Wohnungen der Agaus waren, die einst vielleicht als Troglodyten lebten, oder ob sie zu Zufluchtsorten bei Unruhen oder plötzlichen Einfällen der Gallas bestimmt waren.

Am 9. November, nachdem ich alle meine Nachrichten über diesen merkwürdigen Ort in Ordnung gebracht hatte, verfolgte ich noch einmal zu Fuß den ganzen Lauf des Flusses von der Quelle bis in die Ebene von Goutto. Ich hatte niemanden bei mir außer ein paar Jagdhunden und meine Flinte in der Hand. Die Menge des Wildes, zumal die Arten des Rotwildes, war erstaunlich, aber obwohl ich wie immer ein glücklicher Jäger war, mußte ich doch aus Mangel an Hilfe jedes Tier dort, wo es niederfiel, liegenlassen. Das Rotwild schläft im wilden Hafer und steht nicht eher auf, als bis man fast darauf tritt, und starrt einen erst eine halbe Minute an, bevor es wegläuft.

Unsere Geschäfte waren nun vollendet, und es blieb uns also nichts übrig, als die Rückreise anzutreten. Die Zeit war in der größten Eintracht verstrichen. Woldo hatte durch seine Geschicklichkeit und unsere Freundin Irepone durch ihre große Zuneigung immer für Überfluß in unserem Haus gesorgt. Für Philosophen hatten wir freilich zu herrlich gelebt, waren aber weder müßig gewesen, noch hatten wir üppig geschwelgt. Ich glaube, daß nie wieder ein Herr von Geesh so gütig sein und seine Untertanen mit größerer Milde beherrschen wird, wie ich es tat. Ich hatte Arzneien umsonst ausgegeben und drei Tage hintereinander für die Armen und die Nachbarn eine Kuh schlachten lassen. Ich hatte den Oberpriester des Nils von Kopf bis Fuß gekleidet und auch seine Söhne. Seinen Töchtern hatte ich Glasknöpfe in allen Regenbogenfarben geschenkt und noch allerlei Kleinigkeiten hinzugefügt, die ihnen angenehm schienen oder die ihnen unserer Meinung nach lieb sein würden. Für unsere liebenswürdige Irepone hatten wir die auserlesensten Geschenke aufgehoben, das Beste, was wir von jedem Artikel bei uns hatten, und von jedem reichlich. Wir schenkten ihr auch etwas Gold, aber sie hatte feinere und edlere Empfindungen. Sie schien auf die Geschenke nicht sehr zu achten, weil diese eine Trennung von mir, ihrem Freund, verkündeten. Sie zerraufte ihr schönes Haar, welches sie vorher alle Tage auf eine neue reizende Art geflochten hatte, warf sich auf den Fußboden des Hauses nieder und wollte uns nicht auf die Pferde steigen sehen und auch nicht Abschied nehmen. Sie kam nicht eher an die Tür, als bis wir hinaus waren, und begleitete uns danach mit ihren guten Wünschen und ihren Augen, solange sie uns sehen konnte.

Ich nahm von Kefla Abay, dem ehrwürdigen Priester des berühmtesten Flusses der Welt, Abschied. Er empfahl mich mit großer Ernsthaftigkeit der Vorsorge seines Gottes, was nach der spaßhaften Bemerkung des Strates soviel heißen sollte, als daß er hoffte, mich würde der Teufel holen. Alle jungen Männer des Dorfes begleiteten uns mit ihren Lanzen und Schilden bis St. Michael Sacala, das ist bis an die Grenzen ihres Landes und meiner kleinen Souveränität.

Wir verließen Geesh am 10. November 1770, um nach Gondar zurückzukehren, und passierten den Nil wie zuvor unterhalb der Kirche von St. Michael Sacala. Die Nacht über blieben wir bei einigen wenigen Hütten, Dembea genannt, an der Nordostseite des Taleingangs. Am 11. setzten wir die Reise auf dem früheren Weg bis zur Kirche Abbo fort und wandten uns dann gegen Nordosten. Der Weg führte beständig durch Goutto, aber das Land ist hier bei weitem nicht so bewohnt und angenehm wie auf der Westseite des Nils. Dann kamen wir auf einen engen Pfad, der durch Buschholz führte. Hier traf ich eine Gattung Füchse mit glänzendem goldgelbem Fell. Ich halte dieses Tier für den sogenannten Lupus aureus. Es ist beinahe so groß wie ein Wolf und lebt von Maulwürfen.

Gegen 2 Uhr kehrten wir im Haus des Shalaka Welled Amlac ein, mit dem ich in Gondar gut bekannt geworden war. Ich habe es bis hierher verschoben, den Leser mit diesem merkwürdigen Mann bekannt zu machen, um den Faden der Geschichte nicht abreißen zu lassen. Als ich den mit den Blattern befallenen Teil der königlichen Familie glücklich wiederhergestellt hatte und in Koscam in meinem eigenen Haus wohnte, empfahl mein Freund Ayto

Aylo meiner Fürsorge einen Mann aus Maitsha mit zwei Dienern, von denen der eine wie auch sein Herr an einem Wechselfieber erkrankt war. Weil mich die Iteghé mit allen Bedürfnissen reichlich versorgte, lag die einzige Unbequemlichkeit darin, daß ich einen Fremden und eine Krankheit in mein Haus brachte. Da ich aber in einem fremden Land lebte und täglich den Beistand der Einwohner nötig hatte, mußte ich allen Fleiß anwenden, um mich bei jeder Gelegenheit so nützlich wie möglich zu machen. Ich gab also nach und nahm auf Ayto Aylos Verlangen die beiden Kranken auf die beste Art auf, um so mehr, als man mir versicherte, daß Welled Amlac einer der mächtigsten, entschlossensten und mit den besten Gefährten versehenen Räuber in ganz Maitsha sei und daß er gerade an dem Weg zu den Nilquellen wohne und mir auf meiner Reise Schutz bieten könne.

Der Diener war ein armer, verzagter Kerl, der eine außerordentliche Furcht vor dem Tod hatte. Er folgte meinen Vorschriften ganz genau und wurde bald wieder gesund. Mit dem Welled Amlac war es aber eine ganz andere Sache. Er hatte, wie gesagt, noch einen anderen Diener, der, wenn ich anwesend war, nie die Schwelle betrat. Sooft ich aber nicht zu Hause war und entweder meine anderen Kranken oder die Iteghé besuchte, womit ein großer Teil des Morgens verstrich, schlich er heimlich zu seinem Herrn und brachte ihm rohes Fleisch, Met und Branntwein, wodurch er mehr als einmal einen Rückfall bekam. Zum Glück erhielt ich durch den wiederhergestellten Bedienten frühzeitig Nachricht davon, der glaubte, daß dies seinen Herrn das Leben kosten könnte, was auch wahrscheinlich geschehen wäre. Durch Vermittlung des Ayto Aylo und der Iteghé brachten wir es dahin, daß der schlechte Kerl nach Maitsha verbannt wurde und Welled Amlac der Pflege des mit ihm krank gewordenen Dieners allein anvertraut blieb.

Um mich nicht bei uninteressanten Kleinigkeiten aufzuhalten, sage ich bloß, daß Welled Amlac nach einem Lager von etlichen Wochen wieder gesund war. Als er in mein

Haus kam, war er nicht sonderlich gekleidet, worauf niemand bei einem Kranken achtet. Weil es ihm an Kleidern zum Wechseln fehlte, wurden diese während seines Aufenthalts bei mir natürlich noch schlechter, und er hatte nach dem Ende seiner Krankheit wirklich ein armseliges Aussehen. Als ich eines Tages bemerkte, daß er unmöglich nach Hause reisen könne, ohne die Erde vor der Iteghé zu küssen, erklärte er mir, daß er auch dazu bereit wäre, sobald ich es für gut fände, ihm seine Kleider zu geben. Ich verstand dies erst so, daß er vielleicht Kleider zum Wechseln mitgebracht und sie meinen Dienern in Verwahrung gegeben hätte. Nach näherer Erkundigung fand es sich aber, daß er nur die Lumpen hatte, die er am Leibe trug. Und er erklärte mir geradeheraus, daß er lieber sein Leben lang in meinem Haus bleiben wolle, als den Schimpf in den Augen der Welt zu ertragen, es zu verlassen, ohne daß ich ihn von Kopf bis Fuß gekleidet hätte. Er fragte mich mit großer Dreistigkeit: »Was hilft es, daß Ihr mich gesund gemacht habt, wenn Ihr mich als einen Bettler zum Haus hinausjagt?«

Ich hielt dies immer noch für einen Spaß. Als ich aber den Aylo an diesem Tag in Koscam traf und ihm obige Unterredung unter Lachen erzählte, antwortete er mir ganz ernsthaft: »Es ist gar kein Zweifel, Ihr müßt ihn kleiden. Das ist Landesbrauch.« – »Auch seinen Diener?« – »Allerdings auch seinen Diener, und wenn er deren zehn hätte, die in Eurem Haus gegessen und getrunken hätten, müßtet Ihr sie alle kleiden.« – »Auf diese Art wäre es besser«, war meine Antwort, »ein Arzt ließe seine Patienten sterben, als ihnen auf seine Kosten zur Gesundheit zu verhelfen.« – »Yagoube«, versetzte er, »ich sehe wohl, daß diese Gewohnheit bei Euch nicht herrscht. Aber hier findet sie ohne Ausnahme statt. Bei geringeren Leuten ist das nicht so, aber wenn Ihr für einen Mann von einigem Ansehen gehalten werden wollt, so könnt Ihr es nicht verweigern, ohne Euch den Welled Amlac zum Feind zu machen. Der Mann ist reich, es ist ihm also nicht um den Wert der Kleider zu tun. Aber er denkt, die Nachbarn werden seine Wichtigkeit nach der Achtung schätzen, die ihm von so weit hergereisten Männern bezeigt wird. Sorgt Euch nicht, er wird sich gewiß auf eine andere Art dafür dankbar erweisen, und was die Kleider betrifft, so will ich diese bezahlen.« – »Auf keinen Fall, guter Freund«, erwiderte ich, »mir erscheint diese Sitte so merkwürdig, daß ich die Kleider gerne bezahle. Da es meine Absicht ist, durch Maitsha zu reisen, sehe ich es als einen Beweis Eurer Freundschaft an, daß Ihr mir Gelegenheit gebt, diese Verbindlichkeit gegenüber dem Welled Amlac zu erfüllen.« – »So ist es«, antwortete er, »ich wußte im voraus, daß Ihr so denken würdet. Ihr seid ein gesetzter Mann ohne Leidenschaften und setzt Euch nicht über die Landesbräuche hinweg. Dies erwirbt Euch alle Tage eine größere Zuneigung, auch von schlechtdenkenden Menschen, und um so länger werdet Ihr in Sicherheit leben.«

Der Leser kann sich leicht vorstellen, daß ich meine Schuldigkeit gegen den Welled Amlac gleich erfüllte. Er nahm die Kleidung, einen Gürtel und ein paar Sandalen mit eben der Gleichgültigkeit an, wie wenn er sie selbst mit barem Geld gekauft hätte. Er fragte daraufhin nach den Kleidern für seinen Diener, die ebenfalls fertig waren. Er sagte lediglich, daß sie zu gut seien, und gab zu verstehen, daß er sie zu seinem eigenen Gebrauch nehmen würde, wenn er nach Maitsha ginge. Ich stellte ihn darauf neu gekleidet der Iteghé vor, die ihm angemessene Befehle gab, wie er für mich sorgen sollte, wenn ich jemals seines Schutzes bedürfte. Dann reiste er nach Hause, und ich hörte nie wieder etwas von ihm, bis wir jetzt in seinem Haus eintrafen.

Welled Amlac war nicht zu Hause, aber seine Frau, seine Mutter und seine Schwestern nahmen uns freundschaftlich auf, weil sie bereits von uns gehört hatten. Ohne unseren Wirt zu erwarten, wurde sofort eine Kuh geschlachtet.

Das ehrwürdige Haupt dieser Familie, Welled Amlacs Mutter, war eine rüstige, muntere Frau, an der man keine Spuren der Schwächlichkeit des Alters wahrnahm. Seine Frau hingegen war ein böses, häßliches Weib, so arg, wie man sie sich nur auf dem Theater denken kann, aber doch sehr tätig und höflich. Sie sprach ziemlich gut amharisch.

Seine beiden Schwestern von sechzehn oder siebzehn Jahren waren in der Tat schön, aber Fasils Frau, die sich ebenfalls hier befand, war von allen die schönste und artigste. Sie schien nicht über achtzehn Jahre alt, war groß, wohlgewachsen und von angenehmem Betragen und Manieren. Sie hatte regelmäßige Gesichtszüge, schöne Augen und Zähne und eine dunkelbraune Hautfarbe. Beim ersten Anblick schien etwas Melancholisches in ihrem Gesicht zu herrschen, das aber bald verschwand. Sie war sehr gefällig, heiter und gesprächig, wenigstens wünschte sie es zu sein, aber zum Unglück redete sie keine andere als die Gallasprache, wenngleich sie ein wenig amharisch verstand. Unsere ganze Unterredung verschaffte der Familie eine große Unterhaltung, und alle lachten über alle Maßen.

Die beiden Schwestern hatten meinen Dienern geholfen, das Gepäck an Ort und Stelle zu schaffen. Als mein Zelt aufgeschlagen wurde und die Matratze zum Schlafen hingelegt worden war, unterbrach die älteste Schwester die Arbeit der Diener; und da sie sich nicht verständlich machen konnte, nahm sie die Matratze und schmiß sie zum Zelt hinaus, weswegen meine Leute die ärgsten Schimpfwörter gegen sie ausstießen. Einer kam zu mir, um mir ihre Unverschämtheit zu berichten, und er setzte hinzu, wenn er das Mädchen recht verstanden habe, so verlange sie, daß ich diese Nacht bei ihr schlafen sollte. Die Diener glaubten, wir seien in ein Haus von Dieben und Mördern geraten. Ich gab ihnen einen scharfen Verweis und befahl, alles zu tun, was die Familie von ihnen verlangte. Ich sah, daß die schöne Nymphe äußerst aufgebracht war. Sie erzählte die Sache mit großem Nachdruck den Matronen. Ihre Geschwätzigkeit überstieg alle Vorstellungen, und alle erhoben ein großes Gelächter. Fasils Frau rief mich und verlangte, daß ich mich zu ihr setzen sollte. Sie fing an, mich drollig genug zu unterrichten, wie man Kinder macht. Ich verstand aber nicht das geringste von dem, was sie sagen wollte. Ich bemühte mich, ihre letzten Worte jedesmal nachzusprechen, und das veranlaßte ein neues heftiges Gelächter, worin ich herzlich einstimmte, um den Spaß zur

Unterhaltung der Gesellschaft so lange wie möglich weiterzutreiben.

Bald darauf kam Welled Amlac mit der unangenehmen Nachricht nach Hause, daß es unmöglich sei, zu der Furt des Nil zu reisen, weil zwei benachbarte Shums einen Grenzstreit miteinander begonnen hätten, welcher in einem oder zwei Tagen durch einen Kampf entschieden werden müßte. Alle meine Gefährten erblaßten, ich kannte aber den Mann, weshalb mich diese Nachricht nicht sehr beunruhigte. Ich vermutete, daß es seine Absicht war, uns, wenn wir es der Mühe wert hielten, zu begleiten, damit wir ohne Furcht den Weg zurücklegen konnten. Auf alle Fälle wußte ich, daß er durch die Verbindlichkeiten, die er mir von Gondar her schuldig war, verpflichtet war, und wenn es auch nur um seiner eigenen Ehre willen war, mich auf die bestmögliche Weise aufzunehmen und mich während meines Aufenthalts bei ihm zu bewirten.

Zufrieden, daß ich seine Absicht verstand, nahm er nun eine sehr liebenswürdige Miene an. Es wurde noch eine Kuh geschlachtet, eine Menge Met herbeigeschafft, und er traf alle Anstalten, uns so herrlich wie möglich nach Landesbrauch zu bewirten. Wir waren, wie bereits oft zuvor, gezwungen, unseren Ekel beim Essen des rohen Fleisches zu überwinden. Welled Amlac ging uns mit gutem Beispiel voran. Er unterhielt uns mit Geschichten von seinen Elefantenjagden und seinen Heldentaten in den letzten Kriegen, die meistens auf Landstreichereien hinausliefen. Die Stube, worin wir uns befanden, war groß genug, weil er, seine Mutter, Frau, Schwestern, Pferde, Maulesel und Diener sich Tag und Nacht darin aufhielten. Rings umher hingen die Rüssel der Elefanten, die er mit eigener Hand erlegt hatte, denn er war einer der besten und kühnsten Reiter in Abessinien und verstand den Gebrauch seiner Waffen vollkommen.

Als das üppige Mahl zu Ende war, ging das Trinkhorn mit Met frisch herum. Welled Amlacs älteste Schwester Melectanea sorgte besonders für mich, und ich fand es bald nötig, weg und ins Bett zu gehen, solange ich dazu noch imstande war. Hier kam nun wieder die vorige Geschichte aufs Tapet, und weitläufig wurde nun über die Gewohnheit in ganz Maitsha und dem Land der Gallas gesprochen, daß ein Fremder, um eine Verwandtschaft zu begründen, bei einer nahen Verwandten seines Gastgebers schlafen muß. Und weil das junge Mädchen während des höflichen Streits um ihre Person selbst anwesend war und mir dabei so manches Horn zum Trinken anbot, weiß ich nicht, ob man es nicht für ein größeres Vergehen gegen die feine Denkungsart angesehen hätte, sich zu weigern, als es anzunehmen.

Es war unmöglich, zu schlafen. Unaufhörlich stürmte, donnerte, regnete und blitzte es die ganze Nacht. Der Morgen war dann heller, und meine Leute verlangten heftig nach dem Aufbruch. Aber ich mußte erst dem Woldo, der sich hier von uns trennen wollte, den versprochenen Lohn geben. Fasils Frau, als seine Gebieterin, behielt ihn so lange bei sich, bis er ihr alle Umstände unserer Expedition genau erzählt hatte und sie durch die Schilderung unserer wunderlichen Denkart und unserer Gebräuche oft herzlich zum Lachen gebracht hatte. Dies lohnte sie ihm durch volle Hörner mit Met und Bouza und großen Schnitten rohen Fleisches, was ihn zu einem beredten Erzähler machte. Ob er aber auch der Wahrheit getreu berichtete, darüber kann ich unmöglich urteilen.

Nachdem ich mit Woldo alles zu seiner größten Zufriedenheit erledigt hatte, überlieferte er uns dem Schutz des Welled Amlac und hatte bereits Abschied genommen, als Fasils Frau eine schöne weiße Kuh vor unser Zelt führen ließ und darauf drang, daß ich als Freund ihres Mannes noch einen Tag um ihretwillen dableiben und entweder sie meine Sprache lehren sollte oder sie mich in der Gallasprache unterrichten wollte. Der Vorschlag war kaum gemacht, so wurde er auch schon angenommen. Der Morgen war frisch und kalt, und das Trinken des vorigen Abends hatte meinem Magen nichts geschadet. Sogar Strates, der sich sonst vor dem Welled Amlac fürchtete und über das unverschämte Betragen der Melectanea, wie er es nannte, sehr aufgebracht war, wurde beim Anblick der weißen Kuh etwas besänftigt. »Bruder«, sagte er, »was gehen uns anderer Leute Sitten an, solange sie höflich gegen uns sind. Es steht außer Zweifel, daß die Männer dieses Hauses Räuber und Mörder und die Weiber Huren sind. Aber wenn sie uns nur gut behandeln, da wir einmal hier sind und wir das Glück haben, Gondar lebendig zu erreichen, will ich zufrieden sein. Aber der Teufel soll mich holen, wenn ich jemals versuchen werde, nochmals hierher zurückzukehren.«

Es wurde also beschlossen, uns an diesem Tag zu erholen und ihn teils mit Botanisieren zuzubringen, teils die Neugierde unserer Freundinnen durch die Beantwortung aller ihrer Fragen zu befriedigen. Auf diese Weise verstrich der Vormittag so angenehm wie möglich.

Welled Amlac, ein gewaltiger Jäger, war mit mir in einen benachbarten Distrikt geritten, um Wildbret mit Lanzen zu erlegen, obwohl wir keinen Mangel an Lebensmitteln hatten. In wenigen Minuten jagten wir ein paar Bohurs auf, große Tiere, die zum Rotwild gehören. Ein jeder verfolgte das seinige. Meines war noch keine vierhundert Ellen gelaufen, so hatte ich es eingeholt und mit der Lanze durchstochen. Dem anderen würde es wahrscheinlich ebenso ergangen sein, wenn nicht Welled Amlacs Pferd mit dem Vorderfuß in ein Fuchsloch geraten wäre, wodurch es samt seinem Reiter stürzte. Er erlitt keinen Schaden, stand aber sehr ernst auf und bat mich, umzukehren, weil es bei diesem Volk eine Regel ist, eine Sache nie fortzusetzen, wenn ihnen schon am Beginn ein Unglück widerfährt.

Wir setzten uns sehr vergnügt zum Mittagessen. Der Sturz des Welled Amlac hatte ihm den Appetit nicht verdorben, er speiste, wie mich dünkte, wie gewöhnlich für vier Personen. Ich aß meistens von dem Wildbret, welches sehr gut zubereitet, aber zu stark mit allerlei Arten von Gewürzen versehen war. Allein Fasils Frau schien keinen Hunger zu haben, obwohl sie unmäßig lachte und sich äußerlich sehr vergnügt gab. Sie stammte aus einer edlen Familie der Gallas, die einen Landstrich in der ebenen Provinz Narea erobert und sich dort niedergelassen hatte. Ich wunderte mich, daß Fasil, ihr Mann, sie nicht mit nach Gondar genommen hatte. Sie antwortete, daß Fasil außer ihr noch zwanzig Weiber habe, er nehme aber keine mit in die Hauptstadt, weil diese ein Kriegsschauplatz sei, wo die Gewohnheit herrsche, die Weiber der in die Flucht gejagten Feinde zu heiraten. Deswegen würde sich auch Fasil mit der Gemahlin des Ras Michael, Ozoro Esther, verheiraten. Ich erschrak über diese Erklärung. Ich dachte, daß ich hier nur Zeit verlöre und mein gegebenes Wort, so bald wie möglich zurückzukommen, vergäße. Aber wir hatten einige Monate in solchen unaufhörlichen Unruhen zugebracht, daß es schlechterdings notwendig war, den Augenblick zu nutzen und unsere Gemüter zu beruhigen und dem Körper einige Erholung zu verschaffen.

Am Nachmittag teilten wir unsere Geschenke unter den Frauenzimmern aus. Fasils Frau wurde dabei nicht vergessen, und die schöne Melectanea wurde mit Glasknöpfen, Schnupftüchern und Bändern von allerlei Farben behangen. Die Frau des Fasil gab mir auf mein Verlangen hin eine Locke ihres schönen Haares. Es hat mir seit dieser Zeit dazu gedient, um daran das Bleilot an meinen dreischuhigen Quadranten zu hängen.

Am folgenden Morgen, dem 13. November, verließen wir das gastfreundliche Haus unseres Wirtes. Zuvor mußten wir den Frauenzimmern aber versprechen, ihnen bald einen neuen Besuch abzustatten. Welled Amlac begleitete uns persönlich bis zur Furt des Nils und gab uns dadurch den sicheren Beweis, daß wir nichts zu befürchten hätten.

Ohne weitere Zwischenfälle erreichte Bruce mit seiner Reisegesellschaft am 19. November 1770 wieder die Hauptstadt Gondar. Eine trügerische Ruhe lag über der Stadt, und am Himmel des äthiopischen Reiches zogen dunkle Gewitterwolken herauf. Die politische Situation spitzte sich immer mehr zu, und Bruce wünschte nichts sehnlicher, als die Heimreise antreten zu können.

10. Kapitel

Chaos in Gondar und die Rückkehr des Königs

In der Zwischenzeit war auch Fasil in Gondar eingezogen und hatte vom neuen König Socinios unter der Vorspiegelung, ihm künftig die Tribute aus seinen Provinzen getreu abführen zu wollen, den Posten eines Ras oder Ersten Ministers erhalten.

Fasils Absicht war es jedoch, den König Tecla Haimanot wieder auf den Thron zu setzen und gemeinsam mit Ras Michael gegen Gusho und Powussen, die Statthalter von Amhara und Begemder, ins Feld zu ziehen. Ras Michael hatte behauptet, sich in Zukunft auf Grund seines hohen Alters mit der Statthalterschaft seiner Provinz Tigre begnügen zu wollen und nach keinen weiteren politischen Ämtern zu streben. Und Fasil dachte auch gar nicht daran, ihm wichtigere Positionen im äthiopischen Reich zuzugestehen.

Als Fasil nun kraft seines neuen Amtes begann, die wichtigsten Posten im Staat mit seinen eigenen Leuten zu besetzen, erregte er den Unwillen des Königs Socinios, der langsam Verdacht schöpfte, daß es sein Minister nicht unbedingt ehrlich mit ihm meine. Er verfügte jedoch nicht über eine entsprechende Hausmacht, um gegen Fasil etwas Entscheidendes unternehmen zu können.

Socinios fuhr hartnäckig fort, Fasils Besetzungen der Posten zu verwerfen. Dadurch geriet alles unmittelbar in die größte Verwirrung. Von allen Seiten rückten, wie wenn Befehl dazu gegeben worden wäre, Truppen heran. Der mißvergnügte Ayto Engedan bezog mit tausend Mann in der Nähe von Gondar am Fluß Mogetch Posten, sein Bruder Aylo fünfzehn Meilen weiter bei Emfras mit einem doppelt so starken Korps, und Ayto Confu, sein Vetter, lag mit ungefähr sechshundert Reitern oberhalb von Koscam, um seine Mutter Ozoro Esther und die Iteghé, seine Großmutter, zu beschützen. Alle waren unter Waffen, aber nur zum Zweck der Verteidigung.

Bei dieser Lage langte ich am 19. November in Gondar an, konnte die Königin aber nicht sehen. Sie hatte sich unter dem Vorwand der Andacht, aber im Grunde aus Verdruß und melancholischer Furcht, in ihr Zimmer begeben, da sich alles dahingehend zu entscheiden schien, entgegen aller geschmiedeter Pläne, daß Ras Michael wieder zurückkommen würde. Vor diesem Ereignis fürchtete sie sich auf das äußerste.

Bei der Ozoro Esther traf ich Abba Salama, den Acab Saat, an, welcher eine wichtige Rolle bei der Hinrichtung des Joas gespielt hatte und der es auch war, wie Fasil sagte, der ihn aufforderte, mich nicht zu den Quellen des Nils reisen zu lassen, und zwar aus keiner anderen Ursache, als aus Haß gegen mich als einen Franken.

Wir verbeugten uns voreinander wie Personen, die keine besonderen Freunde sind, und er fing sofort an, der Ozoro Esther das Unglück begreiflich zu machen, welches entstehen könnte, wenn man den Franken im Lande die Freiheit ließe und ihnen erlaubte, sich in Geschäfte zu mengen. Ich unterbrach ihn mit einem Gelächter und sagte: »Wenn Ihr mich unter dem Wort Franke versteht, Vater, so bin ich ohne Euren Rat dorthin gereist, wohin ich wollte, und auch wieder zurückgekommen. Was nun Euer Land betrifft, will ich Euch ein ansehnliches Geschenk machen, wenn Ihr mich morgen glücklich hinausschafft. Nach welcher Richtung Ihr immer wollt, je eher, desto lieber.«

In diesem Augenblick trat Ayto Confu zu seiner Mutter ins Zimmer, fing meine letzten Worte auf und fragte in einem hitzigen Ton: »Wer wünscht Euch zum Lande hinaus?« – »Ich tue es selbst«, antwortete ich von ganzem Herzen, »aber was Ihr zuletzt gehört habt, war die Folge eines freundschaftlichen Rats, den Abba Salama mir eben gab.« – »Vater, Vater«, fing Confu an, indem er sich mit sehr ernsthafter Miene zu ihm wandte, »glaubt Ihr nicht, daß das Maß Eurer schönen Taten voll ist? Seht Ihr nicht, daß dieser Ort von meinen Truppen umringt ist? Haltet Ihr Euch noch für sicher, wo Ihr doch kürzlich den König und den Ras in den Bann getan habt? Seht nur«, sagte er, indem er sich an seine Mutter wandte, »was für Hunde es in diesem Land gibt! Dieser Heide, der sich einen Christen nennt, empfahl dem Fasil auf seine menschenfreundliche Art, den Yagoube, einen Fremden, der keinen Menschen beleidigt hat, auszuplündern oder zu ermorden, wenn er seiner habhaft werden könnte.« Abba Salam erwiderte mit großer Gelassenheit, wenigstens bemerkte man kein aufgebrachtes Wesen an ihm: »Ihr seid in den Bann getan, Confu, wenn Ihr mich einen Ungläubigen, einen Heiden nennt. Ich bin ein Christ.« – »Ein Priester des Teufels,« rief Confu äußerst aufgebracht, »Wein und Weiber, Prassen, Lügen, Saufen, das sind Eure Götter. Fort«, sagte er, indem er die Hand an sein Messer legte, »ich schwöre beim heiligen Michael, daß ich Euch, ehe zehn Tage vergehen, Eure Schuldigkeit lehren will. Kommt, Yagoube, kommt und beseht meine Pferde. Wenn ich auf jedes einen guten Reiter gesetzt habe, wollen wir auf die Jagd der Feinde gehen.« Er eilte aus der Stube hinaus, ich hinterdrein. Wir ließen den Abba Salama vor Schrecken halb tot zurück, wie Ozoro Esther mir später erzählte. Er sagte lediglich zu ihr, als er hinausging: »Vergeßt nicht, daß ich ihn nicht in den Bann getan habe.«

Die Iteghé bekam ich nicht eher als am 23. November zu Gesicht. Sie ließ mich am Morgen zu sich rufen und hatte ein ansehnliches Frühstück zubereiten lassen. Sie sah sehr ermattet und krank aus. Beim Eintritt kniete ich nieder und beugte die Stirn auf die Erde. Sie sah sehr ernsthaft aus und sagte, ohne mich aufstehen zu lassen, in einem bedächtigen Ton zu den Umstehenden: »Seht hier den törichten Mann, der bei solchen Zeiten wie den jetzigen, da wir Eingeborenen in unseren eigenen Häusern nicht sicher sind, aller guten Ratschläge ungeachtet die Felder durchstreift, um von jedem Mörder, von denen das ganze Land voll ist, wie ein wildes Tier gejagt zu werden.«

In diesem Augenblick ließ sich Fasil anmelden; wir mußten also fort und gingen zum Frühstück. Ich traf ihn danach, als er aus dem Palast ging. Er begrüßte mich sehr oberflächlich und verlangte, daß ich am nächsten Tag nach Gondar kommen sollte, da er mit mir reden wollte. Allein die Iteghé weigerte sich, mir dieses zu erlauben, und ich blieb folglich in Koscam.

Gegen Ende November wurde ganz unvermutet durch Vermittlung des Abuna und der Königin Friede zwischen Socinios und Fasil geschlossen. Letzterer schwor ihm als seinem rechtmäßigen Herrn den Eid der Treue, und der Abuna tat sie, im Fall einer des anderen Feind werden würde, in den Bann. Fasil leugnete zwar nicht, daß er mit Ras Michael Frieden geschlossen hatte, er versicherte aber doch, um die Gemüter zu beruhigen, Michael nie wieder nach Gondar kommen zu lassen. Das hatte bei den meisten die erwünschte Wirkung. Ganz Gondar liebte den Tecla Haimanot ebensosehr, wie es den Socinios verabscheute. Aber das Blutbad und die Grausamkeiten, die bei Michaels Rückkehr zu befürchten waren, bewirkten, daß jede Regierung willkommen war, die die Furcht vor diesem Ereignis nehmen konnte.

Was die Absicht dieser Komödie war, konnte ich nie erfahren. Aber gleich am folgenden Tag setzte Fasil Gusho und Powussen als Statthalter der Provinzen Amhara und Begemder ab und machte nunmehr öffentlich bekannt, daß es seine Absicht sei, dem Tecla Haimanot wieder zur Krone zu verhelfen. Fasil hatte seine Maske abgenommen und behauptete öffentlich, daß Socinios nur zum Spott auf den Thron gesetzt worden und auch gar nicht der Sohn des Yasous sei. Er hatte auch wirklich weder in seinen Zügen noch in seinem Wesen die geringste Ähnlichkeit mit der königlichen Familie, von der er seinem Vorgeben nach abstammte.

Socinios merkte nunmehr wohl, daß er fernerhin den Fasil als seinen Feind anzusehen habe. Es wurde befohlen, die Tore des Palastes zu schließen und die verschiedenen Höfe und Zugänge zu den königlichen Zimmern hinlänglich zu besetzen. Niemand wurde zum König gelassen, ohne daß er vorher nicht durchsucht worden wäre. Die Trommeln wurden gerührt und beständig Wache gehalten.

Fasil hatte seine Wohnung in dem Haus, welches zum Posten eines Ras gehörte, am anderen Ende der Stadt aufgeschlagen. Um zu zeigen, wie wenig er den König achte, ließ er sich nur wenig bewachen, und die Armee blieb im Lager unterhalb des Palasts. Ein Umstand war damals besonders merkwürdig. Man hörte eine Trommel in Fasils Haus, wo es doch ein unveränderliches Gesetz ist, daß nirgends in der Residenz eine Trommel geschlagen werden darf, außer an dem Platz, wo sich der König aufhält.

Inzwischen versuchte Powussen auf Verlangen des Königs, den Fasil zu überfallen, konnte aber an Aylo bei Emfras nicht vorbei, ohne ihn vorher anzugreifen. Als es ihm gelang, die Truppen des Aylo nach einem geringen Widerstand zu zerstreuen, brach Fasil seine Zelte ab, ließ öffentlich den Tecla Haimanot zum König ausrufen und lagerte sich bei Abba Samuel, einer Sammlung von Dörfern etwa zwei Meilen von Gondar entfernt. Er riet allen Einwohnern der Stadt, die Residenz zu verlassen und zu ihm zu stoßen, wenn sie der Rache des Ras Michael entgehen wollten. Von hier zog er sich gegen Dingleber am Tanasee zurück und begann alle Lebensmittel abzufangen, die für Gondar bestimmt waren. Dies verursachte eine große Hungersnot, und viele arme Leute kamen ums Leben.

Bisher hatte ich kein Zusammentreffen mit dem Socinios gehabt und war nie vor ihm erschienen, ausgenommen an dem Tag, an dem der Prozeß gegen den Galla, der den König Joas ermordet hatte, verhandelt wurde. Ich konnte auch nicht annehmen, daß er mich kannte oder sich um mich mehr kümmerte als um irgendeinen der Griechen in Gondar. Aber ich hatte einen Freund bei Hof, welcher wachte, wenn ich schlief, und der nicht zugeben wollte, daß ich unbekannt bleiben sollte. Das war der Acab Saat, Abba Salama, der den König, als dieser einmal betrunken war, dazu überredete, eines Nachts den Palast in Begleitung einiger Banditen zu verlassen und verschiedene Häuser zu plündern. Er ermordete dabei, wie man sagte, einen Mann mit eigener Hand. Unter den Häusern, die geplündert wurden, war auch das meinige, ich befand mich aber damals glücklicherweise in Koscam. Was fortgeschafft werden konnte, wurde gestohlen, das übrige zerbrochen. Darunter befanden sich ein reflektierendes Teleskop, ein Barometer und ein Thermometer, viele Papiere und Entwürfe von Zeichnungen wurden zerrissen und danach verbrannt. Auch das Haus des Metical Aga wurde geplündert. Einer seiner Diener entwischte auf den Kirchhof, der andere wurde ermordet.

Am folgenden Tag erhielt ich um 9 Uhr den Befehl, in den Palast zu kommen. Ich ging hin und wurde sogleich vorgelassen. Socinios saß mit halb geschlossenen Augen, und sein Gesicht glühte wie Scharlach von der Zecherei der vorigen Nacht. Er war augenscheinlich noch immer betrunken, hatte den Mund voller Tabak und spuckte weit um sich her. Der Boden war davon so voll, daß ich Mühe hatte, einen reinen Platz zu finden, um niederzuknien und ihm meine Ehrfurcht zu bezeigen. Er war wie der vorige König gekleidet. Doch wie unähnlich war er ihm in allen anderen Eigenschaften! Meine ganze Seele erfüllte sich mit Abscheu und Schaudern, als ich den Thron, den er innehatte, so unwürdig besetzt fand.

Als ich mich aufrichtete und vor ihm stand, schien er verlegen und nicht vorbereitet zu sein, mir etwas zu sagen. Er hatte außer seinen Dienern nur wenige Personen um sich, die angesehensten waren aus Gondar fort- und zum Fasil übergegangen. Nachdem der König ein paarmal gespuckt und sich von seinem Bruder Chremation etwas ins Ohr hatte flüstern lassen, hob er an: »Wie kommt es, daß Ihr als ein vornehmer Mann nicht Eure Aufwartung im Palast macht? In Kriegs- und Friedenszeiten wart Ihr beständig mit Tecla Haimanot beisammen, der sich des Throns mit Gewalt bemächtigt hatte. Ihr pflegtet mit ihm zu reiten, Eure Pferdekünste zu machen, und mich dünkt, Ihr habt auch mit ihm gespeist. Wo ist alles Geld, das Ihr aus der Provinz Ras el Feel erhalten habt, wovon Ihr, wie man mir sagt, immer noch Statthalter seid?« Und äußerst aufgebracht rief der König: »Wer bin ich denn? Ein Sklave? Wißt Ihr, daß ich augenblicklich mit einem Fußtritt befehlen kann, Euch in Stücke zu hauen? Ihr seid ein Franke, ein Hund, ein Lügner, ein Sklave. Warum habt Ihr der Iteghé gesagt, daß in Eurem Haus fünfzig Unzen Gold gestohlen worden seien? Ein anderer König als ich würde Euch sofort die Augen ausstechen und Euren Leib den Hunden vorwerfen lassen.«

Er sagte die Wahrheit, schlechte Könige haben die meisten Henker. Gleichwohl war ich nicht verzagt, und wenn ich auch nur ein Fremder und allein war, war ich über ein solches Vieh auf dem Thron erhaben. Ich wartete geduldig, bis er alles vorgebracht hatte, verbeugte mich ein wenig und sagte: »Die Iteghé ist gegenwärtig in Koscam. Sie kann Euch sagen, ob ich ein Wort von mir gestohlenem Gold erwähnt habe, außer von einem in Gold gefaßten Messer, welches mir der vorige König schenkte und welches zufälligerweise in meinem Haus blieb, weil ich es seit seiner Abreise nach Tigre nicht mehr getragen habe.« In diesem Augenblick spuckte er gegen mich aus, ich weiß nicht, ob absichtlich oder nur von ungefähr. Ich konnte kaum ausweichen und war jetzt wirklich sehr aufgebracht.

Plötzlich stand ein alter Mann von edlem Aussehen auf, der in einem Winkel des Zimmers gesessen hatte und sagte in einem festen und bestimmten Ton: »Ich kann das nicht länger ertragen, wir werden noch zum Gegenstand des Hasses bei allen Menschen werden. Was habt Ihr mit Yagoube zu schaffen, und warum ließt Ihr ihn holen? Er ist nicht nur ein Freund des vorigen Königs, sondern von uns allen. Jedermann liebt ihn.« Der Mann, welcher so redete, war, wie ich in der Folge vernahm, Sanuda, ein Neffe der Iteghé. Er war unter dem vorigen König nach Kuara verbannt worden, und ich hatte folglich keine Gelegenheit gehabt, ihn kennenzulernen.

Während dieser Worte blieben die Augen des Socinios meistens geschlossen, der Mund stand offen und geiferte vom Tabak, er schwankte von einer Seite zur anderen und konnte kaum das Gleichgewicht halten. Als Sanuda schloß, sagte er mit einer spaßhaften Miene: »Ihr seid heute sehr böse, Baba.« Dann wandte er sich zu mir mit den Worten: »Morgen bringt Ihr mir Fasils Pferd, oder Ihr sollt etwas erleben. Ihr Sklave, Ihr Franke, Ihr Verächter der Jungfrau Maria, bringt nur das Pferd!«

Sanuda nahm mich bei der Hand und flüsterte mir zu: »Fürchtet Euch nicht vor ihm, ich bin hier. Aber geht nach Hause.« Er schien ebenfalls getrunken zu haben, und ich verließ den König samt seinem Berater sehr gern und kehrte zur Iteghé zurück. Ich erzählte ihr vom Vorgefallenen, und sie befahl mir, bei Ozoro Esther zu bleiben und nicht mehr in den Palast zu gehen.

Um diese Zeit traf die sichere Nachricht ein, daß Ras Michael und König Tecla Haimanot schon in der Provinz Lasta und in geradem Marsch auf Gondar wären. Ohne in der gewohnten Art alles zu verheeren und zu verbrennen, überquerten sie am 15. Dezember wieder den Tacazze und näherten sich der Hauptstadt.

Auf diese Nachricht hin entschlossen sich die Iteghé und König Socinios[43] zur Flucht. Ayto Engedan und Confu streiften mit starken Truppen im Land umher, teils um die Flucht der Iteghé zu decken, teils um sich derer von Socinios' Anhang zu bemächtigen, die Strafe verdienten. Sanuda war gleichfalls unter Waffen. Er legte die Maske ab und handelte nach den unmittelbaren Befehlen des Ras Michael. Er nahm viele Adelige beim Kopf und vereinigte sich mit Confu. Gemeinsam rückten sie in Gondar ein, nahmen den königlichen Palast in Besitz und machten den Ausschweifungen und Plünderungen ein Ende, welche seit der Flucht der Iteghé sehr häufig geworden waren.

Am 21. Dezember erhielt ich eine Botschaft von Ozoro Esther, welche wünschte, daß ich mich zu ihrem Sohn Confu begeben sollte, um dem König entgegenzuziehen. Sein Fit-Auraris habe bereits das Lager bei Mariam Ohha aufgeschlagen. Als Ozoro Esther sah, daß ich nur ein schlechtes Messer im Gürtel trug (da mir das vom König geschenkte in meinem Haus bei der Plünderung gestohlen worden war), gab sie mir ein prächtiges, in Gold gefaßtes, welches sie in dieser Absicht ausgesucht und auf den Sitz neben sich gelegt hatte. Sie berichtete mir, daß sie ihren Gemahl, den Ras Michael, bereits habe wissen lassen, wieviel sie mir seit seiner Abreise bereits schulde, sowohl was ihre eigene Person beträfe als auch ihren ältesten Sohn, der seit seiner Abreise mehrmals krank gewesen sei. Ich könnte also gewiß eine freundliche Aufnahme erwarten.

Mit Ayto Confu zog Bruce also dem König entgegen, traf ihn und Ras Michael im Heerlager bei Mariam Ohha an und wurde tatsächlich auf das freundschaftlichste willkommen geheißen. Einen Tag später wurde gemeinsam der Rückmarsch nach Gondar angetreten.

Die Stimmung war jedoch auf das äußerste gespannt. Nachdem der König von Gondar nach Tigre gezogen war und Socinios zu seinem Nachfolger gewählt wurde, hatten Abba Salama und auf sein Anstiften auch der Abuna, das Oberhaupt der äthiopischen Christen, den Tecla Haimanot und alle seine Anhänger in den Bann gesetzt und das Volk vom Treueeid gegen ihn entbunden. Der König und Michael sannen auf blutige Rache.

Ras Michael hatte aus Tigre ungefähr zwanzigtausend der besten Soldaten des Reiches mitgebracht. Darunter befanden sich etwa sechstausend Musketiere und zwölftausend Mann mit Lanzen und Schilden. Aus Gondar stießen noch sechstausend dazu. Ein großer Teil davon waren Reiter, die das Land nach allen Richtungen durchstreiften und solche Personen zusammenschleppten, die zum öffentlichen Beispiel bestraft werden sollten und es auch verdienten.

Alle Einwohner von Gondar und den umliegenden Städten und Dörfern hatten ihre Häuser verlassen, um den König bei seiner Rückkehr zu empfangen. Die Ursache war die Furcht vor dem Ras Michael. Jedermann zitterte, daß man aus seiner Abwesenheit schließen könnte, er sei ein Anhänger des Socinios.

Ich merkte am Betragen des Königs ganz deutlich, daß nicht alles seine Richtigkeit hatte, und ein Vorfall unterwegs bestätigte meine Mutmaßung. Er verlangte, daß ich

vor ihm herreiten und ihm das von Fasil erhaltene Pferd zeigen sollte, welches im besten Zustand und sehr schön war. Ich hatte es ganz besonders für ihn gepflegt. Als wir durch einen tiefen Bach ritten, hing zufällig der Zweig eines Kantuffabaumes quer darüber. Ich hatte ein weißes Ziegenfell um die Schultern, welches nicht daran hängenblieb. Der König aber trug Friedenskleider und war so in seinen dünnen baumwollenen Mantel eingehüllt, daß man nichts als seine Augen sah. Seine langen Haare wehten hinter ihm her. Weil er mehr auf das Pferd als auf den Kantuffazweig achtgab, blieb er zuerst mit den Haaren hängen, und der Kragen des Mantels, welcher den Kopf bedeckte, breitete sich so über seine Schultern aus, daß ungeachtet aller Hilfe, und obwohl ich sofort den Hauptzweig mit meinem Messer abhieb, nichts anderes übrigblieb, als daß er sein Oberkleid abwerfen und sich in der Weste mit entblößtem Kopf und Gesicht vor allen Zuschauern zeigen mußte.

Dies sieht man als ein großes Unglück für den König an, weil dieser nie anders als verhüllt in der Öffentlichkeit erscheint. Er schien jedoch nicht aus der Fassung gebracht, und man sah auch keine Veränderung in seiner Miene. Vielmehr fragte er mit großer Gelassenheit und leiser Stimme ein paarmal: »Wer ist der Shum dieses Distriktes?« Unglücklicherweise war er in der Nähe. Der hagere, sechzig Jahre alte Mann und sein Sohn von dreißig Jahren eilten herbei und standen der Gewohnheit gemäß bis auf den Gürtel entblößt vor dem König, der jetzt schon wieder völlig bekleidet war. Was sich der alte Mann dachte, kann ich nicht sagen, aber er ging an meinem Pferd lächelnd vorbei und schien außerordentlich mit sich selbst zufrieden. Ich sah ihn als Beispiel für Menschen an, die nie zuversichtlicher und sorgloser sind, als wenn sie am Rand ihres Verderbens stehen. Der König fragte ihn, ob er der Shum des Ortes sei. Der Mann bejahte es, und ohne daß er danach gefragt worden wäre, fügte er hinzu, daß der andere sein Sohn sei.

Wenn der König auf dem Marsch ist, hält sich der Kanitz Kitzera oder Feldscharfrichter immer in seiner Nähe auf. Er hat eine Anzahl aufgerollter Riemen, aus einer Ochsenhaut geschnitten, am Sattel hängen, welche Tarade heißen. Der König gab ein Zeichen mit dem Kopf und ein anderes mit der Hand, ohne ein Wort dazu zu sagen. Sogleich wurden dem Shum und seinem Sohn zwei Schnüre von der Tarade um den Hals gebunden, worauf sie an ein und demselben Baum in die Höhe gezogen wurden. Das Ende der Schnüre wurde an einem Zweig befestigt. Die Männer wurden aber so ungeschickt gehängt, daß sie erst nach einigen Minuten starben. Sie hätten gerettet werden können, wenn es jemand gewagt hätte, sie abzuschneiden, aber jedermann, der den König nicht nach Tigre begleitet hatte, war in Furcht.

Dieser grausame Anfang schien mir eine Vorbedeutung zu sein, daß gewaltsame Beschlüsse gefaßt worden waren und daß die Vollziehung derselben bald folgen würden. Denn obwohl der König ein Vergnügen daran fand, im Krieg Menschenblut zu vergießen, hatte ich bisher noch nie gesehen, daß er eine Hinrichtung durch den Scharfrichter befohlen hätte. Vielmehr hatte ich oft gesehen, daß ihn die Haut schauderte und er mit leisen Worten seinen Widerwillen bei den Hinrichtungen zeigte, wozu Ras Michael alle Tage den Befehl gab. Diesmal aber schien er dieses Gefühl ganz verloren zu haben. Er ritt weiter und redete mit den ihn Umgebenden von Fasils Pferd oder anderen gleichgültigen Dingen, ohne weiter an die kurz vorher befohlene schreckliche Hinrichtung zu denken.

Abends, als wir unser Lager am Mogetch aufgeschlagen hatten, wurden verschiedene Gefangene gebracht, darunter Guebra Denghel, ein Schwiegersohn des Ras Michael und einer der besten und liebenswürdigsten Männer in Abessinien, der sich aber unglücklicherweise auf die Seite der falschen Partei geschlagen hatte. Sie wurden, einer nach dem anderen, vor dem König mit Gewalt auf ihr Gesicht geworfen. Wegen des Guebra Denghel war ich außerordentlich betrübt. Er bat den König auf das dringlichste, er möge ihn doch gleich vor seinem Zelt hinrichten lassen und ihn nicht an seinen grausamen Schwiegervater ausliefern. Der König antwortete aber nichts darauf und zeigte nicht das geringste Mitleid. Er winkte mit der Hand, zum Zeichen, die Gefangenen zum Ras zu bringen, wo sie in Eisen geschlossen wurden.

Zwei Stunden später langte Ayto Aylo, ein Sohn des Kasmati Eshté, im Lager an, den der König zum Statthalter von Begemder ernannt hatte. Er brachte den Chremation, einen Bruder des Socinios, und Abba Salama, den Acab Saat mit, der seinen Vater in den Bann gesetzt und ein Werkzeug seiner Ermordung durch Fasil gewesen war. Ich war neugierig, wie man mit dem Acab Saat verfahren würde. Ich hatte noch in frischer Erinnerung, was ich in europäischen Schriften gelesen hatte, daß nämlich die

Geistlichen in diesem Land nicht der Ziviljurisdiktion unterworfen seien.

Aylo hatte die Beine des Acab Saat unter dem Leib des Maulesels zusammenbinden lassen und die Hände auf den Rücken. Es war ein Strick daran befestigt, welchen ein auf der Seite gehender Mann in der Hand hielt. Ein anderer führte den Maulesel am Halfter; beide trugen Lanzen in der Hand. Chremation hatte bloß die Hände, nicht aber die Beine gebunden, und er wurde auch an keinem Strick geführt. Während Abba Salama losgebunden wurde, ging ich in das Audienzzimmer und stellte mich hinter den Stuhl des Königs. Gleich darauf brachten Aylos Soldaten ihre Gefangenen hinein und warfen sie der Gewohnheit gemäß mit Gewalt auf die Erde. Weil die Hände auf den Rücken gebunden waren, fielen sie heftig aufs Gesicht.

Der Acab Saat stand wütend auf und versuchte, seine Hände frei zu bekommen, um die Anwesenden in den Bann setzen zu können, was durch das Aufheben der rechten Hand und das Ausstrecken des Zeigefingers geschieht. Da ihm das nicht gelang, schrie er: »Ihr seid alle in den Bann getan!« Man hatte Mühe, ihn dazu zu bringen, den König anzuhören, der mit gesetztem Wesen oder vielmehr ganz gleichgültig zu ihm sagte: »Ihr seid der Erste geistliche Diener meines Hofes und der Dritte im ganzen Königreich. Aber ich habe noch nie gehört, daß Ihr die Macht habt, Euren Regenten zu verfluchen oder seine Untertanen zu ermahnen, daß sie ihn ermorden sollen. Eure Sache soll deswegen morgen von den Richtern untersucht werden. Bereitet Euch also zu Eurer Verteidigung vor und sagt, nach welchen Lehren Christi oder seiner Apostel oder nach welchen Verordnungen der allgemeinen Kirchenversammlung Ihr dieses zu tun befugt seid.«

»Befreit meine Hände«, schrie Abba Salama heftig, »ich bin ein Priester, ein Diener Gottes. Und diese haben die Macht, sagt David, Könige mit Ketten zu binden und ihre Edlen mit eisernen Fesseln. Hieb Samuel den König Agag nicht vor dem Herrn in Stücke? Ich setze Euch in den Bann, Tecla Haimanot.« Er wollte noch fortfahren, als

Tecla Mariam, der Sohn des königlichen Sekretärs und noch sehr jung, ihn mit den Worten: »Wer kann das in Gegenwart des Königs dulden?«, so auf den Mund schlug, daß das Blut herauslief. Chremation und der Acab Saat wurden daraufhin eilig aus dem Zelt geführt und durften nichts mehr sagen. Der Schlag schien überdies den Abba Salama derart aus der Fassung gebracht zu haben, daß er eine Zeitlang die Sprache verlor.

In Abessinien steht die Todesstrafe darauf, in Gegenwart des Königs zu schlagen oder auch nur die Hand aufzuheben. Aber diesmal war die Veranlassung dazu so groß, plötzlich und unerwartet und der Übermut des Beleidigers so groß und einem jeden so auffallend, daß der Vater des Tecla Mariam lediglich den Befehl erhielt, seinem Sohn einen leichten Verweis zu erteilen. Übrigens schadete ihm die Tat weder beim König noch beim Ras oder dem Volk.

Als die beiden Gefangenen zum Ras geführt wurden, wollte er sie nicht sehen, sondern befahl, sie in Ketten zu legen und scharf zu bewachen. Diesen Abend wurde eine kurze Ratsversammlung beim König und danach eine längere beim Ras abgehalten. Die Ursache davon war, daß beim König die Geschäfte des morgigen Tages, beim Ras hingegen alles, was in Zukunft zu tun sei und was vermutlich geschehen würde, überlegt und beraten wurde.

Am nächsten Tag wurde zum Aufbruch getrommelt, und die Armee verließ im Morgengrauen das Lager. Sie marschierte geschlossen und in großer Ordnung. Jedermann zitterte um das Schicksal von Gondar. Wir passierten die Mohammedanerstadt und lagerten uns am Fluß Kahha, gegenüber dem Marktplatz.

Die Pauken wurden in Front gebracht, und nachdem sie eine Weile geschlagen worden waren, wurden zwei Dinge proklamiert. Das erste war, daß alle, die einen Vorrat von Mehl und Gerste hätten, diesen noch am heutigen Tag zum Markt bringen sollten, bei Strafe der Plünderung ihrer Häuser. Und wer, er möge Soldat oder sonstwer sein, sich unterstehen sollte, Lebensmittel mit Gewalt zu nehmen, ohne sie vorher bar bezahlt zu haben, sollte auf der Stelle gehängt werden. Zugleich wurde eine Bank für einen eigens dafür bestimmten Richter gebracht, damit er sich darauf unter einen Baum setzen konnte. Eine starke Wache mit einigen Offizieren umgab ihn, und hinter ihm stand ein Scharfrichter, zu dessen Füßen einige Stricke lagen. Der zweite Aufruf bestand aus der Nachricht, daß jedermann zu Hause bleiben sollte. Fliehende oder andere, die Gondar verließen, würden als Rebellen geächtet, ihre Güter eingezogen, ihre Häuser verbrannt und ihre Familien nach des Königs Gutdünken sieben Jahre lang bestraft. Soweit war alles gut und entsprach der geplanten Politik.

In Gondar gibt es eine Gruppe von Personen, die aus Possenreißern, Gassensängern und Positurenmachern besteht. Dieses Gesindel läuft bei allen öffentlichen Gelegenheiten in den Gassen umher, und bei privaten Feiern, z. B. bei Hochzeiten, kommen sie in die Höfe der Häuser, wo sie tanzen, selbstverfertigte Lieder zu Ehren des Tages singen und allerlei künstlerische Darbietungen vorführen. Oft waren sie dem Ras Michael entgegengegangen, wenn er siegreich von einem Feldzug zurückkam, und von ihm, wenn sie ihm Siegeslieder sangen und zur Rückkehr Glück wünschten, beschenkt worden. Am Tag jedoch, als der

Musizierender Äthiopier

Abuna den König in den Bann setzte, war auch dieses Gesindel bei den Feierlichkeiten dabei und verspottete den Michael in beißender Rede und machte ihn lächerlich. Sie nannten ihn krumm, lahm, alt, unvermögend und was dergleichen schimpfliche Beiwörter mehr waren. Sie wiederholten dies bei mancherlei Gelegenheiten, und besonders spotteten sie in einem Lied über die Kavallerie aus Siré, die in der Schlacht bei Limjour Reißaus genommen hatte, wobei Michael rief: »Schickt diese Reiter doch in die Mühle!«

Dieses elende Volk, Männer und Weiber über dreißig an der Zahl, besang jetzt in verschiedenen Liedern die Rückkehr des Ras nach Gondar. Der König und der Ras hatten sich nach den obigen Proklamationen eben nach Aylo Meidan unterhalb des Palastes begeben. Dies ist ein großes freies Feld, wo sich die Soldaten in den Waffen zu üben pflegen. Confu war mit den königlichen Haustruppen vorangegangen, zweihundert Reiter aus Siré folgten hinten nach. Der Ras gab letzteren ein Zeichen, worauf sie plötzlich umkehrten und über die Sänger herfielen. In weniger als zwei Minuten waren sie alle auf die Erde hingestreckt, bis auf einen einzigen jungen Mann, der zwar auch tödlich verwundet war, aber eben doch noch genug Kräfte hatte, sich dem Pferd des Königs auf zwanzig Schritt zu nähern, wo er tot zu Boden stürzte, ohne ein Wort zu reden.

Alle die zugegen waren, zumeist alte, geübte und an Blutvergießen gewöhnte Soldaten, hatten einen Abscheu vor dieser grausamen Tat, die kaltblütig vollzogen worden war. Ich fühlte mich bereits ganz schwach und beinahe ohnmächtig bei der Hinrichtung der beiden Männer bei dem Kantuffabaum. Diese zweite grausame Handlung verursachte einen solchen Abscheu in mir und brachte mich so außer Fassung, daß ich nicht imstande war, dem König zu antworten, obwohl er mich gleich zweimal anredete.

Um 9 Uhr früh hielten wir unseren Einzug in Gondar. Ein jeder, dem wir in den Gassen begegneten, sah aus wie ein verurteilter Missetäter. Der Ras begab sich sogleich mit dem König in den Palast, und letzterer verfügte sich wie gewöhnlich hinter das Gitter in seinen Alkoven, wo er immer bei Ratsversammlungen ungesehen sitzt. Im Zimmer saßen vier Richter, von den Statthaltern der Provinzen waren keine anwesend außer dem Ras und Kasmati Tesfos von Siré. Abba Salama wurde frei und ungebunden an das untere Ende des Tisches geführt. Der königliche Ankläger, ein Posten, der in diesem Land nicht sehr geachtet ist, begann seine Klage mit Nachdruck und großer Beredsamkeit. Er trug ein Verbrechen nach dem anderen vor, wie sie zu verschiedenen Zeiten begangen wurden. Alle zusammengenommen bewiesen sie, daß Salama das größte Ungeheuer unter der Sonne war. Es gehörten verschiedene Mordtaten dazu, besonders Vergiftungen und Blutschande in der absteigenden und der Seitenlinie. Dieses schwarze und abscheuliche Verzeichnis schloß mit der Beschuldigung des Hochverrats, daß er den König in den Bann gesetzt und seine Untertanen vom Eid der Treue entbunden habe, was der Ankläger für das größte Verbrechen hielt, dessen die menschliche Natur fähig sei, weil es in Anbetracht der Folgen alle übrigen Verbrechen in sich einschließe. Abba Salama schien zwar sehr ungeduldig zu sein, unterbrach ihn aber doch nicht oft. Bei jeder neuen Beschuldigung setzte er lediglich hinzu: »Das ist eine Lüge« oder: »Ihr lügt.« Der Ankläger sagte kein Wort von der Ermordung des Joas, sondern überging sie ohne die geringste Anspielung.

In diesem Punkt folgte Abba Salama jedoch nicht dem Beispiel des Klägers. Als man von ihm verlangte, daß er sich verteidigen solle, begann er dieses mit großer Würde. Sein jetziges Betragen war sehr verschieden von dem am vorigen Tag in des Königs Zelt. Er lachte und ging leichtfertig über seine Vergehen gegen das andere Geschlecht hinweg. Er gab sie nicht zu, leugnete sie aber auch nicht und sagte, daß dies wohl Verbrechen bei den Franken und anderen Christen seien (wobei er mich ansah), nicht aber bei den abessinischen Christen, welche unter einer zweifachen Dispension vom Gesetz Moses und Christi lebten. Er sagte, die Abessinier seien Beni Israel, d.h. Kinder Israels, wie sie sich auch wirklich selbst nennen. Die Patriarchen hätten es jederzeit so gemacht wie er und seien deswegen nicht weniger von Gott geliebt worden. Die Ermordung des Joas betreffend rückte er ohne Scheu gerade mit der Sprache heraus und schob die Schuld daran und auch an der Vergiftung des Hatze Hannes, des Vaters des jetzigen Königs, geraden Weges auf den Ras Michael.

Der Ras schien mit Absicht nicht zuhören zu wollen, da er bald mit den hinter ihm Stehenden sprach, bald in einem Papier las. Im besonderen fragte er mich, weil ich dicht hinter seinem Stuhl stand, leise: »Wie bestraft man in Eurem Land ein solches Verbrechen?« Er pflegte mit mir in seiner Muttersprache, dem Tigreischen, zu reden und machte sich immer einen großen Zeitvertreib daraus, über meine fehlerhaften Ausdrücke zu lachen. Diesmal aber fragte er auf amharisch, woran ich merkte, daß es seine Absicht war, daß man mich verstehen sollte. Ich antwortete ihm also ebenso leise: »Hochverrat wird in allen Ländern, die ich kenne, mit dem Tode bestraft.« Das war ich dem Abba Salama schuldig, und er bekam auch gar bald seine Bezahlung.

Dann kam Abba Salama auf die Ermordung des Kasmati Eshté zu sprechen und bekannte, daß er diese gefördert habe. Er sagte, daß die Iteghé und ihre Brüder und Ayto Aylo alle Franken geworden seien, so wie auch Gusho von Amhara. Sie hätten, um katholisch zu werden, Geistliche kommen lassen, die insgeheim mit ihnen lebten, so wie der Franke da. Dabei wies er auf mich. Es sei gegen die Landesgesetze, fuhr er fort, daß man mich dulde. Ich sei verflucht und sollte als ein Feind der Jungfrau Maria gesteinigt werden. Hier unterbrach ihn der Ras und sagte: »Bleibt bei Eurer eigenen Verteidigung. Beweist zuerst Eure Unschuld, und danach klagt an, wen Ihr wollt. Des Königs Absicht ist es, alle Übertreter der Gesetze zu bestrafen, und er fängt mit Euch an, weil er Euch für den größten hält.«

Diese Gemütsruhe schien den Acab Saat völlig außer Fassung zu bringen. Er blieb nun gar nicht mehr bei seiner Verteidigung, sondern erinnerte den Ras, daß er es der Exkommunikation des Kasmati Eshté zu verdanken habe, daß er auf seinen Posten nach Gondar gekommen sei. Ohne diese Begebenheit wäre auch der jetzige König nie zur Regierung gekommen. Folglich habe er, Abba Salama, ihnen ebenso viele Vorteile verschafft, wie er ihnen geschadet habe. Er sagte dem Ras und den Richtern, daß sie alle doppelt verflucht wären, wenn sie das Urteil sprächen, ihm die Augen auszustechen oder ihm die Zunge abzuschneiden. Endlich bat er sie, und dabei brach er in Tränen aus, sie sollten doch an beides nicht denken, wenn es auch nur um der alten Kameradschaft willen sei, die so lange unter ihnen geherrscht habe.

Ein königlicher Diener, Kal Hatze, das Wort des Königs genannt, steht immer auf den Stufen an der Seite des Gitterfensters, welches mit einer Öffnung versehen ist und durch einen grünen seidenen Vorhang zugezogen wird. Hinter diesem Vorhang sitzt der König und läßt durch die Öffnung der Ratsversammlung mitteilen, was er zu bemerken hat. Diese steht in diesem Fall auf und vernimmt die Botschaft. Bisher hatte sich der König nicht eingemischt, jetzt aber wandte sich der Kal Hatze an den Abba Salama mit den Worten: »Der König verlangt eine genaue Antwort auf die Frage, ob Ihr den Abuna dazu überredet habt, ihn in den Bann zu setzen. Der Abuna ist ein türkischer Sklave und hat keinen König. Ihr aber seid in einer Monarchie geboren. Warum habt Ihr Euch, der Ihr doch einen geringeren Posten habt, zum Ratgeber des Abuna aufgespielt? Und da Ihr Euch dieses angemaßt habt, warum habt Ihr ihn so schlecht beraten und seine Unwissenheit in diesen Angelegenheiten ausgenützt?« Durch diese Frage wurde Abba Salama sehr getroffen und wieder aus der Fassung gebracht. Er verfluchte den Abuna, nannte ihn einen Mohammedaner, einen Heiden, einen Franken und Ungläubigen. Als er zu toben fortfuhr, stand der älteste der Richter auf und sagte zum Ras: »Es ist nicht meine Pflicht, mir dieses Schimpfen anzuhören. Er hat keinen einzigen wesentlichen Punkt zu seiner Verteidigung vorgebracht.«

Der Beklagte wurde in einige Entfernung an das andere Ende des Zimmers gebracht, und die Richter beratschlagten. Die übrigen sagten sehr wenig, und der Ras redete die ganze Zeit mit anderen. Dann wurde der jüngste Richter aufgerufen, seine Meinung zu sagen, welche dahingehend ausfiel: »Er ist schuldig und muß sterben!« Ebendieses sagten alle königlichen Offiziere, nach ihnen die Richter und darauf Kasmati Tesfos. Als die Reihe, seine Stimme abzugeben, an den Ras kam, nahm er eine besondere Mäßigung an. Er sagte, daß er beschuldigt worden sei, der Feind des Abba Salama zu sein oder gar ein Mitschuldiger. In beiden Fällen gezieme es sich nicht, daß er jetzt über ihn richte. Da kein höherer Offizier anwesend war, lag es am König, das letzte Urteil zu fällen. Er schickte deswegen den Kal Hatze mit seinem Ausspruch in die Gerichtsversammlung: »Er ist schuldig und muß des Todes sterben. Der Scharfrichter soll ihn heute an einem Baum aufhängen!«

Der elende Acab Saat wurde sofort von der Wache hinausgeführt und zum Richtplatz gebracht, wo ein großer Baum vor dem Tor des königlichen Palastes stand. Er stieß bis zum letzten Augenblick der Hinrichtung, die er so sehr verdiente, Flüche gegen den König, den Ras und den Abuna aus. Er wurde in denselben Kleidern, in denen er vor dem König zu sitzen pflegte, gehängt, ohne die Zeichen seiner geistlichen und bürgerlichen Würden, die ihm zuvor abgenommen worden waren. Als er zum Baum hinging, sagte er, daß er vierhundert Kühe habe, die er einigen Geistlichen vermache, damit sie für ihn beten sollten. Der Ras befahl aber, daß sie nach Gondar gebracht und unter seinen Soldaten verteilt werden sollten.

Ich habe mich genauer mit den Umständen dieser Verurteilung befaßt und ihr beständig beigewohnt, damit ich imstande wäre, die Meinung derjenigen zu widerlegen, die eine vollkommene Unabhängigkeit der Geistlichen in Abessinien behaupten. Dieses Beispiel wird sie hoffentlich überzeugen, daß alle geistlichen Personen der weltlichen Macht hier ebenso unterworfen sind wie in Großbritannien oder sonst irgendeinem protestantischen Staat in Europa.

Als nächster wurde Chremation, der Bruder des Socinios, vorgeführt. Er war vor Angst halb tot und leugnete, daß er irgendeinen Anteil an der Wahl seines Bruders zum König gehabt habe. Er sagte, daß er keinerlei Posten bekleidet habe, und das war der Wahrheit gemäß. Aber er gestand, daß ihn Abba Salama als Gesandten an den Abuna abgeschickt habe. Unglücklicherweise wurde auch gegen ihn bezeugt, daß er gemeinsam mit seinem Bruder dabeigewesen war, als eines Nachts die Häuser geplündert und ein Mann ermordet wurde. Dafür wurde er zum Tod durch den Strang verurteilt. Dann brach das Gericht auf, um zu frühstücken. Dies alles war innerhalb von zwei Stunden geschehen, und es war noch nicht einmal 11 Uhr, als die Prozesse beendet waren. Ras Michael hatte geschworen, kein Stück Brot in den Mund zu nehmen, ehe Abba Salama nicht gehenkt wäre, und bei solchen Gelegenheiten brach er seinen Schwur nie.

Unmittelbar nach dieser letzten Hinrichtung wurden die Pauken vor dem königlichen Palast geschlagen, und ein Ausrufer machte folgendes kund: »Alle Ländereien und Dörfer, welche der Abuna besitzt oder die ihm vom König gegeben wurden, werden wieder zum Nutzen des Königs verwendet und sollen der Regierung oder denjenigen Dienern unterworfen sein, die der König über die Provinzen, wo diese Besitztümer liegen, einsetzen wird.«

Als ich zu meinem Haus ging, welches nur wenige Ellen vom Palast entfernt war, sah ich die beiden unglücklichen Männer an einem Ast hängen, und voll von den grausamen Auftritten, von denen ich Augenzeuge gewesen war und die nur, wie ich wußte, gleichsam ein Vorspiel zu weit mehreren waren, faßte ich den festen Entschluß, auf alle Fälle das Reich zu verlassen.

Am folgenden Morgen kam die Reihe an den bedauernswerten Guebra Denghel. Der Ras bestand auf seinem Recht, ihm den Prozeß in seinem eigenen Haus zu machen, weil er ein Untertan aus seiner Statthalterschaft Tigre war. Guebra Denghel ertrug sein Schicksal mit unerschrockenem Mut. Er sagte, die einzige Ursache, warum er die Waffen gegen den König erhoben habe, sei gewesen, daß er keinen anderen Weg gesehen habe, der Tyrannei und dem übernatürlichen Durst des Ras Michael nach Geld und Macht zu entgehen. Der Ras sei der eigentliche König. Er habe die ganze Verfassung des Reiches umgestoßen, alle Unterschiede des Ranges und der Personen aufgehoben und die wichtigsten Stellungen in der Regierung seinen Kreaturen in die Hände gespielt. Guebra Denghel wünschte, daß der König dies erfahre und daß dies der einzige Beweggrund zu seiner Rebellion gewesen sei. Hätte er diese Erklärung nicht noch von sich geben wollen, hätte er vor einem so parteiischen und ungerechten Richter wie dem Ras den Mund nicht geöffnet.

Als die Tochter des Guebra Denghel, Welleta Selassé, hörte, in welcher Gefahr sich ihr Vater befand, kam sie auf einmal aus dem Nebenzimmer, welches Ozoro Esther bewohnte. Sie trat in dem Augenblick ein, in dem das Todesurteil gesprochen wurde, und warf sich dem Ras mit allen Zeichen und Ausdrücken des größten Kummers zu Füßen. Der alte Tyrann drohte, sie sofort umzubringen, und stieß sie mit den Füßen von sich, während sie vernehmen mußte, daß ihr Vater gleich gehenkt werden sollte. Welleta Selassé fiel halbtot und sprachlos nieder. Ihr Vater vergaß seine eigene Lage und eilte ihr zum Beistand, worauf beide zu verschiedenen Türen hinausgeschleppt wurden, der eine in den Tod und die andere zu Leiden, die ärger als der Tod waren.

Das Schicksal schien sich gleichsam ein Vergnügen daraus zu machen, dem Wohl dieser jungen Person von den frühesten Jahren an Hindernisse in den Weg zu legen. Sie war ursprünglich zur Gemahlin des Joas ausersehen gewesen, als die Entdeckung, daß der König heimlich seine Haustruppen an der Seite Fasils gegen Ras Michael kämpfen lassen wollte, die Vermählung verhinderte und den Tod Joas nach sich zog. Dann wurde sie dem alten Hatze Hannes, dem Vater des jetzigen Königs Tecla Haimanot, bestimmt. Allein Michael fand ihn ebenso unfähig als König wie als Gemahl einer so jungen und reizenden Person, und er raubte zu gleicher Zeit sein Leben, seine Krone und seine Braut. Sie war noch nicht siebzehn Jahre alt und nunmehr für den jetzigen König bestimmt. Die Vorsehung verhinderte jedoch eine Heirat, die beiden Teilen nicht erwünscht war. Welleta Selassé starb wenig später. Da ihr Großvater, der Ras, ihr so heftig zusetzte, um seine viehischen Neigungen zu befriedigen, und sie dieses nicht vermeiden oder verhindern konnte, nahm sie Gift. Andere sagten, Ozoro Esther habe es ihr aus Eifersucht gegeben, aber dies ist gewiß unbegründet. Ich sah sie in den letzten Augenblicken ihres Lebens, allein zu spät, um ihr Beistand leisten zu können. Sie hatte es ihren weiblichen Dienern selbst gestanden, daß sie Arsen genommen hatte, weil dies das einzige Mittel war, um dem so ungeheuren Verbrechen der Blutschande mit dem Mörder ihres Vaters zu entgehen.

Ich will mir die unangenehme Beschäftigung ersparen und in meinen Lesern keine weitere Abscheu vor diesen schaudernden Grausamkeiten erregen. Es ist genug, um sich einen Begriff von diesen Zeiten und dem Charakter der Einwohner zu machen. Alle Tage bis nach dem Fest der Heiligen Drei Könige wurde Blut wie Wasser vergossen. Priester und Laien, junge und alte Personen, von hohem und niederem Stande, fanden täglich ihr Ende durch das Schwert oder den Strick. Innerhalb weniger Tage wurden siebenundfünfzig Personen durch den Scharfrichter öffentlich hingerichtet. Viele verschwanden und wurden entweder heimlich umgebracht oder ins Gefängnis, niemand wußte, wohin, gebracht.

Die Körper der durch das Schwert Hingerichteten wurden in Stücke gehauen und stückweise auf den Straßen umhergestreut, weil es verboten war, sie zu begraben. Ich fühlte mich elend und war verzweifelt, als ich meine Jagdhunde, die aus Nachlässigkeit meiner Diener ein paarmal losgelassen wurden, Köpfe und Hände der Hingerichteten in meinen Hof schleppen sah, was ich nicht anders verhindern konnte, als daß ich sie totschlagen ließ. Die Menge dieser Menschenreste und der Gestank lockten die Hyänen scharenweise von den benachbarten Bergen herab. Und weil wenige Einwohner in Gondar, sobald es dunkel ist, ausgehen, hatten die Tiere den ungestörten Gebrauch der Gassen und schienen den Bewohnern bereits den Besitz der Stadt streitig zu machen. Wenn ich aus dem königlichen Palast spät nach Hause ging, weil der König besonders diese Zeit für Unterredungen wählte, und ich nur eine Ecke des Marktplatzes vor dem Palast zu passieren hatte, auch Laternen besaß und von bewaffneten Leuten umgeben war, hörte ich die Tiere zu zweit oder zu dritt nahe bei mir grunzen und befürchtete, daß sie mich bei den Beinen packen könnten. Ein Pistolenschuß hätte sie abgeschreckt und zum Weglaufen gebracht, ich trug auch beständig zwei geladene Pistolen in meinem Gürtel. Aber das Abfeuern würde einen jeden in der Stadt, der es gehört hätte, in Schrecken gesetzt haben, und es waren jetzt keine Zeiten, dem Volk noch mehr Furcht einzujagen.

Ich ging zuletzt fast nicht mehr aus dem Haus und dachte an nichts anderes, als wie ich über Sennar aus einem so blutigen Reich entkommen und wie ich alle meine Macht und meinen Einfluß über den Yasine in Ras el Feel anwenden könnte, mir einen Weg zu bahnen und mir auf der Reise durch die Wüste von Atbara beizustehen.

Der König vermißte mich einige Tage im Palast, und als er hörte, daß ich auch nicht beim Ras Michael gewesen sei, fing er an, nachzufragen, was mit mir los sei. Ich wurde zu ihm beordert, und er merkte sofort, daß ich krank aussähe, wie ich mich auch wirklich selbst fühlte, weil ich seit der Zeit, da ich ihn zuletzt gesehen hatte und auch schon einige Tage vorher, wenig gegessen und geschlafen hatte. Er fragte mich in einem teilnehmenden Ton, was mir fehle und daß es ihm scheine, mir sei etwas Unangenehmes widerfahren, was mich verdrießlich mache. Ich antwortete, daß seine Bemerkung richtig sei. Als ich nämlich über den Marktplatz gegangen war, sah ich den Za Mariam, den Türhüter des Ras, mit drei gefesselten Männern, wovon er den einen in Stücke hieb. Als er sah, daß ich über den Markt lief und mir die Nase zuhielt, rief er mir zu, wie wenn er ein ganz gewöhnliches Geschäft vorhätte, einen Augenblick zu warten, bis er mit den beiden anderen auch fertig wäre, da er mit mir reden müßte. In Anbetracht seiner Eile fielen die Soldaten rasch über die beiden anderen her, deren Geschrei mir noch in den Ohren klingt.

Ferner klagte ich, daß mich die Hyänen des Nachts kaum ruhig gehen ließen, wenn ich aus dem Palast zurückkäme, und daß die Hunde ihre Zuflucht zu meinem Haus nähmen, um die Stücke Menschenfleisch mit Muße verzehren zu können.

Obwohl der König eine ernsthafte Miene machen wollte, sah ich doch, daß er alle Mühe hatte, sich über die Beschwerden, die in seinen Augen von so geringer Bedeutung waren, des Lachens zu enthalten. Er sagte: »Die Männer, welche Ihr eben mit Za Mariam gesehen habt, waren Rebellen, die exemplarisch zu bestrafen waren. Sie gehörten zu denen, welche die Zufuhr der Lebensmittel nach Gondar abschnitten und schuld sind am Tod vieler armer Leute. Der Weg durch Woggora ist jetzt offen und der Überfluß in der Stadt wiederhergestellt. Die Hyänen tun lebenden Menschen nichts, sie gehen bloß dem Aas nach und werden die Gassen bald von dem Fleisch, welches Euch so anstößig erscheint, reinigen. Die Leute sagen, daß es die Falashas von den Bergen sind, welche die Gestalt der Hyänen annehmen und in die Stadt herabkommen, um des Nachts Christenfleisch zu fressen.« – »Wenn sie nur nach Christenfleisch trachten«, erwiderte ich, »so finden die Hyänen nirgends schlechtere Nahrung als in Gondar.«

»Das ist wahrhaftig richtig«, sagte der König und brach in ein lautes Gelächter aus, »die wenigsten, welche durch das Schwert sterben, es sei, wo es wolle, sind Christen oder haben irgendeine Religion. Warum denkt Ihr denn, daß diese Leute zuviel leiden?«

»Herr«, antwortete ich, »ich denke anders. Wenn Ihr den Befehl erteilt, daß jeden Morgen vor meinen Augen ein Hund zu Tode gemartert werden soll, könnte ich es nicht ausstehen. Die Leiber des Abba Salama, Guebra Denghel und der übrigen hängen immer noch an derselben Stelle am Baum. Ihr habt den Gestank davon am Tor des Palastes und werdet ihn, fürchte ich, bald im Palast selbst bemerken. Das ist nicht angenehm, und ich versichere

Euch, daß es Eurer Gesundheit schadet, wenn es auch sonst nichts wäre. Nach einer Schlacht marschiert Ihr einen halben Tag zurück, in eine höhere Gegend mit reinerer Luft, um den Gestank des Schlachtfeldes zu vermeiden. Hier in der Stadt aber häuft Ihr die toten Körper um die Wohnungen Eurer Residenz.«

»Der Ras hat Befehl erteilt«, sagte der König sehr ernsthaft, »daß alle toten Körper vor dem Fest der Heiligen Drei Könige zur Seite geschafft werden sollen, bevor wir zur Feier desselben hinuntergehen und alle unsere Verunreinigungen mit dem klaren Wasser des Kahha abwaschen. Aber sagt mir doch, Yagoube, ist es in der Tat möglich, daß Ihr Euch dergleichen Dinge so zu Herzen nehmen könnt? Ihr seid ein braver Mann, wir halten Euch alle dafür und haben es gesehen. Wir haben es sogar getadelt, daß Ihr so wenig Sorge für Euch selbst tragt. Wie könnt Ihr in dergleichen Dingen so gerührt sein, wie es nur die weichherzigste Frau, ein Mädchen oder ein Kind sein kann?« – »Herr«, entgegnete ich, »ich weiß nicht, ob ich brav bin oder nicht. Aber wenn es herzhaft sein soll, Menschen gemartert und ermordet zu sehen oder unter Leichnamen gleichgültig zu leben, so bin ich es nicht und habe auch kein Verlangen, es zu sein. Krieg ist eine Beschäftigung edel denkender Seelen. Er ist rühmlich, eine Wissenschaft und eine Beschäftigung für Könige. Viele weise und menschlich denkende Männer haben in allen Ländern lebenslang ihren Sinn darin gesucht. Er macht die Menschen in ihren Sitten sanfter, indem er sie zur Geselligkeit nötigt, um einander beizustehen und einander selbst unter Lebensgefahr zu retten. Ich will Euch einen Mann als Beispiel anführen. Seht den Ayto Engedan« – er trat in diesem Augenblick ins Zimmer –, »das ist ein junger Mann, der mit seiner Tapferkeit und Menschlichkeit meinen Landsleuten, welche Soldaten sind, ähnlich ist.«

Engedan fiel der Gewohnheit gemäß vor dem König auf den Boden nieder. Dieser fuhr unterdessen ernsthaft fort: »Ihr verlangt also Krieg, Yagoube? Den sollt Ihr haben, er ist nicht mehr weit entfernt. Engedan kommt, um uns zu sagen, wie nahe er ist.« Sie ließen sich nun in eine lange Unterredung über Gusho und Powussen, über ihre Rüstungen und wo sie waren, ein, womit ich den Leser nicht weiter aufhalten will.

In dieser Nacht wurde der Leichnam des Guebra Denghel vom Baum abgenommen und auf die Erde hingelegt. Seine Freunde bewachten ihn wegen der wilden Tiere und erhielten die Erlaubnis, auf Fürbitte der Truppen von Tigre, deren Landsmann er war, ihn in aller Stille auf die Seite zu schaffen. Den Chremation und den Abba Salama überließ man ihrem Schicksal. Sie verfaulten zum Teil, und die Vorbeigehenden warfen Haufen von Steine auf sie; das war ihr ganzes Begräbnis.

11. Kapitel

Der Verfasser verläßt die Hauptstadt und beginnt seine Heimreise

Das äthiopische Reich kam nicht mehr zur Ruhe; der prophezeite Krieg ließ nicht lange auf sich warten. Gusho und Powussen verlangten, daß Ras Michael abgesetzt und nach Tigre zurückgeschickt werden sollte. Als dies abgelehnt wurde, rückten sie mit ihren Armeen gegen die Hauptstadt vor, während der König mit Ras Michael ihnen entgegenzog. Bruce ließ es sich nicht nehmen, am Feldzug teilzunehmen. Und auch eine Verwundung konnte ihn nicht davon abbringen, beim König auszuharren. Die Zustände im Reich wurden immer verwirrender und chaotischer, Bündnisse wurden geschlossen und wieder gebrochen. In drei Schlachten fiel keine Entscheidung, und die königlichen Truppen waren schließlich durch Versorgungsschwierigkeiten gezwungen, sich wieder in die Hauptstadt zurückzuziehen. Die Rebellen belagerten Gondar, und die Stadt wurde ausgehungert. Als die Soldaten die Waffen niederlegten, wurde Ras Michael gefangengenommen und von Powussen fortgeschafft. Über sein weiteres Schicksal ist nichts bekannt. An seiner Stelle wurde Gusho zum Ras ernannt, vom König wieder abgesetzt und eingekerkert, auf Fasils Druck aber wieder in sein Amt eingeführt.

Mehr als ein Jahr mußte Bruce über diesen Ereignissen noch in Äthiopien verbringen, ehe er die Erlaubnis zur Abreise erhielt. Die Iteghé kehrte wieder nach Gondar zurück, der König wurde von allen Parteien als Herrscher anerkannt. Als er in seiner Position bestätigt war, huldigten ihm die Statthalter der Provinzen und die Oberhäupter der verschiedenen Stämme.

Eine Erscheinung war besonders beeindruckend, wenngleich von keiner großen Wichtigkeit für den Staat. Gouangoul, das Oberhaupt der Agaus von Angot, kam, um dem König seine Ehrfurcht zu bezeigen. Er hatte eine Begleitung von fünfhundert Mann zu Fuß und vierzig zu Pferd bei sich. Er brachte eine Menge großer Hörner mit Wein und andere Kleinigkeiten für den König mit. Er war ein kleiner, dünner Mann von krummem Wuchs, der dem Aussehen nach weder gewandt noch stark zu sein schien. In der Proportion zu seinem Körper hatte er einen großen Kopf und dünne schwache Beine und Schenkel. Seine Farbe war gelb und ungesund, weder schwarz noch braun. Sein langes Haar war mit Ochsendärmen durchflochten und dergestalt verknüpft und verwebt, daß man das Haar unmöglich von den Därmen, die in langen Streifen teils auf die Brust, teils auf die Schultern herabhingen, unterscheiden konnte. Sonderbarere Haarlocken hatte ich in meinem Leben noch nicht gesehen. Um seinen Hals hing ebenfalls ein Kranz aus Därmen, und statt des Gürtels waren ebenfalls einige mehrmals um den Leib geschlungen; darunter hing ein kleines, in Butter getauchtes baumwollenes Tuch. Der ganze Körper war mit Fett beschmiert und triefte. Gouangoul schien ungefähr fünfzig Jahre alt zu sein, aus seiner Miene leuchteten Dreistigkeit, Trotz und Stolz hervor. Er erschien in vollkommenem Putz und festlichem Aufzug und ritt eine nicht große Kuh, die aber unverhältnismäßig große Hörner hatte, und zwar ohne Sattel. Er trug sehr kurze weite Hosen, die kaum bis zur Hälfte der Schenkel reichten; im übrigen war der ganze Körper, Knie, Füße und Beine nackt. Sein Schild bestand aus einer einzigen Haut, die durch die Hitze in verschiedene Richtungen krumm gezogen war und die Form eines großen aufgetürmten Strohhutes hatte, mit welchen sich unsere Modedamen zuweilen verunstalten. In der Rechten trug er eine kurze Lanze mit einer schlecht gemachten eisernen Spitze und einem Schaft aus einem Dornbaum, aber ohne jeden Zierat, was bei den wilden Völkern selten der Fall ist. Ob es wegen des Gleichgewichts auf dem spitzen Rücken der Kuh nötig war oder ob es eine zierliche Stellung sein sollte, kann ich aus Unkenntnis der Kuhreitkunst nicht bestimmen. Aber soviel ist gewiß, daß er sich außerordentlich nach rückwärts lehnte, den Bauch herausreckte und den linken Arm mit dem Schild auf der einen und den rechten mit der Lanze auf der anderen Seite wie Flügel ausstreckte.

Seine Soldaten waren wie er mit Schilden versehen, die aber sehr schwach waren, und statt Lanzen hatten sie vorne zugespitzte und angebrannte Zaunstangen. Sie konnten also nur geringe Hilfe leisten, zumal bei den gegenwärtigen Händeln, wo alle alten und geübten Soldaten in Abessinien in zwei Parteien gespalten waren.

Der König saß fast mitten im Zelt auf einem elfenbeinernen Stuhl, um ihn zu empfangen. Es war ein sehr heißer Tag. Noch vor dem Anblick dieses ekelhaften Prinzen kündigte ein unerträglicher Aasgestank seine Annäherung an das Zelt an. Als der König ihn bemerkte, wunderte er sich über die Figur und den ganzen Aufzug des Mannes. Er konnte sich des Ausbruchs eines Gelächters unmöglich erwehren, stand vom Stuhl auf und lief, was er laufen konnte, in ein anderes Zimmer hinter dem Thron.

Beim Eingang des Zeltes stieg der Wilde mit allen Gedärmen behangen ab. Während wir dieses Ungeheuer bewunderten, sah er den leeren Sitz des Königs, glaubte, daß er für ihn bestimmt sei, und setzte sich auf dem karmoisinseidenen Kissen nieder. Die Butter träufelte ringsum von ihm herunter. Alle im Zelt erhoben ein Geschrei des Erstaunens. Er stutzte, ohne, wie ich glaube, die Ursache dessen zu erraten. Man ließ ihm keine Zeit zur Besinnung und stieß und prügelte ihn zum Zelt hinaus, wobei er mit wilder Bestürzung um sich blickte und nicht wußte, was ihm geschah.

Es ist Hochverrat und wird sofort mit dem Tod bestraft, wenn einer sich auf des Königs Stuhl setzt. Der arme Gouangoul hatte sein Leben seiner Unwissenheit zu verdanken. Der König sah der ganzen Szene hinter einem Vorhang zu. Hatte er anfangs gelacht, so lachte er über diese Katastrophe noch zehnmal mehr. Er kam in vollem Lachen wieder zum Vorschein und konnte kein Wort sprechen. Das Kissen wurde weggenommen und statt dessen ein gelber indischer Mantel hingelegt. In der Folge wurde der Stuhl in der Abwesenheit des Königs immer umgedreht auf den Teppich gestellt, um dergleichen Vorfälle zu verhüten.

Seit der Rückkehr der Königin nach Koscam hatte ich einen großen Teil meiner Zeit dort zugebracht. Da meine Gesundheit täglich schwächer wurde, erhielt ich von ihr die Erlaubnis, wenn auch mit vielen Schwierigkeiten, nach Hause zu reisen. Der König war ebenfalls nach hundert Einwendungen dahin gebracht worden, so ungern er es auch tat, seine Zustimmung zu geben.

Es veranlaßte erst großen Streit, bis mir der König erlaubte, Briefe abzuschicken. Endlich, als er sah, daß er es nicht verhindern konnte, mußte ich ihm schwören, wieder nach Abessinien zurückzukehren, wenn ich meine Gesundheit wieder erlangt hätte, und so viele von meinen Landsleuten und meiner Familie mit ihren Pferden und Flinten mitzubringen, wie mir möglich wäre.

Ich hoffe, daß es bei der Unmöglichkeit, einen solchen Eid zu halten, keine Sünde ist, ihn zu brechen. Auf alle Fälle war es nur ein Eid, der auf eine gewisse Person seinen Bezug hatte, und der darauf erfolgte Tod des Königs befreite mich davon. Bei meinem Aufenthalt in Sennar traf die Nachricht ein, der König habe eine Schlacht verloren und sei dabei erschlagen worden. Ich habe keine Gewißheit davon, halte es aber, wenn man alle Umstände abwägt, für höchst wahrscheinlich.

Meine ganze Aufmerksamkeit war nun auf die Vorbereitung der Rückreise durch das Königreich Sennar und die Wüste gerichtet.

Maulesel sind die einzigen Lasttiere, deren man sich in Abessinien gemeinhin bedient. Jedoch kaufen Fuhrleute, Kaufleute und dergleichen auch Ochsen und Kühe von einer bestimmten Gattung zu diesem Zweck. Diese Tiere gehen aber sehr langsam und können keine große Last tragen, wenn sie auch billig in der Erhaltung sind.

Ich hatte selbst Maulesel genug, um meine Instrumente

und das Gepäck fortzuschaffen, und der König und die Iteghé schenkten mir weitere Tiere, damit ich darauf reite. Ich hatte überdies zwei Lieblingspferde, die ich töricht genug war, mit mir nach England bringen zu wollen. Ich dachte zwar, daß ich in allen Belangen hinlänglich unterrichtet und auf alle Arten von Widerwärtigkeiten und Strapazen vorbereitet sei, sah aber doch nicht den hundertsten Teil der Gefahren und Schwierigkeiten voraus, die auf mich warteten.

Ich sprach mit dem Diener des Metical Aga, der, nachdem Ras Michael in Ungnade gefallen war, ebenfalls nicht länger in Gondar bleiben wollte und Anstalten traf, nach Jidda zurückzureisen. Er hätte mich gerne dazu überredet, mit ihm durch Tigre nach Arabien zu gehen. Allein ich war entschlossen, meine Reise durch Sennar und die Wüste fortzusetzen, und ich hatte auch keine Lust, noch einmal Massaua zu betreten und mich dort dem rohen Betragen des Naybe bloßzustellen.

Ich erzählte von den schlechten Nachrichten, die aus Sennar eintrafen, und der Diener des Metical Aga bestätigte sie. Er setzte hinzu, daß diese Reise völlig unsinnig sei. Es gäbe dort eine so unmenschlich grausame Menschengattung, daß er selbst, obwohl er Mohammedaner sei, nicht um den Preis des halben Indiens dorthin ziehen würde. Ich bat ihn, weiter nichts über diesen Punkt zu sagen, sondern mir von seinem Herrn in Mekka, dem Metical Aga, Empfehlungsschreiben an Männer von Ansehen, die er in Sennar kenne, zu verschaffen.

Absichtlich machte ich es mit einer Art von Großsprecherei bekannt, daß ich meine goldene Kette durch Metical Agas Diener nach Kairo schicken lassen wollte, und erklärte, daß dies das einzige Stück von Gold sei, welches ich aus dem Reich, das ich jetzt verließ, mitzunehmen imstande sei und daß ich sowohl dem Ansehen nach als auch wirklich ein armer Mann sei.

Ich will den Leser nicht mit einer langen Erzählung von meinen Abschiedsbesuchen aufhalten und auch nicht mit dem, was zwischen mir und den vornehmen Personen, mit welchen ich so lange und in herzlicher Freundschaft gelebt hatte, vorging. Niedrig denkende und neidische Menschen könnten vielleicht argwöhnen, daß ich eine Lobrede auf mich schreiben wollte, was ich aber herzlich gerne vermeiden möchte. Aber die vielen Beweise von Liebe, Freundschaft und Achtung, die ich bei der Abreise erhielt, sind tief in meiner Brust verschlossen, wo sie nie verlöschen werden. Sie werden mir unaufhörlich die angenehmsten Erinnerungen geben, weil sie die Frucht meines persönlichen Verdienstes und eines rechtschaffenen, guten und unveränderten Betragens waren. Alle, welche diese Reise bisher zu unternehmen wagten, verfehlten ihr Ziel, zogen sich viele Verdrießlichkeiten zu oder fanden den Tod. Ich mußte zwar auch alle Arten von Mühseligkeiten und Strapazen ausstehen, sie beschränkten sich aber nicht nur auf mich selbst. Ich litt immer ehrenvoll mit den übrigen im Staat gemeinschaftlich. Waren es Tage des Sonnenscheins (und deren gab es sehr glänzende), so durfte ich diese ungestört genießen. Die Vornehmsten am Hof und bei der Armee waren jederzeit bereit, soweit es von ihrer Macht abhing, dasjenige zu unterstützen, was ihrer Ansicht nach der Gegenstand meiner Wünsche oder meines Vergnügens war.

Ich will nur noch dasjenige anführen, was bei meiner letzten Unterredung mit der Iteghé zwei Tage vor meiner Abreise vorfiel. Tensa Christos, einer der vornehmsten Priester in Gondar, war ein Todfeind der Katholiken, oder, wie es in Abessinien genannt wird, der Religion der Franken. Man hielt ihn für einen rechtschaffenen Mann von unsträflichen Sitten, der, wenn wir uns trafen, gegen mich jederzeit höflich und freundschaftlich war, jedoch deutlich zeigte, daß er sich in keine enge, vertraute Verbindung mit mir einzulassen wünschte. Und weil ich von meiner Seite wenig Vorteile davon erwartete, mich mit einem Mann von seinen Grundsätzen zu verbinden, hielt ich mich gern soweit wie möglich von ihm entfernt und suchte nur, nichts ihm Mißfälliges zu unternehmen.

Dieser Geistliche kam häufig zur Iteghé und zum Ayto

Aylo, bei dem er in großer Gunst stand. Ich traf ihn zufällig an, als ich am Abend meinen Abschiedsbesuch machte. »Ich bitte es mir von Euch aus, Yagoube«, hob er an, »da Ihr im Begriff steht, das Land zu verlassen, und Ihr mir, ohne etwas zu befürchten, antworten könnt, daß Ihr mir gesteht, ob Ihr ein Franke seid oder nicht.« – »Herr«, antwortete ich, »ich weiß nicht, was Ihr mit dem Befürchten sagen wollt. Ich würde es ebensowenig ablehnen, auf jede Eurer Fragen zu antworten, wenn ich noch zehn Jahre in diesem Land bleiben müßte, wie jetzt, da ich es morgen zu verlassen gedenke. Ich kam mit vielen Empfehlungen und wurde vom König und Ras Michael gütig aufgenommen. Ich lehrte und predigte nicht, niemand hat je ein Wort in Ansehung meiner Art, Gott zu verehren, von mir gehört. Sooft es meine Pflicht erforderte, habe ich es nie unterlassen, dem Gottesdienst, so wie er in diesem Land eingeführt ist, beizuwohnen. Wovor sollte ich mich also fürchten, da ich unter dem Schutz des Königs stehe und mich unter allen Umständen den Gesetzen, der Religion und den Gebräuchen in Abessinien gemäß betrage?« – »Wahrlich«, erwiderte Tensa Christos, »ich sage nicht, daß Ihr Euch beunruhigen sollt. Was für einen Glauben Ihr auch habt, ich würde Euch selbst verteidigen. Die Iteghé weiß es, ich sprach jederzeit gut von Euch. Aber wollt Ihr die Neugierde eines alten Mannes nicht befriedigen und mir gestehen, ob Ihr ein Franke, ein Katholik oder Jesuit seid?« – »Ich habe zu viel Achtung vor dem Verlangen eines Mannes«, sagte ich, »der so wahrhaft gut und tugendhaft ist wie Ihr, als daß ich Euch diese Frage nicht zu allen Zeiten beantworten würde. Ich versichere Euch also jetzt, so wahr ich ein Christ bin, daß meine Landsleute und ich in Religionssachen weiter von denen, die ihr Katholiken, Jesuiten oder Franken nennt, entfernt sind, als Ihr und Eure Abessinier es seid. Ein Priester von meiner Religion, wenn er in irgendeinem den Franken unterworfenen Land predigte, würde gehenkt werden, wie wenn er einen Mord begangen hätte, gerade so, wie man einen katholischen Priester, der hier mitten in Gondar predigte, steinigen würde.« – »Verfahrt Ihr denn nicht ebenso mit ihnen?« fragte er. »Nein«, erwiderte ich, »in meinem Land erlaubt man einem jeden, Gott nach seiner Weise zu dienen. Solange sich die Lehrer auf das beschränken, was in der Bibel steht, können sie nichts Böses lehren und verdienen folglich keine Bestrafung. Keine Religion lehrt einen Menschen Böses. Wenn sie dies aber vergessen, gegen die Regierung predigen, den König verdammen, seine Untertanen vom Gehorsam gegen ihn lossprechen oder sie zur Empörung aufhetzen, werden sie durch das Schwert der weltlichen Macht hingerichtet, ohne daß deswegen ein Vorwurf auf ihre Religion zurückfiele.«

»Was sagt Ihr dazu, Tensa Christos«, fiel die Iteghé ein, »wenn Yagoube kein Priester ist, sollte er nicht einer werden?« – »Madame«, erwiderte er, »ich habe nur noch eine einzige Frage an ihn zu stellen, und das ist gewiß die letzte. Ich würde damit auch nicht zum Vorschein kommen, wenn er nicht morgen abreiste.« Er wandte sich wieder zu mir: »Was habt Ihr zu unserer Religion zu sagen, was ist Eure Meinung davon?« – »Soweit ich davon unterrichtet bin«, sagte ich, »denke ich sehr gut davon. Es ist die alte griechische Kirche unter dem heiligen Athanasius, dem Nachfolger des heiligen Markus auf dem Sitz von Alexandrien. Da dies der Fall ist, so könnt Ihr keine bessere haben, weil Eure Religion zunächst von der Religion der Apostel abstammt. Und da, wie gesagt, keine Religion einen Menschen Böses lehrt, so kann die Eurige Euch um so weniger etwas Schädliches beibringen, wenn Ihr sie nicht verdorben und verfälscht habt. Ist dies geschehen, so ist es nicht mehr die Religion des heiligen Athanasius oder der Apostel und folglich Irrtümern unterworfen.«

Die ganze Zeit hindurch herrschte die größte Stille im Zimmer, wo über hundert Menschen zugegen waren. Da ich aber wünschte, daß die Unterredung nicht weitergehen sollte, ging ich auf die andere Seite des Raumes zum Tensa Christos und sagte zu ihm: »Nun, Heiliger Vater, habe ich noch eine letzte Bitte an Euch. Habe ich Euch je beleidigt, so bitte ich Euch um Vergebung. Erteilt mir, da ich im Begriff bin, abzureisen, Euren Segen und betet für mich während meiner langen und gefährlichen Reise durch die Länder der Ungläubigen und Heiden.«

Ein dumpfes Gemurmel des Beifalls erscholl durch das ganze Zimmer. Die Iteghé sagte etwas, das ich nicht hören konnte. Dem Tensa Christos sah man sein Erstaunen über meine unerwartete Unterwerfung an. Er rief mit Tränen in den Augen aus: »Ist es möglich, Yagoube, daß Ihr glaubt, mein Gebet könne Euch Nutzen bringen?« – »Ich wäre kein Christ«, antwortete ich, »wie ich es doch zu sein bekenne, wenn ich an der Kraft des Gebets frommer Menschen zweifelte.« Während ich dies sagte, bückte ich mich, um seine Hand zu küssen, worauf er ein kleines eisernes Kreuz auf meinen Kopf legte und statt des Segens zu meiner großen Verwunderung das Vaterunser betete. Ich fürchtete, er würde mich in meiner gebeugten Stellung belassen und auch noch die Zehn Gebote hersagen. Er schloß aber mit den Worten: »Gzier y' Baracuc,« d.h. »Gott segne Euch.« Darauf bezeigte ich der Iteghé meine Ehrerbietung und begab mich sogleich weg, weil es bei öffentlichen Audienzen nicht Sitte ist, jemanden in Gegenwart des Regenten zu grüßen.

Als ich hinausging, hatten sich inzwischen zwanzig verschmutzte Mönche in einer Reihe aufgestellt und machten Anstalten, mir nach Tensa Christos ebenfalls den Segen zu erteilen. Da ich wenig Zutrauen zum Gebet dieser Müßiggänger hatte, war es mir sehr zuwider, ihre schmierigen Hände und Ärmel zu küssen. Weil ich aber doch auf diese Art gleichsam Spießruten laufen mußte, gab ich ihnen meinen Segen auf englisch und wünschte sie alle an den Galgen wie den Abba Salama. Ich meinte den Acab Saat, sie jedoch bildeten sich ein, daß ich sie dem Patriarchen gleichen Namens empfehlen würde, und sie sagten nacheinander mit einer sehr andächtigen Miene: »Amen! Es geschehe!«

Am 26. Dezember 1771 um 1 Uhr nachmittags verließ ich Gondar. Ich wollte in der Früh abreisen, wurde aber durch die Besuche meiner Freunde daran gehindert. Der

König hatte bisher meine Abreise durch allerlei Befehle, die er mir täglich des Abends zuschickte, verhindert. Ich merkte seine Absicht sehr deutlich, daß er mir Schwierigkeiten in den Weg zu legen suchte, bis ein unvermuteter Vorfall, an denen es in diesem Land nie fehlt, es für mich unmöglich machen würde, Abessinien zu verlassen. Als der letzte Bote am Abend des vorigen Tages nach Koscam kam, ließ ich mich also Ihrer Majestät respektvoll empfehlen und den König an sein gegebenes Wort erinnern. Vielleicht setzte ich auch etwas verdrießlich hinzu, er möge mich doch endlich meinem Schicksal überlassen. Meine Bedienten seien bereits fort, und ich sei entschlossen, am nächsten Morgen wegzugehen.

Frühmorgens staunte ich, als ich einen jungen Mann von Adel, der erst kürzlich zum Kammerherrn ernannt worden war, mit fünfzig leicht bewaffneten Reitern ankommen sah. Weil ich überzeugt war, daß es sicherer wäre, Abessinien ohne Aufsehen und so still wie möglich zu verlassen, und mir deshalb jede Begleitung durch meine Freunde verbeten hatte, suchte ich diese Bedeckung ebenfalls abzulehnen. Ich gab als Grund an, daß das gesamte Land zwischen hier und Ras el Feel zuerst der Iteghé und dann dem Ayto Confu gehöre und mir folglich mit größter Wahrscheinlichkeit kein Untertan ein Leid zufügen werde. All dies erforderte viel Zeit, und es wurde, wie gesagt, 1 Uhr, ehe wir in westlicher Richtung aufbrechen konnten.

Bruce konnte der Gastfreundschaft und dem Wohlwollen seiner Freunde jedoch noch immer nicht entgehen. Nach einer etwa einwöchigen Reise ohne besondere Vorkommnisse schlug er eines Abends sein Lager in der Nähe der kleinen Siedlung Tscherkin auf, wo sein Freund Ayto Aylo einen Landsitz besaß.

Auf einmal erschien ein Mann, den ich sehr wohl kannte und dem auch ich nicht fremd war. Ich erinnerte mich sofort, daß er bei Ayto Confu in Diensten stand. Er sagte, daß er seinem Herrn entgegenginge, welcher an diesem Abend in Tscherkin erwartet werde, und daß er zugleich abgeschickt worden sei, um uns zu suchen, da es geschienen habe, daß wir unterwegs aufgehalten worden seien. Der Mann hatte zwei Maulesel mitgebracht, im Falle etwa einer von den unsrigen zu sehr ermüdet wäre, und machte mir den Vorschlag, ich sollte am folgenden Morgen mit ihm allein nach Tscherkin reiten, wo ich den Confu antreffen würde, und mein Gepäck nachkommen lassen. Ich gab ihm aber zur Antwort, daß ich beim Antritt der Reise den festen Entschluß gefaßt hätte, mich nicht mehr von meinen Dienern zu trennen. Er war deshalb nicht verdrossen und sagte beim Weggehen: »Ich kann Euch nicht tadeln, bei einer solchen Reise geht nichts über Standhaftigkeit.«

Als ich am folgenden Morgen mein Haar zurechtgemacht, mich nach Landesbrauch mit Wohlgerüchen versehen und auch reine Kleider angelegt hatte, verließ ich das Zelt, um den Maulesel zum Ritt nach Tscherkin zu besteigen. Ich sah den Diener des Confu damit beschäftigt, Perlhühner und Tauben aus dem Korb, worin sie meine Diener aufgehoben hatten, herauszuholen und auf die Erde zu werfen. Zu denen, die ihn daran hindern wollten, sagte er: »Weg mit dem Aas! Ihr sollt heute ein besseres Frühstück und Mittagsmahl haben.« Er sprang auf seinen Maulesel und war sehr aufgeräumt. Mit Hilfe der beiden frischen Maultiere ritten wir einen hurtigeren Schritt als gewöhnlich.

Wir passierten verschiedene kleine Dörfer, und bald nach 10 Uhr schlug ich mein Zelt auf dem Marktplatz von Tscherkin auf, der ein schöner grüner Ort war, mit herrlichen alten Bäumen von außerordentlicher Größe besetzt und von einem kleinen, sehr klaren Bach durchflossen, der über schneeweiße Kiesel lief.

Der ungeduldige Diener ließ mir kaum Zeit, meinen Quadranten und die übrigen Instrumente sicher zu versorgen, und eilte mit mir den engen, krummen Fußsteig auf den Berg hinan. Ayto Confus Haus steht am Rand eines steilen Abgrunds. Es ist sehr kunstvoll aus Rohr gebaut, und die äußere Wand ist so genau zusammengesetzt, daß weder Regen noch Wind eindringen können. Der Eingang ist auf der Südseite in der halben Höhe des Felsens. Auf der Ostseite ist eine Quelle, welche das Haus reichlich mit trefflichem Wasser versorgt. Dessenungeachtet ist dieses unzugängliche Haus nicht gut zu schützen und gewährt seinem Herrn nur geringe Sicherheit. Sollten die Shangallas einmal angreifen, könnten sie das Haus mit angezündetem Flachs oder anderen brennenden Materien, wenn sie diese

Äthiopisches Bergland (Lamalmon-Berg)

an ihre Pfeile binden, leicht in Brand stecken. Auch die Abessinier könnten es mit ihren Musketen ebenfalls zerstören, weil sie die Gewohnheit haben, beim Laden baumwollene Pfröpfe auf ihre Kugeln zu stopfen.

Die inneren Wände der Staatszimmer sind mit langen Streifen von Teppichen behangen, die Fußböden sind ebenfalls damit belegt. Ich traf hier eine Menge meiner alten Bekannten an, die ich in Ozoro Esthers Haus in Gondar gesehen hatte und die mich mit den größten Freudenbezeigungen willkommen hießen, als ob ich von einer langen Reise zurückkäme.

Darauf wurde ich in eins von den inneren Zimmern geführt, wo ich zu meinem großen Erstaunen statt des Ayto Confu seine Mutter Ozoro Esther auf ihrem Lager sitzend antraf. Zu ihren Füßen saß die schöne Tochter des königlichen Sekretärs Tecla Mariam, und bald darauf kamen auch er selbst und verschiedene andere zum Hof gehörende Personen. »Sagt mir im Ernst«, sagte Tecla Mariam zu mir, »habt Ihr nicht durch die Sterne erfahren, daß Ihr uns hier antreffen werdet, wo Ihr doch beständig durch die langenFerngläser schaut?«

Zu unserer vollkommenen Glückseligkeit fehlte uns nun nichts als die Gegenwart des Ayto Confu. Er kam um 4 Uhr nebst Engedan und einer zahlreichen Gesellschaft. Freude und Lustbarkeit war auf allen Seiten. Ayto Confu brachte noch sieben Frauenzimmer mit, alle Verwandte und Gefährtinnen der Ozoro Esther, und ich gestehe, daß dies eine der glücklichsten Zeiten meines Lebens war. Ich vergaß völlig die mißliche Reise, die vor mir lag, samt allen auf mich wartenden Gefahren. Beinahe begann ich es zu bereuen, daß ich schon so weit vorgerückt war, Abessinien auf immer zu verlassen.

Wir erfuhren von Ayto Confu, daß man in Gondar erzählt habe, wir seien unterwegs von Bauern ermordet worden. Obwohl sich diese Nachricht bald als falsch erwies, haben er und Engedan doch auch das kleinste Dorf bei der Durchreise in Brand gesteckt und den größeren eine Buße von elf Unzen Gold auferlegt.

So glücklich wir uns auch auf diesem reizenden Berg fühlten, konnte der tätige Geist des Ayto Confu doch nicht ruhen. Er war wegen der Elefantenjagd gekommen und wollte sie also auch durchführen. Alle, die Kenner dieser Jagd waren, versammelten sich in Tscherkin. Von der Anhöhe herab bemerkte man, daß die Diener unten auf dem Marktplatz die Pferde übten und dressierten. Große Bündel des feinsten Rohrs waren herbeigeschafft worden, um Wurfspieße daraus zu machen, und das ganze Haus beschäftigte sich damit, die besten Spitzen daran zu befestigen.

Obwohl ich für meine Person sehr wohl zufrieden gewesen wäre, dort zu bleiben, wo ich war, flößten mir doch die Rüstungen zu einer so edlen Jagd Lust dazu ein, und ich bekam das Verlangen, daran teilzunehmen. Wir ließen eine ausreichende Besatzung im Haus zurück, da die Frauenzimmer fürchteten, daß die Shangallas, wenn sie uns abwesend wüßten, zum Berg kommen und sie allesamt umbringen würden. Da die Shangallas aber sicherlich wußten, daß wir so zahlreich und bewaffnet in der Nähe auf der Jagd waren, würden sie uns gewiß nicht zu nahe kommen.

Am 6. stiegen wir nach einem guten Frühstück eine Stunde vor Tagesanbruch zu Pferd. Unsere Anzahl belief sich auf dreißig zu Confu gehörende Leute, außerdem war noch eine andere Partie zu Pferd und zu Fuß dabei, deren wichtigste Tätigkeit es war, Elefanten zu jagen. Diese Jäger halten sich beständig in den Wäldern auf, kennen kaum den Genuß des Brotes, sondern leben nur vom Fleisch der Tiere, die sie erlegen, besonders der Elefanten und Rhinozerosse. Die Männer sind sehr leicht, hager und gewandt, sowohl auf ihren Pferden als auch zu Fuß. Sie sind schwarzbraun, einige jedoch auch ganz schwarz, nicht wollhaarig und durchgehend mit europäischen Gesichtszügen versehen. Man nennt sie nach ihrer Profession und nicht nach dem Stammesnamen Agageer. Das Wort Agar heißt soviel wie mit einem scharfen Messer lähmen oder die Sehnen durchschneiden. Eigentlich bedeutet es, die Sehnen an der Ferse abschneiden, was die Art anzeigt, wie sie die Elefanten töten. Das geschieht kurz gesagt auf folgende Weise: Zwei völlig nackte Männer, die nicht die geringste Bedeckung an sich haben, steigen auf ein Pferd. Das geschieht aus Vorsicht und Furcht, um nicht an Bäumen und Büschen hängenzubleiben, wenn sie ihrem wachsamen Feind entwischen wollen. Einer dieser Reiter sitzt auf dem Rücken des Pferdes, zuweilen mit, zuweilen ohne Sattel, und hat nichts als eine Gerte oder einen kurzen Stock in der Hand. Mit der anderen handhabt er sorgfältig den Zaum. Hinter ihm sitzt sein Gefährte, welcher keine anderen Waffen als ein breites Schwert führt, dessen sich auch die Slavonier bedienen und die aus Triest gebracht werden. Mit der linken Hand umfaßt er den Griff des Schwertes. Ein Teil der Klinge ist mit Peitschenschnüren umwunden, und diesen nimmt er in die rechte Hand. Die Schneiden sind scharf wie ein Rasiermesser, dennoch wird das Schwert ohne Scheide getragen.

Sobald man einen Elefanten auf der Weide antrifft, reiten sie ihm so nahe vor die Augen wie nur möglich. Wenn das Tier flieht, reiten sie in allen Richtungen quer vor ihm her und rufen ihm zu: »Ich heiße so und so; dies ist mein Pferd, welches so heißt; ich tötete Euren Vater dort und Euren Großvater an jenem Ort; und jetzt bin ich gekommen, um Euch zu töten; Ihr seid im Vergleich zu Euren Vorfahren nur ein Esel.« Sie bilden sich ein, daß der Elefant dieses abgeschmackte Gewäsch versteht. Dieser wird aber durch den unmittelbar vor ihm gemachten Lärm böse und gereizt. Er versucht seinen Gegner mit dem Rüssel zu packen, verfolgt das Pferd und dreht sich mehrmals mit ihm herum. Darüber vergißt er, durch gerades Vorwärtslaufen zu entfliehen, worauf seine einzige Rettung beruhen könnte. Wenn der Reiter auf diese Art den Elefanten im Kreis gehetzt hat, reitet er dicht an die Flanke des Tieres hin und läßt seinen Gefährten an der äußeren Seite des Pferdes herunterrutschen. Während der eine auf dem Pferd die Aufmerksamkeit des Elefanten auf sich lenkt, versetzt der andere zu Fuß dem Tier einen Hieb über die Achillesferse. Das ist der kritische Zeitpunkt, der Reiter schwenkt augenblicklich herum, nimmt seinen Gefährten hinten wieder auf und sprengt im Galopp davon.

Wenn der Mann nicht furchtsam ist und das Schwert gut, wird die Sehne im allgemeinen ganz durchgehauen. Ist sie aber nicht ganz durchtrennt, so kommt es doch meist dazu, daß sie durch die Last des darauf ruhenden Körpers vollends abgerissen wird. In beiden Fällen kann der Elefant keinen Schritt weiter tun und bleibt stehen, bis der Reiter oder sein Gefährte herbeikommen und ihn mit Wurfspießen und Lanzen durchbohren. Dann stürzt der Elefant zu Boden und stirbt durch den Verlust des Blutes.

So geschickt die Reiter auch sind, erreicht sie der Elefant doch zuweilen mit seinem Rüssel, schlägt das Pferd zu Boden, tritt mit dem Fuß darauf und reißt mit dem Rüssel ein Glied nach dem anderen ab. Das macht die Elefantenjagd so gefährlich und hat schon manchem Jäger das Leben gekostet.

Wenn sie den Elefanten getötet haben, schneiden sie das Fleisch in langen Streifen von den Knochen und hängen es an den Bäumen auf, ohne es einzusalzen. Das trockene Fleisch dient als Speise während der Regenzeit.

Wir hatten zwei Elefanten entdeckt, und zwar ein Weibchen mit einem Jungen. Die Agageer wollten sie gerne laufenlassen, da die Zähne der Weibchen sehr klein sind und die jungen Elefanten zu gar nichts, nicht einmal zum Essen, taugen, da das Fleisch beim Trocknen zu sehr zusammenschrumpft. Aber unsere Jäger wollten sich ihr Vergnügen nicht entgehen lassen. Das Weibchen wurde gestellt, und ein Agageer lähmte es. Als es mit den Spießen verwundet wurde, was jeder unserer Jagdgesellschaft der Reihe nach verrichtete, kam plötzlich das Junge, welches wir hatten laufenlassen, ohne auf es zu achten oder es zu verfolgen, zu unserer großen Verwunderung aus dem Dickicht hervor. Man sah ihm den Zorn an, und es ging mit aller Gewalt, derer es nur fähig war, auf die Pferde und Menschen los. Ich war erstaunt und so gerührt, wie ich es in diesem Fall nur sein konnte, als ich die große Zuneigung des kleinen Tieres wahrnahm, welches seine verwundete Mutter verteidigte und nicht auf seine eigene Sicherheit und sein Leben achtete. Ich rief den Männern zu, sie sollten um Himmels willen die Mutter schonen, aber es war zu spät. Das Junge griff mich mehrmals ernstlich an, ich konnte ihm aber leicht entgehen. Bis auf den heutigen Tag freue ich mich, daß ich es nicht tötete. Schließlich fiel es den Engedan an und verletzte ihn etwas am Bein. Er durchstach es mit der Lanze, andere folgten seinem Beispiel, bis das Tier tot vor seiner verwundeten Mutter hinfiel, die es so liebevoll verteidigt hatte. Es war von der Größe eines Esels, aber rund, mit einem dicken Leib und schwerfällig. Dabei war es jedoch so unbändig und wütend, daß es einem Menschen oder einem Pferd leicht ein Bein hätte brechen können, wenn es sie über den Haufen gerannt und die gehörigen Stöße versetzt hätte. Es war das Beispiel von einem Vieh, und noch dazu von einem jungen, welches in einem hohen Maß abstrakte Empfindungen besaß.

Rhinoceros. Aus dem Mannheimischen Museum.

Wir versuchten nun, Büffel und Rhinozerosse aufzuspüren, allein wir konnten sie ungeachtet ihrer Menge in diesen Gegenden nicht finden. Vermutlich hatte sie unser Lärmen und Schießen am Morgen verjagt. Ein Diener hatte nur ein einziges Rhinozeros gesehen. Wir machten abends ein großes Feuer und lagerten die ganze Nacht unter den Bäumen.

Am folgenden Morgen saßen wir bei Tagesanbruch bereits auf unseren Pferden. Bei Annäherung des Tages hatten wir bereits viele Tiere tief stöhnen und schreien gehört. Einige Agageer stießen zu uns, und nachdem wir etwa eine Stunde im dichten Wald gesucht hatten, brach ein Rhinozeros mit großer Gewalt hervor und lief über die Ebene zu einem etwa zwei Meilen entfernten Rohrgebüsch. Doch obwohl es im Verhältnis zur Masse seines Körpers sehr hurtig rannte oder vielmehr trottete, war es doch in kurzer Zeit von dreißig bis vierzig Wurfspießen getroffen worden. Dies brachte das Tier so aus der Fassung, daß es von seinem Vorsatz, in das Gebüsch zu flüchten, abkam und in eine tiefe Höhle oder ein Loch lief, welches keinen Ausgang hatte. Während das Tier eindrang, brach es ungefähr ein

Dutzend Spieße ab, und wir dachten, es wäre nun in einer Falle gefangen, weil es kaum Platz hatte, sich umzudrehen. Ein Diener schoß mit einer Flinte auf den Kopf des Rhinozeros, worauf es allem Anschein nach tot zu Boden stürzte. Alle drängten sich zu Fuß heran, um es mit den Messern aufzuschneiden. Kaum fingen sie aber an, erholte sich das Tier so weit, daß es sich aufrichten konnte und losstürmen wollte. Hätte ihm nicht beim Hinauslaufen einer der Agageer, der sich auch in dem Loch befand, die Sehnen am Hinterbein abgehauen, so wäre es ein trauriger Tag für die Jäger zu Fuß geworden.

Als das Rhinozeros tot war, wünschte ich die Schußwunde zu sehen, die auf dieses große Tier eine so heftige Wirkung gehabt hatte. Ich vermutete, daß das Gehirn beschädigt worden war, allein der Schuß hatte nirgends als an der Spitze des vorderen Horns getroffen und ungefähr einen Zoll breit davon abgesplittert. Die Erschütterung allein mochte das Tier ungefähr eine Minute lang betäubt haben, bis es durch das Bluten wieder zu sich kam. Ich sah ganz deutlich, daß die Kugel das Tier sonst nirgendwo berührt hatte. Das Horn behielt ich aus Neugierde bei mir und besitze es heute noch.

Während wir uns mit dem Rhinozeros beschäftigten, stieß Ammonios zu uns. Ozoro Esther ließ ihren Sohn Ayto Confu durch ihn wissen, daß Boten von der Iteghé eingetroffen seien und er die Jagd abbrechen und nach Hause kommen solle. Da gab es nichts anderes zu tun, als zu gehorchen. Weil wir aber nicht sehr begierig waren, so zeitig nach Hause zu eilen, beschlossen wir, den Rückweg mit der Jagd zu verbinden. Das Landvolk versicherte uns, daß etwas westwärts, wo sich große Bäume und stehende Lachen befänden, eine Menge Büffel anzutreffen seien.

Wir waren noch nicht weit gekommen, als zwischen mir und Engedan ein wilder Eber aufsprang, den ich mit meinem Spieß sogleich tötete. Einem Gefährten von ihm widerfuhr eine Viertelstunde darauf eben dasselbe. Ich war viele Jahre lang in der Barbarei an diese Art der Jagd gewöhnt worden und unendlich geübter darin als irgendeiner von der Gesellschaft. Das setzte mich wieder mehr mit meinen Gefährten gleich, welche mich vorher auslachten, als mich mein Pferd weder an den Elefanten noch an das Rhinozeros heranbringen wollte. Niemand getraute sich, die toten Schweine anzurühren, weil man diese Tiere für unrein hält. Unsere Pferde schnaubten, waren aber doch nicht ermüdet, und obwohl wir nach Hause ritten, sahen wir uns doch nach weiterem Wild zum Jagen um.

Ammonios war ein Mann von erprobter Herzhaftigkeit und hatte alle Kriege des Ras Michael mitgemacht. Im Kommando stand er über dem Ayto Confu, um den wilden Mut dieses jungen Kriegers im Zaum zu halten. Er war lang und schlecht gewachsen, langsam in seinen Bewegungen, so daß man zuweilen über ihn lachte. Er mochte etwa sechzig Jahre alt sein und war dicker, als es die Abessinier im allgemeinen sind, und so gezwungen und steif in seinen Manieren, wie man es sich nur denken kann. Seine Mußestunden verwandte er völlig auf das Lesen der Heiligen Schrift und redete auch nicht gern von einer anderen Materie. Er war eigentlich zum Dienst in der Infanterie ausgebildet, ritt jedoch ebenso gut wie viele Abessinier.

Dieser Ammonios befand sich auf unserer linken Seite im Gebüsch zwischen hohen, sich weit ausbreitenden Bäumen dicht am Ufer des Flusses Bedowi, der zu dieser Jahreszeit nur aus Lachen bestand. Ob Ammonios einen Büffel fand oder der Büffel den Ammonios, konnten wir nie mit Gewißheit von ihm erfahren. Jedenfalls hatte er das Tier leicht am Kreuz verwundet, und dieses hatte dafür das Pferd samt seinem Reiter zu Boden gestoßen. Zum Glück war ihm der Mantel von den Schultern gefallen, welchen der Büffel in Stücke riß und sich damit und mit dem Pferd etwa eine Minute beschäftigte. Sobald er aber den Reiter aufstehen und davonlaufen sah, verfolgte er ihn. Ammonios suchte hinter einem großen Baum Schutz und dann hinter einem noch größeren. Der Büffel drehte sich sehr ungeschickt herum und folgte ihm auf dem Fuß. Er würde unseren Freund ohne Zweifel bald entkräftet haben, weil dieser an keine so heftigen Bewegungen gewöhnt war. Ayto

Engedan hätte ihm, da er in der Nähe war, beistehen können, allein er wollte sich über die drollige Figur eines Mannes von so ernsthaftem Wesen halbtot lachen, der nackt und mit einer in seinem ganzen Leben nicht ausgeübten Geschwindigkeit hin und her lief und sprang. Engedan rief auch den Ayto Confu herbei, um ihn an diesem lustigen Anblick teilhaben zu lassen.

Sobald ich das wiederholte Schreien des Ammonios hörte, jagte ich zu dem Ort hin, wo er sich befand. Ich konnte mich ebenfalls über der lächerlichen Figur unseres Freundes des Lachens nicht enthalten, welcher genau auf jede Bewegung des Büffels acht gab, der ihn recht geschickt zu verfolgen und auf seinen Gegner hartnäckig loszugehen schien. Sobald Engedan mich sah, rief er mir zu: »Yagoube, um Himmels willen und um der Heiligen Maria willen, mengt Euch nicht ein, ehe Confu kommt.« Confu kam auch gleich und lachte noch ärger als Engedan. Er schien aber nicht gewillt, Hilfe zu leisten, sondern klatschte in die Hände und schrie: »Brav, Ammonios!« Er schwor, daß er in seinem Leben noch keine ähnlich lustige Szene gesehen hätte.

Der unglückliche Ammonios wurde inzwischen von einem Baum zum anderen getrieben und hatte endlich einen, der nur wenige Ellen vom Wasser entfernt stand, erreicht. Aber das Gestrüpp am Ufer und seine auf den Büffel gerichtete Aufmerksamkeit hinderten ihn daran, zu erkennen, wie weit er noch davon entfernt war. Nichts war lächerlicher, als zu sehen, wie er den Baum mit beiden Händen hielt und bald auf der einen, bald auf der anderen Seite hervorguckte, um die Bewegungen des Büffels beobachten zu können. Er hatte auch alle Ursache, auf der Hut zu sein, denn das Tier war furchtbar wütend und stampfte vorn und hinten mit den Hufen. »Herr«, sagte ich zum Ayto Confu, »es würde doch am Abend ein häßlicher Spaß sein, wenn wir einen toten Mann zurückbrächten, bei dessen Ende wir auch noch Zuschauer waren.« Ich ritt darauf in einem kurzen Galopp hinter die Bäume und rief dem Ammonios zu, er solle, wenn ich den Büffel angriffe, ins

Wasser springen. Als ich das Tier mit dem Kopf auf die andere Seite gedreht sah, rannte ich ihm den Spieß durch den Leib und die Eingeweide, so daß er auf der anderen Flanke beinahe einen Fuß herausragte. Ich ließ die Lanze los, welche einen festen, zähen und gut ausgetrockneten Schaft hatte, um den Büffel dadurch zu hindern, sich herumzudrehen. Der Spieß hemmte die Bewegungen des Tieres, so daß Ammonios den Baum verlassen, sich mit einigen Schwierigkeiten durch das Gebüsch drängen und in den Fluß werfen konnte. Hier stellte sich aber eine neue, nicht vorhergesehene Gefahr ein. Da die Lache sehr tief war und Ammonios nicht schwimmen konnte, war er zwar dem Büffel entgangen, wäre aber unfehlbar ertrunken, wenn er nicht einige Wurzeln von einem am Ufer wachsenden Baum ergriffen hätte. Hier zogen ihn dann einige unserer Diener aus dem Wasser.

Als der verwundete Büffel sah, daß ihm sein Todfeind entwischt war, faßte er uns, die wir etwa vierzig Ellen von ihm entfernt waren, scharf in die Augen und lief auf uns zu, mit der Absicht, das nächstbeste Pferd anzugreifen. Jetzt gab Confu zwei Männern mit Flinten den Befehl,

In der Nubischen Wüste

dem Tier durch den Kopf zu schießen, worauf es sofort tot zu Boden fiel. Nach den Aussagen aller hatte niemand jemals einen größeren Büffel gesehen. Obgleich er nicht fett war, schätzte ich sein Gewicht doch eher auf fünfzig als auf vierzig Steine. Die Hörner waren von der Wurzel an mit der Krümmung gerechnet zweiundfünfzig Zoll lang und hatten an der dicksten Stelle neun Zoll im Umfang. Sie waren flach, nicht rund. Ayto Confu befahl, den Kopf abzuhauen und vom Fleisch zu säubern, so daß nur die Hörner und das Skelett des Kopfes übrigblieben. Diese hängte er in dem großen Vorraum seines Hauses neben den Elefantenrüsseln und den Rhinozeroshörnern mit der Inschrift in seiner Sprache auf: »Yagoube, der Arzt, tötete diesen Büffel am Fluß Bedowi.«

Von dieser Zeit an war ich zwar zur Weiterreise bereit, es war mir aber unmöglich, anders von meinen Freunden loszukommen als durch einen Vergleich. Ich sollte bis zum 15. Januar, dem Tag der Abreise der Ozoro Esther und ihrer Gesellschaft nach Gondar, bleiben, dann würden sie mich ohne weitere Überredungsversuche fortreisen lassen und mir nicht das geringste Hindernis mehr in den Weg legen. Der König hatte ihnen diese Art von Vergleich empfohlen, wenn ich hartnäckig bei meinem Vorsatz bleiben sollte. Als das festgesetzt war, überließen wir uns der Freude und der Lustbarkeit.

Noch lange war die Reise des James Bruce nicht zu Ende. Ein Jahr sollte noch vergehen, ehe eine der bedeutendsten Erkundungsfahrten in das Innere des Schwarzen Kontinents zu einem Abschluß gebracht wurde. Die Abenteuer und Erlebnisse auf der Heimreise, aber auch die Ergebnisse seiner Beobachtungen und Forschungen, würden ein weiteres Buch füllen und den Rahmen dieser Bearbeitung sprengen.

Es waren vor allem die medizinischen Kenntnisse und Fähigkeiten des James Bruce, welche die Machthaber in Atbara und Sennar veranlaßten, seine Weiterreise zu verzögern oder gar zu verhindern und »Yagoube, den Arzt« im Land zu behalten. Ungeheure Strapazen bei der Durchquerung der Nubischen Wüste folgten,

Durst, Hunger und der Verlust der Kamele hätten um ein Haar dem Leben des unermüdlichen Forschers im allerletzten Abschnitt der Reise noch ein Ende gesetzt. Mit knapper Not erreichte Bruce mit seiner Karawane endlich Assuan am Nil, wo ihm wieder die »Zivilisation« begegnete. Nach einer geruhsamen Fahrt auf einer Nilbarke stromabwärts traf er am 10. Januar 1773 wieder in Kairo ein, der Stadt, welche er über vier Jahre vorher auf der Suche nach dem großen Abenteuer verlassen hatte und wo nun auch die »Reise zur Entdeckung der Quellen des Nils« ein glückliches Ende fand.

Anmerkungen

1 Der Sitz der englischen Ostindien-Kompagnie in Arabien.

2 Geleitbrief ›Schutzbrief‹ Bestallungsurkunde – in heutigen Übertragungen meist »Fer man« genannt.

3 Direkter Abkömmling des Propheten Mohammed.

4 Titel des Oberhaupts (Häuptling) von Massaua.

5 Die früher übliche Bezeichnung für Äthiopien. Der Name Abessinien ist die latinisierte Form des arabischen Wortes »habesch«, womit südarabische Volksgruppen bezeichnet werden, welche in vorchristlicher Zeit in dieses Land eindrangen und die sabäische Sprache und Schrift mit sich brachten. Heute ist dieser bis in unser Jahrhundert hinein verwendete Name nicht mehr gebräuchlich und wird von den modernen Äthiopiern sogar als diskriminierend empfunden. Der Name Äthiopier findet sich schon in der altägyptischen Geschichte und bedeutet soviel wie »die mit den verbrannten Gesichtern«.

6 Michael Suhul war Statthalter der Provinz Tigre und zugleich auch Ras (im Sinn von Erster Minister oder Premierminister zu verstehen). Er war nach dem König die höchste politische Position im Land mit fast unbeschränkten Machtbefugnissen, welche von Michael auch weidlich ausgenutzt wurden. In ganz kurzem Zeitabstand ließ er zwei Könige ermorden, die seinen Vorstellungen nicht entsprachen und seiner Gier nach Geld und Ruhm im Wege standen. Er setzte einen ihm genehmeren Prinzen auf den Thron, welchen er leichter manipulieren konnte. Dies geschah unmittelbar vor der Ankunft des James Bruce in Gondar, der Hauptstadt des Reiches.

7 Sultanat oder Königreich an der Grenze des äthiopischen Staates, in der heutigen Republik Sudan am Nil gelegen.

8 Salbenartig-fettiges Sekret aus einer Afterdrüse der Zibetkatze (viverra civetta), einer Schleichkatze. Der Stoff, welcher früher nicht nur im Orient zur Parfümerzeugung Verwendung fand, hat einen durchdringenden, moschusartigen Geruch. Die Tiere wurden zu diesem Zweck in Afrika in Käfigen gehalten und gezüchtet.

9 Die in diesem Buch öfter vorkommende Bezeichnung »Mohr« (abgeleitet von »Maure«, engl. »moor«) ist im Sinn von Mohammedaner, Araber oder auch Morgenländer zu verstehen. Keinesfalls sind damit Neger gemeint, wie es dem späteren Sprachgebrauch entsprechen würde.

10 Salutschießen.

11 Arabia felix: Seit der Römerzeit übliche Bezeichnung des Jemen.

12 Schiffskapitän.

13 In den verschiedenen Ländern variierendes Längen- und Tiefenmaß (so viel, wie ein Mann mit ausgestreckten Armen umfassen kann). Hier ist der englische Faden (fathom) gemeint, der heute noch in der Seefahrt für Tiefenangaben Verwendung findet (1 Faden = 1,83 m).

14 Auch König Hatze Hannes regierte nur wenige Tage und wurde von Ras Michael vergiftet. Als Bruce in Gondar eintraf, saß bereits Tecla Haimanot, ein Sohn des Hatze Hannes, auf dem Thron.

15 Hier im Sinn von Europäer mit römisch-katholischem Glauben zu verstehen.

16 Schriftgelehrter, Gelehrter.

17 Med.: Ruhr (Darmkrankheit).

18 Pataka ist der seit 1765 für den Handel mit Afrika und Westasien in Österreich geprägte Maria-Theresien-Taler.

19 Waragna Fasil, der große Gegenspieler des Ras Michael, entstammte dem Volk der Gallas (siehe Anm. 33) und war Statthalter der äthiopischen Provinz Damot. Er hatte eine Rebellion angezettelt, als König Joas auf Befehl des Ras Michael ermordet wurde. Sein Kampf richtete sich weniger gegen den neuen König und die Zentralgewalt als gegen Michael persönlich und gegen dessen autoritäre und grausame Politik, ohne daß deshalb Fasil in der Wahl seiner Mittel zimperlicher gewesen wäre als der machthungrige Minister.

20 Gebietsverwalter.

21 Teff (Eragrostis abyssinica) ist eine Hirseart, welche auch Tief oder Tafi genannt wird. Aus dem Mehl wird in Äthiopien Brot gebacken, während im übrigen Schwarzafrika die verschiedenen Hirsemehlarten meist zu Brei verarbeitet werden.

22 Bouza (Bousa, Busa) ist ein aus Hirse vergorenes bierartiges Gebräu.

23 Provinz und Stadt am nubischen Nil.

24 Durra (Sorghum vulgare), auch Sorghum, Mohren- oder Kaffernhirse genannt. Die Urheimat dieser Hirseart dürfte Indien sein.

25 Titel der äthiopischen Prinzessinnen aus königlichem Geblüt.

26 Sein richtiger Name war Ahmed el Ghazi, genannt el Granj, der Linkshänder. Er war der Sultan des islamischen Königreiches von Adal am Horn von Afrika im heutigen Somaliland. Er fiel in Äthiopien ein, verwüstete das Land und konnte sich sogar des Königsschatzes bemächtigen. In einer Entscheidungsschlacht am Tanasee im Jahre 1553 wurde er vom äthiopischen König Claudius geschlagen, auf dessen Seite auch die Portugiesen unter Christoforo da Gama kämpften, der hier sein Leben verlor. El Granj wurde von einem Diener Christoforos getötet.

27 Äthiopischer Ehrentitel. Im Sinn von Oberhaupt oder Chef einer Personengruppe oder Institution zu verstehen.

28 Tecla Haimanot (gestorben 1312) war Prior des Klosters Debra Istaphanos und wurde zum Oberhaupt aller Klöster des Landes gewählt. Nach seinem Tod wurde er heiliggesprochen und genießt bis zum heutigen Tag die größte Verehrung. Nicht zu verwechseln mit dem regierenden König zu Bruce' Zeiten, welcher denselben Namen führte.

29 Welled Hawaryat war ein Sohn des Ras Michael von einer seiner früheren Frauen.

30 Koscam, Koskam, Kuskam oder Kusquam. Von Königin Mentuab 1730–1755 erbautes Schloß, Kloster und Kirche, etwa drei Kilometer außerhalb von Gondar. Zu Bruce' Zeiten der Wohnsitz der Iteghé oder Königinmutter. Der Name rührt von einem Ort in Ägypten her, an welchem nach der Legende die Heilige Familie gerastet haben soll. Die Ruinen der Bauwerke können heute noch besichtigt werden.

31 Ein Heerführer der Gallas, welcher unter Fasil gegen die Truppen des Königs und Ras Michael gekämpft hatte, in der Schlacht bei Fagitta gefangengenommen und durch das Abziehen der Haut bei lebendigem Leib hingerichtet wurde.

32 Titel der Statthalter einer Provinz.

33 Die Gallas (Eigenbezeichnung: Oromo) waren ursprünglich ein nomadisches Volk, dessen verschiedene Stämme erst im 16. und 17. Jahrhundert in mehreren Wanderungswellen aus dem Süden in das Hochland von Äthiopien eindrangen. Zuerst gewaltsam erobernd, dann sich mit den bodenständigen Amharen assimilierend und seßhaft werdend, stellen sie heute mit etwa 40 Prozent die zahlenmäßig stärkste Bevölkerungsgruppe im Land.

34 General.

35 Äthiopien stand bis zur Christianisierung im vierten Jahrhundert stark unter dem Einfluß der semitischen Kulturen in Südarabien. Auch die Herrscherdynastie leitet ihren Ursprung von König Salomon aus Jerusalem (um 950 v. Chr.) und der Königin von Saba ab. Bis ins Mittelalter finden wir noch äthiopische Regenten, welche dem mosaischen Glauben anhängen. Reste dieser Religion sind noch heute bei den Falasha, den »Schwarzen Juden«, zu bemerken.

36 Im 11. Jahrhundert wurde die salomonische Linie der äthiopischen Herrscher durch Usurpatoren der Zagwe-Dynastie unterbrochen. Diese Könige führten ihre Abkunft auf Moses zurück und waren auch Anhänger der jüdischen Religion. Rund zweihundert Jahre regierten die Zagwe-Fürsten, bis 1270 durch die geschickte Politik des Mönches Tecla Haimanot (siehe Anm. 28) der salomonischen Linie wieder zum Thron verholfen wurde. Ob Tecla Haimanot tatsächlich Abuna war, ist strittig und höchst zweifelhaft.

37 Provinz am gleichnamigen Fluß im heutigen Sudan.

38 Statthalter der Provinz Amhara.

39 Oberkommandierender der Streitkräfte.

40 Wie schon Bruce bemerkt hat, geht der Name dieser Sprache auf die Ag'ezi oder Aguezat zurück, einen aus Südarabien eingewanderten Stamm, welcher maßgebend an der Gründung des Königreiches von Axum beteiligt war. Hier entwickelte sich das Geez vom 1. bis zum 7. Jahrhundert n. Chr. zur Landessprache. Als es sich über den gesamtäthiopischen Raum verbreitete, spaltete es sich durch Vermischung mit anderen Idiomen in verschiedene eigenständige Dialekte und Sprachen, darunter in das Amharische. Heute ist das Geez in seiner reinen Form praktisch ausgestorben und findet nur noch im kirchlichen Ritual Verwendung.

41 Die Ensete ist eine der Banane ähnliche Pflanze (Ensete edule Horan). Es werden aber nicht die Früchte verwendet, sondern die Knollen und das Mark der Blattscheiden werden zu einer Art Mehl verar-

beitet, können aber auch in kleine Scheiben geschnitten, gekocht oder geröstet werden. Die Knollen werden auch oft in Gargruben gesäuert, zur Hälfte mit Hirsemehl vermengt und zu Brotfladen mit sauerkrautähnlichem Geschmack verarbeitet.

42 Bürgermeister.

43 Während die Iteghé wenig später wieder zurückkehrte und ehrenvoll in Koscam einzog, wurde Socinios gefangengenommen und zum Tod verurteilt. König Tecla Haimanot begnadigte ihn und ließ ihn als Sklave in seiner Küche arbeiten. Wegen eines Diebstahls wurde Socinios einige Zeit danach gehenkt.

Zeittafel

März 1763	James Bruce tritt seinen Dienst als britischer Konsul in Algier an.
August 1765	Beginn der Reisen zur Dokumentation der klassischen Altertümer in Nordafrika und dem Vorderen Orient.
15. Juni 1768	Bruce verläßt die Hafenstadt Sidon in Syrien.
20. Juni	Bruce landet in Alexandria.
Anfang Juli	Bruce trifft in Kairo ein.
12. Dezember	Abfahrt von Kairo auf einer Nilbarke.
7. Januar 1769	Ankunft in Theben, Luxor, Karnak.
20. Januar	Bruce erreicht Syene (Assuan).
26. Januar	Bruce segelt von Syene wieder stromabwärts bis Kenne.
16. Februar	Abreise von Kenne mit einer Kamelkarawane durch die östliche Wüste.
22. Februar	Bruce trifft in der Hafenstadt Kosseir am Roten Meer ein.
14. März	Bruce segelt von Kosseir ab.
4. Mai	James Bruce landet in Jidda.
8. Juli	Bruce verläßt Jidda, besucht den Jemen und segelt südwärts bis Bab el Mandeb.
3. September	Bruce segelt von der arabischen Hafenstadt Loheia ab.
19. September	Ankunft in Massaua an der afrikanischen Küste des Roten Meeres.
15. November	Bruce bricht ins Landesinnere auf.
25. November	Bruce verläßt die Stadt Dixan.
6. Dezember	Bruce trifft in Adowa ein, der Hauptstadt der Provinz Tigre.
15. Februar 1770	James Bruce erreicht Gondar, die damalige Hauptstadt Äthiopiens.
27. Oktober	Bruce beginnt seine Reise zu den Quellen des Nils.
4. November	Bruce steht an der Quelle des Blauen Nils.
10. November	Bruce verläßt Geesh in Richtung Gondar.
19. November	Bruce trifft wieder in Gondar ein und muß noch über ein Jahr im Land verbringen.
26. Dezember 1771	Bruce tritt von Gondar aus die Heimreise an.
23. März 1772	Ankunft in Teawa, der Provinzhauptstadt von Atbara.

18. April	Bruce verläßt Teawa und setzt die Reise in Richtung Nubien fort.
29. April	Bruce trifft in Sennar ein und wird vier Monate festgehalten.
Anfang September	Bruce verläßt Sennar und reist im Niltal stromabwärts gegen Norden.
11. November	Beginn der Durchquerung der Nubischen Wüste.
29. November	Bruce trifft bei Syene (Assuan) wieder auf den Strom.
11. Dezember	Bruce segelt auf einer Barke von Syene ab.
10. Januar 1773	Kairo wird erreicht.
März 1773	James Bruce segelt von Alexandria nach Marseille.

Literaturverzeichnis

Bochow, Karl-Heinz: *Zu den Quellen des Nils.* Innsbruck u. Frankfurt 1977.

Bruce, James: *Reisen zur Entdeckung der Quellen des Nils in den Jahren 1768, 1769, 1770, 1771, 1772 und 1773.* 5 Bände. Leipzig 1790, 1791.

–: *Travels To Discover the Source of the Nile, In the Years 1768, 1769, 1770, 1771, 1772 and 1773.* Five Volumes. Edinburgh/London 1790.

–: *Travels To Discover The Source of The Nile.* Hrsg. von C. F. Beckingham. Edinburgh 1964.

Helfritz, Hans: *Äthiopien.* Köln 1972.

Henze, Dietmar: *Enzyklopädie der Entdecker und Erforscher der Erde.* Graz, ab 1976.

Kandt, Richard: *Caput Nili. Eine empfindsame Reise zu den Quellen des Nils.* Berlin 1904.

Rohlfs, Gerhard: *Meine Mission nach Abessinien.* Leipzig 1883.

Rüppell, Eduard: *Abbildungen zur Reise in Abessinien.* Frankfurt 1838.

Schiffers, Heinrich: *Wilder Erdteil Afrika.* Frankfurt/Bonn 1962.

Sievers, Wilhelm: *Afrika.* Leipzig/Wien 1891.

Bildnachweis

Bruce, James: *Reisen zur Entdeckung der Quellen des Nils in den Jahren 1768, 1769, 1770, 1771, 1772 und 1773.* Leipzig 1790, 1791: Vorsatz, Nachsatz, S. 2, 15, 20, 23, 36, 46, 66, 72, 88, 98, 107, 113, 147, 151, 152, 175, 230, 234, 235, 243, 260, 262, 275, 297, 302, 322, 356

Rohlfs, Gerhard: *Meine Mission nach Abessinien.* Leipzig 1883: S. 79, 93, 124, 135, 141, 255, 327, 351

Sievers, Wilhelm: *Afrika.* Leipzig/Wien 1891: S. 50, 84, 115, 251, 360

Rüppell, Eduard: *Abbildungen zur Reise nach Abessinien.* Leipzig 1883: S. 191, 207, 213

Verlagsarchiv: S. 283

Inhaltsverzeichnis

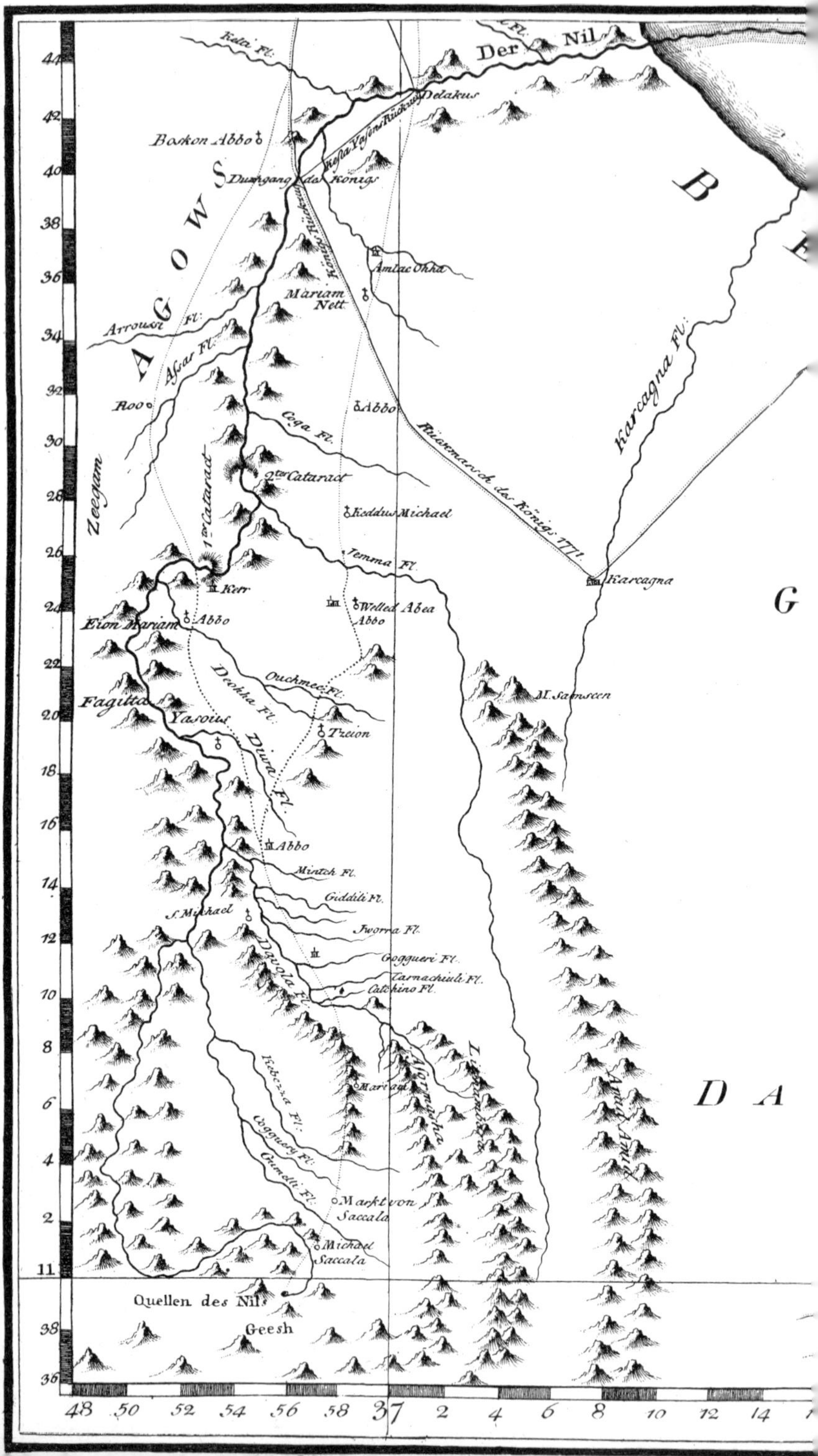

Kelti Fl.
Der Nil
Delakus
Boskon Abbo
Dumgang des Königs
Kesta Yasons Rückzug
Königs Rückzug
A G O W S
B
Amlac Ohha
Mariam Nett
Arrousi Fl.
Assar Fl.
Roo
Abbo
Coga Fl.
Zeegam
2ter Cataract
1ter Cataract
Keddus Michael
Jemma Fl.
Karcagna Fl.
Rückmarsch des Königs 1771.
Karcagna
G
Kerr
Welled Abea
Abbo
Eion Mariam
Abbo
Deohha Fl.
Ouchmee Fl.
M. Samseen
Fagitta
Yasous
Tzeion
Diwa Fl.
Abbo
Mintch Fl.
Giddili Fl.
S. Michael
Jworra Fl.
Goggueri Fl.
Tarnachiuli Fl.
Catchino Fl.
Davola Fl.
Mariam
Kebezza Fl.
Goggeury Fl.
Gumelti Fl.
Markt von Saccala
Michael Saccala
D A
Quellen des Nils
Geesh
44 42 40 38 36 34 32 30 28 26 24 22 20 18 16 14 12 10 8 6 4 2 11 38 36
48 50 52 54 56 58 37 2 4 6 8 10 12 14